汽车服务工程

（第3版）

主　编　刘远华
副主编　叶　琳

重庆大学出版社

内容提要

本书较系统地介绍了汽车服务工程各方面的知识，主要内容有汽车营销、二手车评估、汽车金融、汽车报关、汽车保险与理赔、汽车美容与装饰、交通控制等；特别详细地叙述了汽车保险与理赔、汽车美容与装饰的基本操作技能和汽车进出口报关工作基本流程，有很大的可操作性和实用性。最适合作为高职高专院校汽车各专业各类教学教材，也可作为从事汽车行业工作人员的自学用书或参考用书。

图书在版编目(CIP)数据

汽车服务工程/刘远华主编.—2版.—重庆：重庆大学出版社，2013.8(2022.6重印)
高职高专汽车技术服务与营销专业系列教材
ISBN 978-7-5624-4689-7

Ⅰ.①汽…　Ⅱ.①刘…　Ⅲ.①汽车工业—销售管理—商业服务—高等职业教育—教材　Ⅳ.①F407.471.5

中国版本图书馆CIP数据核字(2013)第166651号

汽车服务工程
(第3版)
主　编　刘远华
副主编　叶　琳
责任编辑：周　立　　版式设计：周　立
责任校对：文　鹏　　责任印制：张　策
*
重庆大学出版社出版发行
出版人：饶帮华
社址：重庆市沙坪坝区大学城西路21号
邮编：401331
电话：(023) 88617190　88617185(中小学)
传真：(023) 88617186　88617166
网址：http://www.cqup.com.cn
邮箱：fxk@cqup.com.cn(营销中心)
全国新华书店经销
POD：重庆新生代彩印技术有限公司
*
开本：787mm×1092mm　1/16　印张：17.75　字数：418千
2016年6月第3版　2022年6月第8次印刷
ISBN 978-7-5624-4689-7　定价：49.00元

前言

“汽车服务工程”是一个新的概念，它融合了汽车销售、汽车运用、汽车金融、汽车贸易、汽车保险与理赔、交通控制等学科所涉及的广泛的交叉和边缘知识；它从服务工程的角度出发，对专业的范畴作出科学的划分和评价，并具有知识覆盖面广、应用性强的特点。

本书的内容包括汽车营销、二手车评估、汽车消费服务、汽车金融、汽车报关、汽车保险与理赔、汽车美容与装饰、交通控制、汽车展览和汽车俱乐部等，操作性和实用性很强。目的在于介绍汽车服务市场所覆盖的各个领域，使学生掌握其内涵、特点和相关知识。这样可以拓宽学生的知识面，提高学生的综合素质和实际操作技能，增强学生的就业能力，并在汽车行业有较大的发展。

本书可作为高职高专院校汽车各专业各类教学教材，也可作为从事汽车行业各类（汽车管理、汽车销售、汽车维修、汽车运用、汽车保险与理赔、汽车贸易等）人员的自学用书或参考用书。

本书在编写过程中参考了大量的教材和相关资料，在此谨致谢意。限于编者水平有限、成书时间仓促，书中难免有不妥和疏漏之处，敬请批评并提出宝贵意见。

编　者

目录

第1章 概论

1.1 服务与汽车服务

1.1.1 服务与汽车服务

我们过去认为服务即是为集体(或别人)利益或为某种事业而工作。在市场经济条件下,我们要重新诠释服务的概念:服务是一方能够向另一方提供的基本上是无形的任何活动和利益,并且不会导致任何所有权的产生;服务的产生可能与某种有形产品联系在一起,也可能无关联。对服务的理解应该是:首先,服务提供的基本上是一种活动,活动的结果可能是无形的,这种活动有时也与有形产品联系在一起。其次,服务提供的是产品的使用权,并不涉及产品所有权的转移。其三,服务对预期需求者的重要性并不亚于实物产品。

汽车服务的概念有广义和狭义之分。狭义的汽车服务是指从新车出厂进入销售流通领域,直至其使用后回收报废各个环节所涉及的全部技术的和非技术的各类服务和技术支持性服务,也就是说汽车服务是泛指汽车消费者接车前、后,由汽车服务主体为他们所提供的所有技术性和非技术性的服务工作。这些工作有的在售前进行,如回答汽车消费者的咨询、有关新车的技术性能简介和技术培训等;有的工作在销售时进行,如按汽车消费者的要求安装附件、发放技术资料、进行技术讲座、进行汽车装饰等;而大多数工作是在车辆售出后进行,如按期限所进行的质量保修、日常维护、汽车检测与故障诊断、车辆维修、技术咨询、零配件供应、汽车美容、汽车保险与理赔、信息资讯、停车服务、汽车租赁、汽车文化及汽车俱乐部经营,等等。广义的汽车服务可以延伸至与汽车生产、销售、使用和报废回收等相关领域的服务,除上述部分外,还有如原材料供应、工厂保洁、产品外包装设计、新产品测试、产品质量认证及新产品研发前的市场调研等,甚至延伸到汽车使用环节的其他特殊服务,如汽车运输服务、出租汽车运输服务,等等。总之,汽车服务能够确保汽车产品功能的正常发挥,为汽车消费者解除后顾之忧,同时,它可以起到信息反馈、为汽车企业树立良好的形象、提高市场竞争能力的作用,还是汽车企业增加收入的一个重要途径。所以,汽车服务对汽车工业的发展具有重要的支撑作用。随着国民汽车消费水平的不断提高,对汽车服务也会提出更多更高的要求,汽车服务的内容及其工作水准也是处于不断发展之中。

1.1.2 汽车服务业

服务行业是为人服务,使人生活上得到方便的行业。而汽车服务业(Automobile Service Industry)是与汽车产业相关的所有服务活动的统称。汽车服务业作为第三产业,它不是孤立存在的,它在整个产业中具有举足轻重的作用。

1)汽车服务业是汽车产业链的龙头

汽车服务业虽然处于汽车产业链的下游,但紧贴消费者。汽车是耐用商品,它的消费涉及小额信贷、保险理赔、维修保养、配件供应、二手车交易、车辆年检、汽车文化娱乐等一系列的问题。谁能顺利地解决这一系列问题,谁就获得汽车消费者的青睐,赢得发展,赢得机遇,赢得利润增长点。因此,汽车服务业直接影响最终消费用户对整车的消费,从而间接影响其相关上游汽车产业的发展,不仅包括整车与零部件制造业,同时也包括机械、电子、石油、钢铁、化工业等。汽车服务业成了汽车产业链的发展龙头。

2)汽车服务业是整车业的核心竞争力

汽车服务业有机连接整个汽车产业链,成为整车企业的核心竞争力。汽车产业是典型的国际化规模经济产业,这种产业特性主要表现为零部件的大规模生产导致整车成本的降低。随着市场竞争的加剧,整车与零部件公司的角色将发生重大改变,逐步由原来的互为隶属、相互依赖关系转变成为彼此独立、专业经营的关系。汽车技术的革新由原来的以整车公司为中心逐步向零部件公司转移,零部件供应方式也向全球化、模块化转变,整车生产也逐步向"组装贴标签工程"方式转变。汽车的绝大部分零部件由独立的零部件供应商完成,整车开发与匹配、全球采购与物流管理、人性化的营销服务将成为整车公司的核心服务。因此,包括整车与零部件开发、汽车物流服务、人性化的营销服务在内的汽车服务业将有机地连接整个汽车产业链,整车企业的核心竞争力将集中体现在汽车服务业上。

3)汽车服务业有助于提高汽车企业的竞争力

从汽车产业链看,汽车企业的竞争力主要表现在三大环节:产品开发、生产制造、营销服务。相对于国际汽车巨头,我国汽车企业在产品开发方面与之差距最大,生产制造方面与之差距最小,而在营销服务方面却各有所长。尽管我国汽车服务业并不发达,但得天独厚的地理优势为我国汽车企业抢占先机创造了条件,外资企业可以在较短时间内建立他们的研发生产机构,而很难在较短时间内建立他们完善的营销服务网络。因此,建立完善的营销服务网络,发展汽车服务业,有助于提高我国汽车企业的整体竞争力。

4)汽车服务业既增加就业机会又带来利润增长点

汽车的整车与零部件设计、开发与制造,属于技术密集型、资本密集型的产业;但汽车服务业,则为劳动密集型。据统计,2000 年我国汽车工业及其相关产业就业人数为 2 873.9 万人,占全国城镇就业总数的 13.5%,其中,绝大部分就业于汽车服务业。另据相关统计资料显示,在一个成熟的汽车市场,汽车的销售利润约占整个汽车业利润的 20%,而 50%~60% 的利润是在服务领域产生的。因此,大力发展汽车服务业不仅有助于增加就业机会,还有助于增加新的利润增长点。

1.2 汽车服务工程

1.2.1 汽车服务工程的概念

汽车服务工程指汽车从新车出厂后进入流通、销售、购买、使用直至报废、回收各个环节所需要的各类服务工作组成的有机服务体系。汽车服务工程主要涉及的是服务性工作,以服务汽车产品为特征,因此它属于第三产业的范畴。

1.2.2 汽车服务工程的主要内容

1)整车与零部件研发服务

国际上汽车研发力量主要有两部分:一是跨国汽车巨头自己的产品研发机构,主要服务于企业内部,建立自己的技术领先优势;二是独立的专业汽车研发机构,向全球提供汽车研发服务。如曾经专为中国市场设计过C88家庭轿车的德国保时捷公司,在提供整车开发服务的同时,也生产保时捷跑车;意大利ITAL公司,专业提供整车设计方案;美国MSX公司,对外承接整车设计工程及相关模具。专业设计公司最大的优势在于设计经验丰富,并为客户严守技术秘密,因此,不乏技术实力雄厚的国际汽车巨头乐于邀请专业设计公司为其提供设计方案。

2)汽车融资服务

汽车融资服务主要包括三方面:一是经销商库存融资业务;二是汽车租售消费信贷;三是生产企业的生产经营性融资。汽车融资服务不仅能为顾客提供便利的购车服务,同时也成为国际汽车巨头重要的利润来源,如通用和福特的汽车信贷公司,汽车金融服务带来的赢利约占这两家大集团全部利润的36%。

3)汽车保险服务

汽车保险服务的经营主体包括保险公司和保险中介,主要依靠保险代理人和保险经纪人来完成,其中保险经纪人业务占80%。汽车保险的销售方式除了代理人个人推销外,电话销售、网上销售已成为汽车保险销售的主流。

4)汽车分销服务

汽车分销服务主要包括新车销售、二手车评估鉴定、汽车租赁和汽车零配件分销业务等。

(1)新车销售。国际上新车销售普遍采用品牌特许经销模式。2001年10月,欧盟进行大规模的汽车销售改革计划,特许经销,打破汽车市场的行业垄断。经销商可以在任何一个欧盟国家设立经销网点,并可以同时销售不同品牌的汽车,形成"汽车超市"经营,还允许汽车交易不必提供维修和售后服务,以便使独立的汽车维修商可以以竞争价格提供服务。

我国目前轿车的销售模式不仅普遍采用特许经销模式,而且趋于集整车销售(Sales)、零配件供应(Spare Parts)、售后服务(Services)"三位一体"的3S专营店、4S专营店模式(3S加"信息调查反馈(Survey)"称为4S,再加二手车置换(Secondhand Vehicle Trade)称为5S)。特许经销模式功能齐全,服务优良,具有其他经营模式无可比拟的优势,但其因投资大,经营品牌单一等原因给经销商带来巨大的经营风险,同时,因为布点数量有限,给消费者带来维修上的不便及维修成本居高不下,所以,汽车销售到底应采用何种经营模式应根据顾客需要灵活处理。

(2)二手车贸易。根据国际汽车大国的发展经验,二手车贸易是否活跃可以直接反映出一个国家的汽车市场活跃程度。一个活跃的二手车市场,可以促进新车市场的繁荣。虽然我国二手车交易市场数目众多,但二手车市场整体水平还很不成熟,还必须加强二手车市场的管理,使二手车交易市场更加规范。

(3)汽车租赁。汽车租赁在国际上已成为一种非常重要的汽车消费方式。在美国以汽车租赁方式销售的新车占新车销售的三分之一,日本约占15%,德国奔驰和大众也占10%～20%。而我国目前有1 000多万持有汽车驾驶执照却无车者,这说明我国汽车租赁业具有很大的市场空间。

(4)汽车零配件分销。汽车零配件分销主要有两种渠道:进口零配件是由全国总代理到区域分销商再到汽车修理厂,或国外整车制造商到3S(4S)维修站。国产汽车配件则是由零配件制造商销售到区域代理到多级分销再到汽车修理厂,或零配件制造商销售到整车厂配件中心再到3S(4S)维修站。汽车零配件分销最终将经过汽车修理厂到达汽车消费者手中,整车公司要打击假冒伪劣零部件,确保原厂零部件快速供应,给消费者提供方便、快捷、高质量的零部件服务。

5)汽车维修服务

汽车维修服务包括汽车换件、保养、美容等;建立完善的维修服务网络,是汽车服务工程内容的重要组成部分。目前,国内整车公司实现汽车售后服务的主要方式是建立整车公司的特许维修服务站,但特许维修服务站由于其区域垄断、数目有限的缺陷,普遍表现为服务质量好但维修成本高、维修不方便,因而出现了"保修期内进维修站,保修期后进路边"的现象。因此,有效补充以品牌经营为中心的大型汽车养护中心连锁网络成为整车公司特许维修服务网络,是我国汽车维修服务的当务之急。

6)汽车俱乐部服务

汽车俱乐部可以给消费者营造良好的购车、用车环境,传播汽车文化,很多国家已建立起实施会员制的汽车俱乐部。目前,世界上最大的汽车俱乐部是美国的"AAA汽车俱乐部",它由900万会员,下属139个分支机构。我国目前规模最大的汽车俱乐部是"大陆汽车俱乐部",有会员5万名。

汽车消费涉及汽车资讯、汽车消费信贷、汽车保险理赔、汽车维修与保养、汽车美容与装潢、汽车年检、汽车租赁、汽车交通事故处理、汽车文化交流等方面。汽车俱乐部作为综合性的服务机构,能向汽车消费者提供全方位的服务,解决汽车消费者购车、用车的后顾之忧,深受汽车消费者的青睐。

7)废旧汽车的回收处理服务

汽车的回收解体服务是指依据国家有关报废汽车管理的规定,将达到报废规定的车辆从汽车消费者手中回收,然后进行解体,并将拆卸下来的旧件进行分门别类处理的服务。其服务主体是从事上述工作的服务机构或个人,涉及的主要工作有:废旧汽车回收、贯彻国家政策、废旧汽车解体、废旧零件分类、旧件重复使用、废弃物资移送、废旧物资的保管物流等服务。规范的回收解体服务,对于贯彻国家关于报废汽车的管理的政策,防止废旧汽车再用和废弃零件滥用、促进现役汽车更新,改善现役汽车的平均技术状况、杜绝废旧汽车造成的环境污染、提高社会效益等,都有非常重要的意义。但在废旧汽车的回收处理的过程中要特别注意:一是杜绝用废旧汽车总成组装车辆；二是妥善处理废弃物，减少废旧汽车拆解造成的环境污染；三是加强拆解人员自我安全意识，并要求在拆解过程中严格执行相关拆解工艺和作业规范。

8）城市公共交通

优化城市交通是城市国民经济和社会发展的重要内容之一。要成为国际大都市的城市，必须坚持扩大城市道路容量与加强机动车总量控制相结合，促进道路与车辆的协调发展；必须坚持优化公共交通与引导控制个体交通相结合，大力优化交通结构；必须坚持加快发展轨道交通与优化组合地面交通相结合，加快轨道交通的规划和建设；必须坚持加强交通管理与均衡交通流量相结合，调整优化交通布局；必须坚持城市交通政策与扩大内需政策相结合，大力发展与城市交通相关的基础设施和产业；必须坚持发展城市交通与加强环境保护相结合，促进城市的可持续发展。

9）汽车再制造工程

如果不处理历年报废的汽车，废弃汽车将对环境造成严重污染。如果采用回炉的方式处理这些报废汽车，不仅会将留存的有用功能毁之一炬，造成社会财富的极大浪费，而且金属熔炼是高耗能工艺，熔炼过程还会污染环境。追溯汽车产品全部生产过程消耗的能源和对环境的污染，汽车产品再制造的资源和环境效益更加显著。汽车产业要实现可持续发展，不能没有汽车再制造工程。

10）其他服务

（1）智能交通服务。智能交通服务是指通过车载智能交通系统或公共交通服务系统向广大汽车驾驶者提供以交通导航为核心，包括通过装在轿车里的卫星定位系统来确定方位、介绍出行的天气情况、地面交通信息、紧急事故救援、感应式公路收费系统等智能化交通控制系统和寻址服务等内容在内的，旨在提高汽车消费者出行效率的服务。其服务的主体是公共交通信息中心，服务主要对象是广大汽车驾驶人员。

（2）汽车信息资讯服务。汽车信息资讯服务是指向各类汽车服务商提供行业咨询的服务和向汽车消费者个人提供导购的信息服务，其服务的主体是提供各类汽车信息资讯的服务机构或个人。他们通过专业的市场调查和信息服务机构以及大专院校等科研机构对汽车市场进行调查统计分析，同时也接受汽车厂商或其他汽车服务商的委托，从事一些专门课题的调研。随着汽车工业的不断发展，汽车市场竞争日趋激烈，汽车信息资讯服务亦越来越受到汽车生产厂商和其他汽车服务商的重视，各类研究机构纷纷成立，部分大专院校也设立了相关的专业，为这一服务市场展现出美好的前景。

（3）汽车故障救援服务。汽车故障救援是指向汽车驾驶员提供因突发的车辆故障而导致车辆不能正常行驶，从而需要紧急救助的服务。其服务的主体是提供汽车救援服务的机构或个人，服务的内容主要有临时加油服务（汽车在行驶中因燃油耗尽不能正常行驶而提供的服务）、汽车故障的诊断和抢修服务（在行驶途中因技术故障导致汽车无法行驶，对汽车故障进行诊断和维修的服务）、拖车服务和协助公安交通警察处理交通事故等服务。从事这一服务的机构一般是汽车俱乐部或者其他汽车厂商，也有其他从事这一服务的企业或个人，救援服务仅仅是他们众多服务项目之一。

（4）汽车文化服务。汽车文化服务是指向广大汽车爱好者提供与汽车相关的以文化消费为主题的各类服务。其服务的主体是提供汽车文化产品的各种机构或个人，他们包括汽车爱好者俱乐部、汽车传媒、各种专业的和非专业的汽车文化产品制作人、汽车文化产品及服务的经营者等。汽车文化经历了一个从静止的汽车摄影展、汽车挂历、汽车明信片、邮票、图书报刊、文化衫等,逐渐发展为动态的汽车游、汽车运动等过程。汽车文化的发展不仅有助于汽车工业的进一步发展,而且还有助于社会的整体进步,同时也创造了无限的商机。

(5)汽车运动。汽车运动在全球非常盛行,各种汽车赛事如世界 F1 一级方程式汽车比赛、达喀尔汽车拉力赛等。我国也在 1985 年举行了香港—北京汽车赛和巴黎—北京老式汽车赛等。汽车运动在世界上掀起了一股股热潮。由于汽车运动的基础是汽车,性能优良的汽车能够在赛场上一往无前所向披靡,因此汽车生产厂商已经认识到赛车赛的是汽车的性能、品质,赛的是市场、品牌和产品的竞争力,它能够有效地树立起企业及其产品的品牌形象,推动汽车产品的科技进步,提高产品质量和其在市场上的竞争力。所以,世界上著名的汽车生产厂商如丰田、法拉利等对赛车运动非常重视。我国参加赛车运动的时间较短,但随着汽车工业的发展,国内汽车赛事将越来越频繁,反过来又将进一步推动我国汽车工业的发展。

(6)汽车旅游。现在很多人将汽车旅游称为自驾游,这种旅游方式摆脱了过去随团旅游而失去个人自由的弊端,使汽车爱好者能驾驶私家车或租赁的汽车自己选择旅游线路,说走就走,说停就停,在满足个体需求和推动旅游业发展的同时,也促进了汽车租赁服务业的发展。

1.3 汽车服务礼仪

1.3.1 礼仪基础

礼是表示敬意的通称、是表示尊敬的语言或动作;仪是表示准则、表率、仪式、风度等。“礼仪”是“礼”和“仪”两个字的合成词。礼仪是人类社会生活中在语言行为方面的一种约定俗成的符合礼的精神,要求每一个社会成员共同遵守的准则和规范。简单地说,礼仪是人们在长期的生活实践中,在语言行为方面由于风俗习惯而形成的为大家共同遵守的准则。

礼仪是人类社会发展到一定历史阶段的必然产物,现代礼仪是现代社会文明的具体体现。我们在讲究礼仪时,要提高对现代礼仪的理论认识,在思想上认清现代礼仪重要性,才能自觉地、正确地把握礼仪。

1)礼仪的基本原则及作用

(1)礼仪的基本原则。礼仪主要有:遵守社会公德、真诚守信、顾全大局、相互尊重和注重仪表等五项基本原则。

①遵守社会公德。道德是人们生活及其行为的准则和规范。社会道德是调整个人与个人之间、个人与社会之间、组织与公众之间利益关系的准则和规范。社会道德是礼仪的基础,礼仪是社会道德的外在表现形式。离开社会道德,礼仪就不能存在。因此,遵守社会道德是礼仪最重要的原则之一。

②真诚守信。真诚守信是指感情真实诚恳、言行一致、遵守诺言。真诚是建立良好人际关系的基础,是一个人外在行为与内在道德修养的有机统一。待人真诚的人会很快得到别人的信任。守信是指言必行、行必果,不失信于人。一个守信的人,在与他人交往中能做到前后一致、言行一致、表里如一。遵从真诚守信的原则,必将促进礼仪交际正常的、健康的、长期的、稳定的发展。

③顾全大局。顾全大局指局部利益服从整体利益、眼前利益服从长远利益和个人利益服从国家利益。顾全大局的礼仪风范是与良好的道德修养及博大的胸怀相关联的。一个有着顾全大局雅量的人往往能取得交际的成功,要做到这一点,就需要把握好这几个方面:一是严于律己,尤其是当个人利益与集体利益、国家利益发生冲突时,要舍“小我”、取“大我”;二是要求大同、存小异,对一些非原则性问题不要斤斤计较,患得患失;三是有理也让三分,不要得理不让人。

④相互尊重。相互尊重,是互相的,不是单向的。每个人都有自尊心,都希望得到别人的尊重,而要得到别人的尊重,首先要尊重别人,只有这样才能赢得他人的尊重。只强调自我尊严。忽略他人的存在,就很难得到他人的尊重。强调自我尊严是一种自私自利、不懂礼仪常识的表现。相互尊重有利于营造一个讲究礼仪、实施礼仪的良好氛围,有利于职业活动、社会活动及各种交往活动的开展。

⑤注重仪表。仪表指礼仪的外在表现形式,人们的内在道德修养要依靠完美的外在形式表现出来。也就是说,只有内在美与外在美的和谐统一,才能做到尽善尽美。仪表包括个人的容貌、服饰、行为举止等方面。注重仪表还体现着对他人的尊重。如果不修边幅、举止粗俗、言语不当,都会令人生厌;但注重仪表应适度、恰到好处,不能过分追求外在美,而忽略内在美。

(2)礼仪的作用。礼仪的作用主要有以下几个方面:

①协调作用。礼仪所表达的意义主要是尊重,尊重可以使对方在心理需要上得到满足,产生好感与信任。人们在交往时按礼仪规范去做,有助于加强交往双方相互尊重、坦诚相待的良好关系,缓解或避免某些不必要的情感对立与障碍。

职业礼仪是社会生活尤其是职业生活中的润滑剂和调节器。是协调交际关系的纽带和桥梁。人与人之间、服务人员与客户之间的相互理解、信任、关心和友谊会营造良好的社会气氛,使每个人健康的、合理的心理需要得到程度不同的满足,从而产生乐观、融洽的情绪,对生活,对事业更加热爱、更加追求,使经营环境保持着一种稳定的与和谐的秩序。服务人员通过完备的礼仪,可以沟通与各种类型客户的感情;当服务人员与客户发生了不快、误会或摩擦时,通过一句礼貌用语、一个礼节形式,都会得到及时化解,重新获得彼此的理解和尊重。对于新客户,只要礼仪周全,也会得到他们的信任和好感。反之,即使是老客户,如果与他们进行非礼仪交往,也会变的关系疏远或冷淡。礼仪的协调作用是很大的。

②教育作用。礼仪是一种高尚的、美好的行为方式,她可以净化人的心灵、陶冶人的情操、提高人的品行。在礼仪实践中通过评价、劝阻、示范等教育形式纠正人们不正确的行为习惯,倡导人们按礼仪规范的要求去协调人际关系,维护社会的正常生活。遵守礼仪的人,客观上还起着榜样的作用,无声地影响着周围的人。一个人如果处处遵守礼仪,就会使自己心胸开阔,谦虚诚恳,遵守纪律,乐于助人。在礼仪形式的熏陶下,人们在耳濡目染之中接受教育,提高修养,匡正缺点,成为道德高尚的人。

③创效作用。当前的市场竞争,主要是人才质量和服务质量的竞争。企业的生存与发展、市场与客源、声誉与效益,完全依靠向客户提供全方位的优质服务,而优质服务在保证提供优质品牌的前提下,主要由职业礼仪体现出来。当客户在服务过程中处处受到尊重并享受到热情周到的服务时,会使客户在感官上、精神上产生自尊感、信任感和留念感,他就会认为给他提供服务的人是值得信赖的人,他更会认为这家企业是他选择的最理想的企业。由此可见,服务人员良好的职业形象和企业良好的社会形象,能吸引更多的客户,能给企业带来丰厚的经济效

益和社会效益，能使企业在激烈的市场竞争中得以生存并有更大的发展。

2）礼仪服务规范

（1）仪表、仪容、仪态的礼仪要求

①仪表端庄、整洁。具体要求是：按季节统一着装，整齐、清洁、得体和大方；衬衫平整干净，领子和袖口无污秽；穿西服应佩戴领带，并注意西服与领带颜色相配，且领带无脏污、破损或歪斜松弛；胸卡佩戴在左胸位置，卡面整洁、清晰；穿西服可以不扣纽扣，如果要扣则只扣上边一粒，下边不扣；胸部口袋只是装饰，不装东西，如果隆重场合，仅可装作为胸饰的小花等；其他口袋也不要装入许多东西，如果外观鼓鼓囊囊则很不雅观；穿深色皮鞋，每日擦亮，不穿破损、带钉和异形的鞋；工作期间不宜穿大衣或过分臃肿的服装；女性服务人员服装淡雅得体，不过分华丽。

②仪容洁净、自然，不过分修饰。具体要求是：头发要经常清洗，保持清洁，发型普通，不染彩发，且男性不留长发，女性不留披肩发；面部要清洁，男性不留胡须（经常剃须），女性化淡妆（不浓妆艳抹），不用香味浓烈的香水；指甲不要太长，并经常注意修剪，女性不留长指甲、不做美甲、不涂有色指甲油；口腔保持清洁，上班前不喝酒，不吃有异味的食品。

③仪态主要包括行、站、坐三个方面。具体要求是：行姿，要头正（双目平实视、收颌、表情自然平和）、肩平（两肩平稳、双臂自然在体侧摆动）、躯挺（上身挺直、收腹立腰、重心稍前倾），目光自然，不左顾右盼；行进步幅适当，步速平稳，不忽快忽慢、低头驼背、摇头晃脑、大甩双臂；引导时要尽可能走在客人左侧前方、整个身体半转向客人方向，保持两步的距离、并把安全的方位留给客人，遇到上下楼梯、拐弯、进门时，要伸手示意，并客人上楼、进门等；与客人告别时，应当先退两三步，再转身离去，退步时脚轻擦地面，步幅要小，先转身后转头。

（2）服务客户的礼仪要求

①基本举止规范是：握手要主动热情把手伸向客户，表达诚意；对女客户不要主动先伸手，更不要双手去握。对客户要主动打招呼、目光注视客户，且在任何情况下要保持微笑和一米左右的安全距离。交换名片时要双手接客户的名片并仔细收藏好，不可随意放在桌上；递送名片要双手送出，同时自报姓名。作介绍要先介绍主人，后介绍客人。指点方向时紧闭五指，不可只伸出一个或两个手指。引路以在客人的左侧为其示意前进方向为宜；送客则在客人的右侧为其示意前进方向。

②服务礼仪要求是：客户来到，要面带微笑，主动热情问候招呼："小姐（先生），您好，我能为您做些什么"，使客户感到你是乐于助人的。对待客户要一视同仁，依次接待，认真问候，办理前一个，接待第二个，招呼后一个；在办理前一个时要对第二个说："谢谢您的光临。请稍等"，招呼后一个时要说："对不起。让您久等了"，使所有客户都感到没有受到冷落。接待客户时，应双目平视对方脸部三角区，专心倾听，以示尊重和诚意；对有急事而来意表达不清的客户，应先劝其安定情绪后再说，如"请您慢慢讲，我在仔细听"；对长话慢讲、语无伦次的客户，应耐心、细致听清其要求后再回答；对口音重说话难懂的客户，一定要弄清其所讲的内容与要求，不能凭主观推测忽然理解，更不能敷衍了事将客户拒之门外。答复客户的问询，要做到百问不厌、有问必答，用词用语得当，简明扼要，不能说"也许、可能、大概是、好像是"之类模棱两可或是含混不清的话；对一些难以回答的问题，不要不懂装懂，随意回答，也不能草率地说"我不知道"，更不能不耐烦地说"你问我，我问谁"等，应该实事求是地说"很抱歉，这个问题现在无法解答，让我了解清楚以后再告诉您，请您留下联系电话"。客户较多时，应先问先答，急问

快答，不先接待熟悉的客户，依次接待，注意客户情况，避免怠慢；使不同的客户都能得到满意的接待和答复。在验看客户的证件资料时，要注意使用礼貌用语，验看完后及时交还，并表示谢意，说："××小姐（先生），让您久等了，请您收好，谢谢"。对有意见的客户，要面带微笑，以真诚的态度认真倾听，不要与客户争辩或反驳客户，而要真诚地表示歉意，妥善处理；对个别有意为难、过分挑剔的客户，仍应坚持以诚相待，要热情、周到、耐心，要晓之以理，动之以情。

3）**电话礼仪**

（1）接打电话。接打电话前，要准备好笔和记事本，以便记下通话要点。接打电话要坐端正，不要嚼口香糖、吃东西或喝水，这样客户会感到你是在敷衍了事；接打电话时语音要亲切、自然、吐字清楚，语速较慢。通话结束，礼貌道别。

（2）电话来时，听到铃声，至少在第三声铃响前（最好在第二声铃响前）摘取下话筒。先问候，再自报公司、部门；对方讲述时要留心倾听，并记下要点；未听清时，及时告诉对方，以便对方重述。结束通话时礼貌道别，待对方切断电话后，自己才放下话筒。

（3）注意：工作期间不在电话中聊天，不打私人电话；客户来电话查询，应热情帮助解决问题，如不能马上回答，应与来电话的客户讲明等候时间，以免客户久等而引起误会。

1.3.2 工作习惯

习惯是人们长期养成的不易改变的动作，工作习惯是从事某项具体工作的人长期在工作中养成的动作行为，为了保证汽车服务质量，汽车服务人员应该养成良好的工作习惯。良好的工作习惯有：准时、言而有信、做些分外的服务、客户是最重要的、对客户表示理解、把同事看作客户、忍让在先、微笑服务、使用规范语言等。

1）**准时**

做到准时既是一个礼节问题，也是对客户的尊重。要做到准时，就必须：

（1）为自己制订作息时间表和工作时间安排表，严格按时间表进行有条不紊的生活和完成各项具体工作，如正确控制自己的起居时间、何时完成某项具体事务、何时出行等。

（2）日常工作要有条理性，一切先后有序、按部就班、井井有条、清晰地反映出时间观念，并逐渐养成准时的工作习惯。

（3）与客户或同事会面，首先你要做到准时，且要提前10至15分钟到达，就是乘车也应该如此。

（4）每当出现不准时的情况时，先要查明原因，如交通堵塞、行车路线有误或临时交通管制、时间提前量不够等；后要找出改进办法，如调整时间将时间提前量加大、及时了解或掌握行车路线的变化情况或交通状况的变化等。

2）**言而有信**

客户愿意与你打交道，最重要的原因之一就是你遵守诺言，对客户的许诺能兑现。如果这样，你和你的公司都有好的口碑和好的效益；如果不这样，就会给你和你的公司带来不利的影响。为了养成言而有信的工作习惯，应该做到：

（1）在没有弄清楚客户所需要何种具体服务的情况下，不能承诺客户的要求。

（2）没有十分把握的事不要应承。即便是有十分把握的事，也要考虑清楚才能说"可以"。

（3）当时不能回答的问题，不要马上说"这事我没办法帮助你"，而是晚些时候再给客户一个肯定的回答。

(4)把你许诺过的客户的姓名、许诺之事等记录在备忘录上,方便随时查看兑现情况,以免遗忘。

(5)承诺要留有余地。有时,你充满热心应允客户某些要求,过后你可能发现,你对客户的许诺有些是难以履行;而客户对你是满怀希望的,你又不愿让客户失望,也就是说你已处在两难的境地。因此,你应该只答应完全有把握能做到的事,而不是有希望做到的事。对没有一点把握的事,也不能说:"这事难办,您找别人吧。"要留有余地,主动为客户想办法、出主意,表现出对客户的关心和真诚。应该说:"我可以通过采购员和某个厂家解决您的问题,一旦有了结果,我会马上通知您,您看怎么样?" 对没有十分把握的事,不要一口应承,应说"这件事我没有十分把握,但我一定尽力,争取把这事办好"。对最有把握的事,也不要把话说到头,仍要留点余地,应说:"我看这件事问题不大,我想会解决好的。"

3)做些分外的服务工作

在为客户服务时,要养成为客户做些分外服务工作的习惯。通过为客户做些分外的服务,对你来说,可能是举手之劳,而对客户来说,却解决了他的难处。关键时刻帮了他的忙,客户会记住你的这份情,会认为你们公司是他心目中的优秀公司,他需要服务时就会想到你们公司、想到你。

4)客户是最重要的

你整天忙忙碌碌,今天的工作好像是昨天的重复。这样你会感到烦躁,也容易把客户看做是累赘。可你千万要注意,这样下去是不行的,要养成把客户看做是你工作中最重要的一部分的习惯。如果没有客户,你的工作毫无意义,你们公司也无存在的必要,那样你也没有收入。

5)对客户表示理解

无论你的服务技能多么娴熟,也难免使客户产生不悦的情绪。在这种情况下,你要养成对客户表示理解的习惯。当你遇到客户表示不悦时,尽管你不同意他的观点,你也要对客户表示理解,并用这些语言来向客户表达:

(1)"出了这种事,真对不起"。

(2)"我了解您的想法"。

(3)"您说的我都听到了"。

(4)"我理解您为什么那样想"。

6)把同事看做客户

把你与同事之间的关系看做像对待客户那样重要,把同事看做客户会提高公司内部的整体素质,提高内部人员工作主动性、积极性和协作互助精神,扩大公司的经营能力。对你个人来说,把同事看作客户,有利于你的业务范围扩大,有利于你的工作开展得更加顺利。例如,如果一位客户打电话询问你的同事所没有的信息,你的同事可能与你联系,若你的同事平时与你相处很好,你就会很负责任地回复给你的同事;你向你的同事提供了很好的服务,这时,你的同事就被看做是你的客户,电话那一端的客户就被看做是你的客户也当然地得到了你所提供的服务。

7)忍让在先

更有甚者,无论你工作有多么出色,也难免遇到大发雷霆、吹毛求疵的。当这种情况出现时,你要记住,要以高度的涵养妥善处理好与这种客户的关系,即使是你本身并没有过错,也就是说要养成忍让在先的习惯。切记在客户怒气冲天时,用过激的语言与其针锋相对。否则,不但问题得不到解决,反而会越来越糟糕,不可收拾。

8)微笑服务

微笑会使人产生亲切、热情、平易近人的感觉,微笑服务是服务工作中最基本的要求,所以必须养成微笑服务的习惯,在与客户面对面的情况下要做到微笑服务、在接听电话时也要做到微笑服务。微笑会改变你的口形,使声波更流畅,声音更动听,容易被客户接受,接听电话时客户虽然见不到你,但凭友好、温和的语气,会十分准确地感觉到你在微笑着跟他通电话。大多数客户在评价服务质量好坏常常以微笑服务做得怎样来衡量。

9)使用规范语言

当你养成使用规范语言的习惯时,在客户心目中,你就是一个有较高文化修养、很有亲和力、很专业、很有才气和很有能力的人。客户是非常乐意与像你这样的服务人员打交道的。

(1)规范语言包括:专业语言、礼貌语言和逻辑语言。

(2)忌用语言包括:粗鲁语言、庸俗语言和病句。

1.3.3 语言交流、沟通技巧

1)身体语言

身体语言是在人际交往过程中最常见的一种礼仪表现形式。

(1)身体语言。通过人的肢体、器官的动作和表情来表现思想感情的语言符号,称为身体语言。身体语言是一种非文字语言,包括人的体态姿势、动作和表情。人们在交往中不用口头语言,而只用一个眼神、一个表情、一个微小的手势和体态,就可以传递出非常丰富的内心世界,真可谓"此处无声胜有声"。身体语言有两个特点:

①身体语言的表达效果比有声的口头语言有时会更丰富、更生动,可表达出真实、诚恳的心态。

②身体语言所发出的语言信息比口头语言更具有含蓄、模糊的作用,给人以朦胧美的感官享受。

(2)身体语言的作用。身体语言有以下几个方面的作用:

①交流情感作用。你用一个眼神、一个动作,你所表达的意思,对方已心领神会。对方用一个眼神、一个动作,他所表达的意思,你也已心领神会。

②提示与指令作用。如果当着对方收拾你的公文包,你这是在提示对方:"我要下班了,你应该走了。"假若你去找经理,经理正在与厂商谈业务,经理给你一个手势,那就是在指令你:"你先干别的去,等我忙完了再来找我。"

③联想作用。身体语言所发出的信息,由于有其含蓄性和朦胧感,因而在许多情况下要进行猜测和联想。例如你当着客户收拾你的公文包,你真实的想法是提示客户"我要下班了,你应该走了"。但客户除了理会你的原意外,还可能会联想出许多其他想法,如:他是在催我走;不愿和我交谈了;我有些地方惹他生气了;我有些地方得罪他了;他下次会不会约我再谈等。

(3)如何运用身体语言。身体语言由整洁、眼神、身体姿态和动作、手势、身体接触等构成。运用身体语言要做好以下几个方面:

①整洁。身体语言首先是整洁。能否做到整整齐齐、干干净净、有条不紊,就看这两方面做得怎样。一是个人形象。个人的穿着打扮对你的客户有很大的影响;脏乎乎的手和指甲、乱糟糟的头发和呛人的体味是令人反感的;如果不正视、不解决这些问题,你会以失去一些客户

为代价。同样,衣冠不整也会使人产生一种负面的印象;如果大家都是统一着装,只有你不打领带或是制服脏兮兮的、或是与别人穿得不一样;那么你就显得非常不合时宜;这些疏忽被客户看到,会给他们留下“这是一个马虎、缺乏条理的人”的印象。我们的客户希望我们的衣着和外表符合职业要求;如果你是一名汽车维修技师,你身上应该有一些油渍、手上也应该有机油等,这是客户心目中的汽车维修技师的形象;如果你的工作服上没有一点油渍,两只手也肌肤细嫩,客户就会以为你的汽车维修技术很差,甚至认为你连汽车发动机罩都不会打开。二是工作环境。如果客户有机会进入你的工作环境,那么工作环境的整洁非常重要;通过了解你的办公桌及工作环境,关于你的工作能力如何、你公司的管理水平和工作效率及工作质量等,客户很快就会得出结论;很难想象汽车进入一个维修环境脏、乱、差的汽车维修站里,汽车的维修质量能够得到保证。

②目光接触。眼睛是打开心灵的窗户。这是因为心灵深处的奥秘都会自觉不自觉地从眼神中流露出来;一双炯炯有神的眼睛,给人以感情充沛、生气勃发的感觉;目光呆滞麻木,则使人产生疲惫厌倦的感觉。

目光接触是最有效力的身体语言技巧之一。因为它可以让客户了解你正在饶有兴趣、聚精会神地听他说话、也愿意接受他的看法。目光接触可以使我们不仅听到客户所说的话,还可以了解他的感受。

运用目光接触要注意做好:把目光的焦点柔和地落在客户的脸上,如客户走近你,不管你当时在做什么,你要立即目不转睛地看着他的脸,同他进行目光接触;当谈话继续时,应该不时地移开目光,避免给人一种“你在盯着他”的印象。不论是初次见面的人、还是熟人,见面时要睁大眼睛、以闪烁的光芒目光接触片刻、面带微笑,显示出喜悦、热情的心情。对方长时间回避你的目光而左顾右盼,是对方不感兴趣的表示,交谈应该尽快结束。目光紧盯,表示忧虑。目光微斜,表示鄙夷。睁大眼睛,表示吃惊。瞪大眼睛,表示气愤。偷看相觑,表示窘迫。表达过度,用锐利的目光盯着对方,使人不敢正视,令人感到紧张不安。表达不充分,当客户走近你,而你却低头伏案工作,不与客户进行目光接触;客户理解为你不愿意和他打交道。

③微笑。人的“喜、怒、哀、乐”都能在面部上表露出来。面部表情是人的内心情感在面部上的表现,你的面部表情能让你周围的人知道你是在高兴、难过、激动等。

在人际交往中,“笑”有着极其重要的作用:微笑是处理好人际关系的一种重要手段,面对不同场合、不同情况,如果能用微笑来接纳对方,可以反映出你具有较高的修养,待人至诚。微笑是调节融洽的交往氛围的有效手段,微笑所表现出的温馨、亲切的表情,能有效地缩短双方的距离,给对方留下美好的心理感受,从而形成融洽的交往氛围。

微笑表达过度会使人感到:生硬、虚伪,笑不由衷;对方痛苦之时,你在幸灾乐祸地向他笑。微笑表达不充分,如当客户走近你,你面部毫无表情,没有一丝笑容;当客户走近你,你在笑,但笑得非常勉强、非常不自然,是那种“皮笑肉不笑”的笑。

④腰部以上的身体姿态。腰部以上的身体姿态包括身体动作、点头、面对客户和身体微向前倾几个方面。

身体动作。当客户对你不耐烦或想结束谈话时,他会有这样一些身体动作:向后靠或走开;把身子从你那边移开;推开椅子;收拾文件;在你仍在讲话时收拾公文包;不停地看表等。为表现出你非常热心地倾听客户的谈话,并且对此很感兴趣,你应该做到:点头;面对客户;身体微向前倾。

点头。不需要用语言表明你正在注意倾听别人讲话的最好方式之一就是点头。当一位客户正向你不停地讲述某件事的一些细节时，你不用插话，但你又希望让他知道你正在听他讲话，这个时候点头特别有效。点头表达切忌过度，偶尔点头表明你正在倾听，但持续不断点头表露了不耐烦的情绪；点头频率加快是在催促客户“赶快说完”。谈话间歇阶段你仍在点头，表明你根本没有留意周围发生的一切。点头表达不充分则是机械性点头，毫无表情地点头；客户饶有兴趣地向你述说，你没有一点反应。

面对客户。通过你把整个身子转向客户，你向他传递了这样一个信息：他得到了你全部的、毫无分散的注意力。

身向前倾。在与客户交谈过程中，如果你不想结束谈话，那么你就要身体轻轻向前倾，从而让客户了解你对他所说的话很感兴趣。当客户正在表达强烈感情时，你一定要身体微向前倾，对他说“我确实非常乐意听你讲的，我对你非常理解”。

⑤手势。手势在人际交往中有着重要的作用，它可以加重语气、增强感染力。大方、恰当的手势给人以肯定、明确印象和优雅的美感。有很多人每当说话时，就一边说话，一边做手势。手势基本上有两种方法。

第一种是运用手和其他物品表示。这种方法是指那些依靠某些道具能够清楚地为你提供关于客户情绪信息的手势。这些手势包括：一把笔帽套在钢笔上，并把它放入衣袋；这一动作表示准备结束这次会面或谈话。二用手指叩击桌子；这一动作表示一种不耐烦或失望的情绪。三是不停地用力转动手中的笔；这一动作可以有两种不同的含义：表示很不自在或正陷入沉思；此时要观察其他身体语言信号才能决定当时那种含义是合适的。四是哗啦哗啦地抖动衣袋里的硬币；这一动作通常意味着“我很着急，我要离开！”

第二种是单独用手表示，不用任何道具。这些手势包括：一是张开手的姿势（四指并拢，拇指伸开）；这种手势用来表示一个指示，它表示邀请向某一方向走或朝某一方向看；张开手的姿势也是指向一个人或物品更有礼貌、更优雅的一种方式。二是合拢手的姿势（伸出食指指着）；用这种手势也是传递一个指示，但不是邀请而是一道命令；用这种手势来指向人是不礼貌的，尤其是在很近的范围用这种手势来指向别人的脸，这一动作表达的是敌意和愤怒。

使用手势时要注意，使用手势不要表达过度和表达不充分。表达过度，如使用手势动作过大或使用手势太频繁等；表达不充分，如把手紧贴在身体两侧，缺乏手势和手势太少。

⑥有关身体接触。在身体接触方式中，最通行的、最能让人接受的是握手。握手通常表示欢迎、欢送，见面相会、告辞，对人表示祝贺、感谢、慰问，表示和好合作等。

握手要注意握手方式及要求。握手一定要伸右手，手掌垂直；握手时间一般以3~5秒为宜，关系亲近的可以长时间相握；握手的力度应适度，太猛太重是非礼行为，太轻会让对方觉得你在敷衍、冷淡他；对男子，握手时可稍重些，对女子则应轻柔；遇到多年不见的老朋友，不仅可以长时间相握，而且可以加大力度，再晃几晃；如果戴有手套，应先摘下手套再握手；长幼之间，应待长者伸手后，幼者再及时伸手相握；上下级之间，应等上级主动伸手后，下级再伸手；男女之间，应由女士先伸手，男士再伸手，如果女士没有握手的意思，男士可改用点头礼表示礼貌；宾主之间，作为主人，对到来的客人，不论男女、长幼，均应先伸出手去，表示热烈欢迎，女主人也应如此；一人面对众多客户，相见时不可能一一握手，可以用点头礼、注目礼、招手礼代替。

握手时要避免表达过度和表达不充分。表达过度如：握手用力太猛，把对方手握痛；戴着手套握手；与多人握手时用交叉握手；用左手握手；用一条胳膊搂抱客户的肩膀；拍打客户的后背；强行握手；长时间握手；长时间晃手；强行拉住客户不让他走；双手握手等。表达不充分则是握手时犹豫不决；客户主动与你握手，你却有意躲避；刚与你握手，你只是轻轻地碰一下，就把手抽回来。

2）语言交流、沟通作用

语言交流、沟通是人们用口头语言进行交际的一种最基本、最简单和最常用的方式，是人们开展社交活动的主要手段。它的表现形式是两个人或若干人以口头语言为工具，以对话为基本形态，面对面地进行思想、感情、信息等的交流。语言交流、沟通是连接人与人之间思想感情的桥梁，是增进友谊、加强团结的动力。离开了语言交流、沟通，人们进行交际活动十分困难，甚至根本无法进行。

3）语言交流、沟通原则

（1）态度真诚。人们用语言交流，但语言并非是交流的全部，交流的态度能留给对方的视觉和听觉效果。正确的交流，交谈的态度应是真挚、平易、稳重、热情。而虚假、傲慢、慌乱、冷淡则是不好的态度。彼此的信任是交流的基础，只有以诚相待。才能换取对方的信任，给对方留下好感，使对方乐意与你交流，交流才得以成功。

（2）谦恭适度。诚意是交流、交往的前提，推心置腹、以诚相见的态度自然会使人感到和谐、融洽。而要做到诚恳，一是要把自己摆在与对方平等的位置，把相互交流切磋作为目的，而不是满口客套、假意应酬，更不是曲意逢迎、吹牛拍马。二是言谈答对，应真心实意，虚心讨教，而不是过分谦卑，也不应自以为是，更不应言过其实，盲目捧场。三是言谈是双边或多边活动，不应旁若无人地只顾自己高谈阔论，搞"一言堂"，而要做到"抛砖引玉"，让对方或大家畅所欲言。

（3）精神专注。专注是对人尊重的一种表示，会有助于对方更好地讲话。交流时，有人有做小动作、眼睛东张西望的行为，这些行为是缺乏修养和很不礼貌的表现。双方交流的情趣主要在交谈内容和双方的表情上，如果一方能精力集中地倾听，那么，另一方就会津津有味地讲；如果一方表现出心不在焉，这就会冲淡对方的谈话兴致。因此，交流时要做到精神专注、聚精会神。

（4）内容适宜。任何交流、交谈的内容应该是健康的、有益的。如果不是特别的需要，谈话内容不要涉及疾病、死亡等不愉快的事情；不谈那些荒诞离奇、耸人听闻、黄色淫秽的话题；不贸然询问对方履历、工资收入、家庭财产等私人生活方面的问题；一般不询问女士的年龄、婚姻状况、家庭状况、衣饰价格等私人生活方面的问题。根据不同的交谈对象，选择适宜的话题，对方不愿意回答的问题不要继续追问，要避开对方难堪或敏感的话题。不经意碰到对方反感的问题，应表示歉意后即刻转移话题。谈话中不随便道人长短，散布"小道消息"或"流言蜚语"，更不应搬弄是非或制造事端。

（5）语言得体。要做到语言得体，首先是交流的语言应简洁明了，用语准确，将要说明的意思明白无误地表达出来，不要含糊其辞或词不达意、不得要领。其次是交流的语言要文雅礼貌，不带口头语病和脏字。第三是交流的语言要注意分寸，力求委婉、含蓄地表达出来。不要讲过头的话和引起对方不愉快的话。

4）常用礼貌用语和禁忌用语

（1）常用礼貌用语。常用礼貌用语有欢迎礼貌用语，如：欢迎您光临、欢迎惠顾、欢迎您光顾我们公司；问候礼貌用语，如：您好，早安，午安，晚安，多日不见、您好吗；祝贺礼貌用语，如：

祝您节日愉快,祝您新年快乐,祝您生日快乐,祝您生意兴隆,恭喜发财;告别礼貌用语,如:再见,晚安(晚上休息前),明天见,祝您一路平安,欢迎您再来;征询礼貌用语,如:需要我做什么?您还有别的事吗?请您讲慢点好吗?应答礼貌用语,如:不客气,没关系,这是我应该做的,照顾不周、请多原谅,我马上就办,非常感谢,谢谢您的好意;道歉礼貌用语,如:请原谅,打扰您了,实在对不起,谢谢您的提醒,是我们的错、对不起,请不要介意;表示推脱礼貌用语,如:很遗憾、不能帮您的忙,对不起、没法替您办这件事;一般礼貌用语,如:欢迎您、先生,欢迎您、小姐,对不起、让您久等了,我很乐意为您服务,真抱歉、请您再等几分钟等。

(2)服务禁忌语。服务禁忌语有如:老头儿,土老冒儿,有意见、找经理去,有能耐你告去、随便告哪都不怕,谁卖你的、你找谁,不能换、就这规矩,你问我、我问谁,我有什么办法、又不是我让他坏的,听见没有、长耳朵干嘛使的,到底要不要、想好了没有,你买得起就快点、买不起就别买,不是告诉你了吗、怎么还不明白,叫唤什么、等会儿,刚才和你说了、怎么还问,不买就别问,管不着,不知道,问别人去,靠边点,我就这态度,有完没完,别装糊涂,等等。

5)沟通技巧

沟通是帮助你找出客户正确需求和与客户建立良好关系不可缺少的途径;有效的沟通更容易带给你的客户满意的服务,是鼓励对方开诚布公地把心里话说出来的有效手段。达到有效沟通的方法主要有:对客户作出反应、用提问的方式明白对方、换位思考和适当地迎合客户。

(1)对客户作出反应。对客户的需求作出适当的反应是你找出问题而必需要做的事,你要提出恰当的问题和对客户表示关注才能做好这一点。当你表示关注,客户才开始信任你,认为你是在为他服务;表示关注的方法可以直接说出客户对某一件事的感受,也就是把你察觉到的客户感受用自己的演绎方式重复一遍。如:“如果我没看错,您对车的性能是满意的,只是不太喜欢它的颜色。”

(2)用提问的方式明白对方。高质量的提问可使你和客户同时受益,双方都能明白彼此的需要,但要在瞬间了解客户实质性的需求不是很容易的,而要通过几个步骤来完成。

首先,客户接受提问,即请求对方允许你取得你所需要的资料。这时你要表现出对客户的尊重,他会轻松自然地与你对话;请求尽量简单、舒适,你可以说:“我可以问您几个问题吗?”

其次在交谈过程中找出实质性的问题,即通过与对方谈话找到客户遇到的实际问题的资料。在问及实质问题时,你可用“什么”、“如何”、“为什么”和“是么”等问句来进行。如:“制动性能不好是突然发生的吗?”,“车速慢一点制动性能怎样?”,“急踩制动踏板制动性能又如何?”,“在水泥路面上制动性能又如何?”等。

第三则是找出感受问题,即找出更多的用以证实有关主题的信息资料。你提问找出感受的问题后,不是要得到是或否的答案,而是希望得到详细的回应,以便你更了解问题的全部,进而引导客户谈出自己的感受、疑惑或担忧。在这一步里你可用“您想”、“您感到”、“您认为”等字句,引导客户进一步全面描述。如前面问了制动性能方面几个问题后,你可以再问:“那您认为是什么原因导致制动性能较差呢?”,这样,你就有可能知道客户的期望,甚至会找到一些意想不到的、能帮助解决客户问题的非常重要的信息。

(3)换位思考。如果客户认为你很了解他,这是客户一种很深的感受,但他不会直接把“你很了解我”这句话说出来,可他愿意更详细地回答你的提问,这样你就可以与他深入讨论问题的细节部分。这时你就要与客户换位思考,即“如果我是客户,遇到这样的问题我希望得到怎样的处理”。在你设身处地地为客户着想时,你就会更容易了解、迎合客户的需求了,而客户感到你很了解他，会乐意接受你的建议。这样对问题的妥善处理非常有利。

(4)适当地迎合客户。汽车服务要与来自不同性别，不同家庭背景，不同的职业、性格和年龄差别的客户打交道；虽然客户有各种各样，但他们所期望得到的却是同样的，即优质服务。因此，要把客户分为纯商业型、人际型、独裁型、畏缩性、健谈型和务实型等几种类型，并针对不同类型的客户采用不同的方法予以适当迎合，以便使你与客户的距离越来越近、客户越来越信任你，并配合你解决问题。如对一位看起来有点畏缩的客户，你要有友善、关心的反应，舒缓一下紧张的心态，好让他适应，这时你说："您说的对我们很有帮助"，并微笑地点头。又如对一位满带经商口吻的客户，他很有可能期望你的反应，同时满带商业味道，你要着重去谈实际问题以及他的切身问题，这样会更有效。总之，迎合客户的方式要灵活，切忌对任何客户都采用同一种方法迎合。

6)处理异议的技巧

在提供服务过程中，客户对你的任何一个举动，不赞同，提出质疑或拒绝，称为异议。异议有真实的异议（有事实依据的异议）和虚假的异议（缺乏事实依据或与主题毫无关系的异议）两种。一般处理方法有忽视法、补偿法、"是的"与"如果"的巧用和成本细分法。

(1)忽视法。当客户提出一些反对意见，这些意见和眼前的交易没有直接的关系，其用意并非真的想要获得解决或讨论，这就是虚假的。这时你只需带笑地同意他就行了。

(2)补偿法。当客户提出的异议有事实依据时，就是真实的异议。你就应该予以承认并欣然接受，极力否认事实是不智之举。

(3)"是的"与"如果"的巧用。用"是的"表达同意客户的部分意见；用"如果"表达在另外的情况是否会比较好。

(4)成本细分法。把客户的注意力从较大的总数转化成细分化后的金额，让客户更能客观地、清楚而准确地衡量自己所能得到的实惠。

第2章 汽车营销

2.1 汽车市场营销概况

2.1.1 市场营销的含义

1)市场营销的含义

市场营销是由 Marketing 翻译过来的。Marketing 既指企业的一种经营活动,也作为学科的名称,指市场营销学,属于管理学的一个分支。

市场营销学是研究市场营销活动及其规律性的一门应用科学。它诞生于20世纪30年代的美国,至今还不到一个世纪的历史。

在经历了1929—1933年的经济危机之后,美国的市场环境告别了市场供不应求的卖方市场而转入买方市场。市场营销学就是在买方市场的环境条件下产生和发展起来的。作为市场营销学研究对象的市场营销包含了企业经营中与市场有关的一切活动,其目的是为了创造销售产品的机会。

美国市场营销协会(The American Marketing Association)对市场营销的定义是:"市场营销是为了创造思想、产品、服务的交换(该交换能满足个人和组织的目标)而进行的计划和创意、定价、促销、分销、服务的过程。"

营销学界的权威美国西北大学教授菲利普·科特勒(Philip Kotler)在其《营销管理》(第十版)中作出如下定义:市场营销是个人和集体通过创造,并同他人交换产品和价值,以满足需求和欲望的一种社会和管理过程。

为便于理解,我们把市场营销的含义归结为以下几个要点:

①市场营销的中心任务是满足顾客的现实或潜在需要。

②企业营销行为的核心就是将顾客的需求转变成企业的盈利机会。

③市场营销包括市场与消费者研究、选定目标市场、产品开发、定价、分销、促销和销售服务等全部的活动。

④几乎任何东西都可以被营销,营销的产品可以是实物、思想、服务或它们的某种组合。

但需要特别注意的是,市场营销虽源于企业的销售管理,但绝不能把营销等同于销售、推销或促销。菲利普·科特勒(Philip Kotler)指出,如果将营销比作漂浮在海里的一座冰山,销售只不过是这座冰山露出水面的那一部分。他在接受记者采访时谈到:"中国企业过分地依靠媒体和广告做市场营销工作,这是个非常大的错误。"

综上所述,营销的中心任务在于深刻地认识并了解顾客的需要,它是一项包含销售在内的整体性和综合性的活动过程,具体说来企业需要在生产前进行市场需求调查,对顾客的需要和行为进行研究;进而结合自身的资源和优势,确定经营方向,组织产品的研制开发,制定价格,研究选择销售渠道和促销方案,把产品推向市场。在销售过程中还需开展一系列销售服务工作,并收集顾客的反映和意见,将这些信息反馈回企业,为下一阶段的营销工作提供参考。如此不断循环,从而推动企业向前发展。

2)**市场营销学的研究对象及其内容**

(1)市场营销学的研究对象与任务。现代市场营销学,是研究以市场为中心的企业整体营销活动及其规律性的综合性应用科学,其基本任务和目的是为企业的市场营销工作提供基本的理论、思路和方法,提高企业适应市场需求及环境变化的能力,增强企业营销活动的有效性,促进企业的生存与发展,取得良好的综合社会经济效益。

在市场经济条件下,企业作为经济体系中的基本单位,只有同市场系统保持正常的输入输出关系,进行物质的、劳务的、信息的交换,才能生存发展。市场是企业生产经营活动的起点和归宿,是企业与外界建立协作与竞争关系的传导和媒介,是各种环境因素对企业发生影响的枢纽,而且是企业生产经营活动成功与失败的评判者。因此,市场营销学是以产品适销对路、扩大销售为着眼点,围绕市场这个中心来研究企业市场营销活动的。

企业的市场营销活动,包括管理性活动和业务性活动这样两个有机的组成部分。对这些方面的研究,都包括在市场营销学总的内容体系之内。但是,市场营销学对企业营销活动的研究与某一企业对自身营销活动的研究是有所不同的。前者重点是采用抽象的方法、比较的方法和分析综合方法,密切结合企业营销的实际,研究营销活动的一般过程及其发展变化的一般性规律,进而为企业的营销实践活动提供基本的理论、思路和方法;后者则主要是运用包括市场营销学在内的有关学科的知识,分析和解决企业在营销活动过程中遇到的各种具体问题,在一定的环境系统中保持自身生产经营活动的正常运行,实现企业的具体任务和目标。

市场营销学是一门边缘性学科,它具有显著的综合性特点。这是因为,社会经济生活是一个复杂的有机体,影响企业市场营销活动的因素是多种多样的,不仅有经济因素,而且有自然因素、社会文化因素、政治法律因素和社会心理因素等。所以,市场营销学要综合运用多学科的研究成果,考察这些因素对企业营销活动的影响,探索营销活动的一般过程和规律性,运用多方面的知识、多种方法和手段,探索解决问题的途径。

市场营销学作为一门应用学科,它的科学性集中表现为可行性。这里所说的可行性,指的是市场营销学提供的理论、思路和方法。在企业的市场营销实践活动中切实可行,能够有效地促进企业的营销活动与不断发展变化的外部环境保持适应性,增强企业的竞争能力,在较好地满足市场需求的前提下求得自身的生存发展,提高综合的社会经济效益。市场营销学的研究和应用,必须把可行性研究放在很突出、很重要的地位上。

(2)市场营销学的内容体系和研究方法。市场营销学是一个总的名称,它由一系列具体的学科组成,是一个研究领域和研究内容较为广泛的多层次、多分支的学科体系。

企业的市场营销活动,大体上可以划分为管理性活动和业务性活动这样两个基本的组成部分,而在每一个部分中又包含着一系列具体环节的工作或者说多方面的具体活动内容。以各类企业的整体性市场营销活动的一般过程和规律性为对象的研究,形成了市场营销学中的一般性综合学科,如市场营销学原理、市场营销学概论等;以各类企业整体性市场营销活动中的某一个基本方面或其中某些环节的共性问题为对象的研究,形成了市场营销学中的一般性专业学科,如市场调查与预测分析、目标市场研究、营销战略研究、市场营销组合研究、产品生命周期及营销对策研究、市场营销各种职能的研究等;以某类(种)产品、业务的市场营销活动或某类(种)企业的整体或其中某个方面、某个环节的营销活动的特性问题为对象的研究,形成了市场营销学中的行业性专业学科,如消费品、产业用品市场营销学,农业企业、工业性企业和商业企业市场营销学,国际市场营销学等;以世界各国市场营销的理论与实践的比较研究为对象的比较性学科,如国际比较市场营销学等。上述这些学科,以综合性学科为基础,共同构成了现代市场营销学总的内容体系和学科体系。

从历史的角度看,市场营销学总的学科体系和内容体系,是随着人们对市场营销问题从局部到整体、从个别到一般、从业务性活动到管理性活动研究的逐步展开而形成并完善起来的。

近百年来,在人们从不同的需要出发,对企业市场营销活动进行的多角度、多侧面、多层次的研究工作中,形成了产品、机构、职能、历史、管理、系统这样六种主要的是学科性研究方法。

产品研究法,即对各类或各种产品的市场营销问题分别进行研究,侧重于考察不同产品的营销个性问题,如农产品、工业产品的市场营销,消费品、产业用品的市场营销等。产品研究法,分析较为详细、具体、深入,主要适用于某些专业性市场营销学课程的教学研究工作 ,同时也是企业研究某项产品的具体市场营销问题的重要手段。

机构研究法,指的是处在市场营销假渠道系统中从事市场营销活动的各种类型的组织,如各类生产企业的市场营销部门、供应商、商品代理商、商人批发商、帮助商等。所谓机构研究法,就是以市场营销渠道系统中的某类或某些机构、组织为对象,着重分析它们的市场营销活动的特性问题。这一方法主要适用于某些专业性市场营销学课程的教学研究工作,同时也为不同行业、不同类型的企业所重视。

职能研究法是指,市场营销的管理性职能,涉及决策、计划、组织、指挥、监督、调节、控制这样一些方面;市场营销的业务性职能,包括交换、实体分配、便利交换和实体分配等。所谓职能研究法,就是通过详细分析各种市场营销职能以及企业在执行这些职能中所遇到并要解决的问题来研究和认识市场营销。这一方法有利于较为深入地剖析企业各个营销环节的活动,它不仅在一些专业性市场营销学的教学研究工作中被采用,在综合性市场营销学的教学研究工作中也受到重视,同时也是企业研究自身营销工作的一种重要方法。

历史研究法,就是从事物发展演变的角度来分析、研究和阐述有关的市场营销问题。例如,分析研究市场营销概念、市场营销工作指导思想、市场营销战略思想、市场营销方式、批发机构与零售机构等方面的发展变化,从中找出其发展变化的原因,掌握其演变的规律性,以指导现实的工作。在市场营销学的教学研究工作中,一般都重视采用这一方法,但通常并不将其作为唯一的方法单独使用。

管理研究法,也称为决策研究法,它侧重于管理决策的角度来研究企业的市场营销问题。从管理决策的角度看,企业的营销活动受两类因素的制约和影响:一类是企业的外部环境因素,另一类是企业内部条件。企业的市场营销策略,包括两个相互关联的基本部分:一是目标市场策略,另一是市场营销组合(主要包括产品、价格、渠道、促销这样一些基本因素)策略。企业在制定营销策略时,必须全面分析企业外部的环境因素,同时考虑到企业的内部条件,进而依据企业的任务和目标,选择适当的市场机会,确定目标市场,制定最佳的市场营销组合方案。将适当的产品提供给目标顾客,从而扩大市场销售,提高市场占有率,增加企业盈利,最终实现企业的任务和目标。由于企业营销的整个业务活动过程都是一系列管理决策的指导下进行的,因此管理决策的正确与否直接关系着企业营销的成败。鉴于上述原因,管理研究法自20世纪50年代末为美国的营销学家提出后便受到了普遍的重视,现已成为市场营销学一般性综合学科教学研究工作中采用的一种主导性方法。采用这一方法编写的教科书,具有概括性强、结构体系完整、适用面广等优点。此外,在其他的专业性市场营销学的教学研究工作中,在企业实际开展市场营销活动时,这一方法也得到了广泛应用。

系统研究方法是指市场营销学研究人员及企业营销管理人员,在从管理决策的角度分析研究市场营销问题时,通常还要结合系统研究法进行。我们知道,系统是由两个或两个以上的相互影响、相互作用的部分组成的有机体。任凭企业的有关环境和市场营销活动过程实际上也是一个系统。企业的市场营销系统,简单地说是由企业(卖主)和目标市场(买主)这两个基本部分组成的。在这两部分之间,通过商品货币和信息这两套流程联结起来,实现系统的运行。但是,一个企业的市场营销系统实际上是很复杂的,一般包括以下几个有机的组成部分:

①企业(卖主);

②市场营销渠道企业;

③目标市场(买主);

④竞争对手;

⑤企业周围的各种公众;

⑥宏观环境力量等。

一个企业要想成功地为其目标市场服务,提高经营效益,在作市场营销决策时就必须全面调查研究并考虑到企业本身、目标市场、市场营销渠道企业、竞争对手、周围公众和宏观环境等各方面的情况,统筹兼顾,处理好各种关系,从而使市场营销系统内的各有关方面保持一种协调性,实现系统的合理有效运行,取得营销的成功。这就是所谓的系统研究方法。

实践表明,企业能否在激烈的市场竞争下不断变化的营销环境中求得生存与发展,最终都要取决于消费者或用户是否购买其产品。因此,市场营销学的核心思想是:企业必须面向市场、面向消费需求,必须了解不断变化的营销环境并及时做出正确地反应。企业要向消费者或用户提供令人满意的产品,并且要用最少的费用、最快的速度将产品送达消费者或用户的手中,企业应该而且只能在消费者或用户的满足之中实现自己的各项目标。所以,在市场营销学的研究工作中,不论研究的角度和具体对象是什么,也无论采用何种具体方法,都必须围绕上述基本思想进行。

2.1.2 汽车营销的发展

分析全球营销和全球汽车营销过去100年的发展,我们发现无论是从营销实践还是营销理论看,营销与汽车营销都已经经过四个大的阶段发展,目前正在向第五阶段发展。因此,从营销理论进步与发展的历史角度,营销理论基本上可以分为五代。而中国汽车产业过去二十年的发展,也在一定程度上,再现了全球汽车产业发展前几个阶段的特征与特点。

1)第一代汽车营销:以产品为导向,以产品创新为核心工具的营销阶段

早期的汽车产业,一个突出的特征,就是产品相对短缺,供不应求,消费者没有选择。谁能够批量生产消费者购买得起的汽车,消费者就购买谁的产品。这就是第一代汽车营销。

中国在1992年之前,也处于这个阶段。由于产品非常有限,只有桑塔纳轿车,这个阶段的后期,1991年引进了奥迪100,但是总体上看,产品数量有限,供不应求。有限的产品通过国家设立的物资贸易公司计划分配给各个地区,各个地区的用户必须得到控办审批指标才能购买。汽车公司只要按照国家计划把产品生产出来就可以了,而国家则根据需要的程度,分配汽车,各省市汽贸公司只不过履行一个交车手续而已。

而在供不应求的背景下,营销理论研究的对象,就是如何分配有限的汽车资源,如何解决顾客排队的问题,如何根据汽车数量,确定最低服务水平的维修网点。因此,这个阶段的营销理论,从本质上看,其实是渠道与配送体系的理论。

2)第二代汽车营销,依靠多个营销手段创新为核心工具的营销阶段

短缺导致早期参与竞争的企业,获得了巨大利润,这使得现有企业扩大生产,而新企业也积极进入汽车产业,于是竞争出现了。尽管这个阶段竞争水平很低,但是,已经迫使汽车厂家开始进行多方面的营销创新,营销实践与理论开始进入到第二阶段。

第二阶段营销的突出特征,就是简单依靠产品与价格的厂家,为了赢得市场,销售产品,开始使用多个销售工具。比如,开发新的产品,调整价格,进行广告宣传与品牌塑造,创新销售渠道等。汽车营销进入了多个营销手段创新时代,在汽车产业,这个阶段的代表是通用汽车。

中国汽车营销在1992年到1999年这段时间,表现出了第二代营销理论的很多特征。1993年之后,汽车市场处于相对疲软状态,合资引进的车型初期并没有被消费者充分接受,捷达轿车等品牌碰到了前所未有的困难,在这种背景之下,企业开始尝试营销创新。由于产品、价格主要由外资企业确定,能够进行营销创新的领域,是品牌宣传和渠道建设。其中,汽车产业创新者,应该是捷达轿车,为了解决市场的困难,捷达开发了一套以深度品牌消费者价值为核心,以重大展示品牌消费者价值的事件为支点,以消费者关注利益为出发点的品牌塑造体系,开始了积极的品牌塑造。1996年4月份,捷达品牌推出了六十万公里无大修活动,1997年、1998年,围绕着品牌推出了系列的品牌公关创新活动,逐步改变了捷达在市场上的被动局面,两年之后捷达轿车在广东、深圳的出租车市场占有率从1996年初的5%提升到80%,取得了突破性的增长。捷达另一个系列活动,就是针对家庭轿车市场,展开了赛车宣传,由于是第一家系统应用赛车进行沟通与宣传的企业,并且组成了中国可以参加世界汽联的比赛车队,在以后4年举办的国内7次大赛活动当中,捷达获得了6次冠军,从而奠定了经济耐用赛车式汽车的口碑,为自己的发展奠定了基础。富康在1998年,也进行了一飘(即长江1998年洪水,富康飘起来都没有伤害)、一撞(1998年,富康参加了北京碰撞试验)等公关新闻的宣传。这个阶段品牌营销的突出特征,就是以重大展示品牌的事件为核心,进行覆盖式重点宣传,同时,配套其他沟通与宣传。

这个阶段,中国的营销,尽管有所创新,但是,并没有达到系统的阶段,由于合资企业与中国汽车制造技术的限制,战略品牌营销的手段并没有跟上,因此,该阶段营销主要是单一营销功能即宣传因素的创新。

3)第三代汽车营销:4P整合营销功能为核心工具的营销阶段

1960年代,美国汽车营销进入到了营销发展的第三阶段,即整合营销阶段。1962年美国营销专家第一次提出了4P理论，将单一营销功能效率的研究，提升到了整合的发展阶段，形成了更加系统的4P专业化工具。这个理论的核心观点是，一个产品的销售，不仅仅取决于单一营销功能的创新，而是取决于产品(product)、价格(price)、渠道(place)、沟通(promotion)四大方面的系统努力，企业产品要销售出去，必须保证四大方面，都达到一个优势的并且在整体上相一致的水平。

从1999年开始，中国汽车营销的体系也进入到第三代营销，即4P理论为核心的阶段。这个阶段，由于跨国汽车公司大量进入中国，为跨国公司提供服务的营销服务机构，如广告、公关公司也涌入中国市场，他们带来了他们多年习惯的采用的整合营销理论为核心的一些办法。4P理论指导下的汽车品牌推广手段，逐渐取代了第二代单一品牌宣传的做法。在实践上，产品因为主要由跨国公司提供，价格也主要由跨国公司根据市场确定，因此，中国汽车营销主要是两大内容，第一是宣传。这一领域的技术很大程度上沿袭了美国汽车60年代开始普遍应用的整合营销沟通体系，这个方法体系的特征，就是在产品与价格确定的背景下，大剂量的广告投入，铺天盖地的宣传，建立"4S店"统一形象的服务体系，结果，汽车新兴品牌迅速崛起，同时，单台汽车的营销费用的价格不断的上升。在1995年到1999年期间，每台捷达的品牌促销费用只有500块钱，但是在1999年之后到2002年，全国平均单台轿车的费用上升到1 800到2 000元的水平。整合营销理论占据了汽车产业的主流，产品、价格、渠道、宣传四位一体的整合营销品牌宣传模式，成为汽车厂家的主要工具。而在汽车零售产业中，由于汽车井喷带来的暴利，使这一战略，也能够在汽车零售市场顺利进行，2000年开始，4S店建设流行，中国汽车营销渠道，正式进入了以厂家主导的"4S店"时代。

4)第四代汽车营销:石油危机导致了考特勒营销需求管理的理论成为主流营销理论

然而，4P理论并不是汽车营销发展的终结。1970年代全球经济遭遇中东石油危机，全球油价爆长，导致4P原理指导下的大型轿车企业出现了营销危机，也暴露了4P营销理论的局限性，营销理论进入了第四个发展阶段。

第四代营销要求多方位、全角度的接触消费者，对消费者的需求进行系统管理。第四代营销需求管理理念的出现，带动了全球汽车营销业的革命。丰田公司按照这个标准，开展了一县一店的工作，要求各店人员，对市场需求进行准确管理。大量丰田人员，深入每个家庭，访问消费者，了解消费者汽车需求，帮助消费者分析丰田汽车是不是能够满足他的基本要求;然后，不管消费者是否买车，都要求对消费者需求进行管理和控制，有效地进行需求分析和挖掘，这些行为，导致丰田汽车，逐步控制了日本的汽车市场，丰田实现了长时间保持40%市场占有率的目标。这一模式的成功，导致整个全球汽车产业进入了典型第四代营销理论的阶段。

5)处于萌芽与发展阶段的第五代营销:价值战略营销

第五代营销，目前处于萌芽与发展状态，但是，它已经表现出了明显不同于以往的营销特点，那就是高度强调消费者的利益和价值，要求厂家想方设法，在成本和费用能够支持背景之下，尽可能实现消费者价值最大化。

在21世纪汽车领域，创造消费者价值最大化突出表现在以下几个方面:第一，定制化，在美国，已经把定制一款汽车的时间交货周期压缩到20天，允许消费者，根据实际需要，有所调整自己的消费价值量;第二，针对市场需求，开发出多种车型，满足市场需求;第三，多方面满足消费者的顾客利益和价值，形成从贷款服务、汽车维修保养，完整的价值服务体系，并且根据市场的竞争状况和居住状况，灵活地调整价值的;第四，深度塑造品牌价值，这一点，日本做得非常成功，通过大量宣传日本的管理模式和方法，并且在产品当中切实让消费者感受日本产品的优势和特征。日本很多汽车产品，在美国销售，超过了美国本土汽车，甚至同样技术和风格的汽车，日本汽车销售的价格，可以比美国汽车高 10%，这样一种，多层次多角度塑造品牌手段，立足价值设计品牌手段；第五，从未来社会利益出发，开发节油汽车，像日本丰田，已经开发出油电混合动力的发动机，将一公升汽油的行驶里程提高到 86 公里。对于上述品牌来说，其实都不存在销售的困难，但是，这些企业之所以提前进行这样的准备与开发，一个突出的目标，就是在创造消费者价值上实现全球领先。

2.1.3　我国汽车营销现状

当前，我国汽车工业已经形成了比较完整的产品系列和生产布局。一汽集团、东风汽车、上汽集团等大型企业集团的发展已具有一定规模，国产汽车市场占有率超过 95%，载货汽车品种和产量能基本满足国内市场需求，轿车市场的供需矛盾也得到了缓解。随着中国汽车市场不断壮大，原有的营销模式效果已越来越不明显，形形色色的营销创新逐渐成为企业实现更好生存发展的必要手段之一。

在这些年的发展中，我国汽车营销模式取得了长足的进步。营销模式正在向多样化方向发展，这符合当前汽车市场发展阶段的特点和汽车消费群体的不同需求，适应市场差异化、消费个性化的要求。经营、销售和服务都比较规范的特许经营专卖店，是目前汽车厂家积极推行的主要营销模式，这类规模合理、服务齐全的 3S 或 4S 店得到广泛推广。从客观上讲，我国汽车营销总体上处于产品不断更新、价格不断下降、宣传手段不断创新、渠道服务不断拓展提升的阶段。

而从过去 10 年中国企业营销的发展历史看，中国汽车营销的方式与方法，将在很大程度上受到西方汽车营销的影响。西方汽车营销 100 多年的实践与理论发展的历程，相当部分会在中国汽车营销的发展过程中重演。因此，站在全球汽车营销实践与理论的历史演进角度，客观地评估中国汽车营销现状，分析当前中国汽车营销所处的实际历史阶段，从全球汽车营销演变的和发展的一般规律出发，结合中国实际，分析未来中国汽车营销创新与发展的趋势，具有极大的现实价值。对于中国汽车产业界来说，从一个长达百年的汽车产业营销手段创新的历史角度，分析和判断我们现状究竟处于汽车营销发展历史的那个阶段，并从全球汽车营销发展的一般趋势角度分析未来，中国汽车营销将向何处发展，显然是当前企业适应未来必不可少的工作。

分析近年来汽车产业的营销，一个突出的特征，就是价格战成为市场主流策略，品牌反倒成为次要的手段。近年来价格战之所以高度激烈，主要是因为一批优势全球品牌，采取双优势战略，在中国市场主动发起战略性的降价，如现代，导致本来就高度依靠价格差距销售的自主品牌也被动降价，从而形成降价的连锁反应。

当前中国汽车营销状况存在以下特征：

1）中国汽车市场已经全面开放，成为一个充分竞争的市场

中国汽车市场正在经历一次全面的价值洗牌，简单依靠品牌进行市场销售的时代，即使对于外资品牌来说也已经结束，由于自主品牌存在与多个外资品牌进入，强势外资品牌在中国市场获取高额垄断利润的时代，也已经不再存在。中国市场已由早期少数几个品牌的寡头垄断，变成一个充分开放的高度竞争市场，也就是说，中国汽车行业，进入了充分自由竞争的时代。

本来外资品牌在前几年一统中国市场,有可能还能维持相对垄断的局面,但是由于外资坚持高价格高利润战略,大批自主品牌的崛起,使这个市场,变成了依靠价格竞争的充分竞争的市场。比如说,QQ的出现,彻底打破了通用汽车SPARK品牌获得高价位垄断利润的可能性,斯巴克只能大幅降价,才能实现销售。SPARK从开始高举高打居高不下,到最后的降价销售,以价格战来拼杀市场,说明中国市场的自由竞争状态,实际上,这个推动价值,进行历史性的回归。

2)**中国汽车品牌营销技术仍然需要提高**

跨国公司在本国的品牌战略与方法,也存在不适应中国本土文化的问题,难以发挥在欧美本土的效果与作用,价格战成为主流手段,说明今天外资强势品牌高举高打的品牌战略,在中国今天已经遇到严重的挑战。

在高档车市场上,2004年福特蒙迪欧、东风日产天籁的低价推出,以及后来跟随的奥迪、宝马等品牌的价格跟进,表明美国、日本或者欧洲的汽车品牌技术,无法彻底形成相对于竞争对手的品牌优势,因此,面对奥迪咄咄逼人的价格为主战略,即使是强势品牌也不得不采用价格战来应对。在中国目前价格高度敏感的市场上,中国汽车产业,无论是外资品牌还是中资品牌在品牌营销上都存在很大问题。即使是强势品牌,也不得不祭起价格战的法宝。

另一个发人深思的问题,就是标志雪铁龙系列的弱销。多年以来,雪铁龙始终没有真正让中国消费者接受两厢轿车,现在面对全行业的价格战,销售下滑了16%,东风雪铁龙开始亏损,意大利菲亚特品牌情况也非常类似,车型品牌沟通存在问题,价格战成为主要武器。这些现象说明,欧美在品牌上也没有适合中国市场的灵丹妙药,传统欧美的品牌战略与品牌沟通技术,如果不结合中国文化,结合中国本土市场情况,肯定将存在严重的问题。而结合中国文化,从根本上,是要了解中国消费者的需求,切实给出产品的品牌价值定位,构建体系完整的营销支持队伍与组织,简单聘请国际背景广告公司,在不进行上述工作的背景下,也无法解决中国企业的问题。丰田路霸汽车,聘请国际知名广告公司在华合资企业,担任顾问,所设计的广告,在2003年底一推出来,就遭遇文化不适应的麻烦,“霸道你不得不尊敬”,不但没有带来预期的品牌影响,相反,带来了巨大的负面效果,担任品牌顾问的法国萨奇兄弟广告公司在中国的合资企业,盛世长城,显然没有将法国品牌技术与中国文化相结合。而后来推出的丰田越野车汽车,虽然有强使品牌优势和产品技术优势,但是在品牌塑造和宣传上,应当说也不成功,CRX宣传,应当说平淡无奇,缺乏明确的品牌价值导向。

研究近年的汽车市场,我们可以看出,在品牌操作模式和品牌理论上,无论是外资品牌自身还是外资品牌营销服务机构,都没有适应中国市场的灵丹妙药,这一基本显示,一方面为自主品牌的发展提供生存的空间,另一方面,也为后进外资品牌在中国进一步加大生存空间和市场占有率,提出了现实的挑战。

总而言之,中国社会的消费者的独特消费文化和中国汽车市场营销体系的独特特征,都要求必须开发出一套适应中国本土品牌文化的营销模式与理论思路,简单盲目地照搬照抄西方现有的模式,是无法真正获得成果的。

3)**单一依靠一种竞争优势难以打开市场**

中国的市场,今天总体上来看,已经进入充分竞争的发展阶段,在这个市场背景之下,除非我们在战略上和营销上,必须有更新的模式,进行创新发展,否则无以生存。

对中国今天的企业来说,单纯依靠一种竞争优势,比如说,品牌优势价值或者价格的模式,已经无法让领先者继续领先,更无法让后继者脱颖而出。领先的品牌利用自己的固有品牌优势,维持相对优势价格已经非常困难,但是后进品牌必须依托品牌加价格优势两种手段,才能够在市场当中脱颖而出。而对自主品牌来看,除非是提供更大优势的消费者价值量,否则,在竞争市场当中无法生存下去。价格的空间越降越少,在这个背景之下自主品牌,必须充分的操作品牌的产品两大武器,在继续保持价格优势的背景之下,在产品和面子两个方面,满足消费者的需要,才能生存和发展下去。

4)汽车行业面临低利润挑战

中国汽车市场快速的增长掩盖了汽车行业营销的诸多不足,从2004年汽车市场降价潮开始至今,更多的汽车企业都感受到了传统的广告战、产品战、价格战的营销模式,收效甚微;更多的汽车销售商则感觉到了产品销售吃力,利润低微,难以继续维持的生存压力。

市场潜力巨大与市场竞争激烈紧密关联,越来越多的竞争者加入(新的汽车品牌、新的汽车品牌代理商),让市场竞争进入到了白热化的程度。汽车企业和汽车销售商在新的市场竞争环境下,都在沉思一个问题,就是如何面临汽车微利时代的汽车营销问题。

汽车市场每年的快速增长,让更多的汽车品牌生存了下来。不管规模大小,所有的汽车品牌都可以在汽车大市场看好的情况分一杯羹。汽车企业和销售商感受到的压力只是刚刚开始,他面临的只是赢利减少的现状,接下来的市场竞争会感觉到越来越残酷的竞争,并且直面生存问题。

赢利问题销售商率先受到考验:汽车企业在汽车产业链中居于主导地位,因为竞争的激烈,价格让企业损失了一定的利润,但并不至于影响其生存问题。销售商作为营销的中间环节,已经感受到了生存压力。大的综合汽车市场,没有售后服务的支撑,越来越薄的销售利润,让综合卖场难以维持。4S店则因为运营成本高和客户关系没有维持,同样面临低利润。

2.2 汽车营销市场与汽车营销方式

2.2.1 汽车营销环境

1)什么是市场营销环境

市场营销环境是企业生存和发展的条件,是指影响企业营销活动和营销目标实现并与企业营销活动有关系的各种因素和条件。菲利浦·科特勒认为:"企业的营销环境是由企业营销管理职能外部的因素和力量组成的。这些因素和力量影响营销管理者成功地保持和发展同其目标市场顾客交换的能力。"也就是说,市场营销环境是指与企业有潜在关系的所有外部力量与机构的体系,它包括宏观环境和微观环境。宏观环境是指一个国家或地区的自然、政治法律、人口、经济、社会文化、科学技术等影响企业营销活动的宏观因素;微观环境是指企业内部条件,包括企业的顾客、竞争者、营销中介、社会公众等对企业营销活动有直接影响的因素。宏观环境和微观环境是市场环境系统中不同的层次,所有的微观环境都受宏观环境的制约,而微观环境对宏观环境也有影响。企业的营销活动就是在这种外界环境相互联系和作用的基础上进行的。

市场营销环境是一个不断完善和发展的概念,随着商品经济的发展,发达国家的企业越来越重视对市场环境的研究。企业只有不断的适应各种营销环境的变化才能顺利的展开营销活动,在营销实践中除对营销环境进行科学的研究和预测外还要掌握科学的分析方法,寻找营销机会,避免环境的威胁,及时调整营销策略,使企业的营销活动不断适应变化的营销环境。

2)汽车市场营销环境的特点

汽车产业作为各国国民经济的支柱产业,它对宏观环境与微观环境的变化反应非常敏感。一般来说,汽车市场营销环境有如下几个特点:

(1)差异性

汽车市场营销环境的差异性一方面表现在不同汽车企业受不同环境的影响;另一方面,同一种环境的变化对不同汽车企业的影响也不相同。相应的,汽车企业为适应营销环境的变化所采取的营销策略也各不相同。

(2)多变性

构成汽车市场营销环境的要素是多方面的,不同的要素在不同的时空范围内又会随着社会的发展在不断变化。这些要素的变化是不以人的意志为转移的,多变性是汽车市场营销环境的一个永恒的特性。

(3)相关性

汽车市场营销环境既然是由多方面要素组成的,不是由某一个单一要素决定的,这些要素之间相互作用,相互影响,共同决定着营销环境的变化。比如,目前老百姓关心的汽车价格,就不仅仅受市场供求关系影响,而且还要受到汽车企业技术进步水平、原材料价格水平和国家相关税费的影响。

(4)动态性

汽车市场营销环境是在不断变化的,而且当前汽车市场营销环境的变化速度不断加快,每一个汽车企业作为一个小系统都与市场营销环境这个大系统处在动态的平衡之中。一旦环境变化,平衡便被打破。

3)汽车企业经营环境的内容

汽车企业经营环境从大的方面可以分为国际环境和国内环境两大类。无论是国际环境还是国内环境,又包含以下几方面内容:

(1)自然环境:自然环境是影响企业营销活动的基本因素,它是指影响社会生产的自然因素,主要包括自然资源和生态环境。

(2)历史环境:历史环境是汽车企业其他经营环境的背景。汽车企业通过对历史状况的回顾,可以更好地预测未来和规划未来,对汽车企业的发展提出更切合实际的期望和要求。

(3)政治环境:政治环境是汽车企业经营环境中带有战略意义的重要因素。它首先表现在国际形式和各国的对外政策上,其次是一个国家实行的制度和体制,以及政局是否稳定,法律是否健全,社会是否安定和人民生活是否不断得到改善等。

(4)社会环境:汽车企业的社会环境包括汽车企业所处的社会风尚、人口构成、职业构成、宗教信仰、风俗习惯、家庭构成、民族特点和个人的观点、态度、习惯及行为等方面的内容。

(5)人口环境:人口环境指一个国家和地区(汽车企业目标市场)的人口数量、人口质量、家庭结构、人口年龄分布及地域分布等因素的现状及其变化趋势。

(6)使用环境:使用环境包括气候因素、地理因素、公路交通因素、城市道路交通因素等,构成了汽车使用的具体环境。

(7)经济环境:包括宏观经济环境和微观经济环境,宏观经济环境指影响汽车企业经营活动的企业外部社会总的经济条件,微观经济环境是指汽车企业自身从较窄的角度去看待和分析本行业和本企业内部的积极问题。

2.2.2 汽车营销方式

1)批发与零售

批发商是指那些以进一步专卖为目的,成批专卖货物的商业组织和个人。批发商通常有商人批发商、经纪人和代理商、汽车制造商分销(分公司)和办事处三种类型。批发商是指独立经营、对所经营商品取得商品所有权的批发商,是批发商的主要类型。经纪人和代理商指没有取得商品所有权,只是在买卖双方撮合交易,取得佣金和代理费的中间商。分销部(分公司)一般有商品储备,其形式类同商人批发商,不同的是他直接属于制造企业,没有独立性;办事处一般没有存货,是企业驻外地的业务办理机构。

我国的汽车产品的主要经销企业的销售渠道大多是批发和零售兼营的。其中以原物质部门(现属国内贸易部)的中汽贸易总公司规模最大,其次是中国汽车工业销售总公司,还有东风汽车公司、上海汽车工业总公司等具有较大的规模。

汽车产品的零售形式主要有整车和零配件零售形式。其中,整车的零售大体有三种形式:经销部销售、登门拜访销售和展厅销售。汽车零配件的零售形式丰富,从零售店经营的产品品种、数目看,有专营某一个汽车公司或某一种车型的汽车配件的专卖店,经营多个汽车厂家各种配件的混合店,也有规模大、品种全、兼营批发业务的超级市场。从零售店的集中程度看,有主要分散在社会各个地方,但区域只能一家的分散零售方式,也有汽车配件一条街的经营方式。

2)经纪人与代理商

汽车销售的经纪人与代理商在我国还不普遍,但随着汽车市场的发展,市场逐步与国际接轨,汽车销售代理商和经纪人的行业必将有飞速的发展。在我国社会主义市场经济建设过程中,经纪活动和代理活动越来越多。概括地讲,经纪人活动是在市场经济条件下,介绍买卖双方进行商品交易的一种活动;代理活动是代表被代理人(法人或自然人)所从事的活动。两者都是一种中间人业务活动,是遵循市场经济规律和国家法制的商业性服务活动,都属于第三产业的范畴。

随着改革的深化和市场机制作用的加强,以及同国际汽车市场接轨,代理制度必将用于中国汽车产品的销售。一些有经营实力、有一定规模的销售网络渠道为将来的批发代理制度创造了条件。目前,一些企业和一些汽车经销单位已经或正在开展汽车销售的代理制实践。

3)租赁与回购

按照租赁时间的长短,国际上通常将汽车租赁分成长期租赁和短期租赁。租赁时间(指客户拥有汽车使用权的时间)2~5年的为长期汽车租赁,不超过2年的为短期汽车租赁。在西方各主要经济发达国家,汽车租赁是一种普遍而有效的汽车销售方式。当今,全球最大的汽车租赁网络在世界各地拥有5 000个租车站点和数以万计的服务机构,其客户利用这一网络可很方便地在各地以车代步,并可享受各种配套服务,与自己拥有的汽车没有什么两样,而费用又可以节省许多。此外,欧美大型汽车租赁公司都实行了会员制,它可确保租赁服务的快捷、安全、周到和全面,例如欧洲汽车(租赁)公司为会员在提供汽车租赁服务的同时,又通过自身排名世界第一的饭店业和排名第二的旅行社,为其数以万计的会员进行全方位的服务。

据称,国际汽车业界十分看好汽车租赁市场的发展前景,并将其视为今后推动全球汽车市场持续发展的重要动力之一。为培育这一潜力巨大的市场,近年来各大汽车企业纷纷进行巨额投资。1997 年,美国三大汽车公司向汽车租赁业的投资达到 32 亿美元。1996 年,欧洲八家重要的汽车公司向汽车租赁业的投资达到 455 亿英镑。当前,在美国,租赁形式销售的新汽车占该国汽车总销售量的三分之一左右,并且大部分汽车是作长期租赁用。日本约有 400 多家汽车租赁公司,每年的租赁规模为 200 多万辆,约占全国新汽车销售量的 15%,该比例且有不断提高趋势。韩国现有 110 来家汽车租赁公司,年租赁规模为 2 万多辆,并且呈现成倍增长之势。法国 1997 年以租赁方式使用汽车的人有 300 多万,占法国总人口的 7%。租赁业主还为消费者算了一笔账,以巴黎大区为例,一位汽车车主若每年行驶 10 000 公里,则汽车的全部消费开支约为 4 万法郎,除了用油之外,包括纳税、保险、维修保养等所有杂费,每月平均 3 000 多法郎。而租用一辆"斯玛尔特"牌轿车,首次月租金为 6 000 法郎,即约占该车售价的十分之一,而后的月租金仅为 1 000 法郎左右,除油费不计在内之外,保险、保养等均由厂家负担,这对于普通家庭而言,无疑具有很大的吸引力。

回购模式的引进是我国汽车租赁业引进国际先进租赁方式的一个尝试。所谓回购模式,即将公司车辆全部置换更新,以提供最新款式的零公里租赁用车,并为长期客户提供旧车换新车服务,租用新款新车的客户不必要支付额外价格。在回购的基础上,公司还能够根据客户的需求,定期为客户提供和调换新车,满足客户驾驶最新车型的需求。上海最大的汽车租赁公司——安吉汽车租赁公司与上海大众、上海通用汽车公司合作,率先采用了回购这一全新模式,不管用车单位还是个人都表示出了浓厚的兴趣。

4)汽车交易市场

20 世纪 90 年代中期,以亚运村、北方为代表的店铺经营、拼凑交易的集约型的汽车交易市场兴起。当时,单调陈旧的品种无法上升到品牌文化的高度,新生的消费群体对汽车的性价比的关注远大于对汽车品牌的关注,汽车交易市场拥有的价格低、品种全、服务态度好满足了当时人们的这种传统消费心理。尤其难能可贵的是汽车交易市场提供一条龙服务,交通、保险、银行等部门现场办公,烦琐的购车手续得到简化。由当时的顾客心理及营销环境所决定,汽车交易市场成为一段时间内汽车营销模式的大赢家。

在集约型汽车交易市场内,代理制成为主流经营体制。在生产企业拥有渠道决策的权利后,出现了三种销售方式:厂家直销、经销公司买断销售和代销。在汽车销售领域,通常将从事后两种间接销售形式统称为代理。在我国汽车销售体系中,代理作为间接渠道之一已经慢慢被生产企业所接受,已为完成汽车销售发挥了不可忽视的作用。然而与西方成熟的代理制相比,我国的代理存在不小的差距。

5)网络营销

而国内,面对信息需求,汽车消费者选择媒体的态度同样十分鲜明:"当我需要信息时,首先想到的是从互联网上查找"。有关调查显示:在未来一年有预购家用车打算的消费者,网络媒体占 31.8%,超过了电视的 29.4%,居所有媒体的第一位;已经拥有家用车的消费者,网络媒体占 23.5%,仅次于电视媒体。从中可以看出,网络是汽车消费者最重要的信息来源。

汽车由于先天就是高关注度的产品,消费者需要经历非常复杂的决策过程才能购买,因此在网络被应用到汽车营销领域中之后,立即被激发出了强大威力。随着汽车厂商在网络营销应用广度和深度的不断深入,可以断言,汽车营销的未来方向在互联网。

互联网出现以后,出现了网上销售的趋势,而且在美国据说有400多万辆车,占25%左右的车是通过网上的信息卖掉的,但是汽车是比较特殊的产品,必须向用户提供专业的、大量的服务,光靠互联网是解决不了的。因此选择网上售车,必须同时解决汽车从出厂到办各种手续,以及未来的维修、事故处理、保险理赔这些服务。因此这种模式下,汽车企业仍需经销商,但是他们只提供这些服务,从这些服务中谋取利润,这种方式在中国也是一个发展趋势。而实际上目前低成本运营的汽车经销商的实际整车销售利润已经很低,售后服务是以后汽车服务的主要收入来源,汽车网站可以和技术水平、信誉度高的销售商或维修厂进行合作,进一步降低汽车的营销成本,完善售后服务。

作为这种时代最重要的营销力量之一,网络营销已经基本上改变了许多营销的传统思维。在信息传播上,不再存在时间与空间的界限。通过网络营销,汽车销售渠道被大大缩短;成本和库存得以降低;与用户的交流反馈更加直接有效;用户对公司的忠实度大为提高。网络营销的应用使跨国公司对消费者的"锁定"越来越牢固,进一步拉大了与弱小企业的距离,从而使市场呈现"主流化"。

可以想象,网络营销的多样化手段及相对低廉的投入,对于汽车厂商或经销商迅速打响自己品牌或进行产品销售有多么大的推动作用。那些只依赖传统广告方式、只懂得花巨资做平面广告然后坐等消费者上门的企业,必然会有一日发现自己已被竞争对手远远抛却在后面。对网络营销的深入利用与挖掘,不仅是产品销售的助推器,更是企业构建竞争优势的一种重要手段。

2.3　汽车市场调研与市场预测

2.3.1　汽车市场的调研

1)营销调研的概念与意义

营销调研就是运用科学的方法,有计划、有目的、有系统地收集、整理和分析有关市场营销方面的信息,并提出调研报告,总结有关结论,提出机遇与挑战,以便帮助管理人员了解营销环境,发现问题与机会,并为市场预测和营销决策提供依据。

汽车市场调研按照调研内容包括:

①汽车营销环境调研;

②营销组合策略调研,如调查价格走势、产品开发与技术发展趋势等;

③竞争对手调研;

④用户购车心理与购买行为调研。

若按照产品是否进入市场,营销调研可分为:

①产品进入市场前调研;

②产品进入市场后调研。

营销调研是企业经营的一项经常性工作,是企业增强经营活力的重要基础。营销调研的作用与意义在于:有利于企业在科学的基础上制定营销战略与计划;有利于发现企业营销活动中的不足,保持同市场的紧密联系与改进营销管理;有利于企业进一步挖掘和开拓新市场,发挥竞争优势。

2)营销调研步骤

市场营销调研一般可分为准备、实施和总结三个阶段。

(1)初步分析情况

营销调研首先是分析初步情况,明确调研目标,确定指导思想,限定调查的问题范围。调研目标一般由企业营销综合职能部门提出,主管领导批准。调查目的和指导思想一经确立,在以后的调研活动中应始终围绕本次调研的总体目标和指导思想进行工作。

(2)成立调研工作组

为了使调研工作有计划、有组织地进行,成立调研工作组是必要的。其组成人员可能包括市场营销、规划、技术研究、经营管理、财务或投资等多方面的人员。

(3)制定调研方案和调研程序

调研小组应根据调研的总体目标进行目标分解,做好系统设计,制定调研方案,确立调研方法与形式,并制定工作计划和阶段目标。

(4)拟订调研题目和制定调查表格

调查题目选得好坏,直接关系到调研目标是否能达到。拟订问题的水平反映了调查小组的工作水平以及调查结果的水平,拟订好调研题目非常重要。为此,调查者在拟订题目和编制调查表格时应做到符合以下水平:

①尽量减少调查者负担;

②问题要具体,用语要准确,让被调查者选择的主要答案应尽量完备;

③调查题目不应有诱导性,避免被调查者受工作人员态度倾向的影响;

④问题必须是被调查者有能力回答和愿意回答的问题;

⑤问题应简单明了;

⑥问题要与被调查者身份与知识水平相适应;

⑦交代问题的填写说明及其他事项,如调查活动的背景、目的等,以让被调查者理解和支持调查活动。

(5)进行实际调查

这是营销调研的实际步骤。为了保证调查工作按计划顺利进行,如必要应事先对有关工作人员进行培训,而且要充分估计出调研过程中可能出现的问题,并建立报告制度。

(6)整理分析资料

工作组应对调查得到的资料及被调查者回函分门别类地统计分析和编辑整理,应审查资料之间的偏差以及是否存在矛盾。

(7)提出调研报告

调研报告是营销调研的最终结果。调研报告编写的程序应包括:主题的确立、材料的取舍、提纲的拟订和报告的形式。在编写调研报告时,要注意紧扣调研主题,力求客观、扼要并突出重点,使企业决策者一目了然;要求文字简练,避免或少用专门的技术性名词,必要时可用图表说明。

3)调查形式与方法

营销调研的主要方式是询问调查,包括直接询问和间接询问。询问法是收集原始资料最主要的方法,具体形式可分为面谈、电话询问、邮寄问卷等多种形式。除询问法外,企业对营销调研也可采取市场实验的调研方式，如通过对新产品的试销收集市场信息，观察市场反应与企业营销组合要素之间的因果关系。

调查者除了应选择效果好的调研形式外，还应根据调研目标的不同，选择科学的调查方法。现代调查理论提供多种调查方法，如个案调查法、重点调查法、抽样调查法、专家调查法、全面调查法、典型调查法。

2.3.2 汽车市场的预测

市场预测就是在市场调研基础上，利用科学的方法和手段，对未来一定时期内的市场需求、供给趋势和营销影响因素的变化作出判断，为营销决策的科学化服务。

市场预测方法大体分为定性预测方法和定量预测方法两类。

定性预测主要依靠营销调研，采用少量数据和直观材料，预测人员在利用自己的知识和经验，对预测对象未来状况做出判断。定性预测比较适合于数据缺乏的场合，如技术发展预测、处于萌芽阶段的产业预测、长期预测等。定性预测的方法很多，其中最常用的是德尔菲法。该种方法是1940年代末期由美国兰德公司首创。首先由预测主持人将需要预测的问题拟出；分别寄给各个专家，请他们对预测问题一一填写自己的预测看法；然后将答案寄回主持人；主持人进行分类汇总后，将一些专家意见相差较大的问题再抽出来，并附上几种典型的专家意见请专家进行第二轮预测。如此反复，经过几轮往复，专家的意见便趋于一致或者更为集中，主持人便以此作为预测结果。由于这种方法使参与预测的专家能够背靠背地充分发表自己的看法，不受权威人士态度的影响，可保证预测活动的民主性和科学性。此外，定性预测方法还有社会调查法、综合业务人员意见法，小组讨论法，单独预测集中法等。

定量预测方法是依据必要的统计资料，借用数学方法特别是数理统计方法，通过建立数学模型，对预测对象的未来在数量上的表现进行预测等方法的总称。汽车市场定量预测方法有时间序列分析、回归预测模型、市场细分集成法、类比预测模型、弹性系数法。

预测人员在实际进行预测活动时，应注意以下问题：

①政策变量。汽车市场受国家经济政策和非经济政策的影响很大，在进行汽车市场预测时，政策变量影响模型曲线的拐点与走势。

②预测结果的可信度。在各种预测方法中，只有回归模型提供可信度结果。

③预测的方案。实际预测中应尽量给出多个方案，以增加决策的适应性和可调整性。

④预测期限。预测按预测时间分为长期预测和中短期预测，对短期预测的精度要求应高于长期预测。

⑤数据处理与模型调整。如果某个模型的预测误差较大，人们通常采取对原始数据进行平滑处理的方法。

此外，在进行汽车市场预测时，还应注意预测模型、拟合度与精度等问题。

2.4 汽车营销市场策略

市场营销中的各种营销因素可概括为四个要素，即产品（Product）、价格（Price）、渠道（Place）和沟通（Promotion）。这里四个方面的因素是企业营销的主要手段，一般称为营销因素或者市场因素。这些因素对汽车企业来说是可以控制的,也就是说汽车企业根据市场的需求,可以决定自己产品结构,制定产品价格,选择分销渠道和促销方法。对这些营销手段的运用,汽车企业有自主权。但是如何作出选择,要以汽车企业外部的宏观环境(包括人口因素、经济因素、政治因素、法律因素、技术因素、竞争因素、社会文化因素等)为依据,只有这样才能针对用户需求发挥增进销售的作用。

2.4.1 汽车产品策略

1)产品

汽车产品是汽车市场营销的物质基础,是汽车市场营销组合中最重要的因素。营销组合中的其他三个因素,也是必须以汽车产品为基础进行决策,因此,汽车产品策略是整个营销组合策略的基石。从这个角度来看,汽车产品开发是一个市场营销问题,而不只是脱离市场营销的纯技术问题。

2)汽车产品的组合策略

(1)产品组合及其相关概念

产品线是指产品组合中的某一产品大类,是一组密切相关或相似的产品,通俗地讲就是车型系列。产品项目是指一个车型系列中各种不同档次、质量和价格的特种产品。产品组合是指一个汽车企业提供给市场的全部产品线和产品项目的组合或结构,即企业的业务经营范围。企业为了实现营销目标,充分有效地满足目标市场的需求,必须设计一个优化的产品组合。

(2)汽车产品组合策略

汽车产品组合策略就是指汽车企业如何根据消费市场实际,合理进行产品组合决策。在决策时候,必须考虑下面三方面的因素:一是企业的资源条件,二是市场基本需求情况,三是竞争条件。常用策略有汽车品种发展策略、车型系列发展策略和产品线延伸策略。

汽车品种发展策略主要关注产品线长度,如果企业增加汽车产品品种可以增加利润,则表明其产品线太短,如果减少汽车产品品种可以增加利润,则表明其产品线太长,产品线长度以多少为宜,则主要取决于汽车企业的经营目标。

使用车型系列发展策略时,当企业预测到现有产品线的销售额和利润在未来可能下降,或其他经营条件(如市场竞争、企业经营目标等)将发生变化,就必须考虑在现有产品组合中增加产品线,或加强其中有发展潜力的产品线。

产品线延伸策略是指全部或部分改变原有产品的市场定位,具体有向下延伸(高档产品线中增加低档产品项目)、向上延伸和双向延伸。

3)汽车产品生命周期理论和营销策略

(1)产品生命周期

产品从完成试制,投放到市场,只到最后被淘汰退出市场为止的全部过程所经历的时间,称为产品的生命周期。根据产品销售量、销售增长率和利润等变化曲线可以定性地把产品生命周期划分为四个典型的阶段,即:市场导入期、市场成长期、市场成熟期和市场衰退期。市场导入期是指在市场上推出新车型汽车产品,汽车销售呈缓慢增长状态的阶段。市场成长期是指该车型的汽车在市场上迅速为顾客所接受、销售额迅速上升阶段。市场成熟期是指大多数购买者已经接受该车型,市场销售额缓慢增长或下降的阶段。市场衰退期是指销售额急剧下降、利润渐趋于零甚至负值的阶段。

(2)各阶段的营销策略

①导入期

导入期市场的特点有:产品生产批量小,制造成本高、销售额增加缓慢,广告及其他推销费用的支出很高,产品售价常常偏高。在这个阶段,其营销策略主要有:快速掠取、缓慢掠取、快速渗透、缓慢渗透。快速掠取策略是指以高定价和高促销费用推出新产品,高定价的目的是为了在每单位销售额中获取最大的利润,高促销费用是为了引起目标市场的注意,加快市场渗透。缓慢掠取策略是指以高价格低促销费用将新产品推入市场。快速渗透策略是指以低价格和高促销费用推出新产品。缓慢渗透是指企业以低价格和低促销费用推出新产品。

②成长期

成长期的主要特点是销售量增加快、生产成本下降,其营销策略的核心是尽可能延长成长期。为做到这一点,营销的重点应放在保持良好的汽车产品质量和售后服务质量上。

③成熟期

成熟期又可以分为成长成熟期、稳定成熟期、衰退成熟期。其主要策略为:市场多元化、汽车产品再推出、营销组合改良。其中,汽车产品再推出指改进车型的品质或服务后再投放市场,营销组合改良是指通过改变定价、销售渠道及促销方式来延长产品成熟期。

④衰退期

衰退期的主要特点是汽车产品的需求量和销量迅速下降,其营销策略一般为有计划、有步骤地转产新车型。

2.4.2　汽车价格策略

汽车产品的价格是其价值的货币表现,是由社会必要劳动时间决定的。产品的价格是价值的外在表现,是一个具体的,确定的货币量,而价值则是内在的、不确定的、模糊的。汽车的价格直接关系着产品的市场接受度,影响着市场需求量、销售量和企业利润,所以,确定产品价格是市场营销过程中一个非常重要的、敏感的环节。

1)影响汽车产品价格的主要因素

给汽车产品定价的时候,必须综合的考虑影响价格的各种因素,主要影响因素如下:

(1)定价目标

任何汽车企业都不是孤立地制定价格,而必须按照汽车企业的目标市场战略及市场定位战略的要求来进行。不同的汽车企业,不同的汽车产品,其市场地位不同,自然定价策略也不一样。企业定价目标主要有:维持生存——宜较低价格、适合于短期目标;当期利润最大化——定较高价格;市场占有率最大化——可以通过低价来实现市场占有率;产品质量最优——价格相应较高;应付和防止竞争——通过定价应付或避免竞争(高或低);保持良好的分销渠道——研究价格对中间商的影响。

(2)汽车产品的成本

汽车产品的成本是汽车企业为研究开发、生产和销售产品所支付的全部实际费用,以及汽车企业为产品承担风险所付出的代价的总和。汽车成本可分为科研制造成本、营销成本、储运成本。而生产规模、产品品种、产品质量、企业管理水平和生产经验都将影响汽车产品的成本。

(3)市场需求的性质和状况

在一般情况下,尤其是在自由竞争市场条件下,市场价格随市场供给与需求关系变化而变化。供不应求时,价格上涨,企业利润丰厚,市场刺激生产;供过于求时,价格下降,利润变薄,缺乏竞争力的企业将被淘汰。而当前我国汽车市场虽市场容量和市场潜力很大,但是,已经是一个买方市场,所以,企业应走营销导向之路。

2)汽车产品的基本定价方法

汽车企业制定汽车产品价格是一项非常复杂的工作。价格的高低要受到市场需求、成本和竞争情况等多方面因素的影响,企业制定价格应全盘考虑。但是,在实际工作中,要考虑到所有因素是不可能的,为方便起见,企业常用的定价方法有三种:成本导向定价、需求导向定价法和竞争导向定价法。

成本导向定价是一种主要以成本为依据的定价方法,包括成本加成定价法和目标定价法。成本加成定价法是按照单位成本加上一定百分比的加成来制定产品的销售价格。目标定价法是根据估计的销售收入和估计的产量来制定价格的一种方法。其具体做法是,企业以估计的销售量求出制定的价格。但价格恰恰是影响销售量的重要因素,因此这种做法有很大的缺陷。

需求导向定价法是一种以市场需求强度及消费者感受为主要依据的定价方法,这种方法比较适合营销导向型企业。需求导向定价法所确定的价格代表了大多数客户的感受价值,所以,这种定价方法的关键,是要准确的找到感受价值。因此,汽车企业在定价前必须认真做好营销调研工作,从而对感受价值作出准确的估计。

竞争导向定价法是汽车企业依据竞争汽车产品的品质和价格来确定本汽车企业产品价格的一种方法。此种定价方法比较适合市场竞争激烈的产品,在当代激烈竞争的汽车市场上,不少汽车企业采用此种方法。

2.4.3 汽车分销策略

1)分销渠道的概念

分销渠道,即商品的销售渠道或分销途径,商品从生产领域转移到消费领域所经过的路线和途径,它是沟通生产者和消费者的纽带和桥梁。分销渠道包括商人中间商和代理中间商,以及处于渠道起点和终点的生产者和最终消费者或用户。

2)分销渠道的模式与结构

分销渠道按其有无中间环节和中间环节的多少,即按渠道长度的不同,可分为四种基本类型:直接渠道(生产者—消费者)、一级渠道(生产者—零售商—消费者)、二级渠道(生产者—批发商—零售商—消费者)、三级渠道(生产者—代理商—批发商—零售商—消费者)。

直接渠道(生产者—消费者)即汽车生产企业直接把产品卖给用户。具体形式有推销员上门推销;设立自销机构;通过订货会或展销会与用户直接签约供货等形式。

一级渠道(生产者—零售商—消费者)即汽车生产企业与用户之间只通过一层中间环节,即汽车生产企业把产品销售给直接面对用户的零售商或代理商。

二级渠道(生产者—批发商—零售商—消费者)即汽车生产企业把产品批发给批发商或交给代理商,由他们再销售给零售商,最后销售给用户。

三级渠道(生产者—代理商—批发商—零售商—消费者)是指含有三个或三个以上的中间机构的分销渠道,这种模式不适合运用于汽车产品的销售中。

3)**我国目前的分销模式**

我国目前常见的汽车分销模式,主要有以下几种:批发与零售、品牌专营、地区性汽车交易市场、汽车城。其中批发与零售、地区性汽车交易市场、汽车城在前面章节中已比较详细介绍,下面主要介绍品牌专营。

品牌专营,是指通过统一的汽车企业品牌现象和统一的质量服务,以达到汽车营销的统一运营和规模效应。汽车厂商作为特许人,向特许经销商输出以汽车为核心的产品和品牌商标,而特许经销商以履行合同和遵守各项制度为前提,在一定区域内销售汽车和提供服务。在我国,采用"多位一体品牌专卖店"营销模式的通用、本田、奥迪销售业绩走红,标志着我国汽车进入了专卖店的时代。

2.4.4 汽车促销策略

1)**促销**

促销即促进产品销售的简称。从市场营销的角度看,促销是企业通过人员和非人员的方式,沟通企业与消费者之间的信息,引发、刺激消费者的消费欲望和兴趣,使其产生购买行为的活动。促销的主要作用为:提供汽车信息、突出汽车产品特点,提高竞争力、强化汽车企业形象,巩固市场地位、刺激需求,影响用户的购买倾向。

2)**促销方式**

促销方式有直接促销和简介促销两种,又可分为人员推销、广告、营业推广和公共关系四种。

(1)人员推销即汽车企业利用推销人员推销汽车产品,也称为直接推销。对汽车企业而言,主要是派出推销人员与客户直接面谈沟通信息。人员推销方式有直接、准确、推销过程灵活、易于与客户建立长期的友好合作关系以及双向沟通的特点。但这种方式成本较高,对促销人员的素质要求也较高。

(2)广告是通过报纸、杂志、广播、电视、广告牌等广告传播媒体向目标用户传递信息。采用广告宣传可以使广大用户对企业的产品、商标、服务等加强认识,并产生好感。据统计表明,在各主要的汽车生产国,汽车业是做广告最多、费用最高的行业之一。

(3)营业推广又称销售促进,是指汽车企业运用各种短期诱因鼓励消费者和中间商购买、经销或代理汽车产品或服务的促销活动。其特点是可有效的吸引客户,刺激购买欲望,较好地促进销售。但他有贬低产品之意,因此只能是一种辅助性促销方式。

(4)公共关系是指汽车企业在从事市场营销活动中准确建立企业与社会公众的关系,以便树立良好的形象,从而促进产品销售的一种活动。公共关系是一种创造"人和"的艺术,它不以短期促销效果为目标,通过公共关系使公众对汽车企业及其产品产生好感,并树立良好的企业形象,并以此来激发消费者的需求。它是一种长期的活动,并着眼于未来。

3)**促销组合策略**

四种促销方式各有优点和缺点,在促销过程中,汽车企业常常将多种促销方式同时并用,所谓促销组合,就是企业根据汽车产品的特点和营销目标,综合各种影响因素,选择、编配和运用各种促销方式。促销组合是促销策略的前提,在促销组合的基础上,才能制定相应的促销策略。因此,促销策略也称为促销组合策略。

影响促销组合策略制定的因素主要有以下几个方面:

(1)产品种类和市场类型。例如:重型汽车因使用上的相对集中,市场也比较集中,因而人员推销对促进重型汽车的销售效果较好;而轻型汽车、微型汽车由于市场分散,所以广告对促进这类汽车销售的效果就更好。

(2)促销目标。在汽车企业营销的不同阶段和适应市场活动的不断变化,要求有不同的促销目标。因此,促销组合和促销策略的制定,要符合汽车企业的促销目标,根据不同的促销目标,采用不同的促销组合和促销策略。

(3)产品生命周期的阶段。当产品处于导入期时,需要进行广泛的宣传,以提高知名度,因而广告的效果最佳,营业推广也有相当作用。当产品处于成长期时,广告和公共关系仍需加强,营业推广则可相对减少。产品进入成熟期时,应增加营业推广,削弱广告,因为此时大多数用户已经了解这一产品,在此阶段应大力进行人员推销,以便与竞争对手争夺客户。产品进入衰退期时,某些营业推广措施仍可适当保持,广告则可以停止。

(4)促销预算。任何汽车企业用于促销的费用总是有限的,这有限的费用自然会影响营销组合的选择。因此,汽车企业在选择促销组合时,首先要根据本企业的财力及其他情况进行促销预算;其次要对各种促销方式进行比较,以尽可能低的费用取得尽可能好的促销效果;最后还要考虑到促销费用的分摊。

第3章 二手车市场与二手车评估

3.1 二手车市场现状

二手车或旧车通常是指在公安局车管部门上完牌照后的机动车,二手车市场是汽车市场一个重要的组成部分,也是汽车流通业一个必不可少的重要环节。它的培育和发展,直接影响着整个汽车市场的发展。近年来,我国二手车市场出现了快速增长的良好势头,交易量和交易额均大幅度攀升,二手车在汽车产业链当中的作用和地位日益显现。

我国1999年4月16日在上海召开全国汽车“卖新收旧,以旧换新”的研讨会。来自全国旧车市场和主要汽车生产商的代表积极呼吁,政府应大力发展旧车市场,尽快拿出有利于“卖新收旧,以旧换新”的政策规划市场。重视专业培训和制定有关旧车评估的标准,建立行业协会,相互沟通信息,使旧车市场成为公平、公开、公正的健康市场。国家经贸部等有关领导及行业人事出席会议。这次会议对重视汽车置换、改革传统汽车经营方式起到了积极的推动作用,并把“卖新收旧,以旧换新”作为一种扩大内需、激活市场的有效手段。与会者一致表示:“卖新收旧,以旧换新”发展中国旧车业务的时机已成熟。

我国目前二手车市场发展,呈现出以下特点:

1)我国二手车市场起步晚、发展快

自1998年,国内贸易部颁布了《旧机动车交易管理办法》后,我国旧机动车市场开始步入规范化轨道。短短的5年时间,旧机动车交易量就翻了一翻。以平均每年25%的速度增长,特别是2002年旧车交易量与新车交易量实现了同步增长,同比双双超过了30%。旧车交易量占新车交易量的三分之一,北京、上海两地旧机动车交易市场是我国启动最早、交易量最大的省份,目前两个市场的交易量总和占全国交易量的20%左右。我国已经制定了到2020年经济再翻两番的目标,作为支柱产业的汽车市场必将在一个较长时期内保持快速发展的势头,其中二手车市场可能会发展得更快一些。

2)二手车市场发展潜力巨大

2002年我国汽车保有量同比增长3.9%,而私人汽车保有量同比增长26.04%,私人汽车保有量的增长速度快于全国增长速度。目前私人汽车保有量占全国保有量的比重为47%,北京、成都、广东等地私人汽车保有量超过了50%，特别是近年来人们生活水平的提高和消费观念的改变，公路建设、城市基础建设的大发展以及旅游业的发展，使汽车市场需求急剧扩大，汽车产量快速增长，带动了旧机动车交易的活跃，使车辆更新换代的频率加快。据调查，广州每百人有20人有私人轿车，北京每百人有19人有私人轿车，而发达国家每百人有40~50人有私人轿车，与国外相比差距较大。近期国家统计局，在10个城市5 000户家庭调查，有7.7%的家庭5年内将有车，有42.9%想购车，而选择购买车辆在7万元以下的占51.2%。这说明质量好价位低的旧机动车具有很强的竞争力。随着政府、企业、事业公务车辆的改革，以及城市车辆环保标准的提高，旧机动车市场的潜力巨大。

3）我国二手车市场交易主体单一是影响市场活力的重要因素

我国的二手车市场是从1992年小平同志南巡讲话以后才开始形成并逐步活跃起来的。由于起步晚、发展快，市场管理体制的建设跟不上，所以很不健全。存在着场外交易，偷税漏税，国有资产流失以及非法车辆流入市场等现象。针对这些问题，国内贸易部于1997年下发了《关于加强旧机动车流通行业管理的意见》，于1998年制定发布了《旧机动车交易管理办法》等。主要是针对当时二手车交易市场的管理，因此我国二手车市场交易主体单一，是在当时历史条件下形成的。随着我国市场经济的发展和人民生活水平的提高以及汽车工业、汽车保有量、汽车消费、汽车需求的增长，原有的办法已经不适应市场经济发展的需要，否则将严重影响市场的活力。

4）行业组织不健全是市场不成熟的标志

在计划经济转型为市场经济的进程中，加快行业组织建设成为一项重要的任务，目前上海、山东、湖南、福建、云南等地都成立了二手车行业组织。因此各地和企业呼吁尽快成立全国性二手车行业协会（专业委员会），加强行业自律，加强行业规划、统计、标准等工作。

二手车鉴定评估的目的是为了正确反映汽车的价值量及其变动，为将要发生的经济行为提供公平的价格尺度。其主要任务是：

①确定汽车交易的评估价格。由鉴定估价机构的鉴定估价人员按照交易的目的，选择鉴定估价的方法，确定汽车的评估价格，评估的价格作为买卖双方成交的参考底价。

②转让汽车的所有权。涉及企业或个人的产权变动，汽车鉴定估价机构的评估将作为转让汽车所有权的财产依据。

③法律诉讼咨询服务。当事人遇到机动车辆诉讼时，可以由鉴定估价师对车辆进行评估，有助于把握事实真相；同时，法院判决时也可以依据鉴定估价师的结论为司法裁定提供现时价值依据。

④拍卖。对于执法机关罚没车辆、抵押车辆、企业清算车辆、抵债车辆、公务车辆和海关获得的抵税等车辆，都需要对车辆进行鉴定估价，以在预期之日为拍卖车辆提供拍卖底价。

⑤抵押贷款。银行为了确保贷款安全，要求贷款人以机动机动车辆作为贷款抵押物。放贷者为回收贷款的安全起见，要对车辆进行鉴定估价，而这种贷款的安全性在一定程度上取决于对抵押评估的准确性。

⑥汽车置换业务。狭义的汽车置换就是以旧换新，经销商通过二手车的收购与其旧车或新车的对等销售获取利益，在汽车置换业务过程需要依靠鉴定估价的手段。

⑦国有资产评估。车辆涉及国有资产时，将按国家有关规定，国有资产占用单位在委托评估之前须向国有资产管理部门办理评估立项申请，待批准后方可委托评估机构进行评估。汽

车鉴定估价机构的评估将作为国有资产的财产依据。

⑧识别拼装车辆。为了严肃经济秩序，确保交通和人民生命安全，在汽车鉴定估价过程中要鉴定、识别非法拼装车、走私车、报废车等，防止这些车流入汽车交易市场。

二手车评估的业务类型按鉴定估价服务对象不同，一般分为：

①交易类业务。交易类业务是服务与汽车交易市场内部的交易业务，它是按照国家有关规定，以汽车成交额收取交易管理费的一部分作为佣金的有偿服务。

②咨询服务类业务。咨询服务类业务是服务于汽车交易市场外部的非交易业务，它是按各地方政府物价管理部门对汽车鉴定估价制定的有关规定实行有偿咨询服务。如金融业务的抵押贷款估价，为法院提供的咨询服务等。

3.2　二手车评估方式

3.2.1　在用汽车鉴定估价的概念

在用汽车（简称二手车）鉴定估价，是指由专门鉴定估价人员，按照特定的目的，遵循法定或公允的标准和程序，运用科学的方法，对二手车进行手续检查、技术鉴定和价格估算的过程。二手车鉴定估价是由鉴定估价人员根据所掌握的市场资料，在市场预测的基础上，对二手车的现时价格做出预测估算。

二手车鉴定估价主要要素为鉴定估价的主体、客体、特定目的、程序、标准和方法。鉴定估价的主体，是指二手车鉴定估价由谁来承担；鉴定估价的客体，是指鉴定估价的对象；鉴定估价目的，是指二手车发生的经济行为，直接决定鉴定估价标准和方法的选择；鉴定估价标准，是对鉴定估价采用的计价标准；鉴定估价的方法，是用以确定二手车评估值的手段和途径。

3.2.2　二手车鉴定估价的特点

汽车作为一类资产，其主要特点为：单位价值较大，使用时间较长；工程技术性强，使用范围广；使用强度、使用条件、维护水平差异很大；使用管理严，税费附加值高。由于车辆本身的这些特点决定了旧汽车鉴定估价的特点。

1）二手车鉴定估价以技术鉴定为基础

由于汽车本身具有较强的工程技术特点，其技术含量较高。汽车在长期的使用中，由于机件的摩擦和自然力的作用，它处于不断磨损的过程中。随着使用里程和使用年数的增加，车辆实体的有形损耗和无形损耗加剧；其损耗程度的大小，因使用强度、使用条件、维修等水平不同而差异很大。因此，评定车辆实物和价值状况，往往需要通过技术检测等技术手段来鉴定其损耗程度。

2）二手车鉴定估价以单台为评估对象

由于二手车单位价值相差比较大、规格型号多、车辆结构差异很大。为了保证评估质量，对于单位价值大的车辆，一般都按照整车、部件逐台、逐件地进行鉴定评估。

3）二手车鉴定估价要考虑其手续构成的价值

由于国家对车辆实行“户籍”管理，使用税费附加值高。因此，对二手车进行鉴定估价时，除了估算其实体价值以外，还要考虑由“户籍”管理手续和各种使用税费构成的价值。

3.2.3 二手车鉴定估价的依据

①正确科学的依据

二手车鉴定估价时必须有正确科学的依据，才能得出较正确的结论。

②二手车鉴定估价的理论依据是资产评估学，其操作方法按国家规定的方法操作。

③二手车鉴定评估工作政策性强，依据的主要政策法规包括《国有资产评估管理办法》、《国有资产评估管理办法实施细则》、《汽车报废标准》等，以及其他方面的政策法规。

④二手车价格依据有历史依据和现实依据。前者主要是二手车的账面原值、净值等资料，它具有一定的客观性，但不能作为估价的直接依据；后者在评估价值时都以基准日的为准，即现时价格、现时车辆功能状态等为准。

3.2.4 二手车鉴定估价的工作原则

二手车鉴定估价的工作原则是对二手车鉴定估价行为的规范。为了保证鉴定估价结果的真实、准确、公平、合理，被社会认可，就必须遵循下述原则：

1）公平性原则

公平性原则是二手车鉴定估价中应遵守的一项最基本的道德规范。鉴定估价人员应公正无私，评估结果应公道、合理。

2）独立性原则

独立性原则要求二手车鉴定估价人员应依据国家有关法规和规章制度及可靠的资料数据，独立地评定二手车价格。坚持独立性原则，是保证评估结果具有客观性的基础。鉴定估价人员的工作不应受外界干扰和委托者意图的影响，公正客观地进行评估工作。

3）客观性原则

客观性原则是指评估结果应有充分的事实为依据。它要求对二手车计算所依据的数据资料必须真实，对技术状况的鉴定分析应实事求是。

4）科学性原则

科学性原则是指在二手车评估过程中，必须根据评估的特定目的，选择适用的标准和方法，使评估结果准确合理。

5）专业性原则

专业性原则要求鉴定估价人员接受专门的职业培训，经职业技能鉴定合格后由国家统一颁发执业证书。

6）可行性原则

可行性原则亦称有效性原则。要想使鉴定估价的结果真实可靠又简便易行，就要求鉴定估价人员是合格的；评估中利用的资料数据真实可靠；鉴定估价程序与方法合法且科学。

3.2.5 二手车鉴定估价的程序

评估人员可依法按资产评估的法定程序来确定二手车鉴定估价的实际操作程序和步骤。

在二手车实际鉴定工作中，人们既要遵守资产评估的法定程序，又要简化程序中申报、审批、验收、确认等繁杂的操作手续，根据二手车鉴定估价特点，实行简便易行的操作程序。二手车鉴定估价操作程序是指对具体的评估车辆,从接受立项,受理委托到完成评估任务,出具评估报告的全过程的具体步骤和工作环节。

通常二手车交易市场发生的二手车评估业务有单个的二手车交易业务和多辆或批量的二手车评估业务。

单个的二手车交易业务一般都是零散地一辆地进入市场交易。多辆或批量的二手车评估业务特点是数量比较集中,车辆少则五辆、十辆,多则几十辆。这些客户大多是生产企业或运输企业。单个的二手车评估操作程序相对简单,批量二手车评估操作相对复杂。下面将介绍多辆或批量交易的评估业务一般的操作程序。

1)前期准备工作阶段

二手车鉴定估价的前期准备工作主要包括业务接待、实地考察、签订评估委托协议书。根据鉴定估价的要求,向委托方收集有关资料、了解情况,鉴定估价人员本身需要做的准备工作。

2)现场工作阶段

现场工作阶段的主要任务是检查手续、核查实物、验证委托人提供的资料、鉴定车辆技术状况,并认真做好仔细、全面的记录。

3)评定估算阶段

在评定估算阶段,需要继续收集所欠缺的资料,对所收集的数据资料进行筛选整理;根据评估目的选择适用的估价标准和评估方法,本着客观、公正的原则对车辆进行评定估算,确定评估结果。

4)自查及撰写评估报告阶段

这一阶段主要对整个评估过程进行自查,发现问题,及时处理。对鉴定估价的依据和参数再进行一次全面核对,在认真仔细核对无误的基础上,撰写评估说明和报告,最后登记造册归档。

3.3　二手车评估的基本方法

3.3.1　现行市价法

现行市价法又称市场法、市场价格比较法。它是指通过比较被评估车辆与最近售出类似车辆的异同,并根据类似车辆的市场价格进行调整,从而确定被评估车辆价值的一种评估方法。现行市价法是最直接、最简单的一种评估方法。

这种方法的基本思路是,通过市场调查,选择一个或几个与评估车辆相同或类似的车辆作参照。分析参照车辆的构造、功能、性能、新旧程度、地区差别、交易条件及成交价格等,并与被评估车辆进行比较,找出两者的差别及其在价格上所反映的差额,经过适当调整,计算出被评估二手车辆的价格。

1)现行市价法应用的前提条件

运用现行市价法对二手车进行价格评估必须具备以下两个前提条件:

第一,需要有一个充分发育、活跃的二手车交易市场,有充分的参照车辆可取。在二手车交易市场上,二手车交易越频繁,与被评估相类似的车辆价格越容易被获得。

参照车辆及其与被评估车辆可比较的指标、技术参数等资料是可收集到的，并且价值影响因素明确，可以量化。

第二，评估中参照的二手车与被评估的二手车有可比较指标，即需要人们找到与被评估车辆相同或相类似的参照车辆，并且要求参照是近期的，可比较的。所谓近期，是指参照车辆交易时间与车辆评估基准日相差时间相近，最好在一个季度之内。所谓可比，是指车辆在规格、型号、结构、功能、性能、新旧程度及交易条件等方面不相上下。

2）现行市价法的具体计算方法

运用现行市价法确定单台车辆价值通常采用直接法和类比法。

（1）直接法。直接法是指在市场上能找到与被评估车辆完全相同的车辆的现行市价，并依其价格直接作为被评估车辆评估价格的一种方法。

所谓完全相同是指车辆型号相同、使用条件和技术状况相同，生产和交易时间相近。但是在不同的时期，寻找同型号的车辆有时是比较困难的。我们认为，参照车辆与被评估车辆类别相同、主参数相同、结构性能相同，只是生产序号不同，并作局部改动的车辆，则还是认为完全相同。

评估公式为：

$$P = P'$$

（2）类比法。类比法是指评估车辆时，在公开市场上找不到与之完全相同的车辆，但在公开市场上能找到与之相类似的车辆，以此为参照物，并依其价格再做相应的差异调整，从而确定被评估车辆价格的一种方法。所选参照物与评估基准日在时间上越近越好，实在无近期的参照物，也可以选择远期的，再作日期修正。其基本计算公式为：

$$P = P' + P_1 - P_2$$

或

$$P = P' \cdot K$$

式中 P——评估值；

P'——参照车辆的市场价格；

P_1——评估对象比参照车辆优异的价格差额；

P_2——参照车辆比评估对象优异的价格差额；

K——差异调整系数。

采用类比法评估二手车价值，应按照下列步骤进行：

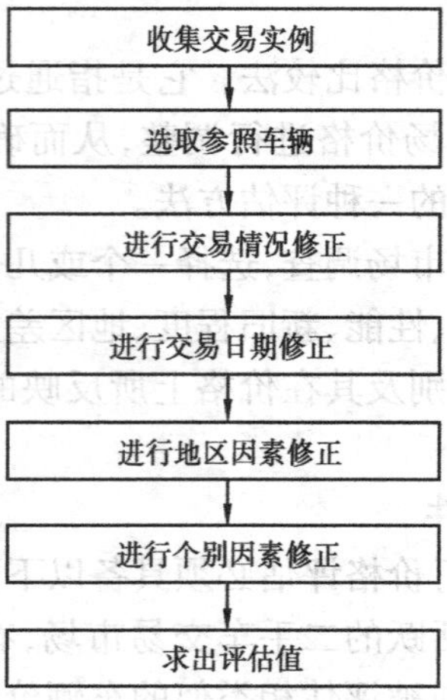

①收集资料。收集评估对象的资料,包括车辆的类别名称,车辆型号和性能,生产厂家及出厂年月,了解车辆目前使用情况,实际技术状况以及尚可使用的年限等。

②选择参照车辆。选定二手车交易市场上可进行类比的对象。所选定的类比车辆必须具有可比性,可比性因素包括:车辆型号和制造年份;车辆制造商;车辆来源,如私用、公务、商务、营运车辆;车辆使用年限及行驶里程数;车辆技术状况;市场状况,是指市场处于衰退萧条或复苏繁荣,供求关系是买方市场还是卖方市场;交易动机和目的,车辆出售是以清偿为目的或以淘汰转让为目的;买方是获利转手倒卖或是购置自用。一般不同情况交易作价差别较大;车辆所处的地理位置,即不同地区的交易市场,同样车辆的价格差别较大;成交数量,如单台交易与成批交易的价格有一定的差别;成交时间,应尽量采用近期成交的车辆作类比对象。由于市场随时间的变化,往往受通货膨胀及市场供求关系变化的影响,价格有时波动很大。

按以上可比性因素选择参照对象,一般选择与被评估对象相同或相似的三个以上的交易案例。某些情况找不到多台可类比的对象时,应按上述可比性因素,仔细分析选定的类比对象是否具有一定的代表性,要认定其成交价的合理性,才能作为参照对象。

③进行交易日期修正。交易日期修正宜采用类似车型的价格变动率或指数进行调整。在无类似车型的价格变动率或指数的情况下,可根据当地二手车价格的变动情况和趋势作出判断,给予调整。

④进行地区因素修正。进行地区区域市场因素修正,应将参照车辆在其他区域市场的价格调整为被评估车辆所在地区的区域价格。

⑤进行个别因素修正。进行个别因素修正时,应将参照车辆与被评估车辆的个别因素逐项进行比较,找出由于个别因素优劣所造成的价格差异,进行调整。

⑥计算评估值。分析调整差异,做出结论。

用市价法进行评估,要全面了解市场情况,这是市价法评估的关键。对市场了解的情况越多,评估的准确性越高。用市价法评估包含了被评估车辆的各种贬值因素,如有形损耗的贬值、功能性贬值和经济性贬值。因为市场价格是综合反映车辆的各种因素的体现。由于车辆的有形损耗及功能陈旧而造成的贬值,自然会在市场价格中有所体现。

经济性贬值则是反映了社会上对各类产品综合的经济性贬值的大小,突出表现为供求关系的变化对市场价格的影响。因而用市场法评估不再专门计算功能性贬值和经济性贬值。

3)采用现行市价法的优缺点

用现行市价法得到的评估值能够客观反映二手车辆目前的市场情况,其评估的参数、指标直接从市场获得,评估值能反映市场现实价格。因此,评估结果易于被各方面理解和接受。

这种方法的不足是需要以公开及活跃的市场作为基础,有时寻找参照对象困难。

可比因素多而复杂,即使是同一个生产厂家生产的同一型号的产品,同一天登记,由于不同的车主使用,因其使用强度、使用条件、维修水平等多种因素作用,其实体损耗、新旧程度都各不相同。

3.3.2　收益现值法

1)收益现值法及其原理

收益现值法是将被评估的车辆在剩余寿命期内预期收益用适用的折现率折现为评估基准日的现值,并以此确定评估价格的一种方法。

采用收益现值法对二手车辆进行评估所确定的价值,是指为获得该机动车辆以取得预期收益的权利所支付的货币总额。

从原理上讲,收益现值法是基于这样的事实,即人们之所以占有某车辆,主要是考虑这辆车能为自己带来一定的收益。如果某车辆的预期收益小,车辆的价格就不可能高;反之车辆的价格肯定就高。投资者投资购买车辆时,一般要进行可行性分析,其预计的内部回报率只有在超过评估时的折现率时才肯支付货币额来购买车辆。应该注意的是,运用收益现值法进行评估时,是以车辆投入使用后连续获利为基础的。在机动车的交易中,人们购买的目的往往不是在于车辆本身,而是车辆获利的能力。因此该方法较适用投资营运的车辆。

2)收益现值法评估值的计算

收益现值法的评估值的计算,实际上就是对被评估车辆未来预期收益进行折现的过程。被评估车辆的评估值等于剩余寿命期内各期的收益现值之和,其基本计算公式为:

$$P=\sum_{t=1}^{n}\frac{A_t}{(1+i)^t}=\frac{A_1}{1+i}+\frac{A_2}{(1+i)^2}+\cdots+\frac{A_n}{(1+i)^n}$$

式中 A_t——未来第 t 个收益期的预期收益额,收益期有限时(机动车的收益期是有限的),A_t 中还包括期末车辆的残值(在估算时,残值一般忽略不计);

n——收益年期(剩余经济寿命的年限);

i——折现率;

t——收益期,一般以年计。

当 $A_1=A_2=\cdots=A_n=A$ 时,即 t 从 $1\sim n$ 未来收益分别相同为 A 时,则有:

$$\begin{aligned}P&=\frac{A_1}{1+i}+\frac{A_2}{(1+i)^2}+\cdots+\frac{A_n}{(1+i)^n}\\&=A\cdot\left[\frac{1}{1+i}+\frac{1}{(1+i)^2}+\cdots+\frac{1}{(1+i)^n}\right]\\&=A\cdot\frac{(1+i)^n-1}{i\cdot(1+i)^n}\end{aligned}$$

其中$\frac{1}{(1+i)^t}$称为现值系数;$\frac{(1+i)^n-1}{i\cdot(1+i)^n}$称为年金现值系数;$t$ 为收益期,一般以年计。

例如:某企业拟将一辆10座旅行客车转让,某客户准备将该车用作载客营运。按国家规定,该车辆剩余年限为3年,经预测得出3年内各年预期收益的数据见表3.1。

表3.1 预期收益表

条目年份	收益额/元	折现率/%	折现系数	收益折现值/元
第一年	10 000	8	0.925 9	9 259
第二年	8 000	8	0.857 3	6 854
第三年	7 000	8	0.793 8	5 557

由表3.1可以确定评估值为:

$$P=92\ 594-68\ 544.555\ 7=21\ 670\text{ 元}$$

3)收益现值法评估参数的确定

(1)剩余经济寿命期的确定。剩余经济寿命期,是指从评估基准日到车辆到达报废的年限。如果剩余经济寿命期估计过长，就会高估车辆价格；反之，则会低估价格。因此，必须根据车辆的实际状况对剩余寿命做出正确的评定。

在车辆技术状况基本正常的情况下，可按照国家规定的报废标准确定车辆的剩余使用寿命。如果车辆的技术状况很差，则应根据车辆的实际状况，判定车辆的剩余使用寿命。对于各类汽车来说，该参数按《汽车报废标准》确定是很方便的。

(2)预期收益额的确定。在收益法实际运用中，收益额的确定是关键。收益额是指由被评估对象在使用过程中产生的超出其自身价值的溢余额。对于收益额的确定应把握收益额及其构成两点。

①收益额是指车辆使用带来的未来收益期望值，是通过预测分析获得的。无论对于所有者还是购买者，判断某车辆是否有价值，首先应判断的问题是该车辆是否会带来收益。对其收益的判断，不仅要看现在的收益能力，而且更重要的是预测未来的收益能力。

②收益额的构成，以企业为例，目前有三种观点：第一，企业所得税后利润；第二，企业所得税后利润与提取折旧额之和扣除投资额；第三，利润总额。

针对二手车的评估特点与评估目的，为估算方便，推荐选择第一种观点，目的是准确地反映预期收益额。为了避免计算错误，一般应列出车辆在剩余寿命期内的现金流量表。

(3)折现率的确定。确定折现率，首先应该明确折现的内涵。折现作为一个时间优先的概念，认为将来的收益或利益低于现在的同样收益或利益。且随着收益时间向将来推迟的程度而有系统地降低价值。同时，折现作为一个算术过程，是把一个特定比率应用于一个预期的将来收益流，从而得出当前的价值。从折现率本身来说，它是一种特定条件下的收益率，说明车辆取得该项收益的收益率水平。收益率越高，车辆评估值越低。因为在收益一定的情况下，收益率越高，意味着单位资产增值率高，所有者拥有资产价值就低。折现率的确定是运用收益现值法评估车辆时比较棘手的问题。折现率必须谨慎确定，折现率的微小差异，会带来评估值很大的差异。确定折现率，不仅应有定性分析，还应寻求定量方法。折现率与利率不完全相同，利率是资金的报酬，折现率是管理的报酬。利率只表示资产(资金)本身的获利能力，而与使用条件、占用者和使用用途没有直接联系，折现率则与车辆以及所有者使用效果有关。一般来说，折现率应包含无风险利率、风险报酬率和通货膨胀率三个方面，即：

$$\text{折现率} = \text{无风险利率} + \text{风险报酬率} + \text{通货膨胀率}$$

无风险利率是指资产在一般条件下的获利水平，风险报酬率则是指冒风险取得报酬与车辆投资中为承担风险所付代价的比率。风险收益能够计算，而为承担风险所付出的代价为多少却不好确定，因此风险收益率不容易计算出来，只要求选择的收益率中包含这一因素即可。每个企业都有具体的资金收益率，因此在利用收益法对机动车评估选择折现率时，应该进行本企业、本行业历年收益率指标的对比分析。但是，最后选择的折现率应该起码不低于国家债券或银行存款的利率。

在使用资金收益率指标时，应充分考虑年收益率的计算口径与资金收益率的口径是否一致。若不一致，将会影响评估值的正确性。

(4)收益现值法评估的程序。收益现值法评估的程序一般如下：

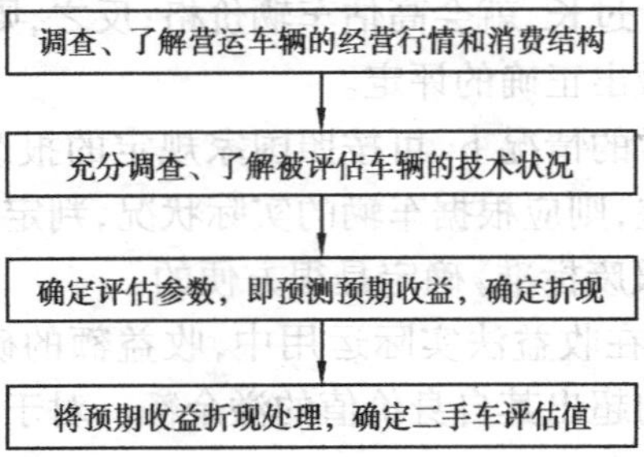

4)采用收益现值法的优缺点

采用收益现值法的优点。采用收益现值法的优点是与投资决策相结合，容易被交易双方接受，能真实和较准确地反映车辆本金化的价格。

采用收益现值法的缺点。采用收益现值法的缺点是预期收益额预测难度大，受较强的主观判断和未来不可预见因素的影响。

3.3.3 价格清算法

1)基本概念

清算价格法是以清算价格为标准，对二手车辆进行的价格评估。清算价格，是指企业由于破产或其他原因，要求在一定的期限内将车辆变现，在企业清算之日预期出卖车辆可收回的快速变现价格。

清算价格法在原理上基本与现行市价法相同，区别在于企业因迫于停业或破产，急于将车辆拍卖、出售。所以，清算价格常低于现行市场价格。

2)清算价格法的适用范围和前提条件

(1)清算价格法的适用范围。清算价格法适用于企业破产、抵押、停业清理时要售出的车辆。

企业破产，是指当企业或个人因经营不善造成的严重亏损，不能清偿到期债务时，企业应依法宣告破产，法院以其全部财产依法清偿其所欠的债务，不足部分不再清偿。

抵押，是指以所有者资产作抵押物进行融资的一种经济行为，是合同当事人一方用自己特定的财产向对方保证履行合同义务的担保形式。提供财产的一方为抵押人，接受抵押财产的一方为抵押权人。抵押人不履行合同时，抵押权人有权利将抵押财产在法律允许的范围内变卖，从变卖抵押物价款中优先受偿。

清理，是指企业由于经营不善导致严重亏损，已临近破产的边缘或因其他原因将无法继续经营下去，为弄清企业财物现状，对全部财产进行清点、整理和查核，为经营决策(破产清算或继续经营)提供依据，以及因资产损毁、报废而进行清理、拆除等的经济行为。

(2)清算价格法的前提条件。在上述三种经济行为中若有机动车辆进行评估，可用清算价格为标准。以清算价格法评估车辆价格的前提条件有以下三点：

①具有法律效力的破产处理文件或抵押合同及其他有效文件为依据；

②车辆在市场上可以快速出售变现；

③所卖收入足以补偿因出售车辆的附加支出总额。

3)决定清算价格的主要因素

在二手车评估中，决定清算价格的主要因素包括破产形式、债权人处置车辆的方式、清理费用、公平市价和参照物价格等。

(1)破产形式。如果企业丧失车辆处置权，出售的一方无讨价还价的可能，则以买方出价决定车辆售价；如果企业未丧失处置权，出售车辆一方尚有讨价还价余地，则以双方议价决定售价。

(2)债权人处置车辆的方式。按抵押时的合同契约规定执行，如公开拍卖或收回归已有。

(3)清理费用。在破产等评估车辆价格时应对清理费用及其他费用给予充分考虑。

(4)拍卖时限。一般说时限长售价会高些，时限短售价会低些，这是由快速变现原则的作用所决定的。

(5)公平市价。指车辆交易成交双方都满意的价格，在清算价格中卖方满意的价格一般不易求得。

(6)参照物价格。在市场上出售相同或类似车辆的价格，市场参照车辆价格高，车辆出售的价格一般就会高，反之则低。

4)评估清算价格的方法

二手车评估清算价格的方法主要有现行市价折扣法和意向询价法以及竞价法。

现行市价折扣法，是指对清理车辆，首先在二手车市场上寻找一个相适应的参照物；然后根据快速变现原则估定一个折扣率，并据以确定其清算价格。

例如，经调查，一辆旧桑塔纳轿车在二手车市场上成交价为4万元。根据销售情况调查，折价20%可以当即出售，则该车辆清算价格为4×(1-20%)=3.2万元。

意向询价法，是指根据向被评估车辆的潜在购买者询价的办法取得市场信息，最后经评估人员分析确定其清算价格的一种方法，用这种方法确定的清算价格受供需关系影响很大。

例如，一台大型拖拉机，拟评估其拍卖清算价格。评估人员经过对三个农场、两家农机公司和三个农机销售商征询，其估价平均值为6.1万元。考虑目前年关将至和其他因素，评估人员确定清算价格为5.8万元。

竞价法，是指由法院按照法定程序(破产清算)或由卖方根据评估结果提出一个拍卖的底价，在公开市场上由买方竞争出价。

3.3.4　重置成本法

1)重置成本法及其理论依据

重置成本法，是指在现时条件下重新购置一辆全新状态的被评估车辆所需的全部成本(即完全重置成本，简称重置全价)，减去该被评估车辆的各种陈旧贬值后的差额作为被评估车辆现时价格的一种评估方法。其基本计算式为：

$$P = B - (D_S + D_G + D_J)$$

或

$$P = B \times C$$

式中　P——被评估车辆的评估值；

B——重置成本；

D_S——实体性贬值；

D_G——功能性贬值；

D_J——经济性贬值；

C——成新率。

从上述计算公式可看出，被评估车辆的各种陈旧贬值包括实体性贬值、功能性贬值、经济性贬值。

重置成本法的理论依据是，任何一个精明的投资者在购买某项资产时，它所愿意支付的价钱，绝对不会超过具有同等效用的全新资产的最低成本。如果该项资产的价格比重新建造，或购置全新状态的同等效用的资产的最低成本高，投资者肯定不会购买这项资产，而会去新建或购置全新的资产，即待评估资产的重置成本是其价格的最大可能值。

重置成本是购买一项全新的与被评估车辆相同的车辆所支付的最低金额，按重新购置车辆所用的材料、技术的不同，可把重置成本区分为复原重置成本（简称复原成本）和更新重置成本（简称更新成本）。复原成本指用与被评估车辆相同的材料，制造标准、设计结构和技术条件等，以现时价格复原购置相同的全新车辆所需的全部成本。更新成本指利用新型材料，新技术标准、新设计等，以现时价格购置相同或相似功能的全新车辆所支付的全部成本。一般情况下，在进行重置成本计算时，如果同时可以取得复原成本和更新成本，应选用更新成本；如果不存在更新成本，则再考虑用复原成本。

机动车辆价值是一个变量，它随其本身的运动和其他因素变化而相应变化。除了市场价格以外，影响车辆价值量下面的变化因素。

(1)机动车辆的实体性贬值

实体性贬值也叫有形损耗，是指机动车在存放和使用过程中，由于物理和化学原因而导致的车辆实体发生的价值损耗，即由于自然力的作用而发生的损耗。二手车一般都不是全新状态的，因而大都存在实体性贬值，确定实体性贬值，通过依据新旧程度，包括表体及内部构件、部件的损耗程度。假如用损耗率来衡量，一辆全新的车辆，其实体性贬值为百分之零，而一辆报废的车辆，其实体性贬值为百分之百，处于其他状态下的车辆，其实体性贬值率则位于其间。

(2)机动车辆的功能性贬值

功能性贬值，是由于科学技术的发展导致的车辆贬值，即无形损耗。这类贬值又可细分为一次性功能贬值和营运性功能贬值。一次性功能贬值是由于技术进步引起劳动生产率的提高，现在再生产制造与原功能相同的车辆的社会必要劳动时间减少，成本降低而造成原车辆的价值贬值。具体表现为原车辆价值中有一个超额投资成本将不被社会承认。营运性功能贬值是由于技术进步，出现了新的、性能更优的车辆，致使原有车辆的功能相对新车型已经落后而引起其价值贬值。具体表现为原有车辆在完成相同工作任务的前提下，在燃料、人力、配件材料等方面的消耗增加，形成了一部分超额运营成本。

(3)机动车辆的经济性贬值

经济性贬值，是指由于外部经济环境变化所造成的车辆贬值。所谓外部经济环境，包括宏观经济政策、市场需求、通货膨胀、环境保护等。经济性贬值是由于外部环境而不是车辆本身或内部因素所引起的达不到原有设计的获利能力而造成的贬值，外界因素对车辆价值的影响不仅是客观存在的，而且对车辆价值影响还相当大。

重置成本法的计算公式为正确运用重置成本法评估二手车辆提供了思路，评估操作中，重要的是依此思路，确定各项评估技术、经济指标。

2)重置成本及其估算

如前所述，重置成本分复原重置成本和更新重置成本。一般来说，复原重置成本大于更新重置成本，但由此引致的功能性损耗也大。在选择重置成本时，在获得复原重置成本和更新重置成本的情况下，应选择更新重置成本。之所以要选择更新重置成本，一方面随着科学技术的进步，劳动生产率的提高，新工艺、新设计的采用被社会所普遍接受。另一方面，新型设计、工艺制造的车辆无论从其使用性能，还是成本耗用方面都会优于旧的机动车辆。

更新重置成本和复原重置成本的相同方面在于采用的都是车辆现时价格，不同的在于技术、设计、标准方面的差异，对于某些车辆，其设计、耗费、格式几十年一贯制，更新重置成本与复原重置成本是一样的。应该注意的是，无论更新重置成本还是复原重置成本，车辆本身的功能不变。

重置成本的估算在资产评估中，其估算的方法很多。对于二手车评估定价，一般采用直接法和物价指数法。

(1)直接法

直接法也称重置核算法，它是按待评车辆的成本构成，以现行市价为标准，计算被评估车辆重置全价的一种方法。也就是将车辆按成本构成分成若干组成部分，先确定各组成部分的现时价格，然后加总得出待评估车辆的重置全价。

重置成本的构成可分为直接成本和间接成本两部分，直接成本是指直接可以构成车辆成本的支出部分。具体来说是按现行市价的买价，加上运输费、购置附加费、消费税、人工费等。

间接成本是指购置车辆发生的管理费、专项贷款发生的利息、注册登记手续费等。

以直接法取得的重置成本，无论国产或进口车辆，尽可能采用国内现行市场价作为车辆评估的重置成本全价。市场价可通过市场信息资料(如报纸、专业杂志和专业价格资料汇编等)和车辆制造商、经销商询价取得。

二手车重置成本全价的构成一般分下述两种情况考虑：①属于所有权转让的经济行为，可按被评估车辆的现行市场成交价格作为被评估车辆的重置全价，其他费用略去不计；②属于企业产权变动的经济行为(如企业合资、合作和联营、企业分设、合并和兼并等)，其重置成本构成除了考虑被评估车辆的现行市场购置价格以外，还应考虑国家和地方政府对车辆加收的其他税费(如车辆购置附加费、教育费附加、社控定编费、车船使用税等)一并计入重置成本全价。

(2)物价指数法

物价指数法是在二手车辆原始成本基础上，通过现时物价指数确定其重置成本。计算式为：

$$B = B_Y \times (I_1 / I_2)$$

或

$$B = B_Y \times (1 + \lambda)$$

式中 B——车辆重置成本；

B_Y——车辆原始成本；

I_1——车辆评估时物价指数；

I_2——车辆购买时物价指数；

λ——车辆价格变动指数。

如果被评估车辆已停产，或是进口车辆，当询不到现时市场价格时，这是一种很有用的方法，用物价指数法时要注意如下几个问题：

①一定要先检查被评估车辆的账面购买原价，如果购买原价不准确，则不能用物价指数法。

②用物价指数法计算出的值,即为车辆重置成本值。

③运用物价指数法时,如果现在选用的指数往往与评估规定的对象的评估基准日之间有一段时间差。这一时间差内的价格指数可由评估依据近期内的指数变化趋势结合市场情况确定。

④物价指数要尽可能选用有法律依据的国家统计部门或物价管理部门以及政府机关发布和提供的数据,有的可取自有权威性的国家政策部门所辖单位提供的数据,不能选用无依据,不明来源的数据。

3)重置成本的确定

(1)交易类鉴定估价业务重置成本的确定

对旧机动车交易市场的交易业务,其重置成本无论国产或进口车辆,一律采用国内现行市场价作为被评估车辆的重置成本全价。而车辆运输费、人工费、管理费、车辆购置附加费、消费税等税费略去不计。

对于以车辆所有权转让为目的二手车交易业务,将车辆购置附加费和消费税这样影响车辆构建成本的税费不计入重置成本全价。

从国外车辆交易情况来考虑,国外车辆投资的回收是以快速折旧法进行的。第一年的折旧率通常是最大的,平均是25%~33%,以后逐渐减少,到第五年以后可能少于10%。

从买卖双方需要来考虑,来二手车交易市场买卖双方的需要不同,其心理动机也不同,他们都有各自的政治和经济背景。作为卖者,有些客户为了投资转向而变卖机动车辆;有些单位为了优化配置资产而处置多余车辆;有些客户受求新心理动机的驱使,不断玩新车、卖二手车;有些客户在政治上或经济上到位以后,又要求换名牌车以象征自己的名誉、地位和能力等。作为买者,受求实心理动机的驱使,他们重视车辆的实际效用、经济实惠、使用方便,即要求投入少、效用高,省钱省事。不管怎样,人们来旧机动车市场交易车辆的目的都是为了获得更多、更高、更值得的使用价值。

(2)咨询服务类鉴定估价业务重置成本的确定

对企业或属产权变动的评估业务,如企业合资、合作和联营,企业分设、合并和兼并,企业清算、企业租赁的经济行为,则应该把车辆市场价格以外的大额税费应该计入重置成本中去,如购置附加费、消费税等国家和地方政府规定征收的税费。其他发生的小额成本费用是否计入要视情而定,鉴定估价人员可灵活掌握。

重置成本估算应注意的几个问题:

①重置成本的确定时,要以评估基准日车辆所在地收集的价格资料为准。

②国家对车辆税收有些是在生产和销售环节征收的,有些是在使用环节征收的。前者征收的税额已包含在车辆市价里去了,而后者则没有。因此,确定重置成本时,只考虑使用环节征收的税费。

③国家对车辆购置价格以外的税费是动态变化的,鉴定估价人员要根据当时的情况和鉴定估价的需要,按重置成本构成的概念,正确核算和处理不同时期的重置成本全价。

④对极少数的进口车辆,一时难以征询到价格的,即可采用物价指数法以系数调整,估算重置成本全价。

采用重置成本法的优点是,比较充分地考虑了车辆的损耗,使评估结果更趋于公平合理;有利于二手车辆的评估;在不易计算车辆未来收益或难以取得市场(二手车交易市场)参照物条件下可广泛应用。

运用重置成本法的缺点是工作量较大,且经济性贬值也不易准确计算。

4)**实体性贬值及其估算**

机动车的实体性贬值是由于使用和自然力损耗形成的贬值。实体性贬值的估算,一般可以采取以下两种方法:

(1)观察法

观察法也称成新率法,是指对评估车辆时,由具有专业知识和丰富经验的工程技术人员对车辆的实体各主要总成、部件进行技术鉴定,并综合分析车辆的设计、制造、使用、磨损、维护、修理、大修理、改装情况和经济寿命等因素,将评估对象与其全新状态相比较。考察由于使用磨损和自然损耗对车辆的功能、技术状况带来的影响,判断被评估车辆的有形损耗率,从而估算实体性贬值的一种方法,计算式为:

$$D_P = B \times \eta$$

式中　D_P——车辆实体性贬值;

B——车辆重置成本;

η——有形损耗率。

(2)使用年限法。

使用年限法计算公式为:

$$D_P = (B - Z) \times (Y/G)$$

式中　Z——残值,是指二手车辆在报废时净回收的金额,在鉴定估价中一般略去残值不计;

Y——已使用年限;

G——规定使用年限。

(3)修复费用法。修复费用法也叫功能补偿法,通过确定被评估汽车恢复原有的技术状态和功能所需要的费用补偿,来直接确定二手车的有形损耗。

5)**功能性贬值及其估算**

功能性贬值包含一次性功能贬值和营运性功能贬值。

(1)一次性功能贬值的估算

从理论上讲,同样的车辆起复原重置成本与更新重置成本之差即是该车辆的一次性功能贬值。但在实际工作中,具体计算某辆车的复原重置成本是比较困难的,以此,对目前在市场尚能购买到的且有制造厂家继续生产的全新车辆,一般就用更新重置成本(市场价)考虑起一次性功能贬值。如果待评估车辆的型号现在已经停产或已经淘汰,这样就没有实际的市场价,只能采用参照车辆的价格用类比的方法来估算。参照物一般采用替代型号的车辆。这些替代型号的车辆其功能通常比原车型有所改进和增加,故其价值通常会比原车型的价格要高(功能性贬值大时,也有价格更降低的)。故在与参照物比较,用类比法对原车型进行价值评估时,一定要了解参照物在功能方面改进或提高的情况,再按其功能变化情况测定原车辆的价值,总的原则是被替代的旧型号车辆其价格应低于新型号的价格。这种价格有时是相差很大的。评估这类车辆的主要方法是设法取得该车型的市场现价或类似车型的市场现价。

(2)营运性功能贬值的估算

测定营运性功能贬值时,首先选定参照车辆,并与参照车辆进行比较,找出营运成本有差别的内容和差别的量值。然后确定原车辆尚可继续使用的年限和应上缴的所得税及折现率,通过计算超额收益或成本降低额算出营运性功能贬值。

测定营运性功能贬值的步骤为：

①选定参照物，并与参照物对比，找出营运成本有差别的内容和差别的量值；

②确定原车辆尚可继续使用的年限；

③查明应上缴的所得税率及当前的折现率；

④通过计算超额收益或成本降低额，最后计算出营运性陈旧贬值。

例如：A、B 两台 8 t 载货汽车，重置全价基本相同，其营运成本见表 3.2，求 A 车的功能性贬值。

表 3.2 两车运营成本比较

项目	A 车	B 车
耗油量/(L/100 km)	25	22
每年维修费用/万元	3.5	2.8

按每日营运 150 km，每年平均出车日为 250 天计算，每升油价 2 元。则 A 车每年超额耗油费用为

$$(25-22)\times 2\times\frac{150}{100}\times 250 = 2\ 250\ 元$$

A 车每年超额维修费用为：

$$35\ 000 - 28\ 000 = 7\ 000\ 元$$

A 车总超额营运成本为：

$$2\ 250 + 7\ 000 = 9\ 250\ 元$$

取所得税率 33%，则税后超额营运成本为：$9\ 250\times(1-33\%)=6\ 197$ 元

取折现率为 11%，并假设 A 车将继续运行 5 年，11% 折现率 5 年的折现系数为 3.696，A 车的营运性贬值为：

$$6\ 197\times 3.696\approx 23\ 000\ 元$$

6)经济性贬值估算的思考方法

二手车鉴定评估中所涉及的经济性损耗(贬值)也是无形损耗的一种，是由车辆以外的各种因素所造成的损耗(贬值)。这样的例子可以举出很多，例如由与车辆排放标准要求的提高，同一车辆的排放水平在过去可能被认为是可以接受的，但现在却无法瞒住现行排放标准的要求。这一标准对车辆的所有者来讲就是制约，除非达到规定的要求，否则车辆就无法继续使用。因此，对车辆的所有者而言，不管是采取措施力求达到的标准，还是使车辆被迫停用，都需要花费成本，这一成本从评估的角度上看便是积极损耗。诸如此类，概括地讲，外部应诉不论多少，对车辆价值的影响无外乎表现为要么造成营运成本上升，要么是导致车辆闲置。由于造成车辆经济性贬值的外部因素很多，并且造成贬值的程度也不尽相同。所以在评估时只能统筹考虑这些因素，而无法单独计算所造成的贬值。其评估的思考方法如下：

车辆经济性贬值的估算主要以评估基准日以后是否停用，闲置或半闲置作为估算依据；

已封存或较长时间停用，且在近期内仍将闲置，但今后肯定要继续使用的车辆最简单的估算方法是，按其可能闲置时间的长短及其资金成本估算其经济贬值；根据市场供求关系估算其贬值。

3.4　二手车成新率的确定

3.4.1　二手车成新率的概念

成新率是反映二手车新旧程度的指标,二手车成新率是表示二手车的功能或使用价值占全新机动车的功能或使用价值的比率,也可以理解为二手车的现时状态与机动车全新状态的比率。

机动车的有形损耗率 η 与机动车的成新率 C 的关系为

$$C = 1 - \eta$$

或

$$\eta = 1 - C$$

在二手车鉴定估价的实践中,重置成本法是旧机动车鉴定估价的首选办法,要想较为准确地评估车辆的价值,成新率的确定是关键。成新率作为重置成本法的一项重要的指标,如何科学、准确地确定该项指标,是二手车评估中的重点和难点。因为成新率的确定不仅需要根据一定的客观资料和检测手段,而且在很大程度上依靠评估人员的学识和评估经验来进行判断。

3.4.2　确定二手车成新率的方法

旧机动车鉴定估价成新率的确定方法通常采用使用年限法、技术鉴定法、综合分析法三种方法。

1)使用年限法

使用年限法首先是建立在二手车在整个使用寿命期间,实体性损耗是随线性递增的。机动车价值的降低与其损耗的大小成正比。因此,使用年限法的数学表达式为

$$C = (1 - Y_U/Y_E) \times 100\%$$

式中　Y_U——汽车已使用年限;

　　　Y_E——汽车规定使用年限。

已使用年限是指二手车开始使用到评估基准日所经历的时间。汽车的规定使用年限,即使用寿命,它分为技术使用寿命、经济使用寿命和合理使用寿命,这里所指的汽车规定使用年限是指汽车的合理使用寿命。

运用使用年限法估算二手车成新率应注意两点:第一,使用年限是代表车辆运行或工作量的一种计量,这种计量是以车辆的正常使用为前提的,包括正常的使用时间和正常的使用强度。在实际评估过程中,应充分注意车辆的实际已使用的时间,而不是简单的日历天数,同时也要考虑实际使用强度。第二,已使用年限不是指会计折旧中已计折旧年限,规定使用年限也不是指会计折旧年限。

使用年限法方法简单,容易操作,一般用于旧机动车的价格粗估或价值不高的二手车价格的评估。

2)技术鉴定法

技术鉴定法是评估人员用技术鉴定的方法测定二手车成新率的一种方法。这种方法以技

术鉴定为基础，首先是评估人员对二手车辆进行技术观察和技术检测来鉴定二手车的技术状况，再以评分的方法或分等级的方法来确定成新率。技术鉴定法分为部件鉴定法和整车观测分析法。

(1)部件鉴定法

部件鉴定法是对二手车辆按其组成部分对整车的重要性和价值量的大小来加权评分，最后确定成新率的一种方法。

部件鉴定法是对旧机动车按其组成部分对整车的重要性和价值量的大小来加权评分，最后确定成新率的一种方法。其基本步骤为：

①先将车辆分成如表3.3所列的总成部件，再根据它们的制造成本、车辆制造成本的比重，按一定百分比确定权重；

表3.3　机动车总成、部件价值权分表

车辆类别总成部件	轿车	客车	货车
发动机及离合器总成	25	28	25
变速器及传动轴总成	12	10	15
前桥及转向器和前悬总成	9	10	15
后桥及后悬架总成	9	10	15
制动系统	6	5	5
车架总成	0	5	6
车身总成	28	22	9
电器仪表系统	7	6	5
轮胎	4	4	3

②以全新车辆对应的功能标准为满分100分，其功能完全丧失为0分，再根据这若干总成、部件的技术状况估算各总成部件的成新率；

③将各总成部件的成新率与权重相乘，即得到各总成部件的权分成新率；

④最后将各总成部件权分成新率相加，即得被评估车辆的成新率。

注意：对车辆主要总成或部件进行成新率的估算时也应用到使用年限法，即估算总成或部件的成新率一般不可能超出采用使用年限法计算得出的整车成新率的值，除非有总成大修或换件的追加投入。

这种方法费时费力，车辆各组成部分权重难以掌握，但评估值更接近客观实际，可信度高。它既考虑了旧机动车实体性损耗，同时也考虑了旧机动车维修换件会增大车辆的价值。这种方法一般用于价值较高的机动车辆评估。

(2)整车观测法

整车观测法主要是采用人工观察的方法，辅之以简单的仪器检测，对二手车技术状况进行鉴定、分级，以确定成新率的一种方法。对旧机动车技术状况分级的办法是先确定两头，即先确定刚投入使用不久的车辆和将报废处理的车辆，然后再根据车辆评估的精细程度要求在刚投入使用不久与报废车辆之间分若干等级。其技术状况分级参见表3.4。

表 3.4　二手车成新率评估参考表

车况等级	新旧情况	有形损耗率/%	技术状况描述	成新率/%
1	使用不久	0 ~ 10	刚使用不久,行驶里程一般在 3 ~ 5 万公里。在用状态良好,能按设计要求正常使用。	100 ~ 90
2	较新车	11 ~ 35	使用 1 年以上,约行驶 15 万公里。一般没有经过大修,在用状态良好,故障率低,可随时出车使用。	89 ~ 65
3	二手车	36 ~ 60	使用 4 ~ 5 年,发动机或整车经过大修一次。大修较好地恢复原设计性能,在用状态良好,外观中度受损,恢复情况良好。	64 ~ 40
4	老二手车	61 ~ 85	使用 5 ~ 8 年,发动机或整车经过二次大修,动力性能、经济性能、工作可靠性能都有所下降,外观油漆脱落受损、金属件锈蚀程度明显。故障率上升,维修费用、使用费用明显上升。但车辆符合《机动车安全技术条件》,在用状态一般或较差。	39 ~ 15
5	待报废处理车	86 ~ 100	基本到达或到达使用年限,通过《机动车安全技术条件》检查,能使用但不能正常使用,动力性、燃油经济性、可靠性下降,燃料费、维修费、大修费用增长速度快,车辆收益与支出基本持平,排放污染和噪声污染到达极限。	45 以下

二手车成新率评估参考表是一般车辆成新率判定的经验数据,仅供评估时参考。整车观测分析法对车辆技术状况的评判,大多数是由人工观察的方法进行的,成新率的估值是否客观、实际,取决于评估人员的专业水准和评估经验。

这种方法简单易行,但评估值没有部件鉴定法准确,一般用于中、低等价值的二手车的初步估算,或作为综合分析法鉴定估价要考虑的主要因素之一。

二手车成新率评估参考表是一般车辆成新率判定的经验数据,仅供评估时参考。整车观测分析法对车辆技术状况的评判,大多数是由人工观察的方法进行的,成新率的估值是否客观、实际,取决于评估人员的专业水准和评估经验。

这种方法简单易行,但评估值没有部件鉴定法准确,一般用于中、低等价值的二手车的初步估算,或作为综合分析法鉴定估价要考虑的主要因素之一。

3)综合分析法

综合分析法是以使用年限法为基础,再综合考虑对二手车价值影响的多种因素,以系数调整 K 确定成新率 C 的一种方法。其计算公式为

$$C = (1 - Y_U/Y_E) \times K \times 100\%$$

式中　K——调整系数。

鉴定估价时要综合考虑的因素为:车辆的实际运行时间、实际技术状况;车辆使用强度、使用条件、使用和维护保养情况;车辆原始制造质量;车辆大修,重大事故经历;车辆外观质量等。

车辆无须进行项目修理或换件的，可采用表3.5所示推荐的综合调整系数，用加权平均的方法进行微调；

车辆需要进行项目修理或换件的，或需进行大修理的，应综合考虑表3.5列出的影响因素确定一个综合调整系数。

表3.5　旧机动车成新率综合调整系数

影响因素	因素分级	调整系数	权重(%)
技术状况	好	1.2	30
	较好	1.1	
	一般	1	
	较差	0.9	
	差	0.8	
车辆维护	好	1.1	25
	一般	1	
	较差	0.9	
制造质量	进口	1.1	20
	国产名牌	1	
	国产非名牌	0.9	
工作性质	私用	1.2	15
	公务、商务	1	
	营运	0.7	
工作条件	较好	1	10
	一般	0.9	
	较差	0.8	

车辆技术状况系数是基于对车辆技术状况鉴定的基础上对车辆进行的分级，然后取调整系数来修正车辆的成新率，技术状况系数取值范围为0.8～1.2，技术状况好的取上限；反之取下限。

车辆使用和维护状态系数反映了使用者对车辆使用、维护的水平，不同的使用者，对车辆使用、维护的实际执行情况差别较大，因而直接影响到车辆的使用寿命和成新率，使用和维护状态系数取值范围为0.9～1.1。

车辆原始制造质量系数的确定，应了解车辆品牌价值，慎重确定。对于罚没走私车辆，其原始制造质量系数可视同国产名牌产品。原始制造质量系数取值范围在0.9～1.1。

车辆工作性质系数主要是考虑到，车辆工作性质不同，其繁忙程度不同，使用强度亦不同。把车辆工作性质分为私人工作和生活用车，机关企事业单位的公务和商务用车，从事旅客、货运、城市出租的营运车辆。普通轿车一般为私人工作和生活用车，每年最多行驶约2.5万公里；公务、商务用车每年不超过4万公里；而营运出租车每年行驶有些高达12万公里。显然，工作性质不同，其使用强度差异之大，车辆工作性质系数取值范围为0.7～1.2。

车辆工作条件系数车辆代表了工作条件对其成新率的影响。车辆工作条件分为道路条件和特殊使用条件。

道路条件可分为好路、中等路和差路三类。好路是指国家道路等级中的高速公路，一、二、三级道路，好路率在50%以上；中等路是指符合国家道路等级四级道路，好路率在30%～50%；差路是指国家等级以外的路，好路率在30%以上。

特殊使用条件主要指特殊自然条件，包括寒冷、沿海、风沙、山区等地区。

车辆长期在道路条件为好路和中等路行驶时，工作条件系数分别取1和0.9；车辆长期在差路或特殊使用条件下工作，其系数取0.8。

采用综合分析法复杂、费时、费力。但它充分考虑了影响车辆价值的各种因素，评估值准确度较高，适合使用在中等价值的二手车辆。

3.4.3　车辆大修对成新率的影响

一辆机动车经过一段时间的使用后(或停用受自然力的影响)会产生磨损，磨损的补偿就是修理，当某零部件完全丧失功能而又无法修理时，必须换件以恢复其功能作用。当车辆主要总成的技术状况下降到一定程度时，需要用修理或更换车辆任何零部件的大修方法，以恢复车辆的动力性、经济性、工作可靠性和外观的完整美观性。大修对车辆的追加投入从理论上讲，无疑是增加了车辆的使用寿命，对成新率的估算值可适当增加。但是，使用者对车辆的技术管理水平低，不能根据车辆的实际技术状况，做到合理送修、适时大修；有些维修企业维修设备落后，维修安装技术水平差；有些配件质量差。因此，经过大修的车辆不一定都能很好地恢复车辆使用性能。对于老旧的国产车辆刚完成大修，即使很好地恢复使用性能，其耐久性也差。更重要的是有些高档进口车辆经过大修以后，不仅难以恢复原始状况，而且有扩大故障的可能性。

鉴于上述分析，对于重置成本在7万元以下的二手车或老二手车辆，一般不考虑其大修对成新率的增加问题；对于重置成本在7～25万的车辆，凭车主提供的车辆大修结算单等资料可适当考虑增加成新率的估算值；对于25万元以上的进口车，或国产高档车，凭车主提供的车辆大修或一般维修换件的结算单等资料，分析车辆受托维修厂家的维修设备，维修技术水平、配件来源等情况，或者对车辆进行实体鉴定，考查维修对车辆带来的正面作用或者可能出现的负面影响，从而酌情决定是否增加成新率的估算值。

第4章 汽车报关

4.1 汽车报关基础

4.1.1 海关、关境、报关

1)海关

海关(Customhouse)是依法执行进出口监督管理的国家行政机关。它的职责是监管进出的运输工具、物品及货物,代收关税(Customs Duties or Tariff)和其他税、费,查缉走私,查验货物,编制海关统计和办理其他海关业务。海关有权对不符合国家法律规定的进出口物品不予放行,进行罚款甚至没收或销毁。海关在依法行使职权时,不受行政区域的限制,任何单位、个人不得非法干预海关的执法活动。海关一般设在沿海一带和陆地边境线上,也常在首都或大城市设立海关。

2)关境

关境(Customs Area)是国际通用概念,指适用于同一海关法或实行同一关税制度的领域。一般情况下,关境等于国境,但结成关税同盟的国家如欧盟,其成员国之间,货物进出国境不征收关税,只对来自和运往非同盟成员国的货物在进出共同关境时征收关税,因而对每个成员国来说,其关境大于国境;若国内设有自由港、自由贸易区等特定区域,因进出这些特定区域的货物是免税的,因而该国的关境小于国境。在我国,台湾、香港、澳门享有单独海关地位,因此,我国的关境小于国境。

为了与国际海关规范接轨,近年我国海关进行了根本性的改革,海关货运监管体系从以往相对分离的货管、征税、统计三大分工演变为以审单、查验、稽查、调查高度结合为基础,以综合技术信息、政策法规、综合协调、情报等专业分工为支撑保障的现代化海关监管模式。

3)报关

报关(Customs Clearance)是指进出境运输工具的负责人、进出境物品的所有人、进出口货物收(发)货人或者他们的代理人向海关办理运输工具、物品、货物进出境手续及相关事务的过程。

4.1.2 报关程序

1)货物申报

进出口货物收、发货人或者他们的代理人,在货物进出口时,应在海关规定的期限内,按海关规定的格式填写进出口货物报关单(或电子数据报关单),随附有关的货运、商业单据,同时提供批准货物进出口的证件,向海关申报。货物申报的主要单证有以下几种:

(1)进出口货物报关单。进口货物报关单和出口货物报关单的填写要与进出口货物的实际情况相符。如填报有误或需变更填报内容而未主动、及时更改,报关后发生退关情况的,报关单位应在三天内向海关办理更正手续。

(2)随报关单交验有关的货运和商业单据。任何进出口货物通过海关,都必须在向海关递交已填好的报关单的同时,交验有关的货运和商业单据。海关审核各种单证是否一致,审核合格后加盖印章放行,作为进出口人提取或发运货物的凭证。随报关单同时交验有关的货运和商业单据有:海运进口提货单,海运进口装货单,陆、空运单,货物发票,货物的装箱单等;如海关认为必要,还应交验贸易合同、订货卡片、产地证明等;另按规定享受减、免税或免检的货物,应向海关申请并已办妥手续后,随报关单交验有关证明文件。

(3)进(出)口货物许可证。我国与大多数国家一样,采用进出口货物许可证制度对进出口货物、物品实行全面管理。凡按国家规定应申领进出口货物许可证的商品,报关时必须交验由对外贸易管理部门签发的进出口货物许可证,并经海关查验合格无误后方能放行。

商务部所属的进出口公司、经国务院批准经营进出口业务的各部委所属的工贸公司、各省(直辖市、自治区)所属的进出口公司,在批准的经营范围内进出口商品,视为已取得许可,免领进出口货物许可证,只凭报关单即可向海关申报。只有在经营进出口经营范围以外的商品时才需要交验许可证。

(4)“入境货物通关单”“出境货物通关单”。我国检验检疫货物的通关模式为“先报验,后保管”,实行“一次报检、一次取样,一次检验检疫,一次卫生除害处理,一次收费,一次发证放行”的工作规程和“一口对外”的国际通用的检验检疫模式。对进出口检疫的货物启用“入境货物通关单”和“出境货物通关单”,并在通关单加盖检验检疫专用章。对列入《出入境检验检疫机构实施检验检疫的进出口商品目录》范围内的进出口货物(包括转关运输货物),海关一律凭货物报关地出入境检验检疫局签发的“入境货物通关单”或“出境货物通关单”验收。汽车整车产品属《出入境检验检疫机构实施检验检疫的进出口商品目录》内的商品。

海关要求报关单位出具“入境货物通关单”或“出境货物通关单”,一方面是监督法定检验商品是否已经接受法定的商检机构检验;另一方面是取得进出口商品征税、免税、减税的依据。根据《中华人民共和国进出口商品检验法》以及《商检机构实施检验的进出口商品种类表》规定,凡列入《商检机构实施检验的进出口商品种类表》的法定检验的进出口商品,均应在报关前向商品检验机构报验。报关时,对进出口商品,海关凭商检机构签发的“入境货物通关单”或“出境货物通关单”、“进口货物报关单”上加盖的印章验收。

2)接受申报

接受申报指海关审核收、发货人(或其代理人)递交的货物申报单证是否齐全、准确、有效、清楚。

3）进出口货物的查验

进出口货物除海关总署特准免除查验的以外，都应接受海关查验。查验的目的是核对报关单证所报内容与实际到货是否相符、有无错报、漏报、瞒报、伪报等情况，审查货物的进出口是否合法。

海关查验货物，在海关规定的时间和场所进行。如有特殊理由，可事先报经海关同意，海关派人员在规定的时间和场所以外查验。申请人应提供往返的交通工具和住宿并支付费用。海关查验货物时，要求货物的收、发货人或其代理人必须到场，并按海关的要求负责办理货物的搬移、拆装箱和查验货物的包装等工作。海关认为必要时，可以自行开验、复验或者提取货样，货物保管人应当到场作为见证人。

4）征收税费

进出境的运输工具、货物等经海关查验后，除海关特准免税外，必须缴纳有关税款，或提供担保，或委托银行代缴。

5）进出口货物的放行

海关经审核报关人的申报单据和查验货物，并确认报关人办理了有关税费手续后，在有关单据上签盖放行章，进出口货物才予以放行。

6）后续管理

海关对各类货物包括保税货物、特定减免税货物、暂时进出境货物、转关运输货物等自放行之日起3年内依法实行后续管理，包括查账、稽查、核销、查处补税等。

7）结关

当进出境运输工具、货物、物品的所有报关手续（包括后续管理）全部履行后，才准予办理结关手续，解除海关监管。

4.1.3 报关期限及滞报金

进出口货物的报关期限在我国《海关法》中有明确的规定，出口货物报关期限与进口货物报关期限不一样：出口货物除海关特许外，应在装货24小时以前向海关办理通关申报手续，如果在这一规定的期限之前没有向海关申报，海关可以拒绝接受申报；进口货物应自载运该货物的运输工具申报进境之日起14天内向海关办理进口货物的通关申报手续，超期报关的，由海关自第15天起征收滞报金。

滞报金按日计征，一般情况下，以运输工具申报进境之日起第15天为起征日（起征日如遇法定节假日。则顺延至其后第一个工作日），以海关接受申报之日为截止日，起征日和截止日均计入滞报期间。滞报金的起征点为人民币50元。

4.1.4 报关单位及报关注册登记

1）报关单位

在我国现行的报关体系中，进出口货物报关手续的报关单位主要有两类：一类为自行办理报关的进出口货物收发货人；另一类为专门从事代理报关的报关企业。报关企业是指海关准予注册登记，接受进出口货物收发货人的委托、以进出口货物收发货人名义或自己的名义，向海关办理代理报关业务的境内企业法人。代理报关分为直接代理报关和间接代理报关。

（1）直接代理报关。直接代理报关指报关企业接受进出口货物收发货人的委托，以委托人的名义办理报关手续的法律行为。在直接代理的条件下，报关企业承担对报关行为合理、审慎的义务，即报关企业对在报关当中出现的按照报关企业的情况应该可以预防或制止的差错负相应的法律责任，而进出口货物收发货人对进出口货物的合法进出口承担完全的法律责任。

(2)间接代理报关。间接代理报关指报关企业接受进出口货物收发货人的委托，以自己的名义办理报关手续的法律行为。在间接代理的条件下，报关企业对报关行为承担与收发货人相同的法律责任。

2)报关注册登记

报关注册登记是指报关人向海关提交规定的文件、资料，申请报关权，经海关确认其报关资格并予以登记的制度。我国《海关法》第十一条规定："进出口货物收发货人、报关企业办理报关手续，必须依法经海关注册登记。报关人员必须依法取得报关从业资格。未依法经海关注册登记的企业和未依法取得报关从业资格的人员，不得从事报关业务。"报关人只有履行了报关注册登记才具备了报关权，才可以开展相关进出口货物的报关业务。不具有报关权的，必须委托有报关权的报关企业代理报关。

注册地海关依法对报关人提交的申请注册登记资料进行核对，对符合规定的，由注册地海关核发《中华人民共和国海关报关企业报关注册登记证书》。报关企业注册登记许可的条件如下：

(1)具备境内企业法人资格条件；

(2)企业注册资本不低于人民币150万元；

(3)健全的组织机构和财务管理制度；

(4)报关员人数不少于5名；

(5)投资者、报关企业负责人、报关员无走私记录；

(6)报关业务负责人具有5年以上从事对外贸易的工作经验或者报关工作经验；

(7)无因走私违法行为被海关撤销注册登记许可记录；

(8)有符合从事报关服务所必需的固定经营场所和设施；

(9)海关监管所需要的其他条件。

报关企业根据业务的发展情况，如需要在注册登记许可区域以外的关区从事报关业务，则可向拟注册登记地海关递交报关企业分支机构注册登记许可申请，获批准后可依法设立分支机构。报关企业对其分支机构的行为承担法律责任。

4.1.5　保税货物、保税仓库、保税区

1)保税货物

按我国《海关法》第一百条的定义，保税货物(Bonded Goods)是指经海关批准未办理纳税手续进境，在境内储存、加工、装配后复运出境的货物。经海关批准可以存入仓库的货物有：

(1)加工贸易进口货物；

(2)转口货物；

(3)供应国际航行船舶和航空器的油料、物料和维修零部件；

(4)供维修外国产品所进口寄售的零配件；

(5)外商进境暂存货物；

(6)未办结海关手续的一般贸易进口货物；

(7)经海关批准的其他未办结海关手续的进境货物。

2)保税仓库

保税仓库(Bonded Warehouses)是指经海关批准设立的专门存放保税货物及其他未办结海关手续货物的仓库。保税仓库分公用型、自用型和专用型三类。分公用型保税仓库是根据公众需要设立的,可供任何人存放货物;自用型保税仓库是指只有仓库经营人才能存放货物的保税仓库,但所存货物并非必须属仓库经营人所有;专用型保税仓库是专门用来存储具有特定用途或特殊种类商品的,包括液体危险品保税仓库、备料保税仓库、寄售维修保税仓库和其他专用保税仓库。申请设立保税仓库,由企业向仓库所在地主管海关提交书面申请,提供能够证明下列条件已经具备的有关文件:

(1)经工商行政管理部门注册登记,具有企业法人资格;

(2)注册资本最低限额为300万元人民币;

(3)保税仓库经理人有向海关缴纳税款的能力;

(4)经营特殊许可商品存储的,应当持有规定的特殊许可证件;

(5)经营备料保税仓库的加工贸易企业,年进口额最低为1 000万美元;

(6)具有专门存储保税货物的营业场所及海关要求的其他条件。

3)保税区

保税区(Bonded Area)是指经国务院批准在中华人民共和国境内设立的由海关进行监管,具有加工、转口、仓储等功能的特定区域。外国商品在海关监管下,可暂时不缴纳进口关税而存入保税区的保税仓库中。商品从保税区复出口时不需缴纳出口税,但如果进入国内市场则必须缴纳进口税。

我国保税区为海关监管区,海关对保税区实行严格的管理,依法对进出保税区的货物、运输工具和个人携带的物品进行监管。目前,我国设立了十五个保税区:上海外高桥、天津港、深圳福田、深圳沙头角、大连、广州、江苏张家港、青岛、宁波、福州、厦门、汕头、海口、深圳盐田港和珠海。

4)进出保税区货物的报关

海关对保税区的进出境货物实行“备案制”与“报关制”相结合的申报制度:对保税区加工贸易所需进境的材料、转口货物、仓储货物和由保税区运往境外的出境货物,实行“备案制”;对保税区与非保税区之间进出的货物和对区内企业进口自用合理数量的机器设备、管理设备、办公用品以及工作人员所需自用合理数量的应税物品,实行“报关制”。

(1)备案制。保税区内的货物可以在区内企业之间转让、转移,双方当事人应当就转让、转移事项向海关备案;保税区内的转口货物可以在区内仓库或区内其他场所进行分级、挑选、刷新标志、改换包装形式等简单加工。

(2)运入保税区内货物的报关。一般货物可以从两种途径运入保税区,一种是直接从境外运入,一种是从非保税区运入。从非保税区进入保税区的货物,按出口货物办理手续;从非保税区进入保税区内供使用的机器、设备、基建物资和物品,使用者应当向海关提供货物或物品的清单,经海关查验后放行。如果货物或物品为进口的,其已经缴纳的进口关税、增值税和消费税,不予退还。

(3)运出保税区内货物的报关。从保税区进入非保税区的货物,按进口货物办理手续,海关对此按照国家有关进出口管理的规定实施监管。保税区的货物需从保税区口岸进出口,或保税区内的货物运往另一保税区的,应当事先向海关提出书面申请,经海关批准后,按海关转关运输及有关规定办理。

4.1.6 汽车贸易的关税措施与非关税措施

1)汽车贸易的关税措施

关税是指进出口商品经过一个国家关境时,由该国政府所设置的海关向进出口商征收的税。其征收的对象是进出口商品,执行者是海关。

(1)关税的主要特点。关税有以下几个主要特点:

①关税具有强制性、无偿性和预定性。关税由代表国家的海关部门强制征收,并通过法律形式予以确定。海关征收的税款全部上缴国家财政,不给纳税人任何补偿,也不再偿还。关税的税收项目、税率、种类、征收方式等内容均有明确的规定,并具有相对的稳定性,不随意改动。

②关税的税收主客体明确。关税的税收主体是本国的进出口商,客体是进出口商品。

③关税能有效调节本国进出口贸易。国家可以通过制定关税的税率来调节进出口贸易,主要的做法是通过低税、免税和退税来鼓励商品出口和通过调整税率的高低、减免来调节商品的进口。

④关税是国家对外贸易政策的重要手段。关税体现一个国家的对外贸易政策,关税的高低直接影响进口贸易,影响一国与其他国家的经济贸易关系的发展。

(2)关税的种类。关税的种类繁多,可以按以下不同的方式进行划分:

①按征收对象或商品的流向划分,可以分为进口税、出口税和过境税。进口税(Import Duty)是指进口国家的海关在外国商品输入时,根据海关税则对本国进口商所征收的关税。出口税(Export Duty)是指出口国家的海关在本国产品输出国外时,对出口商所征收的关税。过境税(Transit Duty)是指一国对通过本国国境或关境的外国货物所征收的关税。

②按征收的目的划分,可以分为保护关税和财政关税。保护关税(Protective Tariff)是指以保护本国工业或农业发展为目的而征收的关税。财政关税(Revenue Duty)是指以增加国家财政收入为目的而征收的关税。其征税的条件必须具备三个:一是征税的进口货物必须是国内不能生产或无法替代的商品,以避免对国内市场形成影响;二是征税的进口货物在国内必须有大量的消费;三是关税税率必须适中,否则达不到增加财政收入的目的。

③按征收关税的依据,关税可以分为正税和附加税。正税(Regular Tariff)是指根据颁布的税率而征收的关税,是相对附加税而言的。附加税(Additional Tax or Surtax)是指进口国对进口商品征收进口税以外,根据某种目的加征的关税。

④按关税保护的程度和有效性,关税可以分为名义关税和有效关税。名义关税(Nomin Tariff)是指某种商品进入该国关境时,海关根据海关税则所征收的关税。有效关税(Effective Tariff)是指对某个工业产品每单位"增值"部分的从价税,代表着对本国同类产品的真正有效的保护程度。

(3)关税的经济效应。关税的经济效应体现在关税的征收会对进口国产生价格效应(Price Effect)、贸易条件效应、保护效应和税收效应。进口关税会提高进口商品在国内市场上的销售价格,正常情况下其涨价幅度与关税税率成正比。进口商品关税的提高,会导致进口商品销售价格的提高,促使国内消费者转向购买国产的相应的商品,扩大国内企业的生存空间,一些效益较低的企业也能获得较好的甚至超额利润,从而导致进口需求的减少,扩大进口竞争。税率越高,关税的保护作用越大。当然,过度的保护会对国民经济的其他部门产生不良影响;同时,进口减少会使国家减少税收净值。

(4)我国汽车贸易的关税措施。关税措施又称关税壁垒,是一个国家执行对外贸易政策的重要手段。为了限制汽车消费和保护本国汽车产品免受进口汽车的影响,在较短的时间内获得同先进国家相抗衡的能力,我国过去一直通过实行高价引进产品或技术自主生产和高强度的贸易壁垒来限制国外汽车尤其是轿车的进口政策。这些汽车贸易政策虽然限制了进口,保护了我国汽车产业免受进口汽车的影响,但也带来了一些不良后果,如打击了国外汽车企业进入我国市场的信心、诱发了外资汽车企业在我国的短期化行为、造成了我国汽车企业的低能力惰性垄断等。

进入20世纪九十年代以来,为了适应国内汽车产业与国外合资合作的发展以及汽车产业全球化的需要,我国政府逐步调整汽车进出口贸易措施:加入世界贸易组织前,我国汽车整体关税税率为38.8%,关键零部件最高关税税率为50%,65个项目整车平均关税税率为56%,其中轿车关税税率为80%~100%,比烟酒的关税税率还高。进口整车的价格水平高达其到岸价格的2.2~2.5倍,高于国内同类产品价格的40%以上,甚至数倍。进口轿车的档次越高,税费比例就越大,销售价格上涨幅度也越大。加入世界贸易组织后,轿车的关税税率从以前的70%~80%逐年下调,至2006年已降到25%。五年平均每年下降4%~8%;货车关税从40%~50%已降低到了10%~20%;汽车大多数零部件关税税率从以前的25%已降低到了10%。

2)汽车贸易的非关税措施

非关税措施又称为非关税壁垒(Non-Tariff Barriers),指关税以外的一切限制进口的各种措施,它和关税措施一起充当政府干预贸易的政策工具。

(1)非关税措施的特点。非关税措施具有以下特点:

①灵活性和针对性。一般来说,关税税率的制定必须通过立法程序,并像其他立法一样要求具有一定的延续性。但制定和实施非关税壁垒通常采用行政手段,程序比较简便,能随时针对某国的某种商品采取或更换相应的进口措施,较快达到限制进口的目的。

②有效性。关税措施是通过征收高额关税,提高进口商品成本和价格,削弱其与本国产品的竞争力,间接地达到限制进口的目的。如果出口国采用出口补贴、商品倾销等办法降低出口商品的成本和价格,关税就难以起到限制作用。这时,一些非关税措施如进口配额,就能有效地将超额商品拒之门外,起到关税不能起到的作用。

③隐蔽性和歧视性。与关税措施相比,非关税措施比较隐蔽、复杂、灵活,内容的范畴也较广泛,对手国家很难及时有效应对。一般来说,关税税率确定以后,往往以法律的形式公之于众,依法执行,进出口商比较容易获得相关税率。但非关税壁垒措施往往不公开,或者规定极为烦琐的复杂标准和手续,使出口国难以对付和适应。

(2)常见非关税措施。世界贸易组织成员国保护国内汽车产业的做法在实质上有两个方面的内容:一是对世界贸易组织许可的保护措施给予充分运用;二是绕过世界贸易组织协议的规定,变相制订一些关税或非关税壁垒,以寻求对本国汽车产业尽可能的保护。常见的做法有以下几个方面:

①直接限制进口。具体做法一是采取进口配额或数量限制措施,对一些商品的进口实行数量限制,或者迫使出口国实行出口;二是灵活运用关税配额制度,对某一进口产品在一定数

量内征收较低关税,超过该数量则适用较高的税率。这是近年来国际上通行的惯例。这一制度要达到的目的是,即可满足国内的合理需求,又可限制进口产品对国内市场相关产业产生巨大的冲击。世界贸易组织协议中没有对关税配额制度做出明确限制,在亚太经合组织的讨论中,也把关税配额作为关税手段加以保留。

②在标准、认证和商检方面设置限制。在世界贸易组织技术性贸易壁垒项目中,允许发展中国家在国际标准不适用的前提下制订适合本国的标准,并在关税与贸易总协定的附属协议——《贸易技术壁垒协议》(TBT 协议)中加以指出。这样就赋予了技术性壁垒以合法性。各国往往打着保障安全、保护环境和节约能源的旗号,通过制定苛刻的技术法规、产品标准和认证程序,使外国生产者难以适从。具体做法是有针对性制定技术标准、制定强制性技术法规或绿色技术法规、采用有利于本国的认证制度或制定本国的认证制度、设置繁杂的汽车进口检验手续拖延国外汽车产品进入本国市场的时间等。

有针对性制定技术标准就如发达国家制定严格的汽车油耗及废气排放限制法规、从而把欠发达国家和发展中国家的汽车挡在国门外和有些右侧通行的国家采取禁止右置转向盘的车辆进入等限制措施。

制定强制性技术法规或绿色技术法规就是在世界贸易组织规则中的 TBT 协议,技术法规是指强制执行的、规定产品特性或生产方法、包括可适用范围的行政管理文件。根据 TBT 协议的规定,世界贸易组织成员国的强制性技术法规从发布到实施会有一段时间,而生产者适应一个新法规所需的时间则更长,因此强制性技术法规的制定会给外国汽车制造商带来很大的不便。绿色技术法规则是以保护生态环境、自然资源、人类和动植物的健康为由而限制进口的措施,包含:国际环保公约,各国环保法规、标准,自愿性措施,加工和生产方法(PPM)标准,环境成本内在化问题等;这些法规、标准都是按照发达国家的商场技术水平制定的,对产品的整个生产、使用以及最后处理都有严格的要求;符合环保要求的产品可得到"绿色通行证",即绿色环境标志。如为保护臭氧层,各发达国家对还在 R-12 制冷剂的汽车严禁进口等。

采用有利于本国的认证制度(合格认证的定义为:经权威机构确认并通过合格证书或合格标志来证明某一产品或服务符合相应标准或规范的活动)或制定本国的是在 TBT 协议中,对进口商品的认证要求坚持非歧视和国民待遇原则,坚持认证制度的开放,以消除认证制度对贸易的影响;其具体规定是对其他国家同类机构的认证证书应尽可能给予承认,对已有的国际认证制度和区域性认证制度应积极采用,而不要另外设立认证制度;但是,认证毕竟属于国家主权范畴,因而也就成为非关税壁垒的措施之一。

设置繁杂的汽车进口检验手续拖延国外汽车产品进入本国市场的时间是由于进口检验的一般程序为接受报检、抽样、检验、评定结果和得出结论,各道程序都要花费一定的时间。在这方面,各国的做法各不相同。俄罗斯的商检制度极为繁杂,在一定程度上限制了国外汽车的进口;欧洲则要求汽车产品必须提供样品检验;而美国最近也专门提出要对汽车进行翻车可能性方面的严格检验,检验的内容也不相同,包括进口车与其本身标定的技术参数及性能的相符性等。

③在反倾销、反补贴方面。倾销是指一项产品以低于正常价格进入另一国市场的行为;补贴是指"在某一成员国的领土内,由政府或任何公共机构提供的财政补贴"。补贴又细分为"禁止的补贴"、"可起诉的补贴"等。"禁止的补贴"是指以出口实绩为条件提供的补贴;"可起诉的补贴"是指对其他成员国造成不利影响的补贴。

世界贸易组织允许各国制订相关的反倾销与反补贴条例。当进口成员方一旦发现进口产品存在倾销、被禁止的补贴和可起诉的补贴现象,查证落实后,即可以征收反倾销税和反补贴税。该协议是世界贸易组织最重要的协议之一,也是最容易引起争议的协议。这种争议不仅出现在发达国家与发展中国家之间,也广泛地出现在发达国家之间。随着经济全球化进程的加快,在全球汽车生产能力过剩、发达国家的汽车生产和销售重心均已向发展中国家转移的大背景下,作为世界上一个具有最大潜在汽车市场的中国,已成为世界各大汽车公司的目标,因此不能排除世界各主要汽车公司向我国倾销其汽车产品的可能。因而我们要为汽车行业的反倾销做好各方面的准备。

④在价格、费用政策方面。通过各种优惠降低国内产品的成本从而降低它的最终价格,或者直接影响进出口商品的成本从而影响它的最终价格,以这两种手段来改变本国产品与进口产品的价格差,从而达到限制国外汽车进口的目的。具体的做法是对国内汽车企业进行补贴、收取进口押金和实行进口通道管制。

对国内汽车企业进行补贴。在这方面欧盟对汽车工业的保护措施有:向研究机构和开发机构提供资助;对环保设施的改造商提供资助;对从事汽车行业过剩的劳动力进行资助等。而日本采取的措施更多:资金方面的援助措施,如对设备投资的资金给予低息融资及其他优惠的税制政策;从国外引进的技术可以优先分配外汇,以促进汽车产业基础的巩固;根据行业的意向,做出实现贸易、资本自由化的计划,并指出将来的发展方向等。韩国的做法主要有:提供政策性优惠贷款;提供基础设施的带补贴的投入;削减公共事业费用,对出口车辆进行税收补偿等。

收取进口押金方面。进口押金指的是国外商品在进口时必须预先按进口的金额在指定的银行无息存放一笔现金。收取进口押金不但占用了进口商的,也为其带来利息损失,因而增加了进口汽车的成本。成本提高的损失最终要由进口商转嫁给消费者,其结果是导致进口汽车价格的提高。

实行进口通道管制的含义是指有些国家明文限定某几个港口可以进口汽车,致使进口汽车排队等候入关,从而人为地拖延了进口汽车进入境内的时间。韩国海关采取把有些允许进口的产品进行重新细化分类,将其中一些产品列在限制进口的商品之列的进口通道管制措施;而美国则经常定期和单方面地改变进口商品的分类,从而增加进口商品关税或单方面扩大受限范围。

⑤在引导国内消费方面。在引导国内消费方面一是通过各种媒体和舆论的宣传引导,提高国民对国产车辆价值的认同感和民族自豪感,培养起国民对进口轿车在消费意识和观念上的“贸易壁垒”;二是为汽车市场的发育提供政策支持,如美国为了鼓励汽车更新,对使用年限不同的车在税费中加以区别;日本在中明确提倡使用轻型车和低污染车,同时对小排量车和大排量车的征收税额有很大的区别;意大利与厂商共同采取措施,以优惠政策鼓励使用低污染汽车,并对以旧换新车给予较大的补偿以促进汽车的更新;德国对低污染汽车实行低关税优惠政策。

(3)正确应对非关税措施。加入世界贸易组织后,我国不要放弃对我国汽车工业的保护,但不恰当的保护则不利于汽车行业的发展。国家应充分、灵活运用世界贸易组织规则,以国家政策扶持为主,各种非关税保护手段为辅,通过各种产业政策加以引导,集中有限的资金扶持重点汽车企业,促使汽车企业加大对新技术及新车型的研究开发力度,同时出台优惠政策鼓励国内汽车走向世界汽车市场,参与世界范围内的竞争。力争用最短的时间,缩小与发达国家汽车工业的差距,尽早地进入先进的汽车工业行业之列。

4.2 进口汽车报关流程

4.2.1 进口汽车相关规定

1)取消实行了多年的进口汽车保税政策

进口汽车保税政策是指进口汽车进入保税区期间不用缴税,只有汽车从保税区进入内地市场销售时才缴税。从2005年起,所有进口口岸保税区不得存放以进入国内市场为目的的汽车。取消汽车保税业务后,进口汽车一到口岸就必须纳税报关。

在保税政策下,汽车进口商通行的做法是:汽车从港口运到保税区之后,先不用完税,只需交纳车价款,如有客户确定要买,就需要先交一部分订金,进口商就用这笔钱替这辆车完税并办理进口报关手续,然后买家可以在完税后的一两天时间内将车提走。但现在国家实行汽车"落地完税制"。汽车进口商必须一次性付清车价款和相关税款,才能进入国内市场销售,导致进口商的资金成本大幅度增加。实行落地完税制,要占用汽车进口商大量的资金,必然会使进口商的成本增加,提高了行业准入门槛,进而影响进口汽车的总体数量。

2)进口汽车实行自动进口许可管理

根据商务部颁布的《汽车产品自动进口许可证签发管理实施细则》,自2005年1月1日起,我国取消了实行了20多年的汽车进口配额管理,同时对汽车进口施行自动进口许可管理,进口汽车由审批制改为自动登记制。进口汽车的企业凭《自动进口许可证》办理汽车进口报关手续。

(1)《自动进口许可证》的申领。一般贸易、易货贸易、边境小额贸易、租赁、援助与赠送、捐赠等方式进口列入《货物自动进口许可商品目录》的汽车产品,进口企业向海关申报前,须向商务部或其授权的地方、部门机电产品进出口办公室申领《自动进口许可证》。申领汽车《自动进口许可证》须具备的资料有:进口单位从事货物进出口的资格证书、备案登记文件或者外商投资企业批准证书(以上证书、文件仅限公历年度内初次申领者提交);自动进口许可证申请表;货物;属于委托代理进口的,应当提交委托代理进口协议(正本);申请进口汽车用于销售的,需提交汽车品牌经销授权证明材料(公历年度内初次申领者提交);以一般贸易方式申请进口自用的,申请进口单位需提交企业营业执照或组织机构证书(复印件);以援助、捐赠、赠送等方式申请进口汽车用于自用的,需提交企业营业执照或组织机构证书(复印件)和相关的援助、捐赠、赠送的证明文件;汽车生产企业申请进口成套散件(含SKD和CKD)、部件总成(系统)用于生产汽车的,需提交所生产车型列入的《道路机动车辆生产企业及产品公告》;商务部规定的其他应当提交的材料。

(2)《自动进口许可证》申请的形式。申请汽车产品《自动进口许可证》可通过计算机网络。也可以书面的形式向发证机构提交申请。

①网上申请。登录商务部授权网站(www. Ehinabidding. com),进入进口许可证联网申领系统,按要求如实在线填写《机电产品进口申请表》等资料,同时向相应的发证机构提交相关

的申领材料。

②书面申请。可到发证机构领取或从商务部授权网站(www. Ehinabidding. com)下载(或复印件)《机电产品进口申请表》。按要求如实在线填写,并采用送递、邮寄或其他适当方式,与其他相关的申领材料一并递交发证机构。

(3)《自动进口许可证》的签发。《自动进口许可证》的签发根据情况不同按以下办理:

①申请进口列入《货物自动进口许可商品目录》中属商务部管理的汽车产品,申请材料需经地方、部门机电产品进出口办公室核实。地方、部门机电产品进出口办公室收到齐备的申请材料后,立即核实,最长不超过3个工作日。核实后将申请材料递交商务部。

②申请进口列入《货物自动进口许可商品目录》中属管理的汽车产品,地方、部门机电产品进出口办公室在收到内容正确、形式完备的申请后,应当立即签发《自动进口许可证》;在特殊情况下,最长不超过10个工作日。

③经有关部门核定,进口属于构成整车特征的汽车零部件,商务部在签发的《自动进口许可证》的备注栏中打印标注"构成整车特征"。

(4)《自动进口许可证》的使用。《自动进口许可证》的使用注意以下几个方面:

①汽车产品《自动进口许可证》实行"一批一证"或"非一批一证"管理。证面的内容不得更改,其有效期为6个月,且仅在本公历年度内有效。

②汽车产品《自动进口许可证》的延期或变更一律重新办理,旧证应交还原发证机关并同时撤消。如在有效期内无法使用或未使用完,应在有效期内退回原发证机关。

③汽车产品《自动进口许可证》如有遗失,申请进口单位应当立即向原发证机关以及自动进口许可证上注明的进口口岸地海关书面报告挂失。经核实无,原发证机关可予重新补发;如造成不良后果,予以警告直至暂停发放其《自动进口许可证》。

④汽车产品《自动进口许可证》对进口数量没有明确的限制,放宽了对进口车的管理,让进口车更加市场化。

3)构成整车特征的汽车零部件进口管理

(1)构成整车特征的条件。根据海关总署公告的2005年第4号《进口汽车零部件构成整车特征核定规则》第十三条规定,有下列情形之一的,进口汽车零部件构成整车特征:

①进口全散件(CKD)或半散件(SKD)组装汽车的。

②在汽车总成(系统),包括车身(含驾驶室)总成、发动机总成、变速器总成、驱动桥总成、非驱动桥总成、车架总成、转向系统、制动系统等的认定范围内:进口车身(含驾驶室)、发动机两大总成装车的;进口车身(含驾驶室)、发动机两大总成之一及其他3个总成(系统)(含)以上装车的;进口车身(含驾驶室)、发动机两大总成以外其他5个总成(系统)(含)以上装车的。

③进口零部件的价格总和达到该车型整车总价格的60%以上的。

另外,根据《进口汽车零部件构成整车特征核定规则》第十四条规定,有下列情形之一的,进口汽车零部件构成汽车总成(系统)特征:进口散件组装总成(系统)的;进口关键零部件或分总成组装总成(系统),其进口关键零部件或分总成达到及超过规定数量标准的(该标准见《构成整车特征的汽车零部件管理办法》附件1《总成(系统)界定表》及附件2《汽车总成(系统)所属零部件界定范围》);进口零部件的价格总和达到该总成(系统)总价格的60%以上的。

(2)备案与核定。根据2005年4月1日施行的《构成整车特征的汽车零部件管理办法》

规定,汽车生产企业以在国内市场销售为目的使用进口汽车零部件生产汽车,应对所生产车型中使用的进口零部件是否构成整车特征进行自测。经自测确定构成整车特征的,生产企业应在汽车零部件进口前,将有关车型向“构成整车特征的汽车零部件进口管理领导小组办公室”(该办公室设在海关总署)备案。自测结果不构成整车特征的,汽车生产企业应当填写《整车特征复审申请报告》,随附《整车特征核定(复审)零部件明细表》向“构成整车特征的汽车零部件进口管理领导小组办公室”申请复审。“整车特征国家专业核定中心”依据“构成整车特征的汽车零部件进口管理领导小组办公室”的指令,在12个工作日内完成简单复审或现场复审,并出具《整车特征复审报告》。复审结果为构成整车特征的,汽车生产企业应当在复审结果公布后7个工作日内向“构成整车特征的汽车零部件进口管理领导小组办公室”补充备案。不构成整车特征的不需备案。

汽车生产企业在登记备案后,应根据汽车零部件的进口计划,在汽车零部件进口前向企业所在地海关提供税款总担保。税款总担保的担保数额应当不低于企业月平均进口零部件需缴纳的税款总额。汽车生产企业在备案的新车型生产组装成整车后10个工作日内。应向“构成整车特征的汽车零部件进口管理领导小组办公室”提出核定申请,并提交以下材料:《整车特征核定申请表》;备案车型自测报告;《车型零部件采购清单》;《整车特征核定资料清单》以及其他所需资料。“整车特征国家专业核定中心”在接受“构成整车特征的汽车零部件进口管理领导小组办公室”指令后的1个月内,完成对有关车型的核定并出具核定报告。海关依据“整车特征国家专业核定中心”出具的《核定报告》确定适用税率和完税价格,办理征税手续。

汽车生产企业在生产过程中,构成整车特征的状况发生改变的,应向“构成整车特征的汽车零部件进口管理领导小组办公室”申请重新核定,海关依据“整车特征国家专业核定中心”出具的新的核定报告,重新确定计税的完税价格。经核定,不再构成整车特征的,海关不再按照《构成整车特征的汽车零部件管理办法》对该车型实施管理。

4)进口汽车实行品牌经营

根据中华人民共和国商务部颁布的《汽车产品自动进口许可证签发管理实施细则》第五条第一款规定:“申请进口汽车用于销售的,需提交汽车品牌经销授权证明材料(公历年度首次申请时提供)。”从2005年1月1日起,只有得到国外汽车厂家授权的企业才有资格进口和销售进口汽车,这就意味着进口车销售实行品牌授权制。

对进口汽车商实施品牌管理后,汽车生产厂家对经销商的控制权将不断增加。未来的进口车市场将由各大汽车厂商以品牌授权的途径掌控,有利于汽车市场的规范和稳定。

4.2.2 进口汽车报关基本流程

1)获取《自动进口许可证》

进口汽车是列入《货物自动进口许可商品目录》的产品,进口单位在办理海关报关手续前,须向商务部或其授权的地方、部门机电产品进出口办公室提交自动进口许可证申请,并取得《自动进口许可证》。

2)报检

进口汽车的收货人或其代理人在汽车运抵入境口岸后,应持合同、发票、提(运)单、装箱单等单证及有关技术资料向口岸检验检疫机构报检,填写“进口机动车辆检验检疫工作记录”,口岸检验检疫机构审核后签发“入境货物通关单”。经检验合格的进口汽车,由口岸检验检疫机构签发“入境货物检验检疫证明”,并一车一单签发“进口机动车辆随车检验单”;对进口汽车实施品质检验的,“入境货物检验检疫证明”须加附“品质检验报告”。

3)向海关申报汽车进口

进口汽车的收货人或其代理人在向海关进口时,应提交的单证、资料有:

(1)《进口货物报关单》。进口货物报关单“商品名称”一栏应填写“车辆品牌(即厂牌+牌名,如丰田+普瑞维亚,也可填写车辆的英文厂牌及牌名)”+排量(以毫升为单位并注明mL)+车型(如小轿车、越野车等),且不得插入空格或其他字符。

(2)汽车《自动进口许可证》;

(3)购车发票;

(4)进口汽车的装箱单(装箱清单);

(5)进口汽车的提货单(货运单);

(6)入境货物通关单、入境货物检验检疫证明、进口机动车辆随车检验单;

(7)海关估价审批表与价格申报表;

(8)其他海关认为必要的文件和资料,如贸易合同、原产地证明(Certificate of Origin)和有关单证、账册、保证函,代理报关的还需授权委托协议等。

(9)外商投资企业进口自用汽车(整车)在报关时还需提供批准证书、营业执照、自用物品申请表和申请书等,在申请书中要有“知晓海关对进口的汽车有六年的监管期,期间不得私自转让、出售”等文字。

4)海关审核、查验

海关接受申报后,对递交的单证、资料进行审核,确认单证是否齐全、准确、有效、清楚。然后根据情况查验实际进口的汽车与单证申报是否相符,检查有无瞒报、伪报和申报不实等走私违规行为。

5)办理税费手续

按照海关审定的进口汽车的完税价格计算出的关税和增值税,收货人或其代理人必须按规定缴纳或提供担保,委托银行代缴。如收货人或其代理人认为海关审定的价格过高,可以要求“具保跟踪审价”,即按海关暂时审定的完税价格交纳相当于税款的保证金后提取货物,由海关对进口汽车的价格跟踪调查。“具保跟踪审价”一般在3个月内结案,届时海关按已经核实的完税价格计征税款,将已收取的保证金多退少补,转为税款入库。

6)进口汽车放行

办妥有关通关手续后,海关凭加盖机电产品自动进口许可证专用章的《自动进口许可证》办理验放手续,在单证上签印放行。进口单位凭《自动进口许可证》向银行办理售汇和付汇手续。

7)必要的说明

(1)加工贸易进口汽车产品,应按规定复出口。如因故不能出口需内销的,属商务部管理的汽车产品,由经营企业按一般贸易的有关规定向商务部申请,商务部签发《自动进口许可证》;其他汽车产品,由经营企业向所在地机电产品进出口办公室或所属部门机电产品进出口办公室申请,由所在地机电产品进出口办公室或所属部门机电产品进出口办公室签发《自动进口许可证》。各省级商务加工贸易主管机构按照《汽车加工贸易审批和内销管理办法》的有关规定,凭《自动进口许可证》签发《加工贸易保税进口料件内销批准证》。出口加工区内汽车产品需销往区外境内的，进口单位需办理《自动进口许可证》。

(2)汽车生产企业进口构成整车特征的汽车零部件，应当在企业所在地海关办理报关手续并缴纳税款。若从其所在地以外口岸进口构成整车特征的汽车零部件，须在完成备案登记和税款总担保手续后，向企业所在地海关申请办理转关运输，海关按转关运输的有关规定办理转关手续。

(3)汽车生产企业在办理汽车零部件报关手续时应当向海关递交进口货物报关单、标明"整车特征"的汽车零部件自动进口许可证、其他有关许可证件以及海关要求的随附单证等。

(4)汽车生产企业向海关申报构成整车特征的汽车零部件时，报关单的征免性质栏填报"整车征税"，成交方式栏填报"CIF"；企业向海关申报不构成整车特征的汽车零部件时，征免性质栏填报"零部件征税"，成交方式栏填报"CIF"。收货单位栏内应当填写汽车生产企业名称。不同车型的汽车零部件，应当分别填写报关单。

(5)构成整车特征的进口汽车零部件从报关放行到纳税前，由企业所在地海关比照保税货物实施监管。

(6)海关在对构成整车特征的进口汽车零部件按照整车归类征税时，如果其中由配套厂家提供的零部件在进口时已经缴纳了进口关税和进口环节增值税，并且汽车生产企业能够提供进口纳税证明的，已经缴纳的税款应当扣除。

(7)汽车生产企业进口的汽车零部件，1年之内未用于整车生产的，应当在1年届满之日起30日内向海关作纳税申报，海关按照有关规定办理征税手续。

(8)汽车生产企业应当自"整车特征国家专业核定中心"出具构成整车特征的核定报告后的次月起，每月第10个工作日前，向企业所在地海关作纳税申报。如不构成整车特征，应在核定报告出具后30日内向所在地海关申报其已进口但尚未缴纳税款的汽车零部件，海关按照汽车零部件税率计征关税和进口环节增值税。

(9)汽车生产企业的所有备案车型经"整车特征国家专业核定中心"核定均不构成整车特征，并且企业已经缴清有关税款的，海关应当通知企业办理解除税款总担保手续。

4.3　出口汽车报关流程

出口汽车报关是指发货人(或其代理)向海关申报出口汽车的详细情况，海关据以审查，合格后放行，准予出口。出口报关 (Export Customs Declarence)分企业自理报关和代理报关。大部分为代理报关(定舱货代经常可以安排报关事宜)。出口汽车需要办理《出口许可证》和《出境货物通关单》。

4.3.1　出口汽车相关规定

1)出口许可证管理的汽车产品

为规范汽车出口秩序，转变出口增长方式，提高出口增长质量和效益，促进汽车产业健康发展。商务部、发展改革委、海关总署、质检总局、国家认监委联合发出公告，决定从2007年3月1日起，对汽车整车产品(包括乘用车、商用车、底盘及成套散件)实行出口许可证管理。纳入许可证管理的汽车产品涉及83个类别的客车和货车(如表4.1)。

表4.1 实行出口许可证管理的汽车产品目录

商品编码	商品名称备注
8701200000	半挂车用的公路牵引车
8702109100	30座及以上的大型客车(柴油型、指装有柴油或半柴油发动机的30座以上的客运车)
8702109201	20≤座≤23装有压燃式活塞内燃发动机的客车
8702109290	24≤座≤29装有压燃式活塞内燃发动机的客车
8702109300	10≤座≤19装有压燃式活塞内燃发动机的客车
8702901000	30座及以上大型客车(其他型,指装有其他发动机的30座以上的客运车)
8702902001	20≤座≤23装有非压燃式活塞内燃发动机的客车
8702902090	24≤座≤29装有非压燃式活塞内燃发动机的客车
8702903000	10≤座≤19装有非压燃式活塞内燃发动机的客车
8703213000	排量≤1升的装有点燃往复活塞式内燃发动机的小轿车
8703219000	排量≤1升的带点燃往复活塞式内燃发动机的其他车辆
8703223000	1≤排量≤1.5升带点燃往复活塞式内燃发动机小轿车
8703224000	1≤排量≤1.5升带点燃往复活塞式内燃发动机四轮驱动越野车
8703225000	1<排量≤1.5升带点燃往复活塞式内燃发动机小客车(≤9座)
8703229000	1<排量≤1.5升带点燃往复活塞式内燃发动机其他车
8703231401	1.5<排量≤2升装点燃往复活塞式内燃发动机小轿车
8703231402	2<排量≤2.5升装点燃往复活塞式内燃发动机小轿车
8703231501	1.5<排量≤2升装点燃往复活塞式内燃发动机四轮驱动越野车
8703231502	2<排量≤2.5升装点燃往复活塞式内燃发动机四轮驱动越野车
8703231601	1.5<排量≤2升装点燃往复活塞式内燃发动机小客车(指≤9座)
8703231602	2<排量≤2.5升装点燃往复活塞式内燃发动机小客车(指≤9座)
8703231901	1.5<排量≤2升装点燃往复活塞式内燃发动机其他载人车辆
8703231902	2<排量≤2.5升装点燃往复活塞式内燃发动机其他载人车辆
8703233400	2.5<排量≤3升装点燃往复活塞式内燃发动机小轿车
8703233500	2.5<排量≤3升装点燃往复活塞式内燃发动机越野车
8703233600	2.5<排量≤3升装点燃往复活塞式内燃发动机旅行小客车(≤9座)
8703233900	2.5<排量≤3升装点燃往复活塞式内燃发动机其他载人车(≤9座)
8703243001	3<排量≤4升装点燃往复活塞式内燃发动机小轿车
8703243002	排量>4升装点燃往复活塞式内燃发动机小轿车

续表

商品编码	商品名称备注商品名称备注
8703244001	3 < 排量≤4 升装点燃往复活塞式内燃发动机越野车
8703244002	排量 > 4 升装点燃往复活塞式内燃发动机越野车
8703245001	3 < 排量≤4 升装点燃往复活塞式内燃发动机的小客车(≤9 座)
8703245002	排量 > 4 升装点燃往复活塞式内燃发动机的小客车(≤9 座)
8703249001	3 < 排量≤4 升装点燃往复活塞式内燃发动机的其他载人车辆
8703249002	排量 > 4 升装点燃往复活塞式内燃发动机其他载人车辆
8703313000	排量≤1.5 升装压燃式活塞内燃发动机小轿车
8703314000	排量≤1.5 升装有压燃式活塞内燃发动机越野车
8703315000	排量≤1.5 升装有压燃式活塞内燃发动机小客车(≤9 座)
8703319000	排量≤1.5 升装压燃式活塞内燃发动机其他载人车
8703323001	1.5 < 排量≤2 升装有压燃式活塞内燃发动机小轿车
8703323002	2 < 排量≤2.5 升装有压燃式活塞内燃发动机小轿车
8703304001	1.5 < 排量≤2 升装有压燃式活塞内燃发动机四轮驱动越野车
8703324002	2 < 排量≤2.5 升装有压燃式活塞内燃发动机四轮驱动越野车
8703325001	1.5 < 排量≤2 升装有压燃式活塞内燃发动机小客车(指≤9 座)
8703325002	2 < 排量≤2.5 升装有压燃式活塞内燃发动机小客车(指≤9 座)
8703329001	1.5 < 排量≤2 升装压燃式活塞内燃发动机其他载人车辆
8703329002	2 < 排量≤2.5 升装压燃式活塞内燃发动机其他载人车辆
8703333001	2.5 < 排量≤3 升装压燃式活塞内燃发动机小轿车
8703333002	3 升 < 排量≤4 升装有压燃式活塞内燃发动机小轿车
8703333003	排量 > 4 升装有压燃式活塞内燃发动机小轿车
8703334001	2.5 < 排量≤3 升装压燃式活塞内燃发动机四轮驱动越野车
8703334002	3 < 排量≤4 升装压燃式活塞内燃发动机四轮驱动越野车
8703334003	排量 > 4 升装有压燃式活塞内燃发动机四轮驱动越野车
8703335001	2.5 < 排量≤3 升装压燃式活塞内燃发动机小客车(≤9 座)
8703335002	3 升 < 排量≤4 升装有压燃式活塞内燃发动机的小客车(≤9 座)
8703335003	排量 > 4 升装有压燃式活塞内燃发动机的小客车(≤9 座)
8703339001	2.5 < 排量≤3 升装压燃式活塞内燃发动机其他载人车辆
8703339002	3 < 排量≤4 升装压燃式活塞内燃发动机其他载人车辆

续表

商品编码	商品名称备注
8703339003	排量＞4 升装有压燃式活塞内燃发动机其他载人车辆
8703900001	其他型排量≤1.5 升的其他载人车辆
8703900002	其他型排量 1.5 升＜排量≤2 升的其他载人车辆
8703900003	其他型排量 2 升＜排量≤2.5 升的其他载人车辆
8703900004	其他型排量 2.5 升＜排量≤3 升的其他载人车辆
8703900005	其他型排量 3 升＜排量≤4 升的其他载人车辆
8703900006	其他型排量＞4 升的其他载人车辆
8703900090	电动汽车和其他无法区分排量的载人车辆
8704103000	非公路用电动轮货运自卸车
8704109000	其他非公路用货运自卸车
8704210000	柴油型其他小型货车(装有压燃式活塞内燃发动机,小型指车辆总重量≤5 吨)
8704223000	柴油型其他中型货车(装有压燃式活塞内燃发动机,中型指 5 吨＜车辆总重量＜14 吨)
8704224000	柴油型其他重型货车(装有压燃式活塞内燃发动机,重型指 14 吨≤车辆总重量＜20 吨)
8704230001	固井水泥车、压裂车、混砂车底盘(车辆总重量＞35 吨,装驾驶室)
8704230002	起重≥55 吨汽车起重机用底盘(装有压燃式活塞内燃发动机)
8704230090	柴油型的其他超重型货车(装有压燃式活塞内燃发动机,超重型指车辆总重量＞20 吨)
8704310000	总重量≤5 吨的其他货车(汽油型,装有点燃式活塞内燃发动机)
8704323000	5 吨＜总重量≤8 吨的其他货车(汽油型,装有点燃式活塞内燃发动机)
8704324000	汽油型＞8 吨的其他货车(汽油型,装有点燃式活塞内燃发动机)
8704900000	装有其他发动机的货车
8706001000	非公路用货运自卸车底盘(装有发动机的)
8706002100	车辆总重量≥14 吨的货车底盘(装有发动机的)
8706002200	车辆总重量＜14 吨的货车底盘(装有发动机的)
8706003000	大型客车底盘(装有发动机的)
8706009000	其他机动车辆底盘(装有发动机的,编号,8701,8703 和 8705 系列车辆用)

2)申领汽车整车产品出口许可证

申领汽车整车产品出口许可证的汽车生产企业必须列入国家发展改革委《车辆生产企业及产品公告》、通过国家强制性产品认证(CCC 认证)且持续有效、具备与出口汽车保有量相适应的维修服务能力,在主要出口市场建设较完善的销售服务体系。

申领汽车整车产品出口许可证出口经营企业（含汽车企业集团所属的进出口公司）应获得符合出口条件的汽车生产企业的授权，并根据授权出口该企业的产品。出口经营企业与汽车生产企业应在授权中约定共同承担出口产品的质量保证，售后服务等连带法律责任。商务部、发展改革委、海关总署、质检总局、国家认监委于每年11月公示本年度《符合申领出口许可证条件企业名单》，并于12月公布本年度《名单》。

3）取消从事汽车整车产品出口资格

有下列之一者，将取消下一年度从事汽车整车产品出口资格：

（1）提供虚假资质证明材料的；

（2）其产品被相关部门认定为侵犯知识产权的；

（3）伪造生产企业授权证明的；

（4）出口非自产或非授权企业产品的；

（5）出口汽车在国外有重大质量事件并对我国出口汽车造成重大不良影响的；

（6）有其他违反国家规定的行为和不诚信行为的。

4.3.2 出口汽车报关基本流程

出口汽车报关根据出口车辆的类型、出口所往地和具体出口口岸不同，其具体办理流程有异。在实际工作中按海关规定办理即可。办理出口所需单据一般有：商业发票，装箱单，报关委托书，场站收据，出口报关单，销售合同，出口外汇核销单，核销手册、产地证、商检证等根据需要出具。

1）基本作业流程

出口汽车报关基本作业流程为：

（1）准备、审核报关单据，填写出口报关单。

（2）电子申报（EDI），向海关审单系统输入报关内容。

（3）海关根据接受的电子数据审价，批示到现场办手续。

（4）报关员到海关办公大厅递交报关单据。

（5）海关审单（检查单证是否齐备，正确），批示放行或查验。

（6）海关到货物堆场查验汽车，查验汽车后在集装箱上加封海关关封（封锁）。

（7）海关放行后，凭放行手续，办理集装箱入港（拖到码头）等待装船。

（8）运船离开港口后2周内到海关打出口退税联。

2）出口业务的主要环节

在出口业务的过程中包括备货、催证、审证、改证、租船订舱、报关、报验、保险、装船和制单结汇等多种环节。其中又以货（备货）、证（催证、审证、改证）、船（租船订舱）、款（制单结汇）四个环节最为重要。

（1）备货。备货是根据合同规定的品质、包装、数量和交货时间的要求，进行汽车的准备工作。在备货过程中应注意以下几点：

①汽车的品质：汽车的品质、规格，应按合同的要求核实，必要时应进行加工整理，以保证货物的品质、规格与合同规定一致。

②汽车的数量：应保证满足合同或信用证对数量的要求，备货的数量应适当留有余地，以备装运时可能发生的调换和适应舱容之用。

③汽车的包装和唛头(运输标志):应进行认真检查和核实,使之符合信用证的规定,并要做到对保护商品和适应运输的要求,如发现包装不良或破坏,应及时进行修整或换装。标志应按合同规定的式样刷制。

④备货时间:应根据信用证规定,结合船期安排,以利于船货运输衔接。

(2)落实信用证。在履行以信用证付款的合同时,对信用证的掌握、管理和使用直接关系到我国对外政策的贯彻和收汇的安全。落实信用证包括催证、审证和改证三项内容。

①催证。催开信用证如果在出口合同中买卖双方约定采用信用证方式,买方应严格按照合同的规定按时开立信用证,这是卖方履约的前提。但在实际业务中,有时国外进口商在市场发生变化或资金发生短缺的情况时,往往会拖延开证。对此,我们应催促对方迅速办理开证手续。特别是大宗汽车交易,更应结合备车辆情况及时进行催证。必要时,也可请我驻外机构或中国银行协助代为催证。

②审证。审证即审核信用证。信用证是一种银行信用的保证文件,但银行的信用保证是以受益人提交的单据符合信用证条款为条件的,所以,开证银行的资信、信用证的各项内容,都关系着收汇的安全。为了确保收汇安全,我外贸企业于收到国外客户通过银行开立的信用证后,立即对其进行认真的核对和审查。核对和审查信用证是一项十分重要的工作,做好这项工作,对于贯彻我国对外贸易的方针政策,履行货物装运任务,按约交付货运单据,及时、安全地收取货款等方面都具有重要意义。一般来说,在审查国外来证时,应考虑下列两个方面:一是总的方面的审核要点:首先从政策上审核;其次对开证银行资信情况的审核;其三对信用证是否已经生效、有无保留或限制性条款的审核;其四对信用证不可撤销性的审核;我国能够接受的国外来证必须是不可撤销的。二是专项审核要点:专项审核名目繁多,不同交易,情况各异,但一般汽车交易中的审核要点是支付货币,信用证金额,到期日、交单期和最迟装运日期,转运和分批装运,开证申请人和受益人,付款期限以上内容必须和信用证严格一致等。在实际业务中,银行和进出口公司共同承担审证任务。其中,银行着重审核开证行的政治背景、资信能力、付款责任和索汇路线等方面的内容,进出口公司则着重审核信用证的内容。

③修改信用证。在实际业务中,出口企业在对信用证进行了全面细致的审核以后,当发现问题时,通常还应区别问题的性质进行处理,有的还须同银行、运输、保险、检验等有关部门取得联系共同研究后,方能作出适当妥善的决策。一般说来,凡是属于不符合我国对外贸易方针政策,影响合同履行和收汇安全的问题,必须要求国外客户通过开证银行修改,并坚持在收到银行修改信用证通知书认可后才可装运货物;对于可改可不改的,或经过适当努力可以做到的,则可酌情处理,或不作修改,按信用证规定办理。在一份信用证中,有多处条款需要修改的情形是常见的。对此,应做到一次向开证人提出,否则,不仅增加双方的手续和费用,而且对外影响也不好。其次,对于收到的任何信用证修改通知书,都要认真进行审核,如发现修改内容有误或我方不能同意的,我方有权拒绝接受,但应及时作出拒绝修改的通知送交通知行,以免影响合同的顺利履行。为防止作伪,便于受益人全面履行信用证条款所规定的义务,信用证的修改通知书应通过原证的通知行转递或通知。如由开证人或开证行径自寄来的,应提请原证通知行证实。对于可接受或已表示接受的信用证修改书,应立即将其与原证附在一起,并注明修改次数,这样可防止使用时与原证脱节,造成信用证条款不全,影响及时和安全收汇。

(3)安排装运。安排装运汽车涉及的工作环节甚多,其中以托运、报关、装运和发装运通知等工作尤为重要。

①委托安排装运汽车。目前,在我国,凡由我方安排运输的出口合同,对外装运汽车,租订运输工具和办理具体有关运输的事项,外贸企业通常都委托中国对外贸易运输公司或其他经营外贸运输代理业务的企业办理,所以,在汽车、证等备齐以后,汽车出口企业应即向外运机构办理托运手续。托运时除须缮制托运单据外,尚须附交与本批汽车有关的各项证、单,如提货单、商业发票、出口货物明细单(装箱单)、出口货物报关单、出口收汇核销单(另外有的商品还需提供出口许可证、配额许可证的海关联、商品检验合格证件等有关证书)等,以供海关核查放行之用。汽车出口企业向外运机构办理托运的工作步骤是先查看船期表,填写出口货物托运单,后船运公司或其代理人签发装货单。

②投保。在办理投保手续时,通常应填写国外运输险投保单,列明投保人名称、货物的名称、标记、运输路线、船名或装运工具、开航日期、航程、投保险别、保险金额、投保日期、赔款地点等。保险公司据此考虑接受承保并缮制保险单据。

③报关。按照《海关法》规定:凡是进出国境的汽车,必须经由设有海关的港口、车站、国际航空站进出,并由汽车的所有人向海关申报,经过海关查验放行后,汽车方可提取或装运出口。因此,进出口汽车的收发货人只有完成通关手续后,才能提取或出运汽车。

④核实装运。装运承运船舶抵港前,外贸企业或外运机构根据港区所作的货物进栈计划,将出口清关的汽车存放于港区指定仓库。轮船抵港后,由港区向托运人签收出口汽车港杂费申请书后办理提货、装船。装船完毕,即由船长或船上大副根据所装汽车实际情况签发大副收据。外贸企业或外运机构可凭此单据向船运公司或其代理换取海运提单。汽车装船后,外贸企业或外运机构将缮制好的海运提单送交船运公司或其代理,请求签字。船运公司或代理在审核海运提单所载内容与大副收据内容相符后,正式签发提单,并加注“已装船”字样和加盖装船日期印章。

⑤发装运通知。汽车装船后,外贸企业应及时向国外买方发出“装运通知”,以便对方准备付款、赎单,办理进口报关和接货手续。装运通知的内容一般有定单或合同号、信用证号、汽车名称、型号、数量、总值、唛头、装运口岸、装运日期、船名及预计开航日期等。在实际业务中,应根据信用证的要求和对客户的习惯做法,将上述项目适当地列明在电文中。

(4)制单结汇。汽车装运后,汽车出口企业应立即按照信用证的规定,正确缮制各种单据,并在信用证规定的交单到期日或以前,将各种单据和必要的凭证送交指定的银行办理要求付款、承兑或议付手续,并在收到货款后向银行进行结汇。我国出口结汇的办法有三种:收妥结汇、押汇和定期结汇。

①制作单据对于出口单据,必须符合“正确、完整、及时、简明、整洁”的要求。常用的出口单据有汇票、商业发票、运输单据、保险单据、包装单据、产地证明书、检验证书、海关发票和其他单证。其他单证常见的有寄单证明、寄船样证明、装运通知副本、邮局收据、有关运输方面的证明(如船籍或航程证明、船龄证明、船级证明)等,受益人应向船运公司或其代理索取。

②交单结汇。交单指出口人(信用证的受益人)在信用证到期前和交单期限内向指定银行提交符合信用证条款规定的单据。这些单据经银行确认无误后,根据信用证规定的付汇条件,由银行办理出口结汇。议付银行在收到单据后应即按照信用证规定进行审核,并在收到单据次日起不超过7个银行工作日将审核结果通知受益人,如审核无误,应即向信用证的开证行或被指定的其他付款银行寄单索偿,同时按照与出口人约定的方法进行结汇。在我国出口业务中的结汇是指银行将收到的外汇按当日人民币市场汇价的银行买入价购入,结算成人民币

以支付给出口人。在我国出口业务中，使用议付信用证比较多。对于这种信用证的出口结汇办法，主要有三种："收妥结汇"、"定期结汇"和"买单结汇"。"收妥结汇"，又称"先收后结"，是指议付行收到受益人提交的单据，经审核确认与信用证条款的规定相符后，将单据寄给国外付款行索汇，等付款行将外汇划给议付行后，议付行再按当日外汇牌价结算成人民币交付给受益人。"定期结汇"是指议付行在收到受益人提交的单据经审核无误后，将单据寄给国外银行索偿，并自交单日起事先规定期限内将货款外汇结算成人民币贷记受益人账户或交付给受益人。"买单结汇"，又称出口押汇或议付，是指议付行在审核单据后确认受益人所交单据符合信用证条款规定的情况下，按信用证的条款买入受益人的汇票和/或单据，按照票面金额扣除从议付日到估计收到票款之日的利息，将净数按议付日人民币市场汇价折算成人民币，付给信用证的受益人。

第5章 汽车消费服务

5.1 汽车办证与纳税

汽车消费者(车辆所有者和使用者)购买汽车后,必须按国家规定和有关部门规定缴纳各种税费,在户口所在地或居住地公安车辆管理所进行注册登记、申领汽车牌照和行驶证后,才能投入正常使用。

5.1.1 汽车办证

汽车办证主要是到住所所在地进行注册登记、申领汽车行驶证和机动车号牌,使所拥有的汽车合法化并获得正常使用的权利。

1)汽车办证所具备的条件

机动车所有人填写《机动车注册登记申请表》,持以下资料,向住所所在地公安车辆管理所申请注册登记、申领机动车号牌和《机动车行驶证》:

(1)机动车所有人的身份证明。提供机动车所有人身份证明有以下几种情况:

①居民的身份证明。即公安机关核发的《居民身份证》或者《居民户口簿》;经常居住地与户籍不在同一车辆管理所管辖区域的,其身份证明是公安机关核发的《居民身份证》和有效期一年以上的《暂住证》(在经常居住地居住一年以上的人员,凭公安机关核发的有效期一年以上的《暂住证》,可以申领9坐以下小型客车、摩托车的注册登记);

②机关、学校、工厂、公司等行政、事业、企业单位和社会团体的身份证明,是《组织机构代理证书》;

③各国驻华使馆和外国驻华办事机构的身份证明,是该使领馆或者外国驻华办事机构出具的证明;

④军人的身份证明,是中国人民解放军或者中国人民武装警察部队核发的军人身份证件和团以上单位出具的本人住所地址证明;

⑤香港、澳门特别行政区的居民、台湾同胞和外国人的身份证明,是公安机关核发的居留证件。

(2)机动车来历凭证(海关监管车辆除外)。机动车来历凭证有以下几种情况:

①在国内购买的机动车,其来历凭证是全国统一的机动车销售发票;在国外购买的机动车,其来历凭证是该车销售单位开具的销售发票;

②人民法院调解、裁定或者判决所有权转移的机动车,其来历凭证是人民法院出具的已经生效的《调解书》、《裁定书》或者《判决书》以及相应的《协议执行通知书》;

③仲裁机构裁决所有权转移的机动车,其来历凭证是《仲裁裁决书》和人民法院出具的《协议执行通知书》及原始发票;

④继承、赠予、协议抵偿债务的机动车,其来历凭证是继承、赠予、协议抵偿债务的相关文书和公证机关出具的《公证书》及原始发票;

⑤生产重组或者资产整体买卖中包含的机动车,其来历凭证是资产主管部门的批准文件和原始发票;

⑥国家机关已注册登记并下拨到下属单位的机动车,其来历凭证是该部门出具的调拨证明及原始发票;

⑦拍卖购得的机动车,其来历凭证是拍卖发票和原始发票。

(3)国产机动车的整车出厂合格证;进口机动车的进口凭证。提供这部分资料有以下几种情况:

①进口汽车的进口凭证,是国家限定口岸海关签发的《货物进口证明书》;

②其他进口机动车的进口凭证,是各口岸海关签发的《货物进口证明书》;

③海关监管的机动车的进口凭证,是监管地海关出具的《中华人民共和国海关监管车辆进(出)境领(销)牌照通知书》;

④国家授权的执法部门没收的走私、无进口证明和利用进口关键件非法拼(组)装的机动车的进口凭证,是该部门签发的《没收走私汽车、摩托车证明书》。

(4)车辆购置税的完税证明或者免税证明。

(5)机动车第三者责任保险凭证。

(6)《机动车注册登记技术参数表》(2003年1月1日以后出厂的国产汽车)。

(7)有以下情形之一的,不予办理注册登记。

①机动车所有人提交的资料无效的;

②机动车所有人的身份证明记载的姓名或者单位名称与机动车来历凭证记载的姓名或者单位名称不一致的;

③机动车所有人提交的来历凭证、合格证、进口凭证、完税证明或免税证明记载的内容与机动车不一致的;

④机动车所有人住所不在车辆管理所辖区内的;

⑤机动车属于走私、无进口证明、利用进口关键件非法拼(组)装或者套用国产车目录的;

⑥机动车未获得国家生产许可的;

⑦机动车为右置方向盘或者将右置方向盘改为左置方向盘的;

⑧机动车达到国家规定的报废标准或者利用报废车辆的零部件拼(组)装的;

⑨机动车检验不符合强制性国家标准规定的;

⑩机动车属于被盗抢的。

2)汽车办证的步骤

购车人准备好汽车办证所需的材料后,就可到居住地所在公安车辆管理所办理汽车上牌、领取《机动车行驶证》。一般情况下,为方便汽车消费者办理各种手续,各地的车辆上牌都集中在公安车辆管理所的一个办证大厅里。办证的大致步骤如下:

(1)在办证大厅服务台领取《机动车注册登记申请表》,认真逐项填写、盖章或签字,拓印发动机号码、车架号码(或VIN码)各3份。

(2)到办证大厅受理窗口将资料(按手续说明要求提供)交工作人员审核(如属控制上牌的车辆,还须提交指标证),如符合规定,就领取受理凭证(将一份拓印纸粘贴在受理凭证背面)。机动车受指标控制的单位,如市级机关及事业单位、市级国有控制企业购置超标准车须经所在地方的控制社会集团购买力办公室审批。

(3)凡属免检车辆的,持受理凭证将车辆交检验员查验即可。其他车辆持受理凭证到监测站上线检测。

(4)交费后到办证大厅牌证窗口电脑选取车号并领取汽车牌照。

(5)到安装牌照场地安装牌照,并拍摄车辆照片。

(6)将安装有车牌的办证汽车照片交到办证大厅窗口。

(7)持身份证明与交费凭证到办证大厅领证窗口领取登记证书、车辆行驶证。

5.1.2 汽车纳税

汽车作为一种消费品,在消费者使用它时便占据了许多的社会公共资源。所以世界上基本所有国家对购买和使用汽车都会征收一定的费用,由于体制和法律的规定不同,各国在征收的方式上有所不同。在许多发达国家是以在油费里加入各种税费,使用者多使用汽车便多交税费;在我国,各种税费统一由国家和地方制订一个标准,然后在车主办证上牌和年度审验时进行统一交纳。

1)汽车购置税

汽车购置税实行“从价定率”的方式计算应纳税额,由购置车辆的计税价格和税率加以确定,税率为应征车辆计税价格的10%。汽车购置税的征收在购置应税车辆之后、办理车辆注册登记之前。汽车购置税实行一次性征收制度,购置已征收车辆购置税的车辆,不再重复征收车辆购置税。

(1)纳税人购买自用应税车辆的计税价格,为纳税人购买应税车辆而支付给销售者的全部价款和价外费用,不包括增值税税款。

(2)纳税人进口自用的应税车辆的计税价格,为关税完税价格、关税和消费税的合计数。

(3)纳税人自产、受赠、获奖或者以其他方式取得自用的应税车辆的计税价格,由主管税务机关参照最低计税价格进行确定。不同类型应税车辆的最低计税价格,由国家税务总局参照其市场平均交易价格分别加以确定。当纳税人申报的应税车辆的计税价格低于同类型应税车辆的最低计税价格时,按照最低计税价格征收车辆购置税。

(4)可以减免车辆购置税的特殊车辆。

①外国驻华使馆、领事馆和国际组织驻华机构及其外交人员自用车辆;

②中国人民解放军和中国人民武装警察部队列入军队武器装备订货计划的车辆;

③设有固定装置的非运输车辆;

④国务院规定的其他减免车辆。

2)汽车消费税和增值税

现行的汽车消费税是原来为控制社会集团购买力,从汽车特别消费税演变过来的汽车消费税。其纳税环节定位在汽车生产企业,这无疑是为了减少汽车消费者负担而不得不增加汽车生产企业内部消化的承受能力,也是车价一时降不下来的原因之一。我国现在汽车消费税根据排放标准和类型不同而不同,一般在车价的3%~8%。

对我国汽车产业发展产生重要作用和影响的汽车增值税是鼓励各地办厂生产汽车而设立的。汽车增值税由汽车生产企业向其所在地税务机关缴纳,它不能激励汽车消费。因为办厂对地方财政有好处,可以增加当地政府的税收,而消费并不能给地方政府的税收直接带来贡献。其结果是:一方面生产企业所在地政府部门不关心消费和使用环境;另一方面,消费者所在地政府由于没有得到税收,也刺激不了其改善消费和使用环境的积极性。另外,企业间的跨地区重组也因此而受到来自地方政府的各种阻力。

所以,如果将汽车增值税改为消费税,则消费者买车越多向地方政府纳税越多,就能够刺激地方政府改善道路和交通设施,建更多的停车场等,进而激励汽车消费。

3)车船使用税

车船使用税是以车船为征税对象,向拥有并使用车船的单位和个人征收的一种税。现行的车船使用税是第二步利改税以后开征的,1986年9月15日,国务院正式发布了《中华人民共和国车船使用税暂行条例》,从当年10月1日开始实施。

(1)车船使用税的征收对象。车船使用税的征收对象是行驶于公共道路的车辆和航行于国内河流、湖泊或领海口岸的船舶。

(2)车船使用税的征收范围。车船使用税的征收范围由车辆和船舶两大类构成。

(3)车船使用税的纳税人。凡在中华人民共和国境内拥有并且使用车船的单位和个人,为车船使用税的纳税义务人。

(4)车船使用税的适用税额。车船使用税采用定额税率,即对征税的车船规定单位固定税额。

(5)车船使用税应纳税额的计算。车船使用税应纳税额的计算有以下两种情况:

①机动车(载重汽车除外)和非机动车

应纳税额 = 应税车辆数量 × 单位税额

②载重汽车、机动船和非机动船

应纳税额 = 车船的载质量或净吨位数量 × 单位税额

(6)车船使用税的申报缴纳。

①车船使用税的纳税期限实行按年征收、分期缴纳。一般规定为按季或半年征收。

②纳税人应根据税法的规定,将现有车船的数量、种类、吨位和用途等情况,据实向当地税务机关办理纳税申报。

③车船使用税由纳税人所在地税务机关征收。

(7)一些具体问题的处理。客货两用汽车,载人部分按乘人汽车税额减半征税,载货部分按机动载货汽车税额征收,具体办法由省、自治区、直辖市人民政府规定。

(8)车船使用税的税收优惠。下列车船免纳车船使用税:

①国家机关、人民团体、军队自用的车船;

②由国家财政部门拨付事业经费的单位自用的车船；

③载质量不超过1吨的渔船；

④专供上下客货及存货用的趸船、浮桥用船；

⑤各种消防车船、洒水车、囚车、警车、防疫车、救护车船、垃圾车船、港作车船、工程船；

⑥按有关规定缴纳船舶吨税的船；

⑦经财政部批准免税的其他车船。

(9)车船使用税的特点。车船使用税有以下特点：

①兼有财产税和行为税的性质；

②具有单项财产税的特点；

③实行分类、分级(项)定额税率。

汽车消费者除了直接和间接缴纳上述税赋外，还要交纳国家明文规定的收费，其项目有：车辆检验费、上户费、城市增容费、保险费、年审费、车辆牌照费、交管费、养路费、过路费等；有的地方还有许多非正式部门和地方收费项目，如路桥费等。

5.2　汽车驾驶员

在汽车交通运输过程中，所有的运输都是通过汽车驾驶员来实现的。所以，汽车驾驶员必须经过系统的培训并通过严格的考试获得机动车驾驶证，才能驾车上路行驶。我国目前实行的是汽车驾驶员培训和考试管理分离的办法，加强了对汽车驾驶员的考核管理工作。

5.2.1　汽车驾驶证的考取与管理

驾驶机动车，应当依法取得机动车驾驶证，申请机动车驾驶证，必须符合国务院公安部门规定的汽车驾驶许可条件；经过公安车辆管理机关考试合格后，由公安交通管理部门发给相应类别的机动车驾驶证。持有境外机动车驾驶证的人，符合国务院公安部门规定的汽车驾驶许可条件，经公安交通管理部门考核合格的，发给了中国的机动车驾驶证，方能在我国境内驾驶机动车辆。汽车驾驶员要从事公路交通专业运营工作，还必须通过交通运输管理部门相关职业从业资格考试，获得从业资格证书后才能驾驶运营车辆。

1)对汽车驾驶员的基本要求

(1)遵守国家法令和交通法规。汽车驾驶员要严格遵守国家法令，特别是《中华人民共和国道路交通安全法》(2004年5月1日起施行)、《中华人民共和国道路交通管理条例》(国务院1988年3月9日颁布)以及《机动车运行安全技术条件》(GB 7258—97，国家标准局1997年发布)等相关法规，尊重生命，恪守汽车驾驶职业道德，不超速、超载，不抢道，中速行驶，保证安全行车。

(2)熟练的汽车驾驶技能。除能在一般道路上驾车的基本技能外，还要积累山地驾驶、雪地驾驶、泥泞道路驾驶等经验，熟练掌握驾驶技能，提高处理道路突发事件的应急能力；在不断总结自己的驾车经验的同时，有对驾驶技术精益求精的欲望。

(3)爱护车辆。要保证安全行车，必须使所驾驶车辆的技术状况随时处于完好状态。这就要求汽车驾驶员在保持汽车外表整洁、有良好的车容车貌的前提下，更加注重汽车发动机性能、转向性能、制动性能完好;按时进行车辆维护,及时排除车辆出现的各种故障,以保证行车安全。

(4)服务热情周到。汽车驾驶员在进行客运服务时,除要保持车辆整洁、车内空气清新外,还要对乘客使用规范语言和文明语言、服务要热情细致,使乘客有宾至如归的感觉;汽车驾驶员在进行货运服务时,要把所承运的货物足量、完好、安全、及时运达目的地,没有货物遗失或毁损现象。

2)汽车驾驶培训与汽车驾驶证的考取

汽车驾驶培训与考试实行教考分离,即汽车驾驶培训工作由交通运输管理部门组织进行,汽车驾驶考试由公安交通管理部门组织进行。

(1)汽车驾驶学习培训。汽车驾驶学习培训由经过交通运输管理部门资质审查合格的汽车驾驶培训学校组织实施。学习汽车驾驶,先学习汽车使用、基本维护等基础知识和道路交通安全法律、法规及受伤救护等相关知识,考试合格后再学习汽车驾驶技能。汽车驾驶技能训练按照考试项目一般分为两个方面,一是场地训练,即倒车移库训练;二是道路训练。在道路上学习汽车驾驶,应按照公安交通管理部门指定的路线、时间进行;且应使用教练车在教练员的指导下进行,与教学无关的人员不得乘坐教练车。学员在学习汽车驾驶中有道路交通安全违法行为或者造成交通事故的,由教练员承担责任。从汽车驾驶培训实施的实际情况来看,汽车驾驶培训仍属于应试培训,要有较熟练的汽车驾驶技能,每个经考试合格获得了汽车驾驶证的人员,还要严格控制车速,虚心学习、体会或者说感受汽车驾驶过程,不断总结临路经验,使自己汽车驾驶技能不断提高。

(2)汽车驾驶证的考取。汽车驾驶证的考试由公安交通车辆管理所组织实施。考试的科目有:科目一是汽车使用、基本维护等基础知识和道路交通安全法律、法规及受伤救护等相关知识考试;科目二是场地考试,即倒车移库考试;科目三、四是路考,即进行过连续障碍、通过单边桥、直角转弯、侧方位停车、上坡路定点停车与坡道起步、百米加减挡、起伏路驾驶、曲线行驶、夜间驾驶、车辆入库等项目考试。每个项目有两次考试机会,即第一次未通过考试,还有一次考试机会;如果第二次仍未通过考试,则从科目一起重新再逐个科目考试。全部科目考试合格,公安交通车辆管理所在一周内核发汽车驾驶证(机动车驾驶证)。

3)汽车驾驶证的管理

(1)汽车驾驶证的审验。汽车驾驶证采取审验制度,公安交通车辆管理所对汽车驾驶证定期审验;对在外地不能返回户口所在地接受审验的,委托外地车辆管理所代为审验或户口所在地车辆管理所派人到持证较多的地方进行驾驶证审验。审验时要对持证人进行身体检查,审核违章、事故是否处理结束等。对审验合格的,在其汽车驾驶档案里予以记载,持未记载审验合格的驾驶证驾驶车辆,属无证驾驶。审验期限为:持有准驾车型为 A1、A2、B1、B2 驾驶证的、持有准驾车型为 C 驾驶证从事营业性运输的和年龄超过60 周岁的,每年审验一次;持有其他准驾车型驾驶证的 6 年审验一次。

(2)汽车驾驶证的更换。在汽车驾驶证的有效期满前 3 个月内,持证人应当到公安车辆管理所换证。公安车辆管理所结合审验对持证人进行身体检查,审核违章、事故是否处理结束,审验合格的换发汽车驾驶证。因特殊情况不能按期换证的,持证人要事先申请提前或延期换证;事先未申请并超过有效期换证的,依法处罚后予以换证。持证人在换证期间,有义务接受交通法规教育;持证人在暂住地居住 1 年以上的,自愿决定是否在暂住地所在地、州市车管所换发驾驶证,暂住地车辆管理所对申请人的驾驶证、驾驶证登记资料、暂住证审核后换发驾驶证。

(3)汽车驾驶证的注销。车辆管理所对有下列情况之一的,注销机动车驾驶证并在登记资料注明:

①持证人死亡的;

②身体条件发生变化,不适应机动车的;

③超过换证期限1年以上的;

④涂改、冒领机动车驾驶证的;

⑤无正当理由,超过3个月不接受违章或事故处理的;

⑥持有两个以上驾驶证的;

⑦本人或监护人提出注销申请的。

吊销和注销的机动车驾驶证,登记资料保留2年后销毁。

(4)汽车驾驶证的补发。汽车驾驶证遗失、损坏,应当向原发证机关书面申请说明原因并登报声明,一个月后,由车辆管理所审校补发新的汽车驾驶证。

5.2.2　汽车驾驶员的管理

1)学习驾驶员和教练员

学习驾驶员和教练员除遵守对驾驶员的规定外,还必须遵守以下规定:

(1)学习驾驶员和教练员,分别持有车辆管理机关核发的学习驾驶员证和驾驶员教练员证;

(2)学习驾驶员在教练员随车指导下,按指定时间、路线学习驾驶,车上不得乘坐与汽车教练和学习驾驶无关的人员。

2)实习驾驶员

汽车驾驶员初次申领机动车驾驶证后的12个月为实习期,实习驾驶员在实习期内最好不要在高速公路上驾车,并在所驾驶的车辆上悬挂明显的实习标志,并注意:

(1)按准驾车型单独驾驶机动车,但最好有一位汽车驾驶经验较丰富的汽车驾驶员陪同驾驶,以确保初始驾驶的安全。

(2)在驾驶大型客车、起重车和带挂车的汽车时,须有正式驾驶员并坐,以监督指导。

(3)实习驾驶员不准驾驶执行任务的警车、消防车、工程抢险车、救护车等特种车辆。

3)汽车驾驶员

汽车驾驶员驾驶汽车上道路前,应当对汽车的安全技术性能进行认真检查;不得驾驶安全设施不全或者机件不符合技术标准等具有安全隐患的汽车,并遵守以下规定:

(1)按照驾驶证载明的准驾车型驾驶机动车(汽车);

(2)驾驶车辆时,须携带汽车驾驶证和汽车行驶证;

(3)不得转借、涂改伪造汽车驾驶证;

(4)不准将车辆交给没有驾驶证的人员驾驶;

(5)未按规定审验或审验不合格的,不准驾驶车辆;

(6)饮酒后不准驾驶车辆;

(7)不准驾驶安全设备不全或机件失灵的车辆;

(8)不准驾驶不符合装载规定的车辆;

(9)在患有妨碍安全行车的疾病或过度疲劳时,不准驾驶车辆;

(10)驾驶或乘坐二轮摩托车须戴安全头盔;

(11)车门、车厢没有关好时,不能行车;

(12)不准穿拖鞋或高跟鞋驾驶车辆;

(13)在驾驶车辆时,不准吸烟、饮食、闲谈或进行其他妨碍安全行车的行为。

5.3 汽车行驶

5.3.1 机动车与行车道及交通信号和标志标线

1)机动车和汽车

机动车是指以动力装置驱动或牵引,在道路上行驶的供人员乘用或者用于运送物品以及进行工程专项作业的轮式车辆。汽车是指由动力装置驱动,具备4个和4个以上车轮的非轨道无架线车辆。

我国法律明确规定,机动车生产须经国家机动车产品主管部门许可。未经过国家机动车产品主管部门按照机动车国家安全技术标准严格审查的,不得投入生产。机动车生产企业经国家机动车产品主管部门许可生产的机动车型,必须严格执行机动车国家安全技术标准和进行机动车成品质量检验,致使质量不合格的机动车辆不准出厂销售,否则由质量技术监督部门依照《中华人民共和国产品质量法》的有关规定给予处罚。擅自生产、销售未经国家机动车产品主管部门许可生产的机动车型的,没收非法生产、销售的机动车成品及配件,可以并处非法产品价值3倍以上5倍以下罚款;生产、销售拼装的机动车或者生产、销售擅自改装的机动车的,可以并处非法产品价值3倍以上5倍以下罚款;由营业执照的,由工商行政管理部门吊销营业执照,没有营业执照的,予以查封。具有上述后三种违法行为的,生产或者销售不符合机动车国家安全技术标准的机动车,构成犯罪的,依法追究刑事责任。

2)机动车行车基本原则

我国是执行右侧通行规则的国家之一,这是依据我国历史上形成的习惯来确定的。在我国道路上,驾驶车辆必须遵守右侧通行的原则。在这里,首先是低速置右原则,即我国根据道路的宽度划分出人行道和车行道,在车行道中有的又划分出机动车道和非机动车道,在机动车道中再划分出高速车道和低速车道,行进速度最高的在左边,速度由高到低依次向右排列,各行其道,行车速度最低在右侧;其次是各行其道原则,即车辆、行人按道路的划分,在自己法定的道路上通行,需要借道通过时,应当让其本道内正常行驶的车辆或行人优先通行;其三是确保安全原则,即在《中华人民共和国道路交通管理条例》没有规定的情况下,车辆行人必须在确保安全的前提下通过。其中各行其道的内容包括:

(1)在划分机动车道和非机动车道的道路上,机动车在机动车道上行驶,轻便摩托车在机动车道内靠右侧行驶,非机动车、残疾人专用车在非机动车道行驶。

(2)在没有划分中心线和机动车道与非机动车道的道路上,机动车在中间行驶,非机动车靠右边行驶。

(3)在划分小型机动车道和大型机动车道的道路上,小型机动车在小型机动车道行驶,其他机动车在大型机动车道行驶。

(4)大型机动车道的车辆在不妨碍小型机动车道的车辆正常行驶时,可以借道超车;小型机动车道的车辆在低速行驶或后车要求超越时,须改在大型机动车道行驶。

(5)在道路上划有超车道的,机动车超车时可驶入超车道,超车后须驶回原车道。

3)行车道被占的注意事项

我国法律规定,未经许可,任何单位和个人不得占用机动车行驶道路从事非交通活动。因工程建设需要占用、挖掘道路,或者跨越、穿越道路架设、增设管线设施,应当先征得道路主管部门的同意。影响交通安全的,还应当征得公安交通管理部门的同意。施工作业单位应当在批准的路段和时间内施工作业,并在距离施工作业地点来车方向安全距离处设置明显的安全警示标志,采取防护措施。施工作业完毕,应当迅速清除道路上的障碍物,消除安全隐患,经道路主管部门和公安交通管理部门验收合格,符合通行要求后,方可恢复通行。

我国法律还规定,道路施工作业或者道路出现毁损,未及时设置警示标志、未采取防护措施,或者应当设置交通信号灯、交通标志、交通标线而没有设置或者应当及时变更交通信号灯、交通标志、交通标线而没有及时变更,致使通行的人员、车辆及其他财产遭受损失的,受损人可以向负有相关责任的单位要求进行赔偿。

4)交通信号与标志标线

在日常的交通运输中,经常会遇到许多交通信号和标志标线,其中最常见的交通信号有指挥灯信号、车道灯信号、交通指挥棒信号、交通手势信号等,这些信号用于指挥交通流安全通行,车辆行驶时,首先选择服从交通警察的指挥;常见的标志有道路交通标志、警告标志、禁令标志、指示标志、指路标志、道路施工安全标志、辅助标志、旅游区标志等;常见的标线有道路交通标线、指示标线、禁止标线、警告标线等。这些交通信号与标志标线应在学习汽车驾驶参加理论考试(考试科目一)时尽快掌握,以便驾驶车辆时正确识别。

5.3.2　汽车载运

据统计,我国物流量和人流量运输最大的都是公路汽车运输,这表明汽车运输在我国经济建设和社会发展中占有重要位置。汽车运输主要是进行载货和载人运输,国家对这一行业非常重视,为保障人民的财产和人身安全,相关部门作了许多规定。

1)人员运输的规定

(1)车辆载人时不准超过行驶证上核定的载人数;但按照规定免票的儿童除外,在载客人数已满的情况下,按照规定免票的儿童不得超过核定载客人数的10%。

(2)货运机动车不准人与货物混合运载。但大型货运汽车在短途运输时,车厢内可以附载押运或装卸人员1人至5人,并须留有安全乘坐位置。载物高度超过车箱栏板时,货物上不准乘人。

(3)货运汽车挂车、拖拉机挂车、半挂车、平板车、起重车、自动倾卸车、罐车不准载人,但拖拉机挂车和设有安全保险或乘坐装置的半挂车、平板车、起重车、自动倾卸车,经车辆管理机关核准,可以附载押运或装卸人员1人至5人。

(4)货运汽车车厢内载人超过6人时,车辆和驾驶员须经车辆管理机关核准,方准行驶。

(5)机动车除驾驶室和车厢外,其他任何部位都不准载人。

(6)摩托车后座不得乘坐未满12周岁的未成年人,轻便摩托车不得载人。

2)货物运输的规定

(1)车辆载货时不准超过行驶证上核定的载质量。

(2)装载须均衡平稳、捆扎牢固。装载容易散落、飞扬、流漏的物品,须加盖封严密。

(3)大型货运汽车载物,高度从地面起不准超过4米,宽度不准超出车厢,长度前端不准超出车身,后端不准超出车厢2米,超出部分不准触地;载运集装箱的车辆高度从地面起不得超过4.2米。

(4)大型货运汽车挂车和大型拖拉机挂车载物,高度从地面起不准超过3米,宽度不准超出车厢,长度前端不准超出车身,后端不准超出车厢1米。

(5)载质量在1 000千克以上的小型货运汽车载物,高度从地面起不准超过2.5米,宽度不准超出车厢,长度前端不准超出车身,后端不准超出车厢1米。

(6)载质量不满1 000千克以上的小型货运汽车、小型拖拉机挂车、三轮摩托车载物,高度从地面起不准超过2米,宽度不准超出车厢,长度前端不准超出车身,后端不准超出车厢50厘米。

(7)二轮摩托车、轻便摩托车载物,高度从地面起不准超过1.5米,宽度左右各不准超出车把15厘米,长度不准超出车身20厘米。

(8)载物长度未超出车厢后栏板时,不准将栏板平放或放下;超出时,货物栏板不准遮挡车辆号牌、转向灯、制动灯和尾灯等。

5.3.3 汽车行驶

1)《中华人民共和国道路交通管理条例》对各类型汽车行驶速度的规定如下:

(1)小型客车。小型客车在设有中心双实线、中心分隔带、机动车道与非机动车道分隔设施的道路上,城市街道为70千米/小时,公路为80千米/小时;在其他道路上,城市街道为60千米/小时,公路为70千米/小时。

(2)中型客车、货运汽车。中型客车、货运汽车在设有中心双实线、中心分隔带、机动车道与非机动车道分隔设施的道路上,城市街道为60千米/小时,公路为70千米/小时;在其他道路上,城市街道为50千米/小时,公路为60千米/小时。

(3)两轮、侧三轮摩托车。两轮、侧三轮摩托车在城市街道为50千米/小时,公路为60千米/小时。

(4)铰接式客车、电车、载人的货运汽车、带挂车的汽车、后三轮摩托车。铰接式客车、电车、载人的货运汽车、带挂车的汽车、后三轮摩托车在城市街道为40千米/小时,公路为50千米/小时。

(5)拖拉机、轻便摩托车。拖拉机、轻便摩托车的行驶速度为30千米/小时。

(6)电瓶车、小型拖拉机、轮式专用机械车。电瓶车、小型拖拉机、轮式专用机械车的行驶速度为15千米/小时。

但是机动车遇有高于或低于上述规定的限速交通标志和路面文字标记时,高于上述规定的,准许按所示时速行驶;低于上述规定的,应按所示时速行驶。此外,在通过胡同(里巷)、铁路道口、急弯路、窄路、窄桥、隧道时;掉头、转弯、下陡坡时;遇风、雨、雪、雾天能见度在30米以内时;在冰雪、泥泞的道路上行驶时;喇叭、刮水器发生故障时;牵引发生故障的机动车时;进、出非机动车道时机动车行驶的最高速度不准超过20千米/小时,拖拉机不准超过15千米/小时。

2)**行驶路线**

车辆在变更行驶路线时,如转弯、掉头、超车变更车道、返回主车道等,须用转向灯示意行进方向,以提醒其他车辆注意,确保行车安全。

3)**相关注意事项**

(1)路遇转弯,在进入弯道前要减速、鸣号、靠路侧右边行驶并随时准备停车。

(2)在公共汽车站、急救站、加油站、消防栓的路段内不准停车。

(3)车辆通过桥梁时,在距桥头40米左右的地方注意桥梁规定的载质量和宽度、高度、速度等标志,降低车速通过。

(4)通过铁路道口时,应在距道口50米左右进行减速行驶,并做到"一慢、二看、三通过",以保证车辆通过铁路道口安全。

(5)夜间行车,首先是后车与前车最好保持50米以上的安全距离;其次是在接近弯道的地方把车灯从远光灯切换为近光灯;其三是通过交叉路口时,在距路口50米左右的地方将远光灯变换为近光灯,以保证夜间行车安全。

(6)在城镇中,车辆应慢速行驶。

5.3.4 高速公路行驶

由于高速公路线形好、起伏小、路面平整,没有平交道口和慢速车的干扰,所以汽车在高速公路上的行驶速度成倍提高。这就对车辆在高速公路上行驶提出了更高的要求,只有这样,才能保证行车安全。

1)**进入高速公路的规定**

(1)行人、非机动车、拖拉机、农用运输车、电瓶车、轮式专用机械车、履带车、铰接式客车、全挂拖斗车、摩托车、三轮机动车、悬挂试车号牌和教练车号牌的车辆以及设计最高时速低于70千米的机动车辆,不得进入高速公路(高速公路养护作业人员和专用机动车除外)。

(2)进入高速公路的车辆应当配备故障车警告标志牌。

(3)规定安装安全带的车辆,其驾驶员和前排乘车人必须系好安全带。

(4)机动车进入高速公路起点后,应当尽快将车速提高从岔道口进入高速公路,并开启左转向灯;驶入行车道时,不准妨碍其他车辆的正常行驶;准备驶离高速公路时,必须提前开启右转向灯,驶入减速车道后,再经岔道驶出。

2)**高速公路载运的规定**

(1)机动车行驶中,乘车人不准站立,不准往车外抛撒物品。

(2)货运机动车除驾驶室和车厢经核准设有的固定座位外,其他任何位置不准载人。

(3)机动车载运危险物品或者载物长度和宽度超出车厢,高度超过《中华人民共和国道路交通管理条例》的规定的,必须经公安交通管理部门批准后,按指定路线、时间、车道、速度行驶,并悬挂明显标志。

3)**高速公路上行驶速度的规定**

机动车在高速公路上通行时,应当在行车道上行驶。由于我国的一些特殊情况,我国高速公路限速标志明确标明最高时速不得超过120千米。

(1)设计时速高于130千米的小型客车在第二条车道上行驶,大型客车、货运汽车和设计时速低于130千米的小型客车在第三条车道上行驶。

(2)有4条以上车道的,设计时速高于130千米的小型客车在第二、第三条车道上行驶;大型客车、货运汽车和设计时速低于130千米的小型客车在第三、第四条车道上或者向右顺延的车道上行驶。

(3)机动车在高速公路上正常行驶时,同一车道的后车与前车必须保持足够的安全行车间距。正常情况下,当行驶时速100千米时,行车安全距离为100米以上;时速为70千米时,安全行车距离为50米以上。遇大风、雨、雪、雾天或者路面结冰时,应当减速行驶,并保持较大的安全行车距离。

(4)机动车行驶中需要超越前车或者变更车道时,必须提前开启转向灯,夜间还须变换使用远、近光灯,确认与要进入的车道前方车辆以及后来车辆均有足够的安全行车距离后,再驶入需要进入的车道。超车时只允许使用相邻的车道。驶入超车道的机动车在超车后,应当立即驶回行车道。

(5)机动车行驶中,因故障要临时停车检修时,必须提前开启右转向灯驶离行车道,停在紧急停车带内或者右侧路肩上;禁止在行车道上修车。机动车因故障、事故等原因不能离开行车道或者在路肩上停车时,驾驶员必须立即开启危险报警闪光灯,并在行驶方向的后方100米处设置故障车警告标志,夜间还须同时开启示宽灯和尾灯。驾驶员和其他乘车人必须迅速转到右侧路肩上或者紧急停车带内,并立即报告高速公路交通警察。

(6)除救援车、清障车外,禁止其他车辆拖曳故障车、肇事车在高速公路上行驶。

4)高速公路上其他有关汽车行驶的规定

(1)不准倒车、逆行,不准穿越中央分隔带掉头或转弯。

(2)不准进行试车和学习驾驶机动车。

(3)不准在岔道、加速车道或者减速车道上超车、停车。

(4)不准骑、压车道分界线行驶和在超车道上连续行驶。

(5)不准右侧超车。

(6)除遇到障碍、发生故障等必须停车的情况外,不准随意停车、停车上下人员或者装卸货物。

(7)除因停车驶入紧急停车带和路肩外,不准在紧急停车带和路肩停车。

5.4 汽车报废

5.4.1 报废车辆及汽车报废标准

1)报废车辆的含义

所谓报废车辆,是指达到国家报废标准,或者虽未达到国家报废标准,但发动机或者底盘严重损坏,经检验不符合国家机动车运行安全技术条件或者国家机动车污染物排放标准的机动车。

2)**汽车报废标准**

现行的汽车报废标准是 1997 年 7 月 15 日国家经济贸易委员会、国家计划委员会、国内贸易部、机械工业部、公安部、国家环境保护局以国经贸经［1997］456 号文件发布的《汽车报废标准》(1997 年修订,经过 1998 年、2000 年两次调整)。2001 年 1 月 6 日,国家公安部又发出了"关于实施《关于调整汽车报废标准若干规定的通知》有关问题的通知"。汽车报废标准规定,凡在我国境内注册的民用汽车,有下列情况之一的应当报废:

(1)微型载货汽车(含越野型)、矿山作业专用累计行驶 30 万千米,重型载货汽车(含越野型)累计行驶 40 万千米,中轻型载货汽车(含越野型)(是指厂定最大总质量大于 1.8 吨、小于等于 6 吨的载货汽车)的行驶 40 万千米,特大、大、中、轻、微型客车(含越野型)、轿车累计行驶 50 万千米,其他车辆累计行驶 45 万千米;

(2)微型载货汽车(含越野型)、带拖挂的载货汽车、矿山作业专用车及各类出租汽车使用 8 年,中轻型载货汽车(含越野型)(是指厂定最大总质量大于 1.8 吨、小于等于 6 吨的载货汽车)的使用 10 年,9 座(含 9 座)以下非营运载客汽车(包括轿车、含越野型)使用 15 年,旅游载客汽车和 9 座以上非营运载客汽车使用 10 年,其他车辆使用 10 年;

(3)因各种原因造成车辆严重损坏或技术状况低劣,无法修复的;

(4)车型淘汰,已无配件来源的;

(5)汽车经长期使用,耗油量超过国家定型车出厂标准规定值百分之十五的;

(6)经修理和调整仍达不到国家对机动运行安全技术条件要求的;

(7)经修理和调整或采用排气污染控制技术后,排放污染物仍超过国家规定的汽车排放标准的。

除 19 座以下出租车和轻、微型载货汽车(含越野型)外,对达到上述使用年限的客、货车辆,经公安车辆管理部门依据国家机动车安全排放有关规定严格检测,性能符合规定的,可延缓报废,但延长期不得超过本标准第二条规定年限的一半。

对中轻型载货汽车(含越野型)(是指厂定最大总质量大于 1.8 吨、小于等于 6 吨的载货汽车)达到使用年限,汽车性能仍符合有关规定的,允许办理最长不超过 5 年的延缓报废;延缓报废的审定工作,按国经贸经[1997]456 号文件的有关规定办理。

对于吊车、消防车、钻探车等从事专门作业的车辆,还可根据实际使用和检验情况,再延长使用年限。所有延长使用年限的车辆,都需按公安部规定增加检验次数,不符合国家有关汽车安全排放规定的应当强制报废。

对于 9 座(含 9 座)以下非营运载客汽车(包括轿车、含越野型)、旅游载客汽车和 9 座以上非营运载客汽车达到报废年限后需继续使用的,必须依据国有机动车安全、污染物排放有关规定进行严格检验,检验合格后可延长使用年限。但旅游载客汽车和 9 座以上非营运载客汽车延长使用年限最长不超过 10 年。

对延长使用年限的车辆,应当按照公安交通管理部门和环境保护部门的规定,增加检验次数。一个检验周期内连续三次检验不符合要求的,应注销登记,不允许再上路行驶。营运车辆转为非营运车辆或非营运车辆转为营运车辆,一律按营运车辆的规定报废。

5.4.2　汽车更新报废存在的问题

近年来,我国汽车报废工作取得了较大的成绩,但仍然存在着许多问题并造成了屡见不鲜

的报废拼装车等流入市场,有些还造成重大的人员伤亡事故和严重的经济损失。汽车报废工作存在的主要问题有:

1)废旧汽车拆解市场管理不很到位

在有些省市存在着为数众多的自发形成的废旧汽车拆解市场,这些市场大都建在紧临国道或省(市)、地(县)毗邻地区,经营者多数是当地农民,他们不了解汽车报废标准,违法经营现象严重,屡禁不止。

2)不按时办理汽车报废手续

部分企事业单位特别是中小型企业不按时办理汽车报废手续,以各种名义将本单位应报废的汽车留作它用;有些单位交纳的报废汽车主要零部件严重缺损,甚至整车私自转移、非法出售。

3)车辆管理制度不健全

车辆管理如上牌、转籍、过户、检测、注销等环节的管理制度不健全,漏洞较多。有些职能部门的工作人员政策法规意识淡薄,有法不依、执法不严、甚至有个别的知法犯法。

我国已加入世界贸易组织,汽车消费量和拥有量都会大幅度增加,按目前的汽车排放标准,空气污染将会更加严重。因此,必须进一步修订《汽车报废标准》,强调标准的先进性、动态性和实践性,增加强制性标准中的管理性内容,重点从安全、节能和排放达标等方面加以严格控制,这样既可以加快旧车更换淘汰的速度,又能刺激私人汽车消费,促进我国汽车工业技术水平的提高和对汽车贸易的发展。加强对国外报废汽车标准、拆解利用技术标准及其对汽车生产和消费影响的研究,考察国外汽车回收拆解的政策法规,吸收国外对旧车流通和旧车拆解行业管理的经验。研究制定与世界接轨的汽车报废制度,促进我国汽车产业的可持续发展。

5.4.3 报废汽车回收管理的主要内容

《报废汽车回收管理办法》于2001年6月16日由国务院颁布实施,2005年4月又颁布《中华人民共和国报废汽车回收管理办法细则》。2005年8月国家商务部颁布实施《汽车贸易政策》,用了整一章内容来阐述汽车报废与报废汽车的回收,并提出了要达到报废汽车回收拆解率显著提高、形成良好汽车贸易市场秩序的目标。报废汽车回收管理的主要内容是:

1)对已达到国家报废标准的汽车的处理

对已经达到国家报废标准的汽车,其拥有单位和个人应当及时到公安车辆管理机关办理机动车报废手续,并将报废汽车交售给取得合法资格的报废汽车回收企业,再到汽车注册地的公安车辆管理机关办理注销登记手续。任何单位和个人不得以任何形式向报废汽车回收企业或单位转让报废汽车,也不得自行拆解报废汽车。

2)设立报废汽车回收企业的条件

设立报废汽车回收企业,除要具备有关法律、行政法规规定的设立企业的条件外,在注册资本、拆解场地、拆解设备和消防设施、拆解能力、从业人员、经营行为记录以及环保标准等方面,也要具备相应的条件,《报废汽车回收管理办法》对此作出了具体规定。

3)从事报废汽车回收业务应办理的手续

根据《报废汽车回收管理办法》规定,从事报废汽车回收业务的企业,首先要向省、自治区、直辖市人民政府经济贸易管理部门提出申请,由受理申请的部门按照《报废汽车回收管理办法》规定的条件进行审核,对符合条件的申请人,发给《资格认定书》。取得《资格认定书》的申请人，应当依照废旧金属收购业治安管理办法的规定，向公安机关申领《特种行业许可证》。申领人持《资格认定书》和《特种行业许可证》向工商行政管理部门办理登记手续，领取营业执照后，方可从事报废汽车回收业务。

4）地方人民政府及其有关部门在报废汽车回收管理工作中的职责

《报废汽车回收管理办法》明确规定了地方人民政府及其有关部门在报废汽车回收管理工作中的职责：县级以上地方各级人民政府应当加强对报废汽车回收监督管理工作的领导，并组织各有关部门采取措施，防范并查处有关的违法行为。经济贸易管理部门负责对报废汽车回收活动实施监督管理，并应当对报废汽车回收企业实施经常性的监督检查。公安、工商行政管理等有关部门在各自的职责范围内，对报废汽车回收活动实施有关的监督管理，特别要对报废汽车回收企业的治安状况、经营活动等实施监督。

5）违反《报废汽车回收管理办法》的处罚

政府及有关部门应当依照《报废汽车回收管理办法》规定，认真履行职责，严把审批关、发证关，对报废汽车回收企业进行严格的监督检查，依法严肃处理违反《报废汽车回收管理办法》的行为，做到执法必严，违法必究。

第6章 汽车金融

6.1 概　述

6.1.1　金融及汽车金融服务的概念

1)金融

金融就是资金的融通,即由资金融通的工具、机构、市场和制度构成的有机系统,是经济系统的重要组成部分。根据金融系统中个体与整体的差异,可以把金融划分为微观金融和宏观金融两部分。微观金融(micro-finance)是指金融市场主体(投资者、融资者、政府、机构和个人)的投资融资行为及其金融资产的价格决定等微观层次的金融活动。宏观金融(macro-finance)则是金融系统各构成部分作为整体的行为及其相互影响以及金融与经济的相互作用。金融作为资金融通活动的一个系统,是以各个微观主体个体的投融资行为为基础,即工具、机构、市场和制度等构成要素相互作用并与经济系统的其他子系统相互作用的一个有机系统。

凡专门从事各种金融活动的组织,均称为金融机构。在间接融资领域中的金融机构,是作为资金余缺双方进行金融交易的媒介体,如各种类型的银行和非银行中介机构;在直接融资领域的金融机构,是为筹资者和投资者双方牵线搭桥的证券公司、证券经纪人以及证券交易所等。按照发挥作用的不同,金融机构一般分为两类,即商业性金融机构和政策性金融机构。商业性金融机构是以赢利为目的的金融中介机构,通过提供金融中介服务、运营资金以实现利润最大化。商业性金融机构又根据资产和负债业务的不同,可以具体分为存款型金融机构、投资型中介机构和合约型储蓄机构三类。政策性金融机构是政府投资设立或担保的,根据政府的决策和意向发放贷款的不以赢利为目标的金融机构。

2)汽车金融服务

汽车金融服务就是指在汽车生产、流通和消费过程中的资金融通活动,包括汽车金融资金在融通中所涉及的汽车金融机构(资金供应者)、汽车金融工具(融通媒介)、汽车金融市场(融通场所)、汽车供应者及汽车需求者这几个关键因素所组成的一个完整系统。随着经济社会的向前发展,金融创新将不断加快,汽车金融服务的范围也会不断拓宽,汽车金融将是一个动态的概念。

6.1.2　我国汽车金融的现状

目前,国内汽车消费信贷主要由各大商业银行提供,尽管市场的增长还比较稳定,但从产品开发、抵押担保、风险评估或业务处理等各个环节看,专业化程度不足的矛盾日渐显露,这样下去,商业银行从事汽车金融服务利益不足的问题必将暴露。因此,以国内主要汽车制造商为依托,建立专业化的汽车金融服务机构,无疑是我们应对市场竞争的必然要求。另外,由于国内汽车制造商实力和规模的限制,不可能像国际汽车巨头那样能够在国际金融市场上方便地筹集到大量的低成本资金,更不可能完全靠自身积累大展身手。

国内汽车金融市场的现状是,直接融资规模较小,商业票据和公司债务发行基本是空白,限制了专业汽车金融公司的直接融资,而间接资本也基本被商业银行特别是四大国有商业银行所垄断,包括汽车金融公司在内的其他金融结构也难获得间接融资。虽然1997年央行发布的《财务公司管理办法》中,赋予了财务公司为其集团公司产品销售提供融资的功能,但实际效果不大,原因在于缺乏必要的资金来源。2002年10月8日,中国人民银行发布了《汽车金融机构管理办法》征求意见稿,对汽车金融机构的设立、变更与终止、业务范围、风险控制与监督管理等方面做出了规定;2003年10月3日,中国银监会公布了《汽车金融机构管理办法》。该办法的颁布实施是我国履行加入世界贸易组织有关承诺、规范汽车消费业务的重要举措,这将培育和促进我国汽车融资业务主体多元化、汽车消费信贷市场多元化产生积极影响,还将在促进我国汽车产业发展、推动国民经济持续稳定发展等方面发挥积极的作用。

6.1.3　世界汽车金融的发展趋势

随着汽车市场的扩张和竞争的加剧,和银行相比,汽车制造商附属的金融机构由于其业务的专门化以及与母公司(制造商)紧密配合的灵活销售策略,逐渐显示出竞争优势。而在另一方面,随着金融管制的放松,这类机构又获得了直接发行商业票据和债券来融资的便利,因此其资金不足的劣势已不复存在。现在,这类由汽车制造商设立的金融服务机构已遍及全球。全球最大的三家汽车金融服务机构是通用票据承兑公司、福特信贷公司和大众金融服务公司。通过汽车金融服务促进汽车销售已成为国际通用的汽车营销方式,在汽车营销领域的金融服务已成为金融机构的一项重要业务。从目前的情况看,国际汽车金融服务业已呈多元化、现代化和国际化的发展趋势。

1)多元化

多元化体现在这几个方面:一是融资对象多元化,即不再局限于只为本企业品牌的车辆融资,而是通过代理制将对象扩展到多种汽车品牌;二是金融服务类型多元化,将传统的购车信贷扩大到汽车衍生消费及其他领域的个人金融服务,这些衍生业务起到了和消费信贷业务相互促进的作用,满足了汽车消费者多方面的金融需求;三是地域的多元化,即根据不同地区的客户需求提供相应的汽车金融服务产品,不同地区的客户选择任何方式消费汽车均可获得相应的金融支持。

2)现代化

现代化是指汽车金融服务的业务操作和风险评估系统已充分运用现代信息技术进行交易,未来的趋势是充分利用国际互联网开展业务。汽车金融服务的现代化对提高效率、降低成本具有重要作用。作为一项面对众多个人客户以零售金融为主的金融服务来说,交易方式和手段现代化是必由之路。

3)国际化

汽车金融服务的国际化源于经济全球化。经济全球化大大推进了汽车业在全球范围内的重组,使得汽车业跨国公司在全球范围内组织生产、销售和提供金融服务。目前,通用、福特、大众已垄断了全球汽车市场60%的份额。基于此,相应的金融服务也在走向联合和代理。跨国汽车金融服务机构通过全资、合资、代理融资等方式在全球范围内展开激烈竞争。我国作为全球范围潜力最大的汽车消费市场,也必定会融入这一竞争领域。因此,对外资机构的竞争特点和策略进行分析研究,对提升我国金融机构的服务水平是十分有利的。

6.2 汽车金融服务运作模式

6.2.1 国外汽车金融服务机构及汽车金融服务的主要模式

1)国外汽车金融服务机构

在国外,从事汽车金融服务的机构包括商业银行、信贷联盟、信托公司等金融机构,同时也包括汽车金融服务公司。

(1)汽车金融服务公司。汽车金融服务公司是办理汽车金融业务的企业,通常隶属于汽车销售,向母公司经销商及其下属零售商的库存产品提供贷款服务,并允许其经销商向消费者提供多种选择的贷款或租赁业务。设立汽车金融服务公司是推动母公司汽车销售的一种手段。

对附属于汽车制造公司的汽车金融服务公司来说,其优势在于将汽车金融服务作为其核心业务,而非仅仅是其众多业务范围的一种。在将获得利润作为主要目标的同时,也致力于帮助其母公司——汽车生产商销售更多的汽车。即使出现经济状况下降、亏损等情况,这些公司仍将始终专注于汽车金融服务,提供多样化的专业产品和更广泛的服务范围,并通过经销商的关系与客户有更多的接触,从而建立与汽车制造商和经销商一体化的市场营销网络。

(2)信贷联盟。信贷联盟最早起源于19世纪40年代的德国,它是由会员共同发起,创立的目的是为了提高会员经济和社会地位,并以公平合理的利率为其会员提供金融服务的一种非赢利性信用合作组织。一般来说,信贷联盟的会员都有其共同点或共同纽带。各国的信贷联盟法对此都作了相应的规定。如爱尔兰对信贷联盟会员的“共同纽带”作了这样的解释:共同从事某一特定的职业;在某个特定的区域生活或工作;受雇于某一特定的雇主;同属于某个组织或协会,尽管该组织或协会设立的目的不是为组建某一信贷联盟;其他形式等。在美国,信贷联盟会员准入资格的限制也已被逐步取消。在资金来源方面,除了会员的存款或储蓄外,信贷联盟还可以向银行、其他信贷联盟等筹集资金,但各国一般都规定信贷联盟向外借款的最高限额。在信贷业务方面,信贷联盟可以发放生产信贷,也可以是包括汽车消费信贷在内的信贷。但是,信贷联盟对外发放贷款一般也有一些限制条件。如英国《1979年信贷联盟法》中的年龄限制、数额限制和贷款期限限制等。信贷联盟与其他金融机构的区别如下:

①目的不同。对商业银行等金融机构来说,其吸纳存款的目的是为了进行贷款业务而获

取利润。但是信贷联盟是一种非赢利性的组织,它的宗旨是不为牟利、不为行善,只为会员提供优质服务。

②信贷联盟间关系与其他各金融机构之间的关系不同。一般来说,信贷联盟的各成员具有其共同点或共同纽带,各个信贷联盟都有其特定的群体,该群体与其他信贷联盟的会员群体一般不具有共同的利益或共同点,也不会发生利益冲突。尽管在现实中,某人同时符合几个不同的信贷联盟的会员资格也不罕见,但由于信贷联盟服务对象的封闭性和特定性,各个信贷联盟的关系还是合作多于竞争。

③享有的特权不同。信贷联盟享有税收豁免特权,这也是信贷联盟与其他金融服务机构的一项重大区别。

④信贷联盟具有独特的组织结构。信贷联盟的董事会由其会员通过民主方式选举产生。不管会员在信贷联盟中的存款额为多少,每个会员都享有平等的投票权重。而商业银行等金融机构的股东依据其投资份额行使股东权利。因此,信贷联盟的组织机构与商业银行以及其他金融机构相比,有很大的不同。

(3)信托公司。信托公司有两种不同的职能,一是财产信托,即作为受托人代人管理财产和安排投资;二是作为真正的金融中介机构,吸收存款并发放贷款。从传统业务来看,信托公司主要是代人管理财产。例如,代人管理不动产和其他私人财产,安排和管理退休金、养老金、管理企业的偿债基金等。当然信托公司的受托投资活动必须符合法律权限。信托公司托管资产的投资去向主要集中在各种金融债券及企业股票投资上,另外也发放一定比例的长期抵押贷款业务。二战以后,信托公司作为金融中介的职能得到了迅速的发展,其资金来源主要集中在私人储蓄存款和定期存款,资金运用则侧重于长期信贷。汽车金融服务也是目前信托公司从事的主要业务之一。近年来,信托公司的资产组合越来越趋于分散化,它们与商业银行的差别也越来越小,而且自20世纪70年代以来这类非银行金融机构开始大力开拓新的业务领域,并采取许多措施提高其竞争力。为了绕过法律的限制,信托公司便大量设立其他专业化的附属机构,如专门的机构等。

2)国外汽车金融服务的主要模式

国外汽车金融服务的模式主要有分期付款销售方式、融资租赁方式和汽车销售融资公司的再融资方式等。

(1)分期付款销售方式。分期付款是各国普遍采用的一种融资方式。在分期付款销售的具体操作中,汽车零售商一般和消费者签订汽车分期付款零售合同。汽车分期付款零售合同是指汽车零售商和消费者之间签订的零售商保留所售汽车的所有权以作为买方担保的一种买卖合同。根据该合同,消费者须在一定时间内向零售商偿付所融资的金额以及融资费用。作为一般的汽车融资机构,商业银行、信托公司、信贷联盟以及专业化的汽车金融服务公司均可以通过分期付款的方式向汽车消费者发放贷款,但法律对他们的要求有一定的差别。作为非金融机构的汽车金融服务公司,须向银行金融主管部申请营业执照,否则,不得从事汽车零售业务,也不得以分期付款的方式向消费者销售汽车。但是对于银行,信托公司以及信贷联盟等金融机构,则无前述限制。

(2)融资租赁方式。汽车融资租赁是一种买卖与租赁相结合的汽车融资方式。一般而言,汽车融资租赁须具备一定的条件,否则,不属于汽车融资的范畴,而是一般的汽车租赁。

①汽车融资租赁的条件:

a. 消费者须向销售商支付相应的租金(汽车使用补偿费)。

b. 如果消费者支付的费用(包括租金及相关赋税)已经相当于或者超过汽车本身的价值,依照汽车租赁合同,消费者有权获得该汽车的所有权。

c. 如果消费者(承租人)在租期届满时所付租金总额尚未超过汽车价值,消费者(承租人)此时享有选择权。

d. 在租赁期届满时,消费者欲购买所租汽车,其不必以一次性付款的方式付清尾款。

要注意,融资租赁方式和前述分期付款的汽车零售方式的差别。汽车分期付款的零售方式,实质上是附条件买卖。销售商保留汽车的所有权,其实是债权人为实现保自己债权而设定的一种担保,但合同的目的仍在于转移汽车的所有权。融资租赁则不同,它是买卖与租赁相结合,消费者(承租人)最终是否成为所租汽车的所有权人,选择权在消费者(承租人)。

②汽车融资租赁的优势。融资租赁方式与分期付款的汽车贷款相比,有以下两方面的优势:

a. 对于承租人(消费者)来说,“先租后买”方式比较灵活。在租赁期满后,承租人(消费者)享有选择权,决定是否购买所租汽车,消费者如不想购买所租车辆,则将该车返还汽车出租方;如想购买所租车辆,消费者付清租赁合同上确定的折旧价(或称尾款)即可。

b. 对于消费者(承租人)来说,如采用租赁方式,承租人不必担心汽车被转卖,因为汽车的所有权的归属对承租人而言并不重要;而对于采用传统分期付款购车的买受人来说,如果在其未付清余款之前,销售商将汽车转卖,买受人将处于非常不利的地位。

(3)汽车销售融资公司的再融资方式。再融资是指合同持有人通过受让汽车分期付款零售合同的合同债权,与作为债务人的消费者重新安排分期付款协议的内容,从而实现对消费者提供融资,它是在汽车金融服务机构以分期付款方式为消费者提供金融服务之后的第二次融资。但是,如果汽车零售商为担保其债务而在其与消费者签订的合同债权上设质,并将有关合同转由第三人占有,该第三人也不属于合同债权的受让人,此种行为不属于再融资。可以从事此项再融资服务的机构包括汽车销售融资公司以及其他持有汽车分期付款零售合同的人。前者是指向一个或多个汽车零售商购买或受让汽车零售商和消费者之间签订的汽车分期付款零售合同或者汽车融资租赁合同,专门为汽车零售商和消费者提供金融服务的组织,包括商业银行、投资公司、信托公司、信贷联盟;后者主要包括出让或者受让汽车分期付款零售合同的汽车零售商。两者在法律上统称为汽车分期付款零售合同持有人。

6.2.2 我国汽车金融服务模式的选择

考虑汽车金融服务机构的特点,结合我国的现实情况以及国外的经验,我国汽车金融服务体系有三种模式可供选择。

1)“经销商—银行—保险”模式

在这种模式下,银行必须选择实力较雄厚的经销商进行紧密合作,同时保险公司介入,逐步形成“经销商—银行—保险”三家联手的并共同承担贷款风险的信贷模式。

“经销商—银行—保险”模式最大程度地实现资源整合,极大简化了贷款的申请和审批程序,提高了信贷服务效率,也有利于诚信监管,消费者可以得到全新的“一站式”的个人汽车贷款服务;另外,消费者有了更大的选择空间,可以在首付款、贷款期限等方面任意选择;同时,通过与经销商的合作,消费者还可享受到专业化的增值服务,在整个过程中能得到各种专业的汽车资讯和汽车维护、维修方面的相关知识。总之,通过这种多方联合的方式,汽车消费信贷最终形成了集咨询、贷款购车、新车上户、保险等为一体的一条龙购车服务。

2)专门汽车信贷机构

结合我国的实际情况,从长远来看,应成立由汽车财务集团公司、汽车生产商、汽车经销商共同投资组建专门汽车信贷机构,充分发挥行业优势,与商业银行一起为全面启动汽车市场提供资金支持和专业化服务。资金来源除上述三方出资外,还可以通过向社会公众发行债券的方式筹集。由于厂家是产品的生产者和产品销售的最大获利者,凭借着他们在资源上和资金上的优势,完全有能力控制好相关方面的风险,而经销商利用他们直接与消费者交易的环节来配合汽车生产厂家做好各项工作,可以大大简化相关程序和提供灵活多样的信贷模式。

3)与国际汽车金融机构合作

我国加入世界贸易组织后,国际上主要汽车集团的财务公司纷纷在我国设立代表处,寻求为各自品牌汽车提供金融服务的机会。但由于外汇管理局对境外投资的外汇管制和人民银行的管理限制,他们一直无法找到合适的方式为其进口车提供外币融资或为其国内合资企业产品提供本币融资。这些财务公司意识到,在未来的几年内,与我国银行合作是他们进入中国市场的最佳方式。因此我国商业银行应积极探讨与国际汽车财务公司合作的可能性。一方面能够学习他们在汽车融资方面的先进经验,另一方面利用这些财务公司的雄厚资金为我国汽车产业的发展服务。

6.3　汽车消费信贷

6.3.1　个人消费贷款的概念、特点及风险

1)个人消费贷款的概念

个人消费贷款是提供给自然人的信用。它是根据授信对象而不是授信的用途来定义的,即它是指提供给消费者的信用,而不是指作为消费用途的信用。消费者是指为直接使用或拥有而不是再次卖出去或用于生产制造而获取商品或服务的人。因此,个人消费信贷是一种给予个人消费者的贷款,使得他不用付现就可以使用或拥有商品或服务。人们往往把个人消费贷款简称为个人贷款或消费贷款。

2)个人消费贷款的特点

(1)以分期付款偿还方式为主。公司贷款以到期一次性还本金为多,而个人消费贷款则以分期付款偿还方式为主。这是由于法人和自然人的不同还款资金来源所决定的。公司贷款是用于生产经营,以销售商品和劳务后回笼的资金还款。为公司资金使用和财务管理上方便,通常采用到期一次性还款方式。而个人贷款则不同,还款来源多靠借款人个人的未来收入,只能分期偿还。这一方面减轻借款人到期一次性还清全部贷款的资金压力,另一方面也有利于控制风险。在还款过程中,一旦借款人一次不能按期还款,银行就可以立即进行调查,并采取相应防范措施。随着银行计算机管理系统的使用,可以减轻银行员工每月计算贷款和扣款的繁琐劳动,使按月收贷工作变得轻松、准确、高效。

(2)贷款期限长。住房抵押贷款等个人消费贷款品种,相对于期限一般为1年、3年和5

年的公司贷款来说,期限大部分较长,少则几年,多则十几年甚至几十年。贷款期限长对贷款银行来说,好处是“一次发放,多年收益”,贷款发放后,以后每年按期收回本息就可以了;不像做短期贷款,要不停地发放、回收,回收、发放。不足之处是影响银行资金的流动性。“短存长贷”是银行资金的经营之道之一,但如果数量太大会让银行资金的流动性出现问题。

(3)对利率变化的敏感性低。个人如果决定向银行借款,考虑得更多的是按照贷款协定,每月要还多少钱,而对利率变化并不敏感。尽管合同规定的利率影响到每月的实际支付。因此,个人贷款的利率相对来说弹性较小。个人对贷款的利率敏感度高低与消费观念有关,但主要取决于个人和家庭的收入水平。如果个人的收入高,其借款的总规模对于其年收入的比例通常就会高一些。如果家庭中的户主或主要收入来源人,接受过多年的正规教育,那么家庭的借款额相对其收入水平也会高得多。对于这些家庭和个人,借款是他们达到理想生活水平的手段,而不仅仅作为发生意外时的安全网,他们对利率的敏感性更低。

从贷款银行来说,多数消费贷款的利率定得较高,在于其运作成本较高。与对公司授信业务相比,个人贷款业务单笔业务金额小,银行做几十笔个人贷款顶不上一笔对公司贷款的款额。每笔贷款金额小,但其固定成本并不低,如银行固定资产折旧及设施费用、人员工资费用、办公费用、调查费用等。个人贷款的单位成本要高于企业贷款。因此,私人贷款发放总额必须达到一定数量时,银行才能保本或赚钱。美联储银行进行的功能成本分析活动表明,在银行向客户发放的贷款中,消费贷款是其中成本最高,同时也是风险最大的。

但不管怎么说,消费贷款仍然是有利可图的贷款形式,具有“粘性”利率。也就是说,这些贷款的定价,通常远远超过筹集贷款资金的成本,但与大多数企业贷款不同,合同规定的利率在贷款期间一般不根据市场情况变化。这意味着,如果银行筹集资金的成本上升过快,那么银行发放的消费贷款就要面临较大的利息风险。但是,消费贷款往往定价很高,这样,银行筹集资金的市场利率和贷款本身的违约比例,只有达到相当高的程度,才能使大多数消费贷款无利可图。

(4)消费贷款的发展受其所置身的文化传统影响很大。人们的消费观念是勤俭节约、量入为出,先积蓄、后消费,有多少钱办多少事,还是倾向于先借钱消费、后挣钱还债,以明天的钱享受今天的生活?人们对风险的态度是防御的保守主义,还是不负责任的冒险主义?他们能在多大程度上承担信用消费的风险?这些都是影响到一个社会的总体信用消费水平。表现在不同文化传统的国家之间信用消费水平有显著差异,在美国,“先买后付”已经成为其文化中根深蒂固的一个方面,大部分人都是在付款的同时就已经在享受住房和其他家庭用品。在中国,更多的人习惯与先积蓄、后消费,这就是文化的差异。

(5)经济周期影响大。个人借款需要用借款人未来的收入来偿还,因此个人贷款具有周期敏感性。在经济扩张时期,个人和家庭一般对未来预期收入乐观,从而个人消费贷款的申请人会增加。而当经济衰退时,很多个人和家庭因看到收入减少,从而对未来预期变的悲观,就会相应影响他们对银行贷款的信心,从而使申请人减少。消费贷款同样呈现出周期性的敏感趋势,经济膨胀时,消费者对未来充满乐观情绪,消费贷款就会趋于上升。相反,经济进入萧条期,个人和家庭对经济前景看法黯淡,特别是当人们感到有失业压力的时候,消费者向银行借款的规模就会相应减少。

(6)银行获取个人信用信息与保护个人隐私存在矛盾。对于个人消费贷款来说,借款者的社会职业、收入状况、健康条件等都决定了他是否具有偿还贷款的能力,借款者是否守信用,对授信能否成功收回具有决定性作用,但借款者的这些个人信用信息,授信银行远不如借款者本人掌握的翔实,处于信息不对称状态。为了掌握个人资信的真实状况,需要建立个人信用报告制度,让银行可以方便快捷地获得借款人的信用信息。但个人信用信息具有隐私性,个人不愿意让银行及其同事朋友调查他的个人资信情况,因为这等于将私人贷款之事加以张扬。因此,许多个人的信用资料,信用报告机构和银行可能都很难以取得,由此增加银行的贷款风险。

(7)个人信用消费者在与银行的信用交易处于弱者地位。银行对公众的授信,会因为公司的资信实力、经营风险、综合效益等因素而大有讨价还价的余地。银行对公司贷款的金额大小、期限长短、利率高低、担保方式等条件可以经过商讨而改变或者优惠。但在银行与个人信用消费的交易中,相对而言后者处于弱势。即使在个人贷款消费市场处于卖方市场也是如此。银行的各种消费信用品种大都不是针对每个消费者量身定做的,金额、期限、利率、担保等条件都已事先确定好,个人借款者对银行可商讨的余地已不多,办理业务时只能对号入座。

(8)个人的竞争主要是服务品质和风险控制能力的竞争。消费贷款归根结底是一种金融服务,所以服务品质是贷款机构最重要的竞争武器。服务品质的内容包括:服务得到的方便性,即客户得到该项服务的难易程度与手续的繁简程度。服务选择的多样性,即客户可选择的贷款产品的多样性。服务内容的丰富性,即客户除了金融贷款服务以外,还可享受其他服务内容。与此同时,银行发展消费贷款业务必须有很强的风险控制能力。它们需要在业务增长和风险控制中寻找一种平衡。所以,不论是在资信调查的过程中,还是在金融产品的设计中,如何控制风险都要慎重考虑。

3)个人消费贷款的风险因素

(1)借款人信用风险。信用风险主要是指借款人基于自身的偿债意愿到期拖欠或赖账而带来的风险。这可以从两个方面来看:一方面是由于借款人诚信差而拖欠还款。如果对失信行为缺乏惩罚机制,拖欠赖账的收益大于其机会,借款人就往往会选择赖账而不是按时还款。另一方面是因为借款所购买商品的质量问题而导致借款人赖账,不愿还款。

(2)借款人支付风险。支付风险是由于借款人收入变化、致残、死亡等因素而失去足够的支付能力,导致银行本息损失。如收入大幅度下降或暂时失业而无法按期还款,借款人因伤亡等不可预期因素而失去支付能力以致违约。

(3)欺诈风险。欺诈风险是由于借款人或相关机构隐瞒真实情况骗取贷款,致使银行遭受损失。如借款人"假按揭"。一些人因债务缠身而申请"按揭",然后用贷款来偿债,以解燃眉之急。而当需要归还贷款时,这些人却无力支付,往往采取赖账行为。

(4)抵押物风险。抵押物风险包括因为多头抵押、假证抵押、共有财产分割不明,产权转移手续未办妥等造成的产权风险,由于自然灾害、意外事故使抵押物损毁或灭失的不同抗拒风险,以及某些抵押物缺乏买主、无法变现的处置风险等。

(5)法律风险。法律风险包括因为法律不完善和法律变化造成的风险。

(6)利率风险。商业银行发放的消费贷款多为固定利率贷款,时间跨度大。一旦利率大幅度上升,银行消费贷款中的利差会大幅度缩小,甚至出现存款利率高与消费者贷款还款利率的"倒挂"现象,使银行遭受巨大损失。

(7)流动性风险。银行资金来源很大程度上是居民储蓄,而消费贷款中大部分是期限长,流动性差的资产,资金"短进长出"的矛盾突出,银行容易出现流动性危机。

4)个人信用风险分析的内容和方法

(1)人品和目的。分析消费贷款申请时,考虑的主要因素是借款人的品质和还款能力。银行必须认定借款人对完全、及时偿还贷款有一种强烈的道德责任,还必须弄清借款人的收入水平和资产情况,以确信客户有充分的还款能力。在发达国家,银行需要通过征信机构了解借款人的还款记录和信用分值。根据客户在申请贷款书中陈述的用款目的,往往可以揭示出借款人的重要品质特征。银行贷款人员一般需要调查了解:消费者是否清楚地叙述了使用贷款的计划?陈述的贷款计划是否与银行的贷款政策一致?是否有证据表明,借款人有真诚的还款意愿?一些老资格的贷款人员通常会提醒新手,花更多的时间与每个借款人面谈,因为通过谈话暴露出借款人的品质和还款态度方面的瑕疵,可能直接影响贷款偿还的可能性。有经验的贷款人员,经常要参与填写贷款申请的过程,而不是让贷款人完全自己来做。在填写贷款申请的同时,贷款人员可以询问客户相关的财务问题。贷款人可以运用他的经验,促使消费者的贷款申请符合银行的质量要求。比如书面或电子文档,消费者口头的回答往往更能揭示其品质和用款的真诚态度。但许多大银行为了减低成本,在处理消费者贷款时一般采用自动化程序,信息采集和信贷评估更多地交给计算机来处理,使银行除了电传、电话和计算机取得贷款申请信息之外,对申请人的人格、品质等特征知之甚少。

如果借款人没有贷款记录,或者有不良的还款历史,银行往往需要借款人提供担保,有担保人提供连带责任担保的,如果借款人不能按时偿还贷款、履行协议,那么保证人就有义务督促其还款或代为还款。但是,有时银行不过是把保证人的担保看着一种有助于还款的心理影响,而不是真正将其作为另外的还款保障。借款人如果意识到,保证人的信用可能受到自己的拖累,就会因道德责任起偿还贷款。

(2)收入水平。个人收入水平和收入稳定性都十分重要。因此,银行贷款人员需要了解和掌握客户的净工资额或可支配收入,并且经常向客户的雇主进行调查,证实客户提供的收入数字、工作年限、居住地址等信息的准确性。

(3)银行存款。客户的日均存款额,是衡量收入水平和稳定性的直接手段,贷款人员需要经常向相关的银行证实上述数据。借款人的存款可以作为贷款风险的附带保护手段。银行催收违约的逾期贷款时,可以在提前通知客户的前提下直接从客户在银行的储蓄账户中扣收。

(4)工作和居住地的稳定性。工作的时间长短是有经验的贷款人员通常要考虑的因素之一。银行通常不会将大笔资金贷给只在目前的工作岗位工作几个月的人。居住时间长短经常也是信用分析的对象。一个人在一个地址居住时间越长,往往也反映他的个人情况越稳定。经常变化居住地,是银行考虑发放贷款时的一个负面因素。

(5)债务。负责消费贷款的贷款人员要对消费者的未偿债务相对于其月收入或年收入的比例格外敏感,要特别关注借款人从某个贷款机构取得贷款用来偿还另一机构欠款的现象。借款申请人如果有大量未偿债务,则反映其偿债能力降低,财务管理较差,很难避免陷入大笔债务的困难。

(6)下面几个方面可以作为消费者贷款信用质量的晴雨表:

①工作和住所稳定性的证明。

②提供的信息一致,申请表中的所有项目和数据不自相矛盾。

③使用贷款的用途合法。

④对债务的保守程度和及时还款行为可以反映出借款人具有合格的财务管理技能。

⑤继续工作的良好前景。

一份银行可以接受的消费贷款申请,不应当在以上的任何一项中表现出明显的缺陷。如果贷款申请在上述一两项中有所不足,贷款人员就要借助一些客观的评价体系,并且考虑是否值得拿银行所有者和储户的资金去冒险。最终对贷款申请的批准或拒绝的决定,取决于建立在贷款申请的预期回报与风险和银行可能发放或已经发放的其他资金的预期回报与风险的比较上。

6.3.2 汽车消费信贷的主要业务流程

汽车消费信贷的业务流程设计可归纳为信贷申请、资信调查与评估、信贷审查和审批、签订信贷合同、发放贷款等步骤。其业务流程可以分为四个阶段。

1)信贷申请阶段

申请信贷的个人和经销商通过与汽车消费信贷机构的资信评估部门接触,对申请信贷业务进行咨询及索取,在确定需要申请信用贷款后,需按要求填写有关表格及提供有关资料(如身份证、户口本、个人银行存折等)。汽车消费信贷机构的资信评估部门对申请个人和企业进行立项,对其资信进行初步审核,决定是否接受其申请,对于不合要求的个人和企业,及时回复。这是汽车消费信贷机构筛选服务对象的第一关,主要集中在对申请个人和企业的文字材料的分析。通过这一关的筛选,将一些风险很高的申请贷款的个人和企业剥离出去,这一方面可以提高公司的整体运营效率,另一方面也大大降低了风险。

2)汽车信贷申请的审批阶段

对于符合汽车信用要求的申请个人和企业,汽车消费信贷机构的资信评估部门通过实地考察、采集申请者资信材料,开展资信评估和分析,然后将评估结果交信贷审查审批部门进行审查与审批,对于不符合汽车信贷条件的个人和企业予以回复,对于符合条件的申请个人和企业发给同意申请汽车信贷意向书,并启动带挎包审批程序。这是汽车消费信贷机构筛选服务对象的第二关。在这一环节,汽车消费信贷机构的资信评估部门需要到申请贷款的个人和企业实地考察,采集分析数据,并对申请贷款的个人和企业做出资信评估,作为汽车信贷审批的重要依据。通过第二关的筛选,汽车消费信贷机构能够挑选出符合公司风险控制规定的申请贷款的个人和企业,并对其提供汽车信贷。

3)汽车信贷监控阶段

汽车消费信贷机构正式发放汽车贷款后,风险监控部门需要定期、不定期地检查已得到信贷的个人和企业的财务情况和偿付能力,追踪个人和企业的资信变化情况,检测预警系统,及时发现风险并采取措施进行控制。

4)违约处理阶段

风险监控部门一旦发现预警信号,应立即通知资产管理部门,并通过紧急止损措施,收回抵押资产等,汽车消费信贷机构的法律部门则负责各项法律事务,保证公司利益。

6.3.3 控制汽车消费信贷风险的对策

汽车消费信贷的风险是贯穿整个信贷周期的,因而风险管理也应贯穿整个信贷周期,在贷前调查、贷时审查、贷后检查管理的全过程形成相应的风险防范理念和风险监控机制。

1)建立个人信用制度

在国外,有许多信用评级和信用调查机构,专门收集、记录、整理和分析个人的信用档案,如消费者的信用往来、个人负债、消费模式、是否有财务欺诈行为或破产记录等。这些机构的存在,免去了银行收集、鉴别申请人相关信息的繁杂劳动,不但节约了贷款成本,而且还有利于金融机构集中精力完善风险管理,深入了解客户的就业、报税记录和收入情况,决定某个消费者的信贷额度。当然,在提供汽车消费信贷过程中,汽车消费信贷机构必须了解消费者的驾驶记录,如各种违规和交通肇事记录等,以便确定其提供汽车贷款的风险。在这方面,目前可以采取的措施主要有:

(1)建立个人或家庭的承贷能力分析指标体系。通过对其最大限度所能承担负债的能力分析,控制贷款数额、灵活调整期限、利率,可以有效地抑制借款人消费膨胀欲望,降低贷款风险度。

(2)建立完善的个人资产评估体系。尽可能地通过资料、家访等方式来了解个人的资产状况,建立完善的个人资产评估体系,以便充分运用定性和定量个人信用分析法,搞好个人的偿债能力分析。

(3)预测贷款申请人的发展前景。加强对申请贷款的个人和企业的收入、财务管理能力、投资盈利能力等进行分析,提前发现问题,及时处理。

2)加强贷款中期的催收及还款的监督管理

在贷款前期对贷款申请人进行审核后,不能忽略还款期间对贷款人的监督管理,在逾期还款的情况下要进行欠款的催收,实施个人信贷状况的实时监控和个人信用记录的及时修正,并做好监管预警,且按监管预警不同采取相应的催收贷款策略。监管预警根据逾期情况可分为正常(拖欠2次以下或15天以下)、关注(拖欠3次以上或90天以上)、次级(拖欠6次以上或180天以上)、可疑(拖欠7次以上或210天以上)和损失(拖欠12次以上或360天以上)等几类;根据这些预警类别采取的催收策略分别是:

(1)正常。正常预警的特征是借款人还款基本正常,还款来源稳定,担保人资信或抵押物良好,不会有损失。正常预警的催收策略是正常电话催收。

(2)关注。关注预警的特征是贷款车辆降价较快,发生延期还款。关注预警的催收策略是电话信函催收。

(3)次级。次级预警的特征是有迹象表明借款人的还款来源有问题,需要其他还款来源;抵押物价值下降,二期未还款。次级预警的催收策略是多次电话信函催收,或家访催收。

(4)可疑。可疑预警的特征是基本还款来源不可靠,其他还款来源不确定;抵押品平均市价低于贷款额;贷款车辆受损。可疑预警的催收策略是多次家访催收,专家催收。

(5)损失。损失预警的特征是借款人不能偿还贷款并且抵押品价值低于贷款额,或无抵押物;借款人出现严重的家庭财务问题;贷款车辆有损坏。损失预警的催收策略是准备收回贷款车辆,最大限度的保障抵押品和担保物的变现。

3)完善汽车消费信用风险管理体系

(1)完善个人汽车贷款保证制度。对于中长期个人贷款,或者金额超过一定限度的个人贷款,汽车消费信贷机构应该实行严格的贷款保证制度,即必须有足够实力的单位或个人为借款人提供担保,或者用借款人的符合条件的资产进行抵押或者质押。在国外比较常见的是以贷款所购买的资产作抵押,而我国多数选择了担保的方式。财务公司在确定借款人的抵押品时必须严格遵守审慎原则,从严把关。

①确定高质量的抵押物。在个人汽车贷款中,借款人能够提供的抵押物有银行存款、大额可转让存单、国库券、政府债券、公司债券、股票、房地产、私人财产等,这些个人资产的流动性、变现能力、价值稳定性存在较大的差异。

②产权与控制权鉴定。确定某些有价证券作为抵押品后,必须要求客户提交这些证券以确认所有权。如果这些证券被保管在经纪人处,经纪人需要出具一份拥有证券的所有权和控制权的证明书,据此财务公司可以按照证券的登记名字来确定其准确的名称。即使确认了证券的所有权,财务公司还需要查明没有任何因素限制客户将证券变现。

③担保人评估。短期或者中期个人汽车贷款通常采用第三方担保的方式来降低贷款财务公司的信用风险。在这种情况下,财务公司除了严格审查借款人的财务状况外,还必须对担保人的资格进行审查,以保证第二还款来源的真实性与可靠性。

(2)建立以资信评估为基础的消费信贷决策机制。对借款人的资信评估也包括财务分析及非财务分析两个方面。通过个人财务分析,财务公司可以掌握潜在的借款人的资产总额、可支配的资产净额、可变现的资产数量和种类、资产价值的稳定性大小、经常性的收入来源及其他收入的数量和稳定性,综合这些财务信息,财务公司能够比较客观地评估潜在借款人的偿债能力。非财务因素分析包括借款人从事的行业、职务、职称、受教育程度、家庭结构、就业历史、人品、与财务公司的交往,等等。这些因素有助于财务公司评价借款人主要收入来源的稳定性,承受风险的能力、愿意接受的贷款方式、是否具有欺诈性、获得担保的可能性、还款的主动性等。财务分析是定量分析,非财务分析主要是定性分析,在综合评价个人借款人的信用时应该以财务分析为主,非财务分析为辅。

(3)建立客户信息档案库。建立客户信息档案库是财务公司动态监测个人汽车贷款风险的基础,特别是实行有效的贷后监督的主要工具。客户信息档案库的内容包括以下几个方面:

①客户的基本财务信息。这项信息的获取主要依靠客户填写的个人财务报表。由于客户每申请一笔贷款都要填写一张个人财务报表,财务公司可以从中得到不同时间段的客户财务信息,并且可以进行相互之间的真实性验证。

②客户的社会信息。这项信息的来源由三个部分组成,一是通过调查问卷的形式由客户自己填写;二是通过客户的工作单位提供;三是从政府有关部门(如税务部门、社会保障部门)咨询获得。这些信息包括客户从事的行业,以及客户的职务、职称、受教育程度、家庭结构、就业历史、兴趣爱好、消费习惯等。

③客户的信贷历史。客户的信贷历史包括客户对本财务公司的各种借款以及客户发生的对其他金融和非金融机构的借款及还款情况(借款的时间、金额、债权人,是否发生过拖欠,拖欠的原因是什么等)。

④客户的担保人和抵押品信息。建立担保人的财务信息档案,反映担保人的变化情况,以便财务公司在担保人损失担保能力的时候能够及时采取其他补救措施。从而减少本公司的损失。

6.4 汽车租赁

6.4.1 汽车租赁的概念、特点及分类

1)汽车租赁的概念

汽车租赁是指出租人和承租人通过契约的关系,明确双方的权利和义务,出租人以收取租金为条件,转让汽车的使用权予承租人的一种信用形式。

2)汽车租赁的特点

汽车租赁作为一种特定的信用形式,有以下主要特点:

(1)融资与融物相结合。出租人出资购进用户所需的汽车,然后租给承租人;或者由承租人与汽车制造厂商洽谈好供货条件,转由出租人出资购买后,承租人再与出租人签订合同,租进汽车。由此可见,租赁实际上是承租人筹措购置汽车资金的一种形式,不过出租人以直接租入汽车的方式代替向金融机构举借购置汽车的贷款,以支付租金形式代替向金融机构支付本金与利息,以融物代替融资,使融物与融资浑然一体。它既不像一般的银行信贷,“借钱还钱”,也不同于商业信用“欠钱还钱”,而是“借物还钱”,还钱又以租金逐期回流的形式进行。

(2)所有权与使用权分离。在租赁条件下的整个租赁期间,汽车的所有权始终属于出租人,承租人在租赁期满时,虽有留购、续租、退还汽车的选择权,但在租赁期内,只能以支付租金为条件,取得汽车的使用权。

(3)租金分期回流。租赁业务中的租金,由租赁期内汽车购置款、利息和租赁费用三个部分组成。租金偿还时,采取分期回流的方式。承租人与出租人事前约定在租赁期内支付租金的次数和每次所付租金的数额。到租赁期满时,租金的累计数相当于汽车价款和该项资金在租赁期内应计的利息及相关费用。采取资金分期回流的方式,承租人负担较轻。

(4)有严格契约关系。租赁合同通常规定汽车的归属,租金数额,汽车使用、维修、保管等内容。租赁合同为不可撤消的合同,一经成立,双方就有义务遵守,任何一方不得单方面随意撤消或违约。

3)汽车租赁的分类

汽车租赁形式包括两大类,一类是融资租赁,另一类是经营租赁,也就是说“融资”与“融物”之分,其主要区别在于:

(1)利用汽车租赁的目的不同。经营租赁的承租人利用汽车租赁的主要目的在于取得汽车的暂时使用权,而融资租赁的承租人主要通过融资达到融物的目的,即最后取得汽车的所有权。

(2)法律关系不同。在经营租赁形式下,仅涉及出租人和承租人的行为,而在形式下,至少涉及出租人、承租人、供货人三方的责任。

(3)权利和义务的不同。在经营租赁活动中,出租人拥有汽车所有权,承租人只是通过交纳租金短期获得租赁汽车的使用权,而对所租汽车的维修、养护、保险费用等义务则由出租人来承担。在融资租赁活动中,出租人拥有汽车所有权,承租人通过交纳租金长期获得租赁汽车的使用权和收益权,对融资租赁汽车的维修、养护、保险费用等义务全部由承租人来承担。

6.4.2 汽车融资租赁

1)汽车融资租赁的含义

汽车融资租赁是指出租人拥有汽车的所有权,并通过租赁的方式获取租金,而将与租赁汽车所有权的有关风险和利益几乎全部转移给承租人的一种经济行为。汽车融资租赁是一种买卖与租赁相结合的汽车融资方式,是汽车金融服务的重要组成部分。具备以下条件之一者属汽车融资租赁:

(1)在租赁期终了时,租赁汽车所有权转让给承租人。

(2)承租人有以较低廉价格购买租赁汽车的选择权,且在租赁开始日就能确定在将来会行使此项选择权。

(3)租赁期较长,一般相当于租赁汽车的使用期限。

(4)出租人可以通过一次出租,就能收回在租赁汽车上的全部投资。

(5)在租赁期内发生的租赁汽车的使用成本,包括保险费、财产税、维修费等全部费用由承租人支付。

2)汽车融资租赁活动中租赁双方的主要权利和义务

(1)出租人主要权利和义务:

①在租赁期内拥有融资租赁汽车的所有权和处分权。

②在通过融资租赁汽车获取租金以及按租赁合同向承租人收取租赁保证金的权利。

③当承租人违约(不按时、按量支付租金等)时,有取回融资租赁汽车的权利。并有要求承租人赔偿相应损失的权利。

④有按租赁合同要求向承租人交付融资租赁汽车的义务,或按租赁合同要求协助汽车供应商与承租人完成融资租赁汽车的交付和受领工作(租赁合同另有约定的除外)。

⑤对所获得的承租人的业务和财产等情况负有保密的义务。

(2)承租人主要权利和义务:

①在租赁期内拥有融资租赁汽车的使用权和收益权。

②依照租赁合同所支付的费用(包括租金及相应税赋)已经相当于或者超过所租汽车本身价值时,有权获得该汽车的所有权。

③在租赁期届满时所付租金总额尚未超过所租汽车价值时享有选择权,对租期届满后的汽车可采取这几种方式予以处理:一是在补足租赁合同中事先约定的相应余额后成为汽车的所有权人;二是如果该汽车现值高于租赁合同中事先约定的相应余额,可以出卖该汽车,向出租人偿还余额,保留差价从中获利;三是将该汽车返还给出租人。

④有按照租赁合同向出租人支付租金的义务。

⑤有对所租汽车进行养护、维修的义务。除合理的消耗外,应当保持所租汽车技术性能良好。

6.4.3 汽车经营租赁

1)汽车经营租赁的含义及特点

汽车经营租赁是指出租人将自己经营的汽车反复地出租给不同承租人的使用,并收取相应的租赁费用,但不提供驾驶劳务的经营行为。其主要特点有:

(1)承租者的目的在于使用租赁的汽车,满足短期的、临时性的或季节性的需要,使用结束,租赁关系也随之结束。

(2)租赁期限较短,一般都在1年以下,短的只有几个星期,有的甚至几天或几个小时。

(3)在租赁期间,不仅租赁的汽车所有权归出租人所有,而且该汽车的养护、维修和保险费用等均由出租人承担。

(4)经营租赁可以中途解约,具有较大的灵活性。

2)汽车经营租赁的业务流程

汽车租赁企业日常业务流程主要包括租车流程、还车流程以及车辆救援流程三个方面:

(1)租车流程。租车流程注意以下几个环节:

①业务接洽。客户到达汽车租赁站后,业务人员要热情接待,并简要介绍本公司的基本情况,解答客户的疑问;同时询问客户的租车目的、用途、所需车型、租用时间等;及时查询本公司的备车情况,若无客户所需车型,要提供建议车型;尽可能满足客户需求(对有预约的客户或已有业务往来的客户可简化接洽程序)。

②证件查验。通过洽谈达成意向后,业务人员要仔细查验客户的相关证件、证明,并严格确认后根据需要留存其复印件备查等。

③签订汽车租赁合同。在洽谈达成意向的基础上进一步细化汽车租赁的相关内容,并逐项落实到汽车租赁合同上,即与客户签订汽车租赁合同。

④完善财务手续。汽车租赁合同签订后,业务人员引导客户办理完善财务手续,即交纳汽车租赁押金、预付租金等。同时通知公司车管部门准备客户所需车辆。

⑤租赁汽车交验。客户办完财务手续后,业务人员引导客户对公司车管部门提供的车辆进行试车和检验车辆,客户满意后,双方在车辆交接单上登录验车情况,并签字确认;最后客户驾车离开,完成租车过程。

在租车业务办理的过程中,业务人员要有较强的风险防范意识,对查验工作仔细认真地进行;发现问题,及时正确地处理;对长期租赁的客户,要提醒其按时回公司对租赁车辆进行维护,使租赁车辆技术状态保持良好,以保证行车安全。

(2)还车流程。

①还车接待。客户租赁期满,要求还车,业务人员要热情接待,并检查和对照客户租车时的证件和证明、汽车租赁合同以及租车交接单等。

②车辆检验。业务人员引导客户到公司车辆管理部门进行租赁车辆的检查验收。验车结果经公司车辆管理部门和客户(承租方)共同确认后,双方签字。

③财务结算。业务人员引导客户到本公司财务部门进行财务结算(若有车损情况,根据汽车租赁合同的相关约定,双方协商,由技术部门出具合理的赔偿方案,承租方按照赔偿方案缴纳赔偿金),公司财务部门出具财务结算证明。

④汽车租赁合同终止。根据财务部门出具的财务结算证明,还车手续结束,汽车租赁合同终止,并恭送客户。

(3)车辆救援流程。

①确认待救援车辆信息。业务人员接到客户的求援电话时,要询问客户所在具体地点、联系方式、车辆状况、车损程度、是否需要替换车辆等事项;并核实客户的租车信息,如查证是否为本公司的客户及相关资料。

②派遣救援人员及替换车辆。业务人员将客户求援的情况及时通告车辆管理、技术部门，并视需要向主管领导请示汇报，以便安排救援事宜，如救援车辆、替换车辆、拖车的安排、派遣，随车修理工具、通讯工具、救援人员等的安排、派遣。

③确认事故原因和责任。救援人员抵达救援现场后，要立即着手进行认真仔细的检查，与客户一道确认事故原因、责任及车辆损坏程度等，并做详细记录，双方在情况记录表上签字确认。然后由相关人员进行维修。若为交通肇事事故，则由交通警察进行相关鉴定，公司所派人员予以协助。

④办理原有车辆和替换车辆交接手续。若客户需要替换车辆，救援人员要与客户进行替换车辆的交验工作，且双方在车辆交接单上签字确认。然后客户交回原租车辆，接用替换车辆。

⑤救援返回。救援工作结束，救援人员要及时、安全返回公司。

3）汽车经营租赁的车辆管理

车辆管理是指对车辆的购置接收、装备配置、使用运行、经济定额、等级评定、维修计划、维修作业、操作工艺、检查检测、车辆救援、证照管理、资料统计、档案记载以及启用、调拨、转让、停驶、封存、报废等一系列技术性规范要求得以顺利进行的工作。车辆管理是汽车租赁企业的一项非常重要的基础性工作，其管理水平的高低直接影响企业的服务水平、经济效益，甚至车辆使用的安全性和企业的品牌。车辆管理工作主要包括三个方面的内容，即车辆营运管理、车辆档案管理、车辆安全管理。

（1）车辆营运管理。车辆营运管理要做到证照齐全、车容车貌整洁、车辆技术状况良好、配套设施齐全有效。

①车辆证照齐全就是要做到每一辆车的行驶证、车辆购置税凭证、车船使用税缴讫证、养路费缴讫证、车辆年检证、保险费证及其他应随车携带的有关证件和有关标志等按规定配置、放置，准备充分，客户随时租车，车辆随时就可投入使用。

②车容车貌整洁就是要求车身外表无破损、无污泥、车漆无污渍、清洁明亮，车身内部整洁清爽、车内空气清新、行李舱洁净，整车靓丽诱人。

③车辆技术状况良好要求各安全部件（转向、制动及灯光信号和喇叭）齐全完好、性能可靠，发动机无"三漏"（漏油、漏水、漏气）现象、无异响、其外表洁净、工作正常等，车身各部件（后视镜、遮阳板、音响设备）和机构（门锁、摇窗机、雨刮器、安全带等）完好、工作可靠，轮胎气压正常、花纹磨损正常，随车工具齐全有效。

④配套设施齐全有效要求安全防盗装置（防盗锁、防盗报警器、安全警示牌等）齐全可靠，灭火器有效、配置位置及方式方便使用，季节性及相关用品（香水、凉席、隔热膜等）齐全，随车用具（抹布、水桶、拖把等）齐全。

（2）车辆档案管理。车辆档案管理包括车辆技术档案管理、车辆维修管理、车辆证件管理及建立台账。

①车辆技术档案管理要求做到一车一档，专人管理，及时记录，分级调用。

②车辆维修管理要求做到编制各级维护计划并按时执行或强制执行；及时进行各项检查并消除故障隐患，视情修理，使车辆技术状况随时处于良好状态。

③车辆证件管理要求做到所有证件复印存档，不需要随车携带的证件设专柜、专人保管；证件遗失、损坏，及时补办；按时缴纳各种税费和进行审验；并做好证件交接记录，即要求证件

交接人签字确认。

④建立台账就是要做到各项记录(维护记录、修理记录、故障记录、换件记录、轮胎换位和更换记录、行驶里程记录、使用记录、肇事记录等)及时、齐全完整。

(3)车辆安全管理。车辆安全管理主要包括车辆停放管理,车辆防盗、防骗管理,车辆防火管理,车辆交通事故处理,随车携带停车警示牌、灭火器等的检查督促,车辆常规安全检查督促等。

6.5 汽车置换

6.5.1 汽车置换的概念

汽车置换,从狭义上讲,就是以旧换新,经销商通过二手车的收购与新车的对等销售获取利益。从广义上讲,是指在以旧换新业务的基础上,同时还兼容二手车整新、跟踪服务、二手车再销售乃至折抵分期付款等项目的一系列业务组合。从而使其成为一种独特的汽车金融服务方式。

由于汽车置换的发展能带动汽车整修翻新、二手车残值鉴定、二手车评估、二手车修复等多个相关行业。增加汽车价值链的增值点;能加快汽车的更新周期,带动新车市场的发展;促进各地区二手车的流动,推动二手车互通贸易,平衡各地汽车市场的发展。从而能推动汽车行业的整体发展,所以汽车置换在国外十分普遍。在美国,很多汽车品牌专卖店都有经营二手车的业务;1997 年新车销售量不足 1 500 万辆,而二手车的销量却高达 1 850 万辆,2000 年突破 1 900 万辆。在我国,目前旧车交易量在 80 万辆左右,交易额超过 200 亿元,汽车置换业务尚处于起步阶段。随着汽车普及率的提高以及更新车辆周期的逐渐缩短,汽车置换将呈现上升趋势。

6.5.2 汽车置换的主要方式

在我国,汽车置换有以下三种主要方式:

1)本厂旧车置换新车

这种置换方式就是只能用本厂旧车置换新车。如厂家为一汽大众,车主可将旧捷达车折价卖给一汽大众的零售店,再买一辆新宝来。

2)本品牌旧车置换新车

这种置换方式就是用本品牌的旧车置换本品牌的新车。如品牌为“大众”,假设拥有一辆旧捷达的车主看上了帕萨特,那么他可以在任何一家“大众”的零售店里置换到一辆他想要的帕萨特。

3)购买新车后就可置换新车

这种置换方式置换的旧车不限品牌,即只要购买本厂或本店的新车,其置换旧车不限制品牌。国外基本上采用的是这种汽车置换方式。目前上海通用已开始这种汽车置换的试运营。据报道,自 2002 年 9 月 23 日起,在北京、上海、广州和深圳四城市的四家专卖店,消费者可以用各种品牌的二手车置换别克品牌的新车。如果考虑买车人的选择余地和便利程度,当然是这种方式最佳。不过这种方式对厂商和经销商而言非常具有挑战性，这是因为我国的车主一般既不从一而终地在指定的维修点保养维修，也不保留车辆的维修档案，车况极不透明；不同品牌不同型号的汽车在技术和零部件上差别较大；而且对于个别已经停产车型更换零部件将越来越难以进行。

6.5.3　汽车置换业务简介

1）置换车辆的条件

（1）各种证件手续齐全，非盗抢、走私车辆。

（2）在国家允许的汽车报废年限之内，且尾气排放符合要求。

（3）无机动车产权纠纷，分期付款的车辆已付清全部车款，拿回了所有的车辆手续。

2）办理置换业务所要提交的证件

（1）车主身份证（单位车辆还应提供法人代码证书、介绍信等证件）。

（2）机动车产权登记证。

（3）机动车行驶证。

（4）原始购车发票或前次过户发票。

（5）车辆购置附加税缴纳凭证。

（6）养路费缴纳凭证。

（7）委托他人办理置换的，须持原车主身份证和具有法律效力的委托书。

3）汽车置换程序

（1）顾客通过电话或直接到汽车连锁销售店进行咨询，也可以登陆相关网站进行置换登记。

（2）旧车评估定价。

（3）选订新车。

（4）签订旧车购销协议以及置换协议。

（5）置换旧车的钱款直接冲抵新车的车款，顾客补足差价后，办理提车手续，或由销售顾问协助在指定的经销商处提取所订车辆，提供一条龙服务。

（6）顾客如需贷款购新车，则置换旧车的钱款作为新车的首付款，为顾客办理购车贷款手续，建立提供因汽车信贷所产生的资信管理服务，并建立个人资信数据库。

（7）办理旧车过户手续，为顾客提供必要的协助和材料。

（8）为顾客提供全程后续服务。

第7章 汽车保险与理赔

7.1 概　述

7.1.1 风险与保险

1)风险

风险是指人们在生产、生活或对某一事项作出决策的过程中,未来结果的不确定性,包括正面效应和负面效应。风险是人们在日常生产和生活中始终存在的客观现象,是不以人们的意志为转移的。任何人都不能确切地预知某一灾害或意外事故是否会发生和造成的损害多大。

(1)风险的组成要素。风险包括损失、风险因素和风险事件三要素。损失有广义损失和狭义损失,广义损失包括物质损失和精神损失,而在风险管理中,损失通常指狭义损失,即物质损失,它是非故意的、非预期的和非计划的经济价值减少;在保险实务中,损失分为直接损失和间接损失,前者是直接的、实质的损失,后者是伴随直接损失而发生的一些其他费用。风险因素是指引起或增加风险事件发生的机会或影响损失程度的原因或条件;风险因素是风险事件发生的潜在原因,是隐藏于风险事件背后的、可能造成损失的内在的或间接的原因;风险因素越多,风险事件发生的机会越多,造成损失的可能性以及损失的程度也越大;风险因素根据性质可分为实质风险因素、道德风险因素和心理风险因素三种类型,实质风险因素是指影响事物物理功能的直接因素,道德风险因素是指与人的品德修养有关的无形因素,即由于人的不诚信甚至是恶意行为,促使风险事件发生或扩大已发生损失的程度,以致引起社会财富损毁或导致人身伤亡的原因或条件,心理风险因素是指与人的心理状态有关的无形因素,即由于人的主观疏忽或者存在侥幸心理,引致风险事件发生的机会增多或者扩大了损失程度的因素。

(2)风险的特征。风险有以下特征:

①风险的客观性。风险不以人们的意志为转移,是独立于人们的主观意识之外的客观存在。无论是自然界的物质运动,洪水、地震、龙卷风,还是社会经济领域中的战争、失业等,都是客观地存在于我们生活的空间中,都是由事物的内部因素所决定。人们只能在一定的空间和

内改变风险存在和发生的条件,降低风险发生的频率,减少损失程度,而不是彻底清除风险。

②风险的普遍性。风险是普遍存在的,风险渗透到人们社会生活和生产的方方面面,它无处不在,无时不有。人类发展的历史是一个与风险作斗争的历史,无论是企业、个人还是政府,都面临着各种各样的风险。随着科学技术的发展和人类社会的进步,会使某些风险得到抑制和控制,同时又会产生新的风险,新的风险不仅在量上增加,而且风险事件导致的损失也会变得越来越大。

③风险的偶然性。风险虽具有客观性,但就某一具体风险而言,它的发生又有偶然性。风险偶然性是指某一具体风险的发生是偶然的、随机的,是主观意识不能事先予以准确测定的。风险发生的偶然性主要表现为风险事件是否发生不确定、何时发生不确定、发生的后果不确定。

④风险的必然性。个别风险的发生具有偶然性,但是,通过大量风险事件的观察和统计分析,风险的形成规律会呈现出一定的规律性,即风险的发生具有必然性,人们可以比较容易地测定某一地区发生火灾的频率、某种职业意外事故发生频率等。也就是说,在一定时期内,风险的发生是必然的,是可测定的不确定性。

⑤风险的可变性。风险的可变性是指某种风险在一定条件下可以转化的特性。主要表现为风险质的变化、风险量的变化和新风险产生。特别要注意,随着科学技术的发展和社会的进步,一些旧的风险消失了,但另一些新的风险将产生,而且伴随着现代科学技术所产生的风险导致的损失有时更具有破坏性和灾难性。

2)保险

根据《中华人民共和国保险法》第2条规定:"保险是指投保人根据合同的约定,向保险人支付保险费,保险人对于合同约定的可能发生的事故因其发生所造成的财产损失承担赔偿保险金责任,或者当被保险人死亡、伤残、疾病或者达到合同约定的年龄、期限时承担给付保险金责任的商业保险行为。"

现代保险学者一般从两个方面来解释保险的定义。从经济角度上说,保险是分摊意外事故损失的一种财务安排。投保人参加保险,实质上是将他的不确定的大额损失变成确定的小额支出,即保险费。而保险人集中了大量同类风险,能借助大数法则来正确预见损失的发生额,并根据保险标的的损失概率制定保险费率。通过向所有被保险人收取保险费建立保险基金,用于补偿少数被保险人遭受的意外事故损失。因此,保险是一种有效的财务安排,并体现了一定的经济关系。从法律角度来看,保险是一种合同行为,体现的是一种民事法律关系。根据合同约定,一方承担支付保险费的义务,换取另一方为其提供的经济补偿或给付的权利,这正好体现了民事法律关系的内容——主体之间的权利和义务关系。

保险具有经济性、互助性、法律性和科学性等特征。保险是一种活动,这种经济保障活动是整个国民经济活动的一个组成部分;此外,保险体现了一种经济关系,即商品等价交换;保险经营具有商品属性。保险在一定条件下,分担了个别单位或个人所不能承担的风险,从而形成了一种经济互助关系;它体现了"一人为众,众人为一"的思想;互助性是保险的基本属性。保险的经济保障活动是根据合同来进行的;所以,从法律角度看,保险又是一种法律行为。保险是以数理计算为依据而收取保险费的,保险经营的科学性是代表保险存在和发展的基础。

随着经济的发展,保险的险种越来越多,所涉及的领域及具体做法也在不断地扩大和发展。然而,迄今为止,世界各国对保险的分类尚无统一标准,只能从不同的角度进行大体上的分类。保险按具体保险的性质不同可分为商业保险、社会保险、政策保险。保险按保险标的（或称保险对象，即保险合同中所载明的投保对象）的不同可分为财产保险、责任保险、信用保证保险和人身保险。保险按保险的实施形式不同可分为强制保险和自愿保险两种。

7.1.2 汽车保险的职能及基本原则

汽车保险是以保险汽车的损失，或者以保险汽车的所有人、驾驶员因驾驶保险汽车发生交通事故所负的责任为保险标的的保险。汽车保险是一种商业保险行为、法律合同行为、权利义务行为和以合同约定的保险事故发生为条件的损失补偿或保险金给付的保险行为。

1）汽车保险的职能

职能是某种客观事物或现象所具有的内在功能，是由事物的本质和内容决定的。汽车保险的职能就是指汽车保险固有的一种功能，它不会因为时间的变化和社会形态的不同而不同，它是由汽车保险的本质和内容决定的，是汽车保险本质的体现。但随着汽车保险的发展，会派生出新的职能。所以，汽车保险的职能包括基本职能和派生职能。

（1）汽车保险的基本职能。汽车保险的基本职能主要是补偿损失的职能，即汽车保险通过组织分散的保险费，建立保险基金，用来对因自然灾害和意外事故造成车辆的损毁给予经济上的补偿，以保障社会生产的持续进行，安定人民生活，提高人民的物质福利。这种赔付原则使已经存在的社会财富（车辆因灾害或事故所导致）的实际损失在价值上得到了补偿，在使用价值上得以恢复，从而使集体或个人的再生产得以继续进行，稳定了人们的生活，提高人民的物质福利。汽车保险的这种补偿职能，只是对社会已有的财富进行了再分配，而不能增加社会财富。因为从社会的角度来讲，个别遭受车辆损失的被保险人的所得，正是没有遭受损害的多数被保险人的所失，它是由全体投保人给予的补偿。汽车保险的基本职能是汽车保险得以产生和发展的内在根源。补偿损失是建立保险基金的根本目的，也是汽车保险形式产生和发展的原因。

汽车保险的补偿这种基本职能的具体内容可以概括为：补偿由于自然灾害和意外事故所致保险车辆的经济损失；对被保险人在保险期内发生与车祸相关的人身伤亡事故给予经济赔偿；承担被保险人因车辆事故对受害人所负的经济赔偿民事责任；商业信用和银行信用的履约责任。

（2）汽车保险的派生职能。汽车保险的派生职能是由保险企业经营管理的特点决定的。汽车保险的派生职能主要有：一是财政性分配职能，它是指保险企业参与对一部分社会总产品分配的职能，并能为国家在建设方面集资。二是风险管理性防损防灾职能，即保险企业参与社会、企业、家庭、个人的风险管理，提供防损、防灾、咨询和技术服务，从而减少车辆的损失和社会成员的人身伤害，为保险企业自身效益和社会效益的提高创造有利条件。三是金融性融资的职能，即将保险组织的可运用资金重新投入到社会再生产过程中，以便实现保险资金的保值和增值。

2）汽车保险的基本原则

（1）保险利益原则。保险利益（又称可保利益）是指投保人对保险标的具有法律上认可的经济利益；保险利益原则（又称可保利益原则）是指投保人或被保险人对于保险标的具有法律上认可的、经济上的利害关系。如果没有这种关系，投保人或被保险人对该保险标的就没有保险利益。在各种保险中，保险单的签发并不自动给予保单持有人在发生保险事故后的索赔权，被保险人还必须有一个可保利益。就是说,被保险人对保险财产必须有某种法律上的关系,才能据以投保。如果保险标的安全,投保人或被保险人可以从中获利;而一旦受损,被保险人必然会蒙受经济损失,保险人与被保险人的经济利益息息相关。

保险人和被保险人遵循保险利益原则的目的在于一可避免将保险变为赌博,保险利益原则是体现保险人对投保人或被保险人已拥有的经济利益的保障,投保人不可能因保险而额外获利,因保险基金通过大数法则由广大投保人分担,即使没有得到赔款,也不会导致投保人负担很重,从而避免了保险成为赌博或类似于赌博的行为。二可以限制损害赔付程度,保险利益不仅具有质的规定,而且还具有量的规定;保险利益货币的量化金额是保险赔付的最高限额,对超过这金额部分的经济利益不属于投保方的保险利益,从而有效地限制了损害赔付的程度。三可以防止诱发道德风险,如果投保人对于保险标的没有而与保险人订立保险合同,就极容易发生道德风险;即投保人单纯为了谋取保险金,故意促使保险事故发生或在发生保险事故时放任损失扩大。

(2)最大诚信原则。最大诚信原则要求合同双方当事人最大限度地遵守诚信原则,具体要求是双方当事人不隐瞒事实、不相互欺诈,以最大诚信全面履行各自的义务,以保证双方的利益得以实现。最大诚信原则是合同双方当事人都必须遵循的基本原则,其表现为一是履行如实告知义务,即在投保时,应将足以影响保险人决定是否承保、足以影响保险人确定保险费率或增加特别条款等重要情况,向保险人如实告知。二是履行说明义务,即保险人应当向投保人说明合同条款内容;对于保险合同的一般条款,保险人应当履行说明义务;对于保险合同的责任免除条款,保险人应当履行明确说明义务未明确说明的,责任免除条款不发生效力。三是履行保证义务,即向保险人作出承诺,保证在保险期间遵守作为或不作为的某些规则,或保证某一事项的真实性;保险上的保证有两种:明示(以保险合同条款的形式出现、是保险合同的内容之一)和默示(在保险合同条款中并不出现,而以社会上普遍存在或认可的某些行为规范为准则,并将此视作投保人保证作为或不作为的承诺)。四是弃权和禁止抗辩,弃权是指保险人放弃法律或保险合同中规定的某项权利;禁止抗辩与弃权有紧密联系,是指保险人既然放弃了该项权利,就不得再向被保险人或受益人主张这种权利。

(3)近因原则。近因原则是指保险人承担赔偿、给付保险金的条件是造成保险标的损失的近因,必须属于保险责任。按照这一原则,只有当被保险人的损失是直接由于保险责任范围内的事故造成的,保险人才能予以赔偿。这个原则对保险单的第三者责任险部分也有同等效力。被保险人只对向他提出索赔的第三者造成人身伤亡或财产损失是近因,而依法由被保险人负责的才负责赔偿。

(4)损失补偿原则。损失补偿原则是指在补偿性的保险合同中,当保险事故发生造成保险标的或被保险人损失时,保险人给予被保险人的赔偿数额不超过被保险人所遭受的经济损失。其内涵主要有两点:一是保险人对风险损失的赔偿可能是充分的,也可能是不充分的;若风险损失属于保险责任范围内的损失,即补偿金额应等于保险标的的实际损失,那么补偿是充分的;若风险损失超过了保险责任范围内的损失,则赔偿限于保险标的的实际损失,补偿则为不充分的。二是补偿不能使被保险人获取超过实际损失的经济利益,即保险人支付的赔偿金不应超过被保险人的实际经济损失。

7.1.3 保险人、投保人和被保险人的义务

1)保险人的义务

(1)说明义务。保险人在承保时,应向投保人说明投保险种的保险责任、责任免除、保险期限、保险费及支付办法、投保人和被保险人义务等内容。

(2)及时受理被保险人或投保人的事故报案,并尽快进行事故查勘。保险人接到报案后48小时内未进行查勘且未给予受理意见,造成财产损失无法确定的,以被保险人提供的财产损毁照片、损失清单、事故证明和修理发票作为赔付理算依据。

(3)及时核定索赔并支付赔款。保险人应根据事故性质、损失情况、及时向被保险人提供索赔须知,审核索赔材料后认为有关的证明和资料不完善的,应当及时通知被保险人提供有关的补充证明和资料;在被保险人提供了各种必要的单证后,保险人应当迅速审查核定,并将核定结果及时通知被保险人;对属于保险责任的,保险人应在与被保险人达成赔偿协议后10日内支付赔款。

(4)保密义务。保险人对在办理保险业务中知道的投保人、被保险人的业务和财产情况及个人隐私等,负责保密,不得外泄。

2)投保人和被保险人的义务

(1)如实告知义务。投保人应如实填写保单并回答保险人提出的询问,履行如实告知义务。在保险期限内,保险车辆改装、加装或非营业性用车辆从事营业性运输等,导致保险车辆危险程度增加的,应当及时书面通知保险人,否则,因保险车辆危险程度增加而发生的保险事故,保险人不承担赔偿责任。所谓危险程度增加指订立合同时由于未曾预见或未予估计可能增加的危险程度,直接影响到保险人在承保时决定是否加收保险费和接受承保。在保险合同有效期内,保险车辆增加,被保险人应事先通知保险人,并申请办理批改,按规定补交保险费。

(2)按时足额交付保险费。除另有约定外,投保人应当在保险合同成立生效时一次交付保险费。保险费交付前发生的保险事故,保险人不承担赔偿责任。

(3)及时报案和防止损失扩大。发生保险事故时,被保险人应及时报案并采取合理的、必要的施救和保护措施,以防止损失的扩大,并立即向出险地的公安交通管理机关报告,同时在48小时内通知保险人;否则,造成损失无法确定或扩大的部分,保险人不承担赔偿责任。

(4)协助保险人进行事故现场查勘。发生保险事故后,被保险人应当积极协助保险人进行现场查勘;被保险人在索赔时应当提供有关证明和资料;引起与保险赔偿有关的仲裁或者起诉时,被保险人应当及时书面通知保险人。

被保险人必须遵守诚实信用的原则,在向保险人索赔时提供的情况和各种证明、治疗必须真实可靠,对被保险人提供涂改、伪造的单证或制造假案等图谋骗取赔款的,保险人应拒绝赔偿或追回已支付保险赔款。

7.1.4 汽车保险合同

汽车保险合同是投保人与保险人约定保险权利和义务关系的协议。

1)汽车保险合同的特征

保险合同是保险人与投保人双方经过要约和承诺程序,在自愿的基础上订立的一种在法律上具有约束力的协议。即根据当事人双方约定,投保人向保险人交纳保险费,保险人在保险

标的发生保险事故或当约定期限到达时，给予被保险人经济补偿或给付保险金的一种经济行为。因此，保险合同是经济合同的一种，是关于保险人与被保险人接受与转移风险契约行为的结果，所以又称为保险契约。保险合同按保险人承担的责任，可将其分为财产保险合同和人身保险合同，汽车保险合同是财产保险合同的一种，即以汽车及其相关利益作为保险标的的保险合同。由于汽车保险合同的客体不同于一般经济合同，所以它除具有经济合同的一般特征外，还有自身的独特之处。

(1)汽车保险合同的一般特征。汽车保险合同的一般特征为：汽车保险合同是有名合同，我国的汽车保险被赋予为“机动车保险”的名称，它是保险合同中的一种重要合同。汽车保险合同是射幸合同，即合同的履行内容在订立合同时并不能确定的合同；汽车保险合同的射幸性表现为投保人以支付保险费为代价，买到了一个将来可能得到补偿的机会，也就是说，由于汽车保险事故发生的频率和损失发生率的不确定性，倘若在保险期内保险汽车发生了保险责任事故，对单个的被保险人而言，他获得的车辆保险赔款远远大于他所交纳的保险费；倘若在保险期内没有发生车辆保险责任事故，被保险人虽然付出了保险费，仍然得不到保险赔款；汽车保险合同的射幸性特征，即机会性特征，是由汽车保险责任事故发生的偶然性决定的。汽车保险合同是保障合同，在合同的有效期内，当保险标的一旦发生保险事故而造成损失时，被保险人所得到的赔付金额远远超过其所付的保险费；而当无损失发生时，被保险人只付出保险费而没有任何收入。汽车保险合同是诚信合同，汽车保险遵守最大诚信原则就决定了汽车保险合同具有诚信性，汽车保险合同是双务合同，任何合同对双方当事人都是法律行为，都有义务履行合同。汽车保险合同是有偿合同，订立保险合同是双方当事人有偿的法律行为，所以保险合同是有偿合同。汽车保险合同是非要式合同，要式合同是指法律要求必须具备一定形式和手续的合同，非要式合同是指法律不要求必须具备一定形式和手续的合同，两者的区别在于是否以一定的形式作为合同成立和生效的条件。汽车保险合同是附和合同，附和合同不是双方当事人充分商议而订立的，是由一方提出合同的主要内容，另一方只能取与舍，要么接受对方提出的条件签订合同，要么拒绝；汽车保险合同是附和合同，合同的主要内容一般没有商量余地，这是由汽车保险的特点和发展汽车保险业务的实际需要决定的。

(2)汽车保险合同自身的特征。汽车保险合同自身的特征有：一是汽车保险合同的可保利益较大，对于汽车保险，不仅被保险人使用汽车时拥有保险利益，对于被保险人允许的驾驶员使用保险汽车时，也有保险利益。二是汽车保险合同包含财产保险和责任保险的综合保险合同，汽车保险标的可以是汽车本身，还可以是当保险汽车发生保险事故后，被保险人依法应负的民事赔偿责任，除了涉及投保人、被保险人外，还有第三者受害人。三是汽车保险合同属于不定值保险合同，其保险金额的确定方法不同；在汽车保险合同中，车辆损失的保险金额可以按投保时保险标的的实际价值确定，也可以由投保人或被保险人与保险人协商确定，并将投保金额作为保险补偿的最高限额。四是汽车保险合同确保保险人具有对第三者责任的追偿权，当保险汽车发生保险责任事故时，尽管保险汽车的损失是由第三者责任引起的，被保险人还是可以从保险人处取得赔款，但应该将第三者的追偿权让与保险人，以防被保险人获得双重的经济补偿。

2)汽车保险合同的形式

由于汽车保险合同是一种非要式合同，只要保险人和投保人就保险条款达成一致，合同就生效，保险人就应该按照约定承担保险责任，而不以保险人是否签发了保险单或其他保险凭证作为合同生效的前提。在汽车保险的具体工作中,为避免双方的权利和义务复杂,汽车保险合同一般采用书面的文件形式,主要有以下几种:

(1)投保单。汽车保险投保单又称为"要保单"或者称为"投保申请书",是投保人申请保险的一种书面形式。通常投保单由保险人事先设计并印好,上面列明了保险合同的具体内容,投保人只需在投保单上按列明的填写即可。投保人填写好投保单后,保险人审核同意签章承保,这意味着保险人接受了投保人的书面要约,说明汽车保险合同已告成立;保险人按照约定的时间开始承担保险责任;在保险双方当事人约定的时间后,保险人仍未签发保险单,投保单仍具法律效力。汽车投保单的主要内容包括被保险人、投保人的名称、保险车辆的名称、投保的级别、保险金额、保险期限等内容。

(2)暂保单。暂保单是保险人出立正式保单前签发的临时保险合同,用以证明保险人同意承保。暂保单的内容较为简单,仅包括保险标的、保险责任、保险金额以及保险关系当事人的权利义务等。暂保单具有与正式保单同等的法律效力。同正式保单相比,暂保单的内容相对简单、保险期限短,可由保险人或兼业保险代理机构签发;而正式保单尽管法律效力与暂保单相同,但其内容较为复杂,保险期限通常为一年,保险单只能由保险人签发。

(3)保险单。保险单简称"保单",是保险人和投保人之间订立保险合同的正式书面凭证。它根据汽车投保人申请,在保险合同成立之后,由保险人向投保人签发。保险单上列明了保险合同的所有内容,它是保险双方当事人确定权利、义务和在发生保险事故遭受经济损失后,被保险人向保险人索赔的重要依据。

(4)保险凭证。保险凭证是保险人发给被保险人证明保险合同已经订立的一种凭证,它也是保险合同的一种形式。凡凭证没有记载的内容,均以同类险种的保险单为准,是一种简化的保险单。

(5)批单。批单是更改保险合同某些内容的更改说明书。在汽车保险业务中,往往涉及车辆过户、转让、出售等变更车辆所有权的行为,因而也带来汽车保险单中的某些要素如被保险人发生变更,或者保险金额、保险期限等内容变更。这些变更内容需要用某种形式将其记载下来,或者重新出具保险单。但是在实际业务中,这样的变更行为是非常频繁的,因而重新出具保险单往往成了一种烦琐的工作,批单的出现及广泛使用便成为顺理成章的事情。投保人或被保险人在保险有效期内如果需要对保险单内容作部分更改,需向保险人提出申请,保险人如同意更改则批改的内容在保险单或保险凭证上批注或附贴便条。凡经批改过的内容均以批单为准,批单是保险单中的一个重要组成部分。

(6)书面协议。保险人经与投保人协商一致,可将双方约定的承保内容及彼此的权利义务关系以书面形式明确下来。这种书面协议也是保险合同的一种形式。同正式保单相比,书面协议的内容不事先拟就,而是根据保险关系双方协商一致的结果来签订,具有较大的灵活性和针对性,是一种不固定格式的保险单,因而它与保险单具有同等法律效力。

7.1.5 保险中介

保险中介是指专门从事保险销售或保险理赔、业务咨询、风险管理活动安排、价值评估、损失鉴定等经营活动,并依法收取佣金或手续费的组织或个人。保险中介的主体形式多样,主要有保险代理人、保险经纪人和保险公估人三种。

1)**保险代理人**

保险代理人是根据保险人的委托,向保险人收取代理手续费,并在保险人授权的范围内办理保险业务的单位或个人。保险代理人的性质是保险人的代理人,其在保险人授权范围内进行保险代理业务的行为所产生的法律责任,由保险人承担。保险代理人可以分为三类:专业代理人、兼业代理人和个人代理人。从事保险代理业务的人员必须参加专门的资格考试,考试合格并取得有关部门颁发的资格证书才能够申请执业。

2)**保险经纪人**

保险经纪人是基于投保人的利益,为投保人和保险人订立合同提供中介服务,并依法从保险人那里收取佣金的公司或个人。保险经纪人是投保人的代表,在投保人的授权范围内,经纪人的行为可以约束投保人。投保人因经纪人的过失而遭受损失,经纪人在法律上须负赔偿责任。

3)**保险公估人**

保险公估人是站在第三者的立场上,依法为保险合同当事人办理保险标的的查勘、鉴定、估计损失及理赔款项清算业务并予以证明的人。保险公估人的主要任务是在风险事故发生后判断损失的原因及程度,并出具公证书。公证书不具有强制力,但它是有关部门处理保险争议的权威性依据。由于保险的公估人通常是由具有专业知识和技术的专家组成,且具有公正、公平的立场,因而权威性较高,所做出的公证书通常为保险双方当事人接受,成为建立保险关系、履行保险合同、解决保险纠纷的有利保障。

保险人和被保险人都有权委托保险公估人办理相关事宜。

7.2　汽车保险

7.2.1　汽车保险的险种

汽车保险的险种分成基本险和附加险两大类,而基本险一般又包括车辆损失险和第三者责任险。

1)**车辆损失保险**

车辆损失保险的保险标的是保险车辆本身,当保险车辆遭受保险责任范围内的自然灾害或意外事故,造成保险车辆本身损失时,保险人依照保险合同的规定给予赔偿。

(1)保险责任。中国保险监督管理委员会(以下简称中国保监会)统一制定的条款对保险责任的规定是:被保险人或其允许的合格驾驶员使用保险车辆过程中,因下列原因造成保险车辆的损失,保险人负责赔偿:

①碰撞、倾覆。

②火灾、爆炸。

③外界物体倒塌、空中运行物体坠落、保险车辆行驶中平行坠落。

④雷击、暴风、龙卷风、暴雨、洪水、海啸、地陷、冰陷、崖崩、雪崩、雹灾、泥石流、滑坡。

⑤运载保险车辆的渡船遭受自然灾害(只限于有驾驶员随车照料者)。

其中,被保险人或其允许的合格驾驶员应同时具备两个条件:一是被保险人或其允许的驾驶员是指被保险人本人以及被保险人委派、雇佣或认可的驾驶保险车辆的人员。二是合格的驾驶员是指上述驾驶员必须持有有效驾驶证,并且所驾驶车辆与驾驶证规定的准驾车型相符;驾驶出租车或营业性客车的驾驶员还必须具备交通运输管理部门核发的许可证书或其他必备证书。保险车辆被人私自开走,或未经车主、保险车辆所属单位主管负责人同意,驾驶员私自许诺的人开车,均不能视为“被保险人允许的驾驶员”开车。

(2)责任免除。

责任免除又称除外责任,是在保险合同条款中列明的保险人不予承担的保险赔偿责任,是对保险责任的限制。中国保监会2003年前制定的机动车辆保险条款中关于机动车辆损失险的责任免除内容是:

①保险车辆的下列损失,保险人不负责赔偿:自然磨损、朽蚀、故障、轮胎单独损坏;地震、人工直接供油、高温烘烤造成的损失;受本车所载货物撞击的损失;两轮及轻便摩托车停放期间翻倒的损失;遭受保险责任范围内的损失后,未经必要修理继续使用,致使损失扩大的部分;自燃以及不明原因产生火灾;玻璃单独破碎;保险车辆在淹及排气筒的水中启动或被水淹后操作不当致使发动机损坏。

②保险车辆造成下列人身伤亡和财产毁损,不论在法律上是否应当由被保险人承担赔偿责任,保险人也不负责赔偿:被保险人或其允许的驾驶员所有或代管的财产;私有、个人承包车辆的被保险人或其允许的驾驶员及其家庭成员、以及他们所有或代管的财产;本车上的一切人员和财产。

③以下情况,不论任何原因造成保险车辆的损失或第三者的经济赔偿责任,保险人均不负责赔偿:战争、军事冲突、暴乱、扣押、罚没、政府征用。非被保险人或非被保险人允许的驾驶员使用保险车辆。被保险人或被保险人允许的合格驾驶员的故意行为。竞赛、测试、在营业性修理场所修理期间。车辆所载货物掉落、泄漏。机动车辆拖带车辆或其他拖带物,二者当中至少有一个未投保第三者责任险。驾驶员饮酒、吸毒、被药物麻醉。驾驶员有下列情形之一者:没有驾驶证;驾驶与驾驶证准驾车型不相符合的车辆;持军队或武警部队驾驶证驾驶地方车辆和持地方驾驶证驾驶军队或武警部队车辆;持学习驾驶证学习驾车时,无教练员随车指导,或不按指定时间、路线学习驾车;实习期驾驶大客车、电车、起重车和带拖挂车的汽车时,无正式驾驶员并坐监督指导;实习期驾驶执行任务的警车、消防车、工程救险车、救护车和载运危险品的车辆;持学习驾驶证及实习期在高速公路上驾车;驾驶员持审验不合格的驾驶证,或未经公安交通管理部门同意,持未审验的驾驶证驾车;使用各种专用机械车、特种车的人员无国家有关部门核发的有效操作证;公安交通管理部门规定的其他属于无有效驾驶证的情况。保险车辆肇事逃逸。未按书面约定履行缴纳保险费义务。除本保险合同另有书面约定外,发生保险事故时保险车辆没有公安交通管理部门核发的行驶证和号牌,或未按规定检验或检验不合格者。

④下列损失和费用,保险人不负责赔偿:保险车辆发生意外事故,致使被保险人或第三者停业、停驶、停电、停水、停气、停产、中断通讯以及其他各种间接损失。因保险事故引起的任何有关精神损害赔偿。因污染引起的任何补偿和赔偿。直接或间接由于计算机2000年问题引起的损失。保险车辆全车被盗窃、被抢劫、被抢夺,以及在此期间受到损坏或车上零部件、附属设备丢失,以及第三者人员伤亡或财产损失。

⑤其他不属于保险责任范围内的损失和费用。

2）第三者责任险

机动车辆第三者责任保险以被保险人在使用保险车辆的过程中发生的交通事故中应该承担的民事赔偿责任作为保险标的。机动车辆第三者责任保险分为机动车辆交通事故责任强制保险和非强制性的第三者责任保险（机动车辆第三者责任保险）两类。机动车辆交通事故责任强制保险的保险人尽管仍然是商业性的保险公司，但是这种保险行为受《道路交通安全法》规范，机动车辆所有者必须投保机动车交通事故责任强制保险，保险公司必须接受投保。非强制性的第三者责任保险属于自愿保险范畴，投保行为与承保行为由《保险法》规范，机动车辆所有者自愿投保，保险公司自愿承保，双方的权利和义务受《保险法》和保险合同规定。然而对交通事故的认定和处理仍然受《道路交通安全法》及相关法规规范。

机动车辆交通事故责任强制保险的出台主要是受2004年5月1日起实施的《道路交通安全法》的影响。《道路交通安全法》从保护行人和非机动车辆的安全出发，对机动车辆的责任作出了严格的规定，并且规定机动车辆必须参加机动车辆交通事故责任强制保险。机动车辆交通事故责任强制保险是指由保险公司对被保险机动车辆发生道路交通事故造成本车人员、被保险人以外的受害人的人身伤亡、财产损失，在责任限额内予以赔偿的强制性责任保险。机动车辆交通事故责任强制保险按照《机动车辆交通事故责任强制保险条例》规定的保险责任和责任免除实施。

（1）机动车辆第三者责任商业保险的保险责任。2003年前，机动车辆保险条款和费率由中国保监会统一制定，各家保险公司都统一以下列条款作为机动车辆第三者责任保险的保险责任：被保险人或其允许的合格驾驶员在使用保险车辆的过程中，发生意外事故，致使第三者遭受人身伤亡或财产的直接毁损，依法应当由被保险人支付的赔款金额，保险人依照《道路交通事故处理办法》和保险合同的规定给予赔偿。但因事故产生的善后工作，保险人不负责处理。

2003年后，各家保险公司自己制定的保险条款也是在以上条款的基础上修改的。

（2）机动车辆第三者责任商业保险责任免除。2003年前，由中国保监会统一制定的机动车辆保险条款规定了机动车辆第三者责任险的除外责任：

①保险车辆造成下列人身伤亡和财产毁损，不论在法律上是否应当由被保险人承担赔偿责任，保险人也不负责赔偿：被保险人或其允许的驾驶员所有或代管的财产；私有、个人承包车辆的被保险人或其允许的驾驶员及其家庭成员、以及他们所有或代管的财产；本车上的一切人员和财产。

②以下情况，不论任何原因造成保险车辆的损失或第三者的经济赔偿责任，保险人均不负责赔偿：战争、军事冲突、暴乱、扣押、罚没、政府征用。非被保险人或非被保险人允许的驾驶员使用保险车辆。被保险人或被保险人允许的合格驾驶员的故意行为。竞赛、测试、在营业性修理场所修理期间。车辆所载货物掉落、泄漏。机动车辆拖带车辆或其他拖带物，二者当中至少有一个未投保第三者责任险。驾驶员饮酒、吸毒、被药物麻醉。驾驶员有下列情形之一者：没有驾驶证；驾驶与驾驶证准驾车型不相符合的车辆；持军队或武警部队驾驶证驾驶地方车辆和持地方驾驶证驾驶军队或武警部队车辆；持学习驾驶证学习驾车时，无教练员随车指导，或不按指定时间、路线学习驾车；实习期驾驶大客车、电车、起重车和带拖挂车的汽车时，无正式驾驶员并坐监督指导；实习期驾驶执行任务的警车、消防车、工程救险车、救护车和载运危险品的车辆；持学习驾驶证及实习期在高速公路上驾车；驾驶员持审验不合格的驾驶证，或未经公安

交通管理部门同意，持未审验的驾驶证驾车；使用各种专用机械车、特种车的人员无国家有关部门核发的有效操作证；公安交通管理部门规定的其他属于无有效驾驶证的情况。保险车辆肇事逃逸。未按书面约定履行缴纳保险费义务。除本保险合同另有书面约定外，发生保险事故时保险车辆没有公安交通管理部门核发的行驶证和号牌，或未按规定检验或检验不合格者。

③下列损失和费用，保险人不负责赔偿：保险车辆发生意外事故，致使被保险人或第三者停业、停驶、停电、停水、停气、停产、中断通讯以及其他各种间接损失。因保险事故引起的任何有关精神损害赔偿。因污染引起的任何补偿和赔偿。直接或间接由于计算机2000年问题引起的损失。保险车辆全车被盗窃、被抢劫、被抢夺，以及在此期间受到损坏或车上零部件、附属设备丢失，以及第三者人员伤亡或财产损失。

④其他不属于保险责任范围内的损失和费用。

(3)有关概念释义：

①投保人。投保人是指与保险公司订立机动车辆交通事故责任强制保险合同，并按照合同负有支付保险费义务的机动车的所有人、管理人。

②被保险人。被保险人是指投保人及其允许的合法驾驶人。

③被保险人或其允许的驾驶员及他们的家庭成员。他们的区别是根据独立经济的户口而划分的，划分时遵循这样的原则：肇事者本人不能获得赔偿，即保险人付给被害者的赔款，不能最终落到保险人或其允许的驾驶员手中。

④本车上的一切人员和财产。这是指意外事故发生的瞬间，在保险车辆上的一切人员和财产，包括此时在车上的驾驶员。这里包括车辆行驶中或车辆未停稳时非正常下车的人员，以及吊车正在吊装的财产。

⑤被保险人或其允许的驾驶员及他们的家庭成员所有或代管的财产。这是指被保险人或其允许的驾驶员及他们的家庭成员自有的财产，或与他人共有财产的自有部分，或他们替他人保管的财产。对于某些经营规模较大的投保单位，“自有财产”可以掌握在其所属各自独立核算单位的财产范围内。例如，某汽车运输企业下属甲、乙两个汽车运输分公司各自独立核算，由运输企业统一投保第三者责任险后，甲汽车运输分公司车辆损坏甲汽车运输分公司的财产，保险人不予赔偿；甲汽车运输分公司车辆损坏乙汽车运输分公司的财产，保险人可予以赔偿。

⑥私有车辆。私有车辆的所有权属于私人，如个人、联户和私营企业的车辆。

⑦个人承包车辆。个人承包车辆即以个人名义承包单位或他人的车辆。

⑧保险车辆发生意外事故。致使被保险人或第三者停业、停驶、停电、停水、停气、停产、中断通讯的损失以及由此而引起的其他人员、财产或利益的损失均为，其不论在法律上是否应该由被保险人负责，保险人都不负责赔偿。

⑨因污染引起的任何补偿和赔偿。这是指无论是否发生保险事故，保险车辆本身及保险车辆所载货物泄漏造成的对外界任何污染而引起的补偿和赔偿，保险人都不负责赔偿。

(4)与机动车辆第三者责任商业保险的区别：

①赔偿原则不同。根据《道路交通安全法》的规定，对机动车发生交通事故造成人身伤亡、财产损失的，由保险公司在“交强险”责任限额范围内予以赔偿。而“商业三责险”中，保险公司是根据投保人或被保险人在交通事故中应负的责任来确定赔偿责任。

②保障范围不同。除了《条例》规定的个别事项外，“交强险”的赔偿几乎涵盖了所有道路交通责任风险。而“商业三责险”中，保险公司不同程度地规定有免赔额、免赔率或者责任免

除事项。

③具有强制性。根据《条例》规定,机动车的所有人或管理人都应当投保"交强险",同时,保险公司不能拒绝承保、不得拖延承保和不得随意解除合同。

④根据《条例》规定,"交强险"实行全国统一的保险条款和基础费率,中国保监会按照"交强险"业务总体上"不盈利不亏损"的原则审批费率。

⑤"交强险"实行分项责任限额。

3)附加险

机动车辆保险中的附加险,是不能独立存在的一些产品,也就是说,投保人必须购买机动车辆基本保险后,才可以购买附加险。有些附加险必须在购买机动车辆损失险后才能购买,有些附加险必须与第三者责任险同时购买。有些附加险则必须以投保人已经同时购买了机动车辆损失险和第三者责任险为前提条件。一般来说,保险人把基本险中的责任免除重新作为附加承保责任,单独设计成附加险条款,当投保人认为原责任免除对被保险人是重要的风险,就可以通过增加支付保费,使原责任免除成为保险责任之一。

(1)以车辆损失保险为基础的附加险。以车辆损失保险为基础的附加险的种类较多,且各商业保险公司设计的又不完全相同,但一般有:全车盗抢险,自燃损失险,新增加设备损失险,车辆停驶损失险,玻璃单独破损险,火灾、爆炸、自燃损失险,救助特约条款等。

(2)以第三者责任保险为基础的附加险。以第三者责任保险为基础的附加险有车上人员责任险、车上货物责任险、车载货物掉落责任险、无过失责任险等。

(3)特约险。只有在同时投保了机动车辆损失险和第三者责任险的基础上方可投保本附加险,当机动车辆损失险和第三者责任险中任一险别的保险责任终止时,本附加险的保险责任同时终止。特约险的险种较多,一般有:不计免赔特约条款,车身划痕损失险,沿海气象灾害险,地质灾害险,冰雪灾害险,过渡险,可选免赔特约条款,里程变额特约条款,价值损失特约条款,指定部位赔偿特约条款,换件特约条款,救助费用特约条款,代步车特约条款,基本险不计免赔特约条款,法律服务特约条款等。

7.2.2 汽车保险业务流程

1)车辆保险投保流程

机动车辆投保就是投保人购买机动车辆保险产品,办理保险手续,与保险人正式签订机动车辆保险合同的过程。投保人应积极配合保险业务员办理有关手续、履行应尽的义务。车辆保险投保流程主要包括:投保准备、填写投保单、核交保费、领取保险单证并认真审核和妥善保管。下面重点介绍投保准备和投保单的填写:

(1)投保准备。投保准备主要是确定保险方案、准备好保险车辆和相关证件、协助保险业务员验证验车以及如实告知有关情况等。

①确定保险方案。投保人在保险业务员的帮助下,根据自己所面临的风险特征、风险概率和风险程度,结合充分保障、经济实用及自己的经济承受能力等实际情况,选择服务质量好、信用度高的保险人,并与保险人一道制订出适合自己机动车辆保险的最佳方案。

②投保相关证件准备。投保人在投保前应备齐有关证件,以便投保时保险公司业务人员验证时使用。被保险人为"法人或其他组织"的需要提供投保车辆行驶证、被保险人的组织机构代码复印件、投保经办人身份证明原件。被保险人为"自然人"的需要提供投保车辆"机动

车行驶证”、被保险人身份证明复印件、投保人身份证明原件。被保险人与车主不一致时,应提供由车主出具的能够证明被保险人与投保车辆关系的证明或契约。约定驾驶员时,需要提供约定驾驶员的“机动车驾驶证”复印件。投保人为“自然人”且不是由投保人本人办理投保手续,或投保人为“法人或其他组织”时,应由投保人出具“办理投保委托书”并载明“授权委托 × × × 以本投保人名义办理 × × × × × × 车辆的所有投保事宜”;投保人为“法人或其他组织时,须在委托书上加盖单位公章,投保人为“自然人”时,须由投保人签名并提供身份证明原件;办理投保的经办人应同时提供本人身份证明原件。

③投保车辆准备。首先要注意车辆的投保条件是:有公安交通管理部门核发的车辆号牌和填发的机动车辆行驶证;对于新车投保,在车辆上牌照的同时办理保险业务;对于购买的新车要开往异地,投单程提车保险的,需有公安交通管理部门核发的临时车辆号牌;有车辆检验合格证,新车需有出厂前的检验合格证,旧车行驶证上需有年检合格章;投保车辆必须达到GB 7258—2004《机动车运行安全技术条件》的要求;否则,即视为质量不合格或报废车辆,也就无投保资格。其次按规定准备好车辆,即有问题及时修复;按时维护车辆,使其处于良好的技术状态;彻底清洗、清洁车辆,以备保险公司业务人员验车。

(2)正确填写投保单。投保单也称要保单,是投保人为订立保险合同向保险人进行邀约的书面证明,也是投保人要求投保的书面凭证,是确定保险合同内容的依据。保险人一旦接受了投保单,投保单就成为保险合同的要件之一。在投保单中,一般列明订立保险合同所必需的项目,投保人要如实填写,保险人据此决定是否承保或以什么条件承保。在保险合同履行时,投保人在投保单上填写的内容是投保人是否履行如实告知义务、保证义务、遵守最大诚信原则的重要凭证。如果投保单上填写的内容不实或存在故意隐瞒、欺诈,将影响保险合同的效力。投保人填写投保单后,须经保险人签章同意承保,保险合同才告成立。

①投保单的填写方式。投保单可采用手工填写,也可以利用保险公司提供的网上投保系统、触摸屏等工具录入,打印后由投保人签字。投保单填写时还可以由投保人口述,保险公司业务人员或代理人员录入业务处理系统,打印后由投保人签字。由于投保单是保险合同的一部分,因此,投保单的填写必须字迹清楚,如有更改,投保人应在更正处签章。投保单一般为一车一单,当为多车业务时,投保单可以使用附表形式,其中,投保人情况、被保险人情况、投保车辆情况及投保主险条款名称等共性的内容在投保单主页上填写,个性的内容填写在“机动车辆保险投保单附表”中,但填写规范与一车一单相同。

②投保单的填写内容及要求。由于投保单信息量大、内容较多,投保人一般需要在保险业务人员的指导和协助下逐项规范地填写。投保单的主要填写内容和要求是:

投保人情况:投保人名称/姓名一律填写全称,投保人为“法人或其他组织”时,名称与公章名称一致;投保人为“自然人”时,姓名与投保人有效身份证明一致;且必须完整、准确,以便保险人核实其资格,避免出现保险纠纷。

被保险人情况:“法人或其他组织”和“自然人”选项,只可选择一项。被保险人是单位时选择“法人或其他组织”,在“名称”后填写全称且与公章名称一致;被保险人是个人时选择“自然人”,在“姓名”后填写全称且与被保险人有效身份证明一致;同时也要求必须完整、准确。

投保车辆情况:投保车辆情况要填写的内容有车主,号牌号码、颜色,厂牌型号,发动机号,VIN码(车辆识别代码),车架号,核定载客、核定准载质量,已使用年限,已行驶里程,车辆使用性质等。这些内容均按“机动车行驶证”上载明的内容和根据实际情况如实填写。

投保主险条款名称:投保主险条款名称是由投保人根据投保险种填写所适用的主险条款名称。

保险期限:填写保险责任的有效期限,即保险合同的起止时间。通常情况下,保险期限为1年,但也可经保险人同意后投保短期保险;具体由保险双方协商确定保险合同起止时间,一般自约定起保日零时开始,至保险期满日24时止;投保当日不得作为起保日,起保日最早应为投保次日。

投保险种:填写投保人选择确定的保险险种。

特别约定:对于保险合同中的未尽事宜,经投保人和保险人协商一致后,可以在“特别约定”栏中注明。约定的事项应清楚、明确、简练,并写明违约责任。但特别约定的内容不得与法律相抵触,否则无效。

保险合同争议解决方式:有投保人和保险人在“诉讼”和“仲裁”两种方式中协商约定一种方式。如果选择“提交 × × × × × 仲裁委员会仲裁”,必须在投保单上约定仲裁委员会的名称。

投保人签名/签章:投保人对投保单各项内容核对无误并对所投保险种的保险条款(包括责任免除、投保人义务、被保险人义务等)明白理解后须在“投保人签名/签章”处签名或签章。投保人为“法人或其他组织”时须加盖公章,其签章必须与投保人名称一致;投保人为“自然人”时,须由投保人亲笔签字。投保人委托他人代为办理投保手续时,代办人应出具办理投保委托书,在“投保人签名/签章” 处填写“代办人的姓名 + 代办”,其代办人的姓名要与授权委托书上载明的被授权人姓名一致。

2)车辆保险承保流程

投保人提出投保要求并填写投保单后,保险公司业务人员先进行验车、验证、复核后再提请专职的核保人员进行核保,经核保同意承保以后,保险公司缮制并签发保险单、证。若核保后发现部分项目需要调整的,核保人员通知业务人员与投保人协商,投保人同意按核保人提出的承保条件投保的,由投保人重新填写投保单重新进行核保。下面重点介绍验车、验证和核保。

(1)检验投保车辆和有关证件。投保人填写机动车辆保险投保单后,保险公司业务人员要检验投保人的投保车辆和有关证件(通常称为“验车、验证”),确定投保单内容和保险标的的真实可靠性。

①验车。主要检验车辆号牌号码、发动机及车架号码、VIN 码等是否与“机动车行驶证”上注明的及投保单上填写的一致;车辆技术状况是否符合 GB7258—2004《机动车运行安全技术条件》的要求;是否配备消防设备;车辆内外有无破损(尤其是碰撞后未完全修复及挡风玻璃等处);附加投保全车盗抢险的还应检验是否加装防盗设备,并核对车辆夜间停放地点;在投保单上填写了安全装置的车辆,要检验是否属实。重点检查的车辆为:首次投保的车辆;未按期投保的车辆;临时增加保险的车辆;使用年限较久且接近报废的车辆,尤其是原装进口的车辆;特种车辆;曾发生过重大事故的车辆。

②验证。主要检验“机动车行驶证”、有效移动证(临时号牌)是否真实、有效,是否经公安交通车辆管理部门审验合格;核实投保车辆的合法性,各种证件是否与投保标和投保单的内容相符,投保人对投保车辆是否具有保险利益,并确定车辆使用性质和初次登记日期、已使用年

限;约定驾驶人员的,还应检验驾驶人员的“机动车驾驶证”,并对照投保单核实驾驶人员信息。

③注意事项。验车、验证后,负责验车、验证的人员要在投保单“验车、验证情况”栏内签字确认。对电话投保、网上投保等特殊业务,在未完成验车、验证的情况下,可根据投保人提交的信息,先行出具保险单,但必须在保险单送达投保人前,完成验车、验证工作。验车、验证结果与投报人提交信息不符时,应按照检验结果出具保险单或拒绝承保。

(2)核保。保险业务人员拿回投保单之后,交核保人进行审核。收到投保单应根据公司开办机动车辆保险的有关规定,结合投保车辆的相关证明,对保险业务进行详细而认真的审核。核保是保险经营过程中十分重要的环节,保险公司除了要大量承揽保险业务以外,还要保证保险业务的质量,否则就会增大公司的风险,使公司的赔付率上升,不仅影响公司的正常经营,严重的还会影响公司的偿付能力,对经营者和被保险人甚至社会带来危害。因此,建立核保制度对于保证承保业务的质量,控制保险公司经营风险,确保保险业务的健康发展起着举足轻重的作用。因而,各保险公司都十分重视核保工作。核保工作原则上采取两级核保制。先由业务人员、保险经纪人、代理人进行初步审核,然后再由专职的核保人员复核。核保主要包括审核保险单内容、保险险种、查验车辆、核定保险费率、计算保险费等。

7.3 汽车理赔

7.3.1 理赔的特点、作用和基本原则

机动车辆保险理赔工作是保险政策和作用的重要体现,是保险人执行保险合同、履行保险义务、承担保险责任的具体体现。保险的优越性及保险给予被保险人的经济补偿作用在很大程度上都是通过理赔工作来实现的。理赔工作一般是由被保险人提供各种必要的单证,再由保险公司负责理赔的工作人员经过计算、复核等具体程序,最后是被保险人获得赔偿。

1)理赔的特点

机动车辆保险与其他保险不同,其理赔工作也具有显著的特点。理赔工作人员必须对这些特点有一个清醒的认识,了解和掌握这些特点是做好机动车辆理赔工作的前提和关键。

(1)被保险人的公众性。我国的机动车辆保险的被保险人曾经是以单位为主,但是,随着个人拥有车辆数量的增多,被保险人中单一车主的比例将逐步增加。这些被保险人的特点是他们购买保险具有较大的被动色彩,加上文化、知识和修养的局限,他们对保险、交通事故处理、车辆修理等知之甚少。另一方面,由于利益的驱动,检验和理算人员在理赔过程中与其交流存在较大的障碍。

(2)损失率高但损失幅度较小。机动车辆保险的另一个特征是保险事故损失金额一般不大、事故发生的频率高,保险公司在经营过程中需要投入的精力和费用较大。有的保险事故金额不大,但仍然涉及对被保险人的服务质量问题,保险公司同样应予以足够的重视。另一方面,从个案的角度看赔偿金额不大,但积少成多也将对保险公司的经营产生重要的影响。

(3)标的流动性大。由于机动车辆的功能特点,决定了其具有相当大的流动性。车辆发生事故的地点和时间不确定,要求保险公司必须拥有一个运作良好的服务体系来支持理赔服

务,主体是一个全天候的报案受理机制和庞大而高效的检验网络。

(4)受制于修理厂的程度大。在机动车辆保险的中扮演重要角色的是汽车修理厂,汽车修理厂的修理价格、修理工期和修理质量及服务态度等直接影响机动车辆保险的服务。因为,大多数被保险人在发生交通事故后,均认为由于有了保险,保险公司就必须负责将车辆修复完好,所以,在车辆送到汽车修理厂后很少过问。一旦车辆修理质量或工期,甚至价格等出现问题均将保险公司和修理厂一并指责。而事实上,保险公司在保险合同项下承担的仅仅是经济补偿义务,对于事故车辆的修理以及相关的事宜并没有负责义务。

(5)道德风险普遍。在财产保险业务中,机动车辆保险是道德风险的"重灾区"。机动车辆保险具有标的流动性强,户籍管理中存在缺陷,保险信息不对称等特点,以及机动车辆保险条款不完善,相关的法律环境不健全及机动车辆保险经营中的特点和管理中存在的一些问题和漏洞,给了不法之徒可乘之机,机动车辆保险欺诈案时有发生。

2)理赔工作的作用

理赔工作是加强车险防灾减损的重要内容和依据。机动车辆理赔工作的主要作用为:

(1)经济补偿。在保险标的遭受保险责任范围内的自然灾害和意外事故损失后及时给予被保险人经济补偿。

(2)加强防灾、减少损失。在理赔处理过程中和理赔以后能起到加强防灾、减少损失的作用,在事故发生后,保险标的及第三者往往还有加重损失的可能性,需要采取必要的抢救和保护措施,尽量挽回可以避免的损失。

(3)吸取经验教训、掌握事故规律。理赔工作同时也是综合反映业务经营的一个重要环节。通过赔案的处理,可以从中吸取经验教训,掌握机动车辆发生事故的规律。如对机动车辆按使用性质、车型、车类以及车辆所有权(公有或私有)等进行事故赔案分类,或按事故性质进行分类,通过分类统计,找出机动车辆保险的发展方向。此外,还可以通过赔案分类统计、典型案例,配合公安交通管理部门进行机动车辆安全行车教育,提醒广大驾驶员加强行车安全意识。

理赔工作是检验业务质量、促进业务开展的重要环节。通过理赔既可以检查机动车辆承保质量,还可以扩大宣传、提高保险公司信誉,促进机动车辆保险业务的拓展。

3)理赔工作的基本原则

机动车辆理赔工作涉及面广,情况比较复杂。在赔偿处理过程中,特别是在对机动车辆事故查勘工作过程中,必须提出应有的要求和坚持一定的原则:

(1)重合同、守信用、依法办事。保险人是否履行合同,就看其是否严格履行经济补偿义务。因此,保险人在处理赔案时,必须加强法制观念,严格按条款办事,该赔的一定要赔,而且要按照赔偿标准及规定赔足;不属于保险责任范围内的损失,不滥赔,同时还要向被保险人讲明道理,拒赔部分要讲事实、重证据。要依法办事,坚持重合同、诚实信用,只有这样才能树立保险的信誉,扩大保险的积极影响。

(2)树立为保户服务的指导思想,坚持实事求是原则。在整个理赔过程中,体现了保险的经济补偿作用。当发生机动车辆保险事故后,保险人要急被保险人所急,千方百计避免扩大损失,尽量减轻因灾害事故造成的影响,及时安排事故车辆修复,并保证基本恢复车辆的原有技术性能,是使其尽快投入生产运营。及时处理赔案,支付赔款,以保证运输生产单位生产、经营的持续进行和人民生活的安定。在现场查勘、事故车辆修复定损以及赔案处理方面,要坚持实事求是的原则,在尊重客观事实的基础上,具体问题具体分析,既严格按条款办事,又结合实际情况进行灵活处理,使各方都比较满意。

(3)坚决贯彻“八字”理赔原则。“主动、迅速、准确、合理”是保险理赔人员在长期工作实践中总结出的经验,是保险理赔工作优质服务的基本要求。主动就是要求保险理赔人员对出险的案件,要积极、主动地进行调查、了解和勘察现场,掌握出险情况,进行事故分析确定保险责任。迅速就是要求保险理赔人员查勘、定损处理迅速、不拖沓、抓紧赔案处理、对赔案要审核得准,赔款计算案卷缮制快,复核、审批快,使被保险人及时得到赔款。准确就是要求从查勘、定损以至赔款计算,都要做到准确无误,不错赔、不滥赔、不惜赔。合理就是要求在理赔工作过程中,要本着实事求是的精神,坚持按条款办事。在许多情况下,要结合具体案情准确定性,尤其是在对事故车辆进行定损的过程中,要合理确定事故车辆维修方案。

理赔工作的“八字”原则是辩证的统一体,不可偏颇。如果片面追求速度、不深入调查了解,不对具体情况作具体分析,盲目结论,或者计算不准确、草率处理,则可能会发生错案,甚至引起法律诉讼等纠纷。当然,如果只追求准确、合理,忽视进度,不讲工作效率,赔案久拖不决,则可能造成极坏的社会影响,损害保险公司的形象。总的要求是从实际出发,为保户着想,既讲速度,又要讲质量。

(4)注重《交通事故责任认定书》的证据作用。《交通事故责任认定书》对事故当事人和保险当事人在利益调整上起着举足轻重的作用,在保险理赔中是必不可少的证据材料。根据国务院颁布的《道路交通事故处理办法》和公安部制定的《道路交通事故处理程序规定》中的有关规定,《交通事故责任认定书》在民事诉讼案中不属司法审查范围。因其特殊的地位,保险人形成了一种思维定势,在理赔工作中把它当作具有无可辩驳证明力的证据来对待,采用了“拿来主义”,给保险企业留下了巨大的证据风险和经营风险。因此,对《交通事故责任认定书》不宜采用“拿来主义”,应对其进行证据审查后方可作为证据予以采信,以防范风险。

7.3.2 理赔工作人员应具备的条件

保险公司一般都有专职的理赔人员,经营规模较大的公司都设有理赔部门专门处理赔案工作。机动车辆理赔工作是一项技术性、业务性都很强的工作,因此,要求从事机动车辆理赔的工作人员必须具备以下条件:

1)廉洁奉公、秉公办事、认真负责

在理赔工作中,理赔人员接触对象广泛,要同保户、汽车修理厂直接打交道。在与不同对象的接触中,有的人为达到其目的,会以请客送礼、行贿等手段拉拢腐蚀理赔人员。也有个别保户,更多的是第三者受害方无理要求、态度蛮横。这就对理赔工作人员提出了很高的要求:

(1)热爱机动车辆理赔工作,且有从事机动车辆技术工作的实践经验,有一定的工作能力。

(2)热爱保险事业,关心和维护保险公司的声誉,为人正派、实事求是、坚持真理。

(3)自觉服从领导,遵纪守法,团结同志,要有任劳任怨的奉献精神,严格按照理赔人员工作守则行事。

2)精熟条款、实事求是处理赔案

赔案的根据是保险合同条款,理赔人员必须认真领会和掌握保险条款。

在现场查勘时,对事故现场情况进行客观地、实事求是地研究分析,在搞清事故出险原因,确定是否属于保险责任后,应合理地确定损失程度,详细鉴定修理范围,制订合适的维修方案。特别是涉及第三者的损失,要本着实事求是的精神慎重处理。

3)熟悉掌握有关汽车专业知识

机动车辆种类繁多,车型复杂,特别是进口车型,要达到定责定损合理、准确,则要求理赔人员熟练掌握事故现场查勘要领,掌握和了解我国的道路交通法则及道路交通事故处理办法,熟悉机动车辆构造及其工作原理,了解事故车辆修理工艺及维修工时定额和单价等,准确核定修理方式、工艺及准确掌握汽车配件价格,了解汽车配件市场动态。

另外,道路交通事故往往涉及第三者的人身伤亡、财产损失以及车上货物损失和人员伤亡。因此要求理赔人员还要了解和掌握很多相关的知识,以及赔偿标准。

一般来讲,理赔工作质量高低,能否把好理赔出口关,往往取决于理赔人员对所涉及的专业知识熟悉和掌握的程度,如果不懂有关专业知识,定责定损时就会无说服力,人云亦云,不可避免要出现漏洞,影响保险公司的声誉及经济效益。

7.3.3 理赔工作流程

1)受理报案

报案是指被保险人在发生事故之后以各种方式通知保险人,要求保险人进行事故处理的意思表示,被保险人一般应在保险事故发生后48小时内通知保险人。一旦被保险人向保险人报案,接受报案人员应做好信息询问登记和安排调度工作。信息询问登记主要询问客户保单信息,保单号码、被保险人名称或姓名、车辆牌照号码、车型、出险时间和地点、出险原因、事故原因、事故经过和受损情况、已处理程度、驾驶员姓名、报案人姓名及联系方式,是否涉及第三方车辆和已报警,是否有人员受伤和财产损失大致情况等,并查询承保、理赔信息和做好详细记录。安排调度则是根据报案情况安排有关人员赶赴现场进行现场查勘和调度车辆予以现场施救等。

2)现场查勘

现场查勘可以有保险公司自己完成也可以请公估公司代为完成,但进行现场查勘的人员必须是专业查勘人员。现场查勘就是运用科学的方法和现代技术手段,对事故现场进行实地、仔细、深入地调查,将所得的结果完整而准确地记录下来的工作过程。它是理赔工作的重要环节,是保险案件赔付的基础。通过现场查勘采集与事故有关的物证,既为保险责任认定准备证据,也可为查明出险原因掌握第一手资料,取得处理赔案的依据。

现场查勘是查明交通事故真相的根本措施,是分析事故原因和认定事故责任的基本依据,也为事故损害赔偿提供依据。所以现场查勘应该公正、客观、严密地进行。现场查勘工作一般由两名查勘定损人员共同进行,并视情况通知有关部门参与。在现场查勘工作中,要求查勘定损人员坚持实事求是、秉公办事的原则,严格按操作流程进行,遵守保险条款,确认保险责任范围,熟练掌握现场查勘方法,妥善解决和处理现场查勘过程中的实际问题。因此,现场查勘对查勘人员的技能要求非常高,同时也要求查勘人员具备高尚的职业道德。

查勘人员到达事故现场后及时向公司报案中心报告,如果事故尚未控制或人员及车辆尚处在危险中,应立即协助被保险人和有关部门采取有效的施救和保护措施,避免损失扩大。现场查勘完毕,无论是否承担保险责任事故,查勘人员都应该尽量协助相关人员进行现场救助、车辆修复、人员救治等事故善后工作。

3）**确定保险责任**

事故责任并不等同于保险责任，事故责任往往由交警部门作出判断，而保险责任则是在查勘定损人员根据交警部门出具的《交通事故责任认定书》、“机动车辆保险事故现场查勘记录”和有关证明材料，依照保险条款的有关规定，全面分析主、客观原因，以确定交通事故是否属于保险责任范围。对于经过现场查勘，认定不属于保险责任范围的案件，按不予立案或拒绝作为赔偿案件处理，并在“出险报告表”和“机动车辆保险报案、立案登记表”上签注“因 × × 拒赔”，同时向被保险人送达“机动车辆保险拒赔通知书”并做必要的解释。

4）**立案**

立案是指经初步查验和分析判断，对于属于保险责任范围内的事故进行登记予以受理的过程。对经过现场查勘，认定在保险有效期内，且属于保险责任范围的案件，应进行立案登记，或正式确立案件、统一编号并对其进行程序化的管理。立案登记项目依据“出险报告表”和“机动车辆保险事故现场查勘记录”中的有关内容认真、准确、翔实地填写。

5）**定损核损**

保险事故的定损核损是保险理赔工作的重要环节，是赔款理算的前提和基础。它是对保险事故所造成的损失情况进行现场和专业的吊车和查勘，对损失的项目和程度进行客观的专业描述，对损失价值进行确定的过程。基于定损核损工作技术性、政策性、操作性要求均比较高的特点，在实际工作中，结合保险案例的具体情况，可以采用协商定损、公估定损、聘请专家定损的定损核损模式。

(1)协商定损。协商定损是指由保险人、被保险人以及第三方协商确定保险事故造成的损失费用的过程。

(2)公估定损。公估定损是指由专业的公估机构负责对保险事故造成的损失费用进行确定的过程，保险公司根据公估机构的检验报告进行赔款理算，这种引入由没有利益关系的第三方负责定损核损工作的模式，能更好地体现保险合同公平的特点，避免了合同双方的争议和纠纷。

(3)聘请专家定损。聘请专家定损是指对于个别技术性、专业性要求极高的案件，聘请专家进行定损，以保证全面、客观、准确地确定保险事故造成的损失费用，维护合同双方的合法利益。

6）**赔款理算**

赔款理算是保险公司按照法律和保险合同的有关规定，根据保险事故的实际情况，核定和计算应向被保险人赔付金额的过程。在以往的赔款理算过程中，总是先划分事故责任，再根据双方责任大小，确定赔偿金额。保险公司的理赔人员应本着认真、负责的态度做好赔款理算工作，确保切实维护被保险人的合法利益，同时也要维护保险公司的利益。理算应遵循实事求是、公平、合法的基本原则。赔款理算的具体工作可分为单、证审核，赔款计算，缮制赔款计算书三个步骤。

7）**核赔**

核赔是指在授权范围内独立负责理赔工作质量的人员，按照保险条款和保险公司有关规章制度对赔案进行审核的过程。核赔的核心是体现权限管理和过程控制。核赔工作采取分级管理，核赔人员在本级核赔权限内开展工作，属于上级公司核赔范围的，核赔人员提出核赔意见后，报上级公司审核。核赔工作的主要内容如下：

(1)审核单、证。审核主要是审核确认被保险人按规定提供的单、证、证明及材料是否齐全有效,有无涂改、伪造,是否严格按照单、证填写规范认真、准确、全面地填写;审核经办人员是否规范填写与赔案有关的单、证,审核签章是否齐全。

(2)核定保险责任。核定保险责任主要核定被保险人是否与索赔人是否相符,驾驶员是否为保险合同约定的驾驶员;核定出险车辆的厂牌型号、牌照号码、发动机号码、车架号与保险单、证是否相符;核定出险原因是否属于保险责任范围;核定出险时间是否在保险期限内;核定事故责任划分是否准确合理等。

(3)核定车辆损失及赔款。核定车辆损失及赔款主要核定车辆定损项目、损失程度是否准确、合理;核定更换零部件是否按规定进行了询报价,定损项目与报价项目是否一致;核定换件部分拟赔款金额是否与报价金额相符;核定残值确定是否合理等方面。

(4)核定人员伤亡费用及赔款。核定人员伤亡费用及赔款主要核定伤亡人员数、伤残程度是否与调查情况和证明相符;核定人员伤亡费用是否合理;核定被抚养人口、年龄是否真实,生活费用计算是否准确、合理等。

(5)核定其他财产损失及赔款。根据照片和被保险人提供的有关货物、财产的原始发票等有关单、证,核定其他财产损失和赔款计算是否准确、合理。

(6)核定施救费用。根据案情和施救费用的有关规定,核定施救费用单、证是否有效,金额确定是否合理。

(7)审核赔款计算。审核是否扣除;审核免赔率使用是否正确;审核赔款计算是否正确。

8)结案处理

赔案按照分级权限审批后,业务人员根据赔案审批表中的审批金额签发“机动车辆保险领取赔款通知书”,通知被保险人领取赔款,同时通知财务部门支付赔款。在被保险人领取赔款的同时,业务人员在保险单正、副本上加盖“×年×月×日出险,赔款已付”的签章。被保险人领取赔款后,业务人员按赔案编号填写机动车辆保险已决赔案登记簿,并清分单、证和做好理赔案卷归档管理等工作。

9)支付赔款

支付赔款的方式一般有两种:

(1)被保险人提供费用单据,保险公司直接支付给被保险人。

(2)支付给承担事故车辆维修的合作汽车修理厂或承担人员救治的协议医院等合作机构。

7.3.4　确定保险事故损失

1)车辆损失的确定

确定车辆损失应遵循会同验损的原则,即确定车辆损失时应被保险人和修理厂有关人员在车辆所在地对事故车辆进行车辆损失的确定。对于涉及第三者责任的,必要时还应有第三方或者其保险人参与损失确定工作。

(1)车辆定损的基本步骤。确定车辆损失应坚持修复原则,即在事故车辆的定损过程中在保证被保险人的权益不受侵害、不影响车辆使用性能的前提下,坚持能修不换的保险补偿原则。车辆定损工作是一项技术性、操作性十分强的工作,既要求定损核损人员掌握必要的汽车结构、故障诊断检测和维修等方面的知识,具有丰富的实践操作经验,能准确认定车辆、总成和零部件的损伤范围、损伤程度,准确制定修复原则,还要求定损核损人员能够掌握最新的车辆零配件价格信息,准确确定车辆损失金额。在确定车辆损失之前,对于损失情况严重和复杂的,在可能的条件下,应对受损车辆进行解体,以保证定损核损工作能够客观、全面地反映事故车辆的损失情况。车辆定损的步骤如下:

①结合出险车辆现场查勘记录,详细核定事故造成的车辆损失部位、损失项目和损失程度,对投保新车出厂时车辆标准配置以外的新增设备要进行区别,并分别确定损失项目和损失程度。

②选择合适的汽车维修厂。首先通过一定的程序对汽车修理厂进行全面的评估,选择一些具有一定设备条件、技术力量和管理水平的汽车维修企业作为维修保险事故车辆推荐企业。其次是与这些汽车维修企业建立松散的合作关系,要求其对保险事故车辆予以一定的价格优惠、保证工期和质量,并对承修的车辆实行保修制度。再次是建立这些汽车维修企业的质量和信誉档案,对其修理事故车辆的修理情况予以跟踪和记录,定期对这些汽车修理厂进行评价,并将其作为今后是否继续推荐的依据。

③本着实事求是、合情合理的原则与被保险人、可能涉及的第三方和维修人员协商确定事故车辆维修方案,包括换件项目和修复项目,并逐项列明维修所需的工时定额、工时单价、需要更换的零部件。对于必须更换的零部件进行询价、报价。事故车辆的损失修复费用主要包括修理材料费用、维修工时费用和其他费用三部分。其中,维修工时费 = 定额工时 × 工时单价;材料费 = 外购配件费(配件、漆料、油料等) + 自制配件费 + 辅助材料费;其他费用 = 外加工费 + 材料管理费。

④对各维修项目的修复费用进行累加即为车辆损失,协商一致后与各方签订"机动车辆保险车辆损失情况确认书"。

⑤对修理质量进行认定。在事故车辆的修复工作中出现争议较多的一类问题是因修理质量产生的。解决这类问题的方法是规范和完善对修理合同的管理。在大多数情况下,车主在委托修理厂进行车辆的修理过程中往往不习惯与修理厂签订修理合同。这是导致一旦出现质量问题妥善解决的主要原因。所以,在保险事故车辆委托修理的过程中,要求被保险人按《汽车维修合同实施细则》中的有关规定,与汽车修理厂签订车辆维修合同,对事故车辆的修理价格、工期和质量等作出明确的规定,以免日后发生争议。

受损车辆原则上采取一次定损,由被保险人自行选择修理厂修理,或按保险公司要求推荐、招标修理厂修理,如果事后发现需追加维修项目和维修费用时,必须经定损核损人员核实,方可追加。

(2)车辆定损时应注意的问题:

①区分本次事故和非本次事故造成的损失、事故损失和正常维修的界限。尤其是检验地点不是第一现场的情况下更应注意区分。对确定为本次事故损失的部分应坚持尽量修复的原则。若车主提出扩大修理或因修理而要求更换部件时,其超过部分的费用应由被保险人自行承担,并在机动车辆保险定损确认书中明确注明。

②尽可能一次完成确定损失的工作,避免二次定损。但是,对于损失情况严重而且复杂的,可能在受损车辆解体后发现尚有属于本次事故造成的损失,应要求修理厂及时通知检验人员二次检验,核实后,再追加修理项目和费用,并必须签订机动车辆保险定损确认书。

③受损车辆在检验人员检验之前,已经由被保险人送修的,根据保险条款有关规定,保险

人有权重新核定修理费用或赔偿。在重新核定损失时,应对照查勘记录,逐项核对修理项目和费用,剔除其扩大修理和其他不合理的项目和费用。

④注意对更换零配件工作的控制和管理。

⑤经保险公司事先书面同意,对保险车辆损失原因进行鉴定和损失评估的费用可以负责赔偿,对于不合理的鉴定和评估,应当要求被保险人拒绝,而其相应的费用也不属于保险责任的范围。

⑥检验定损人员应随时掌握最新的零配件价格,了解机动车辆修理工艺和技术,以避免因不掌握最新的零配件价格和不了解机动车辆修理工艺和技术而一味压低理赔价格,造成修理厂无法按常规修复的错误或被骗保。

⑦保险车辆为进口车或特种车,发生保险责任范围内的事故后,当地确实不具备修理能力,经保险公司同意去外地修理的移送费,可以赔偿。但护送车辆者的工资和差旅费不予负责。

2)人员伤亡费用的确定

保险事故常常会造成人员伤亡,可能导致第三者责任险及其相关附加险的赔偿。所谓人员伤亡费用是指由于保险事故致使自然人的生命、健康、身体遭受侵害,造成致伤、致残、致死的后果以及其他损害,从而引发的各种费用支出。

(1)人员伤亡费用的赔偿范围。根据《最高人民法院关于审理人身损害赔偿案件若干问题的解释》的有关规定,人员伤亡费用可以赔偿的范围包括:

①医疗费。受伤人员在治疗期间发生的由本次事故造成的损伤的治疗费用。

②误工费。事故伤者、残者或死者生前抢救治疗期间及其家属参加事故处理、办理丧葬事宜期间由于误工减少的收入。

③护理费。伤者、残者或死者生前抢救治疗期间,因伤势严重,生活无法自理,经医院证明,所需专门护理人员的人工费用。

④住院伙食补助费。伤者在住院期间的伙食补助费用。

⑤营养费。伤者在治疗期间必要的营养费用。

⑥残疾赔偿金和残疾辅助器具费。残疾赔偿金是对在事故中造成残疾的人员的赔偿费用。残疾辅助器具费是因残疾需要配制补偿功能器具的费用。

⑦丧葬费和死亡补偿费。丧葬费是事故中死亡人员的有关丧葬费用。死亡补偿费是事故中死亡人员的一次性补偿。

⑧被扶养人生活费。死者生前或者残者丧失劳动能力前实际抚养的没有其他生活来源的人的生活费用。

⑨交通费。指交通事故中的受害人及其家属在治疗、处理事故、办理丧葬事宜期间发生的合理的交通费用。

⑩住宿费。指交通事故中的受害人及其家属在治疗、处理事故、办理丧葬事宜期间发生的合理的住宿费用。

(2)人员伤亡费用的赔偿标准。根据《最高人民法院关于审理人身损害赔偿案件若干问题的解释》和机动车辆保险条款的有关规定,上述赔偿项目的具体赔偿标准为:

①医疗费。根据结案前实际发生的治疗费用,凭医疗机构出具的医药费、住院费等收款凭证,结合病历和诊断证明等有关证据,按照公费医疗的标准确定。根据医疗证明或者鉴定结论

确实需继续治疗的,可以予以赔偿。

②误工费。根据误工者的误工时间和收入状况确定。误工时间根据有关部门出具的证明确定;受害人因伤致残持续误工的,误工时间可以计算至定残日的前一天。误工者有固定收入的,误工费按照实际减少的收入计算;误工者无固定收入的,按照其最近三年的平均收入计算;误工者不能举证证明最近三年的平均收入状况的,可以参照事故发生地相同或相近行业上一年度职工的平均工资计算。但是,误工费计算的前提必须是由于误工导致了收入的减少,如果虽有误工但实际收入并没有减少,不计误工费。

③护理费。根据护理人员的收入状况和护理人数、护理期限确定。护理人员有收入的,参照误工费的规定计算;护理人员有收入或者雇佣护工的,参照当地护工从事同等级别护理的劳动报酬标准计算。护理人员原则上为1人,但医疗机构或者鉴定机构有明确意见的,可以参照确定护理人员数(一般最多为2人)。护理期限应计算至受害人恢复生活自理能力时止。受害人因残疾不能恢复生活自理能力的,可以根据其年龄、健康状况等因素确定合理的护理期限。但最长不超过20年。受害人定残后的护理,应当根据其护理依赖程度并配制残疾辅助器具的情况确定护理级别。

④住院伙食补助费。参照当地国家机关一般工作人员的出差伙食补助标准予以确定。

⑤营养费。根据受害人伤残情况参照医疗机构的意见确定。

⑥残疾赔偿金和残疾辅助器具费。残疾赔偿金根据受害人丧失劳动能力程度或者伤残等级,按照事故发生地上一年度城镇居民人均可支配收入或者农村居民人均纯收入标准,自定残之日起按20年计算。但60周岁以上的,年龄每增加1岁减少1年;75岁以上者,按5年计算。受害人因伤致残但实际收入没有减少,或者伤残等级较轻但造成职业妨害严重影响其劳动就业的,可以对伤残赔偿金做相应的调整。残疾辅助器具费按照国家普通器具的合理费用标准计算;辅助器具的使用更换周期和赔偿期限参照配制机构的意见确定。

⑦丧葬费和死亡补偿费。丧葬费按照事故发生地上一年度职工月平均工资标准,以6个月总额计算。死亡补偿费按照事故发生地上一年度城镇居民人均可支配收入或者农村居民人均纯收入标准,自定残之日起按20年计算。但60周岁以上的,年龄每增加1岁减少1年;75岁以上者,按5年计算。即死亡补偿费=事故发生地上一年度城镇居民人均可支配收入(农村居民人均纯收入)×赔偿年限×事故责任比例×(1-免赔率)

⑧被扶养人生活费。根据扶养人丧失劳动能力程度(一般要求5级以上),按照事故发生地上一年度城镇居民人均消费性支出或者农村居民人均年生活消费支出标准计算。被扶养人为未成年人的计算至18周岁;被扶养人无劳动能力又无其他生活来源的。计算20年。但60周岁以上的,年龄每增加1岁减少1年;75岁以上者,按5年计算。被扶养人还有其他扶养人的,赔偿义务人只赔偿受害人依法应当负担的部分。被扶养人有数人的,年赔偿总额累计不超过上一年度城镇居民人均消费性支出或者农村居民人均年生活消费支出额。

⑨交通费。根据受害人及其必要的陪护人员因就医或者转院治疗实际发生的费用计算。交通费应当以正式票据为凭;有关凭据应当与就医地点、时间、人数、次数相符合,按事故发生地国家机关一般工作人员出差的交通费标准计算,超过部分由被保险人自负。

⑩住宿费。按事故发生地国家机关一般工作人员出差的住宿费标准计算。以正式发票据为凭。受害人确有必要到外地治疗,因客观原因不能住院,受害人及其陪护人员实际发生的住宿费和伙食费,其合理部分应予以赔偿。

此外,赔偿权利人举证证明其住所地或者经常居住地城镇居民人均可支配收入或者农村居民人均纯收入高于事故发生地标准的,残疾赔偿金或者死亡赔偿金可以按其住所地或者经常居住地的相关标准计算。被扶养人生活费的相关计算标准,也可以依照此原则确定。

(3)确定人员伤亡费用时应注意的几个问题

①严格控制医疗费,全程介入伤者的治疗过程,全面了解伤者受伤和治疗的情况、各类检查和用药情况,确需要护理的,护理人员不超过2人。对于一些疑难的案件,可以委托专业医疗人员协助。

②伤者需要转医赴外地治疗时,须由所在医院出具证明并经事故处理部门同意。伤残鉴定费需经过保险人同意,方可赔偿。

③定损核损人员应及时审核被保险人提供的有关单、证,对其中不属于赔偿范围的项目,如精神损失补偿费、困难补助费、招待费、请客送礼费等应予以剔除。同时,定损人员对伤亡人员的有关情况进行调查,重点调查被扶养人的情况和收入水平、医疗费、伤残鉴定证明等证明文件的真实性、合法性、合理性,对不真实、不合理的费用应予以剔除,不予赔偿。

3)施救费用的确定

(1)确定施救费用应遵循的原则。施救费用是在发生保险事故之后,被保险人为了减少事故损失而支出的必要的、合理的额外费用。所以,施救费用的作用是用一个相对较小的费用支出,减少更大的损失,检验人员在确定施救费用时应遵循以下原则:

①施救费用应是保险标的已经受到损失,为了减少损失或者防止损失的继续扩大而产生的费用。在机动车辆保险中施救费用主要是指倾覆车辆的起吊费用、抢救车上货物的费用、对于事故现场的看守费用、临时整理和清理费用以及必要的转运费用。

②保险车辆出险后,雇用吊车和其他车辆进行抢救的费用以及将出险车辆拖运到修理厂的运输费用,按当地物价部门颁布的收费标准予以确定。被保险人使用他人(非专业消防单位)的消防设备,施救保险车辆所消耗的费用及设备损失可以列入施救费用。

③在进行施救的过程中,由于意外事故可能造成被施救对象损失的进一步、造成他人财产的损失以及施救车辆和设施本身的损失。如果施救工作是由保险人自己或他人义务进行的,只要没有存在故意和重大过失,原则上保险公司应予以赔偿;如果施救工作是雇用专业公司进行的,则造成他人财产的损失,该施救车辆和设施本身的损失应由专业公司承担,被保险人还可以就进一步扩大的部分要求专业施救公司承担赔偿责任。但在抢救时,施救人员个人物品的丢失,一般不予赔偿。

④保险车辆发生保险事故后,可能需要施救的受损财产不仅仅局限于保险标的,但是,保险公司只对保险标的的施救费用负责。所以,在这种情况下,施救费用应按照获救价值进行分摊。如果施救对象为受损保险车辆及其所装载货物,且施救费用无法区分,则应按保险车辆与货物的获救价值进行比例分摊,机动车辆保险人仅负责保险车辆应分摊的部分。

⑤车辆损失险的施救费用是一个单独的保险金额,而第三者责任险的施救费用不是一个单独的赔偿限额,第三者责任险的施救费用与第三者损失金额相加不得超过第三者责任险的保险赔偿限额。

(2)确定施救费用应注意的问题

①保险车辆出险后,被保险人赶赴肇事现场处理所支出的费用,不予负责。

②如果保险车辆为进口车或特种车,发生保险责任范围内的事故后,在当地确实不具备修

理能力,事先经保险公司书面同意可以移送外地修理,对其相应的移送费保险公司将予以赔偿。但是,应当明确的是这种费用属于修理费用的一部分,而不是施救费用。

③事故结案前,所有费用均由被保险人先行支付。待结案后,由被保险人提供有关单、证,保险人进行核赔理算。

④保险公司只对保险标的的施救费用负责,对非承保财产共同施救时,其施救费用应按两类财产的获救价值比例分摊。

⑤要抵制在交通事故处理过程中利用行业垄断优势收取不合理费用的行为。

4)其他财产损失的确定

保险事故导致的财产损失,除了车辆本身的损失外,还可能会造成第三者的精神损害、财产损失和车上承运货物的损失,从而可能构成交通事故精神损害赔偿险、第三者责任险、车上责任险赔偿对象。

交通事故精神损害赔偿险责任是基于保险车辆发生交通意外,致使第三者或车上人员受到伤害,受害方据此提出精神损害赔偿要求,应根据法院判决中确定的应由被保险人承担的法律责任,按合同约定,在赔偿限额内予以赔偿。

第三者财产损失赔偿责任是基于被保险人的侵权行为产生的,应根据民法的有关规定按照被损害财产的实际损失予以赔偿。确定的方式可以采用与被害人协商,协商不成可以采用仲裁或者诉讼的方式。

对于车上承运的货物的损失,应会同被保险人和有关人员对受损的货物进行逐项清理,以确定损失数量、损失程度和损失金额。在损失金额的确定方面应坚持从保险利益原则出发,注意掌握在出险当时的标的,或者已经实现的价值,确保体现补偿原则。

5)残值处理

残值处理是指保险公司根据保险合同履行了赔偿责任并取得对于受损物资的所有权后,对这些损余物资的处理。在通常情况下,对残值的处理均采用协商作价折归被保险人并在保险赔款中予以扣减的做法。如果协商不成,也可以将已经履行赔偿责任并取得所有权的损余物资收回。这些收回的物资可以委托有关部门进行拍卖处理,处理所得款项冲减赔款。一时无法处理的,则应交回保险公司的损余物资管理部门。

7.4 汽车交通事故现场查勘

7.4.1 交通事故现场查勘的要求及工作内容

1)交通事故现场

交通事故现场(以下简称现场)是指发生交通事故的车辆及其与事故有关的车、人、物遗留下的同交通事故有关的痕迹证物所占有的空间。现场必须同时具备一定的时间、地点、人、车、物五个要素,他们的相互关系与事故发生有因果关系。交通事故现场可分为原始现场、变动现场和逃逸现场。

(1)原始现场。原始现场又称第一现场,即事故发生以后,车辆、人、畜以及一切与事故有关的物体、痕迹仍保持事故发生后的原始状态的现场。

(2)变动现场。在事故发生后现场查勘前,由于自然的或人为的原因,是现场的原始状态部分或全部受到变动的现场。其中人为原因是故意的则为伪造现场。产生变动的原因一般有这几方面:一是抢救伤者、排险。这里指因抢救伤者或排除现场未解除的险情而变动了现场的车辆和有关物体的位置。二是自然破坏。这里指因下雨、下雪、刮风、冰雪融化、日晒等自然因素的影响,造成现场或物体上痕迹模糊不清或完全消失。三是保护不当。这里指事故发生后,因保护不及或不当,现场的痕迹被过往车辆和行人碾压、踩踏、抚摸而模糊或消失。四是特殊情况。这里指执行特殊任务的车辆发生事故后,急需继续执行任务而使车辆驶离现场或因其他原因不宜保留的现场。伪造现场则是指事故发生后,当事人为了推卸或减轻责任,故意将现场原有的痕迹、物证加以消除、更动的现场,或有意伪造痕迹,按有利于自己的设想重新摆放的现场。

(3)逃逸现场。肇事车辆驾驶员在事故发生后,为了逃避责任,有意隐瞒事故不报,并将车辆驶离,从而造成变动或破坏的现场。

2)现场查勘的要求

(1)及时迅速。现场查勘是一项时间性很强的工作。要抓住案发不久、痕迹比较清晰、证据未遭破坏、证明人记忆犹新的特点,取得证据。反之,到案不及时,就可能由于人为和自然的原因,使现场遭到破坏,给查勘工作带来困难。所以,事故发生后查勘人员要以最快的速度赶赴事故现场。

(2)细致完备。现场查勘是事故处理程序的基础工作。现场查勘一定要做到细致完备、有序,查勘过程中,不仅要注意发现那些明显的痕迹证物,而且特别要注意发现那些与案件有关的不明显的痕迹证物。切忌走马观花、粗枝大叶的工作作风,以免由于一些意想不到的过失使事故变得复杂化,事故处理陷于困境。

(3)客观全面。在现场查勘过程中,一定要坚持客观、科学的态度,要遵守职业道德。在实际中可能出现完全相反的查勘结论,要尽力避免和防止出现错误的查勘结果。

(4)遵守法定程序。在现场查勘过程中,要严格遵守《道路交通事故处理程序》和《道路交通事故痕迹物证勘验》的规定。要爱护公私财产,尊重被访问、询问人的权利,尊重当地群众的风俗习惯,注意社会影响。

3)现场查勘的组织实施

现场查勘工作是一项政策性、技术性、法律性都很强且繁琐细致的工作。尤其对于重大和特大交通事故,查勘工作量大,需要的时间长,涉及的部门、人员多,有些情况要现场处理。因此,现场查勘要有严密的组织和强有力的临场指挥,使查勘工作在统一领导、统一指挥下,有组织、有秩序地进行,避免杂乱无章。交通事故的现场查勘有属地公安交通管理部门统一组织,单方事故可以由保险公司独立查勘、处理。现场查勘的组织应注意以下事项:

(1)迅速赶赴现场。事故发生地的公安交通管理部门接到报案后,应立即组织警力,快速赶赴现场,按《道路交通事故处理程序》的要求,及时划定现场范围,实施保护,维护交通秩序,保证现场查勘工作的顺利进行。

(2)全面了解和掌握现场情况。全面了解和掌握情况才能对事故性质以及采取什么样的措施等一系列问题做出正确的判断和决策。否则,将会使查勘工作陷于被动。指挥员到达现场后,首先听取先期到达的有关人员的汇报,亲自巡视,查看现场状况,确定查勘重点,布置各项查勘工作。其次对重要痕迹物证,要亲自查验、鉴别真伪与可靠程度,掌握第一手资料。

(3)兼顾统筹、全面安排。首先合理布置查勘力量,特别是重大、特大交通事故。在分配工作任务时,要注意发挥工作人员的特长,因人制宜、新老搭配,提高查勘取证的效率和质量。其次是重点痕迹仔细查勘。尽管现场查勘的工作内容很多,但对重点痕迹的查勘、对痕迹形成的认定、收集人证物证、现场查勘记录四项工作都不得有误。这些工作直接关系到事故因果关系、事故性质、事故责任认定。其三是掌握工作进度、协调工作。现场查勘工作既分工又合作,痕迹查勘与摄影技术、测绘现场图之间要彼此照应,相互协调。否则就会彼此干扰,影响工作的完整性。指挥员要协调各组的工作进度,进行必要的调整,使现场查勘工作顺利进行。其四是要及时采取应急措施。在现场查勘过程中,当遇到某些紧急情况时,应当机立断,及时采取相应措施,保证查勘工作的连续性。如对交通肇事逃逸案,一旦掌握基本证据,就要立即采取行动,对肇事车辆进行堵截。最后是组织现场汇报。查勘结束后,应召开现场工作报告会,听取各项调查汇报,查验查勘记录和现场记录图等是否符合《道路交通事故痕迹物证勘验》的要求。发现漏洞和差错,及时复查和补充。若需安排现场实验,立即确定时间和地点进行。

7.4.2　交通事故痕迹的种类

交通事故痕迹千差万别,包括范围很广,但大致可以分为路面痕迹、物体痕迹和相关痕迹三类。

1)路面痕迹

路面痕迹是指交通事故中诸要素遗留或附着在现场路面或周围地面上的能够反映事故形态及其成因的痕迹和散落物。

2)物体痕迹

物体痕迹是指在交通事故中,肇事车辆之间及肇事车辆与其他之间由于碰撞或刮擦形成的车物形象痕迹和整体分离痕迹。从痕迹学和物理学角度分析,痕迹的形态、车物损伤程度,取决于传递能量的客体质量大小、运动速度快慢和碰撞时间长短。物体痕迹重点注意车体痕迹和轮胎痕迹。

(1)车体痕迹。车体痕迹即交通事故中客体间发生接触,在车体上形成碰撞、刮擦痕迹。车体痕迹的形成及损伤程度与接触方式、作用力大小、方向、角度等紧密相关。其痕迹形态特征主要表现为:凹陷状立体痕迹(承受客体在造型客体的撞击下,接触部位受到挤压而凹陷),塌陷与孔洞立体痕迹(对于车辆较薄而中空、塑性小、结构松散的部分,受到撞击后,接触部分变形大而不规则,形成塌陷或孔洞状)、粉碎性痕迹(由于承受客体的硬度和脆性大,因撞击力超过其抗压强度,形成严重变形痕迹或破裂、粉碎,这很难反映出接触部位的形象特征)、刮擦痕迹(车辆发生刮碰事故时,会在接触部位形成线条状、带状、片状的平面痕迹或大片的凹陷痕迹,这些痕迹由于车辆的质量、行驶速度、接触形式、方向部位、车身附着物、接触部位材料属性的不同,形成的状态有所不同)和整体分离痕迹(事故中客体上的部件受外力作用从车体上断裂脱落)。

(2)轮胎痕迹。轮胎是车轮的重要组成部分,轮胎直接与路面接触,直接承受各种作用力,因而轮胎痕迹能够反映车辆的运动轨迹。轮胎痕迹主要注意:

①轮胎的运动痕迹。轮胎的运动痕迹随车轮运动状态不同,可分为滚动压印痕迹和滑动拖印痕迹两种基本类型。滚动压印痕迹即车轮在路面上呈纯滚动状态时在路面上留下的运动痕迹;其痕迹形状与轮胎花纹一致。滑动拖印痕迹即是轮胎不作纯滚动运动时形成的痕迹;根

据车轮的滑动状态不同有分为车轮滑转状态时的痕迹和滑移痕迹。

②轮胎气压与轮胎痕迹。不同的轮胎气压,不同的装载质量,使轮胎与路面的接触情况有所不同,车辆行驶和制动时在路面上形成的轮胎印迹不同。车辆在紧急制动时,由于惯性的作用,前轮的负载变大,其痕迹一般呈双线拖痕;而后轮由于负载变小,形成比正常情况窄的拖痕。

③制动状态与轮胎痕迹。在制动过程中,由于车轮制动器动作而限制了车轮的自由转动,轮胎由滚动变为滑动,在路面上留下黑色痕迹即制动拖印。制动印痕随车轮的滑移率和滑移状态不同而定。制动时,滑移率由零开始增加,车轮由滚动变为滑动,轮胎花纹痕迹有清楚开始变得模糊;随滑移率的增加,轮胎花纹在车辆行驶方向被拉长,变得更加模糊,但还可辨认,这就是制动轧印;当滑移率为100%时,就形成制动拖印。但在有些场合,由于道路环境的影响,不一定都有拖印。这不能说明没有采取制动措施,现场查勘时应予以考虑。

3)相关痕迹

相关痕迹是指除现场路面、物体痕迹外,与人、车、物相关的痕迹。包括伤亡人员的衣着痕迹、血迹、附着物和抛落物等。

(1)衣着痕迹。交通事故伤亡人员衣着痕迹的检验,可以为判明事故中人员被撞、轧时所处的状态、位置及成因提供重要证据。因此,如在交通事故中有人员伤亡,应及时提取并查验衣着损伤痕迹。衣着痕迹有衣服上的痕迹和鞋子痕迹;故伤亡人员衣服上的损伤痕迹是由于事故中车辆碰撞、挤压、碾轧、刮、刺或人跌倒后与摩擦形成的;衣服损伤痕迹的形状与人体胖瘦、衣料质地、车体形态、作用力大小和方向有直接关系。衣服上的痕迹有撞击痕、撕裂痕、绽裂痕、孔洞痕、皱褶痕、擦破痕和硌垫痕等几种。鞋子痕迹有鞋面痕迹和鞋底痕迹两种。

(2)血迹。在有人员伤亡的交通事故中,血迹是现场常见的一种痕迹,血迹存在于路面、车身各部、衣服上。新鲜血迹呈红色,但随时间的推移和环境的影响,会逐渐变成暗红色、褐色、棕色,最后变成灰色。现场的某些附着物有可能与血迹混淆,这就需要进行血迹试验,简单的方法是采用过氧化氢(即双氧水)等试剂,这些试剂与血迹反应形成白色泡沫。还可提取现场或物证遗留的血迹或毛发、人体组织,参照伤亡人员的血样,进行"DNA"检测鉴定。

(3)附着物。附着物是两客体发生碰撞、刮擦时,将其表面物质黏附上去形成。如车体表漆、尘土、油垢、木屑、衣服纤维、人体组织等。通过提取客体上附着物进行检测、化验,可确定肇事主客体及接触部位。

(4)抛落物。碰撞事故发生时,脱离造型客体或承受客体抛落到地面上的物品。轻的物品着地后,在地面上形成挫划印痕;大件重物着地时会在路面上形成沟槽痕。

7.4.3　交通事故现场查勘技术

1)事故现场图的绘制

事故现场图是以正投影原理的绘图方法绘制的,反映事故发生后事故现场一切与事故有关的物体和痕迹的相对位置及状态的平面图。根据现场查勘要求必须迅速全面地把事故现场的各种交通元素、遗留痕迹、道路设施以及地物地貌,以一定的比例展现在图纸上。事故现场图应该能够表明:事故现场的地点和方位,事故现场的地物地貌和交通条件;各种交通元素以及与事故有关的遗留痕迹和散落物的位置;通过痕迹显示的事故过程,人、车、畜的动态。

根据绘制过程的不同,事故现场图可以分为现场草图和现场图。现场草图是查勘定损人员在事故现场徒手绘制的事故现场。现场图是查勘定损人员以现场草图为蓝本,使用绘图仪器或计算机所绘制的事故现场平面图。现场草图的绘制步骤如下:

(1)根据出险现场情况,选用适当比例,进行图面、图幅构思。

(2)确定道路走向,画出道路中心线、分界线并在图的右上方画出指北标,并标注道路中心线与指北线的夹角。

(3)利用图形符号,画出图形。

(4)根据现场具体条件选择基准点,应用定位法为现场出险车辆、物体及主要痕迹定位。

(5)测量标注尺寸。

(6)根据需要绘制副图。

(7)在图注上写上必要的文字说明。

(8)核对、检查现场草图是否与现场实际情况相符,尺寸有无遗漏和差错。经核对无误后,各方当事人签字。

2)现场痕迹物证提取

(1)现场痕迹物证提取的原则。交通事故现场痕迹物证的提取,原则上分为直接提取和间接提取,提取的方式由痕迹物证的名称、质量、数量、形态分布和性质等决定。

①直接提取。经过现场查勘与事故有关的能够直接采集的痕迹物证,采用直接提取并加以保全的方式提取。如血迹、毛发、人体组织、塑料碎片、玻璃碎片、纺织品纤维、灰尘、油垢、漆片、木屑、炭黑粉末、橡胶等小件物品和车辆部件等实物。

②间接提取。间接提取是指无法直接提取或一旦直接提取痕迹就会受到破坏,影响痕迹的真实性和证据的说服力,应采用相应的技术手段加以弥补。如现场照相、录像和指纹、轮胎痕迹的提取。

(2)现场痕迹物证提取操作。现场痕迹物证提取操作按下面的步骤进行:

①发生道路交通事故,查勘取证工作应根据《道路交通事故处理程序》第二十条"因检验、鉴定需要,暂扣交通事故车辆、嫌疑车辆、车辆牌证和驾驶证的期限为20日;需要延期的,经上一级公安交通管理机关批准可以延长20日"的规定,暂扣车辆在指定地点妥善保管,查证工作结束后方可将其和其他证件等发还当事人。

②事故是因为驾驶员酒后肇事的,要及时使用"酒精检测仪器"对饮酒嫌疑驾驶员进行酒精测试;现场留有呕吐物,应拍照呕吐物位置及状态,并用白色透明塑料袋收集以备化验;抽取饮酒嫌疑人的血液,鉴定血液中的乙醇含量。对拒绝抽取者,按照《道路交通事故处理程序》第二十二条规定强制抽取。

③如需提取肇事车辆上带有痕迹的部件时,应通知当事方。在提取时应尽可能解体提取,对无法拆卸的,可用刀、锯截断,尽量减少车辆部件的损坏。提取金属件上的附着物时,应使用木片等非金属工具,以保证检验质量。

④提取车、物、人体上的微量物时,如粉末状物、碎屑、毛发、人体组织,要用镊子取下,或用硬塑料棒、板摩擦产生静电后,将需检附着后收集起来,装入试管或用洁净的纸袋、白色透明塑料袋装好(切忌落入异物),并做好标记,以免混淆不清影响检验效果。

⑤伤、亡衣服、鞋帽或其他小件物品上痕迹的附着物需要检验时,可将原件保全送检。

⑥车、物附着物为油脂或油液时,需查明油脂或油液的种类和来源,可提取一定数量的油质物装入试管内,送有关部门检验鉴定。

(3)现场痕迹物证提取时的注意事项

现场痕迹物证是事故处理的重要证据之一,对痕迹物证的科学鉴定可以确切地查清事故过程及原因。但如果无法证实是从现场提取的,在事故处理或诉讼过程中,就会引起争议,影响证据的证明作用。因此,在提取时应尽量保持其完整,以确保其证明力。在痕迹物证提取时应注意以下几点:

①准确提取。在提取痕迹物证时,要在防止其变形、破损、消失的基础上,保持其固有的状态进行提取,要针对不同的对象选用最佳的方法进行。对于那些因外部因素影响有可能使其变形、破损、消失的痕迹物证,应及时稳妥地采取保全措施或优先提取。所有提取的痕迹物证,不要混合保存,附着异物要防止腐烂、遗失等。

②需送检的痕迹物证应及时、准确地送有关部门进行检验鉴定,特别是人体组织、血液、呕吐物。否则,因延误时间,会使被检物腐烂变质,影响检验效果。

③在提取衣服、鞋帽等小件物品上的痕迹和附着物需包装时,不能用粉笔在痕迹上做标记,要用清洁白纸或薄膜将痕迹部分隔开折叠,装入透明塑料袋,以免衣料、物品和痕迹部分互相接触摩擦,影响检验效果。

④对于油质附着物不能用纸包装,要用洁净的试管或塑料袋包装,以免发生质的变化。

⑤对要送检的各种痕迹物证,应按技术鉴定部门的规定和要求分门别类填写送检报告单,并详细介绍送检物的提取方法及有关情况,注明案由、送检目的和要求。技术鉴定部门做出鉴定结论后,事故处理部门仍需暂留痕迹物证原件,供事故处理和进行诉讼活动时备查。

3)事故车辆的照相技术

交通事故照相是在普通照相的基础上,根据交通事故现场查勘以及事故车辆解剖分析工作的需要和要求,而发展成为一种专用技术手段。与普通照相的区别在于交通事故照相绝不允许摆布和夸张,它必须以事实为依据,以真实记录为原则,以澄清肇事者行为、证实交通事故发生原因和反映车辆损伤程度为目的。通过对事故现场照相,对事故车辆的损坏情况照相,为分析研究事故现场提供可靠的依据;为技术检验鉴定提供感性材料;为车辆的理赔工作提供依据。

(1)事故现场照相的分类和方法

①现场方位照相。现场方位照相要求能够反映出事故现场的方位及与周围环境的关系。现场方位的表现可通过拍摄表现现场位置的物体,如界碑、里程碑、百米桩、电线杆等。周围环境应反映的是公路类型是城市、乡村或城区公路等;现场地形是山区、平原、桥梁、隧道、交叉路口等;道路线形是弯道、上坡、下坡等。现场拍摄涉及的范围比较广,为明确显示现场的方位,应采用俯视拍摄,使用高架梯或借用附近楼房,以表现全场概况;夜间拍摄时可采用大型照明设备,若不具备条件,可封闭道路,等白天拍摄。

②现场概貌照相。现场概貌照片应能够反映出现场范围的大小,现场物体的种类和数量,道路宽度和路面性质,还能反映事故形态和事故损害后果情况。与方位照相相比,仅限于事故现场的车、物,范围比较小。根据实际情况现场概貌的拍摄主要有三种方法,即相向拍摄法(以被拍摄对象为中心,从相对的两个方向由外侧拍向现场中心,这种反映现场环境与物体痕迹的相互关系)、多向拍摄法(以被拍摄对象为中心,从多个方向向现场中心拍摄)、侧向位拍摄法(当事故现场范围较大时,远距离架好相机,采用平行回转连续照相法拍摄现场全貌)。

③现场中心照相。现场中心照相是将现场上主要物体和重点部位的特征表现出来。如肇

事车辆、尸体、接触部位、制动印痕、血迹等的相互关系；一般现场中心照相所反映的状态特征，随查勘的进行而深入。

④现场细目照相。细目照相的目的是独立反映人、车、物痕迹及物证的形状、大小等个体特征。细目照相时，可以根据现场拍案和条件及要求移动被拍摄物体，以达到理想的拍摄效果，使照片具有立体感、真实感、质感；注意拍摄照相机光轴与被拍摄物体垂直。

⑤痕迹勘验照相。痕迹勘验照相是用来固定、记录现场人、车、物体上留下的各种痕迹，为事故处理、刑事和民事诉讼提供重要依据。交叉运用现场中心照相和现场细目照相方式拍摄各种痕迹物证，拍摄时为了有效地表示痕迹的长度，应当在被拍摄物体一侧同一平面放置比例尺或卷尺。痕迹勘验照相主要有碰撞痕迹照相（拍摄断裂痕迹注意断口特征，以区别是撞击断裂还是疲劳断裂；拍摄破碎痕迹注意碎片在现场地面上的原始状态，以帮助分析确认碰撞接触点；拍摄凹陷、隆起痕迹要能够清楚地表现痕迹的形状、大小、深浅、受力方向、颜色、质感、位置等特征）、刮擦痕迹拍照（拍摄时用弱光或反射光且光照均匀地拍摄反差微弱的平面痕迹）和路面痕迹拍摄（注意拍摄痕迹在路面上的特定位置、起止点与路边的距离和痕迹的形态、深浅、受力方向及其与造型客体痕迹的相互位置）等几种拍摄。

⑥人体照相。人体照相运用现场中心照相和现场细目照相方式拍摄人体伤痕及有关人员的辨认照片，为事故分析研究或刑事和民事诉讼提供重要依据材料。人体照相有面部照相、尸体全身照相和伤痕照相三种情况。面部照相的目的是确认死者；拍摄时采用正光，身体平放，头部保持自然状态，面部保持水平；先拍摄面部的原始状态，后洗净检查有无伤痕；再拍摄面部正面及侧面。尸体全身照相用以反映死者的尸体全貌和衣着上附着血迹、油污、破损等情况；拍摄时拍摄平位和侧位两个方位。伤痕照相主要是拍摄人体损伤痕迹特征，有助于判明致伤方式、致伤物及致死原因；不同伤痕的拍摄方法不同：拍摄撕裂、破裂伤痕，先将伤口暴露，再用清水擦净伤痕所在部位，必要时使用比例尺，照相机与创伤平面垂直，且用柔和、均匀的光线拍摄；骨折伤照相要根据不同类型的骨折伤和损伤程度考虑光线处理；颅骨是球形体，可采用两只灯的光线从两侧同时照射，且光线照射均匀；对于骨裂痕很深，凹陷较大的骨折伤，其形态比较反映出来；而那些裂痕较小、较轻的骨折伤，用弱光很难反映，应该用单侧垂直于伤痕的光束显露，再近距离拍摄。血肿照相采用滤色镜增加反差，配光时选择以下30°散光，从隆起一侧照射会得到满意的效果，注意不要用强光。皮下溢血可采用绿和蓝滤色镜，加强色斑与皮肤的区别；若伤痕很浅，可先用二甲苯涂擦突出血斑，再拍摄。表皮剥脱伤和挫伤表现为淡红色；线条特征细小得多，最好用变焦镜头加绿滤色镜配较柔和的自然光，效果较好；有些表皮剥脱伤和挫伤具有立体状态，但色泽与肤色没有区别，可采用阴影摄影法，即利用单向全侧光（10°以下）所产生的阴影表达伤痕的形态。

（2）车辆照相的内容包括

①拍摄车辆号牌和车型。拍摄车辆号牌和车型的目的是对事故车辆身份进行确认。不能正面拍摄，应选择合适的角度，一般照射角度与车辆中轴线成30°～45°。如果车辆的前保险杠或号牌损坏，可以先拍摄车辆的后部，然后将后面号牌拆下和前面号牌一起放在车辆前部合适的位置拍照。

②车辆外部损伤照相。车辆发生碰撞、刮擦事故后，需要对事故车辆的损伤情况进行拍照记录，为交通事故赔偿及保险理赔程序提供依据。拍摄损伤时，应注意拍照的角度和用光，应能正确地反映损伤部位、损伤程度、损伤涉及的零部件种类和名称。若一个角度不能全面反映

出零件的损伤情况,可以选择不同的角度进行拍摄。

③车辆解剖照相。在车辆验损的过程中,如果仅凭车辆外部损伤照相不能如实反映事故车辆的损伤程度时,就需要对事故车辆进行解剖。目的是查明事故车辆的具体损伤情况,确定损失价值,通过内部损伤的形成原因,分析确认导致事故的原因。拍照时,应根据事故车辆的损伤情况和解剖进度确定拍照的位置和数量,以保证客观、完整地反映事故车辆的损失价值。

④零件损伤情况拍照。在进行车辆的解体检验过程中,应对零件损伤的断面进行检验拍照,目的是确认零件的损坏原因,以确定是否属于保险赔付范围。因事故车辆零件的损坏有两种情况:一是因撞击力超过零件的强度而损坏;二是由于磨损或零件疲劳造成损坏。两种情况应认真区分。

第8章 汽车美容与装饰

8.1 概 述

8.1.1 汽车美容装饰简介

1)汽车美容装饰

汽车美容不同于汽车的一般美容。汽车的一般美容就是日常路边见到的一桶水、一条毛巾、一两个人进行的“汽车美容”,主要包括洗车、打蜡。这种方法能够将汽车表面上的污物、灰尘洗去,能够在打蜡之后增加车身表面的光亮度,起到粗浅的“美容”作用。一般美容的结果往往:一是清洗不彻底,还会把漆膜划伤,出现细微的划痕;二是水洗后擦拭不彻底,使车身有的部位留有水渍,随后阳光一照,水分蒸发,出现水痕,影响表面光泽;三是在车身的门缝、窗边凹槽等处,无法擦干,阳光照射,形成水汽,加重了对漆膜和凹槽等处的腐蚀作用,加速车身的损坏。所以,应避免对汽车进行一般美容。真正的汽车美容是针对汽车各部位不同的材质所需的维修护理条件,采用不同性质的汽车美容护理用品及施工工艺,对汽车进行全新保养护理。在国外也称为“汽车保养护理”。汽车美容护理用品是采用高科技手段及优质的化工原料所制成,它不仅能使汽车焕然一新,更能使旧车全面彻底翻新,长久保持艳丽的光彩,并被我国车主和汽车驾驶员所普遍接受。汽车装饰是采用一些成型材料对汽车外表进行改装或点缀,以改变汽车的外观形象,降低汽车的风阻系数、增大汽车车轮的附着力和提高汽车的安全性。汽车装饰同样也受到车主和驾驶员的欢迎。

2)汽车美容装饰的原则

(1)取稳避莽。急躁是造成汽车美容装饰事故的主要因素,千万不要急于求成。牢记做不好没关系,但不要做坏了。因为汽车的价格比较高,做坏了赔偿金额大,所以,在遇到难题时要不耻下问,弄清楚后才进行操作,不要鲁莽行事。

(2)取轻避重。在汽车美容时,总的原则是能用轻不用重,只要能把活做好,轻的永远比重的强。这主要有两个方面:一是护理用品的选择,能用柔和型用品时不用强力的,能用微切研磨剂就不用中切研磨剂,能用稀释的不用浓缩的,能用低速就不用高速的。

(3)取精细避粗糙。汽车美容工作近似于艺术品制作工作,边角的污点会毁坏整体形象。所以,工作时要做到全面、细致,且精益求精,使车主和驾驶员满意。

(4)取专业避普通。一是汽车美容本身不要选择做一般的汽车美容,要做专业的汽车美容;二是根据用品的特性和美容装饰的部位选择使用用品。例如,用品中有三种内饰清洗剂:丝绒清洗剂、化纤清洗剂和地毯清洗剂,丝绒清洗剂最柔和,化纤清洗剂其次,地毯清洗剂最强,在选用时,能用丝绒清洗剂干净彻底清洗整个内饰,那就没有必要使用强力的清洗剂了。

3)汽车美容专用术语

(1)脱蜡洗车。脱蜡洗车是使用能洗掉汽车原有车蜡的洗车液洗车,也叫汽车开蜡。脱过蜡的汽车在出门前必须重新打蜡,否则汽车漆就会加速氧化。

(2)不脱蜡洗车。不脱蜡洗车是用洗车液洗掉汽车的尘土、污垢,不洗掉汽车原有车蜡的洗车。注意,洗涤灵、洗衣粉都是强力脱蜡液,用它们洗车对汽车漆损伤很严重。

(3)洗车蜡。洗车蜡就是含水蜡的洗车液。用洗车蜡洗车的同时可以给车漆上光,但光泽保持时间不长。

(4)研磨剂。研磨剂是含有各种摩擦材料的乳剂,用以修复汽车漆的损伤。摩擦材料有浮岩、陶土和化学物三种。研磨剂有三种:一是微切研磨剂,它是一种柔和研磨剂,其切割能力最弱,对汽车漆的损伤最轻;二是中切研磨剂,它是较柔和的研磨剂,切割能力适中;三是深切研磨剂,它的切割能力最强。

(5)抛光剂。抛光剂是能除去研磨时留下划痕的去污剂。

(6)镜面釉。镜面釉是含高分子釉剂的抛光剂。它用于汽车漆的二次抛光,即除去抛光作业时产生的光环、划痕等,并在汽车漆表面形成釉质保护膜。

(7)增光剂。增光剂是集抛光和打蜡为一体的二合一产品。

(8)上光蜡。上光蜡就是一种不含任何摩擦材料的车蜡。

(9)抛光蜡。抛光蜡就是含有极柔和摩擦材料的车蜡。

(10)镀膜。镀膜是含高分子聚合物的车蜡。

(11)保护剂。保护剂是含高分子聚合物的清洗或上光剂。它能在清洗或上光的同时起到防老化、防腐蚀等保护作用。

(12)溶剂。溶剂指溶解力很强的清洗剂。用以去油、除漆等。

(13)普通漆。普通漆是色彩漆上没有覆盖任何透明漆的漆。

(14)透明漆。透明漆是色彩漆上覆盖了一层透明漆的漆。

(15)太阳纹。太阳纹是汽车漆在高速行驶时与风沙摩擦,长期积累下来的纹痕。

(16)交通膜。交通膜是汽车漆在使用过程中与空气摩擦,表面形成静电层,并吸附灰尘及有害气体等使汽车漆氧化而形成的薄膜。

4)从事专业汽车美容装饰的基本条件

(1)经过专业技术学习或培训的、持有合格上岗证的汽车美容装饰操作人员。汽车美容装饰操作人员不但要能熟练掌握汽车美容装饰用品的使用方法和汽车美容装饰操作的基本技能,还应掌握汽车构造及汽车的相关知识和严格遵守汽车美容装饰的职业道德,有较强的安全环保意识、自我保护意识和服务意识,对汽车美容装饰技术精益求精,只有这样才能保证汽车美容装饰的质量。

(2)汽车美容装饰工作间与外界隔离。在工作间里要分设清洗室、漆膜修补工作室、干燥室、美容装饰室等，它们之间既有一定联系又要相互没有干扰。千万不要在露天进行汽车美容装饰作业。

(3)可满足汽车美容装饰施工要求使用的工具、设备及电源气源等，如空气压缩机、喷枪、清洗机和抛光机、研磨机等，以保证汽车美容装饰工作的顺利进行。

(4)正规厂家生产的合格的汽车美容装饰用品及其配套产品。注意各种用品要配备齐全，否则会造成质量事故。

(5)合适的操作场地。场地要光线充足、有 1 到 3 个车位以供停车使用、空气流通、无灰尘来源、无干扰、具有消防安全设施及适当的污水处理等功能。

8.1.2　汽车美容装饰的程序

1)汽车车身漆面美容护理的五个方面

(1)洗车。洗车有脱蜡洗车和不脱蜡洗车两种。如果需要打新的保护性上光蜡，就应使用脱蜡洗车液把汽车漆膜上原有的残蜡、油泥、污垢等洗掉；如果车身车蜡质地尚好，不想把它洗掉，就做日常的洗车养护，采用不脱蜡洗车。在脱蜡洗车时，洒一些水在发动机盖上，看水是否能薄而且均匀地覆盖住汽车车漆。如有水眼(露漆的地方)则说明车漆上有油或汽车蜡，这时就要用功效较强一些的洗车液再洗，并用水管边冲水边擦洗，注意沾过油污或汽车蜡的海绵(或毛巾)不往已冲过水的地方擦洗，避免重新沾上油或蜡。

(2)研磨。如果车漆有损伤需要修复，就要进行研磨。研磨主要用来消除氧化膜、发丝划痕、微度划痕等。注意根据损伤情况，选用微切、中切、深切研磨剂；根据汽车漆的性质(透明漆或普通漆)选择研磨剂的种类。

(3)抛光。车身漆面研磨后必须进行抛光，如果说洗车是汽车美容护理最重要的一步，研磨是最关键的一步，抛光则是汽车美容护理最具有艺术性的一步。抛光的目的是去除或缩小研磨剂在车身漆面上留下的划痕，抛光时使用的抛光剂有透明漆(柔和型)和普通漆(普通型)两种，应注意选择使用。

(4)还原剂。还原剂能在汽车蜡和汽车漆中间起到隔离的作用，避免空气中的污染物侵蚀漆面，以确保打蜡后的保质期。还原剂又分为增光剂(以“亮”为主)和还原剂(以消除最后的划痕，把车漆还原到新车状况为主)两种，使用时根据要求区别选用。

(5)打蜡。打蜡时根据汽车的具体情况选择相应的车蜡。

2)汽车装饰

(1)外饰。外饰部分的美容护理技术含量相对较低，主要是外饰护理用品的高科技程度降低了对人工技术的要求。操作时按从上到下清洗以下部分即可：顶篷(若是敞篷车)；橡胶密封条；挡风玻璃；后视镜；散热网；保险杠；轮胎；轮毂。

(2)内饰。内饰品按原材料不同可分为化纤类、皮革类和木制品等几类，操作时从最柔和的用品开始试用，哪种用品好用就选用哪种，并按以下顺序进行操作：前挡风玻璃、仪表台、后挡风玻璃、座椅、地毯、车门(玻璃)。

3)发动机和底盘清洁护理

(1)发动机的清洁护理。首先将发动机的各电器用塑料布包起来；其次是选用破坏性小、环保型但去油污能力强的用品清洗；再对各部位的胶皮线用保护剂加以保护，防止酸碱侵蚀，延长寿命；后对发动机进行不解体的维护，即清除积炭、清洁润滑油道、清洗燃油系和冷却系、添加减磨添加剂。这样才能提高发动机的动力性、经济性和降低废气排放污染物的浓度。

(2)底盘的清洁护理。底盘的清洁护理一般不被重视,其实底盘的故障大多是由于不及时护理造成的。底盘的清洁护理主要在于消除氧化锈蚀,形成表面的防锈保护膜;必要时对变速器、减速器、转向器等内部进行不解体清洁护理,以延长其使用寿命。

8.1.3　车内空气净化与隔音

随着2004年1月的一场因车内苯含量超标引发的人命案在北京丰台法院的开庭审理,车内空气质量问题逐渐成为全社会关注的焦点。据中国装饰协会室内空气检测中心对200辆汽车进行检测的结果,如果参照室内空气质量标准,有90%的汽车存在车内空气中甲醛或苯的含量超标的问题,且大部分车辆超标都在五六倍以上。所以,应该采取有效措施净化车内空气,为汽车驾驶员和乘客提供洁净的车内空间。

1)车内污染的来源与危害

(1)车内污染的来源

①车内配件和材料。安装在车内的塑料件、地毯、车顶毡、沙发等如没有达到环保要求,会直接造成车内空气污染。如汽车刚下生产线就直接进入市场,各种配件和材料的有害气体和气味没有释放期,造成车主购买的新车车内的污染严重。

②车内装饰。一是一些装饰材料含有有害物质,如地胶、座套垫、胶粘剂等,它们含有的有毒气体主要包括苯、甲醛、丙酮、二甲苯等。二是一些装饰材料处理不当会辐射出有害物质,如真皮、桃木、电镀、金属、油漆、工程塑料等。

③发动机。发动机通过排气管、曲轴箱、燃油蒸发等途径排放的碳氢化合物、一氧化碳、氮氧化物、苯、烯烃、芳香烃等污染物在车厢密封不好的情况下会窜入车厢,使车内空气质量下降。

④交通污染。汽车在行驶中,道路上的汽车排放的废气、扬起的灰尘等污染物进入车内造成车内污染,这类污染物主要有碳氢化合物、一氧化碳、二氧化硫、氮氧化物和炭烟颗粒等。

⑤空调。空调工作时,空气中的湿气会集中到空调出风口的附近,加之这部分区域不容易干燥,每次开空调时会积聚一些水汽,久而久之便成为霉菌繁殖的温床,往往是空调一打开,异味便遍布车内每个角落。另外,空调蒸发器长时间不进行清洗维护,就会在其内部附着大量污垢,所产生的胺、烟碱、细菌等有害物质弥漫在车内狭小的空间里,导致车内空气质量差,甚至缺氧。

⑥霉变。在夏季高温潮湿季节,由于车内棉麻制品吸湿,若不及时晾晒干燥,会造成霉菌滋生,产生霉变污染。

⑦人体自身。人体自身带来的体味、汗味、灰尘味、汽油味以及残留在车内的香烟味等必然使车内空气质量恶化。由于车内空间较小,容易造成污染。

⑧交叉污染。患有传染性疾病的乘客乘坐车辆后会产生交叉污染,特别是公交车,专家在公交车厢内的拉手、背扶手、车窗等部位,均检出有乙型肝炎表面抗原阳性的唾液、汗液等。

(2)车内空气污染的危害

在车内污染物中以苯、甲醛、一氧化碳等对人体的危害最为严重。

①苯的危害。苯属于致癌物质,轻度中毒会有嗜睡、头痛、头晕、恶心、胸部紧束感等和可能有轻度粘膜刺激症状;重度中毒可出现视物模糊、呼吸浅而快、心律不齐、抽搐和昏迷。苯污

染对人体的危害与饮水污染、食物污染不同，苯污染有长期性和差异性的特点；具有很长的潜伏期，有可能三五年毫无征兆，也有可能很快发病。

②甲醛的危害。甲醛可引起恶心、呕吐、咳嗽、胸闷、哮喘甚至肺气肿。长期接触小剂量甲醛可引起慢性呼吸道疾病、女性月经紊乱、导致新生儿体质下降、染色体异常，引起少年儿童智力下降，致癌促癌。

③一氧化碳的危害。一氧化碳与人体红血球中的血红蛋白有很强的亲和力，进入人体以后会大大削弱血液向各组织输送氧的功能，轻者造成人们的感觉、反应、理解、记忆力等功能障碍，重者危害血液系统，导致生命危险。

2）车内空气消毒的方法

(1)臭氧消毒。臭氧分子极不稳定，能分解产生氧化能力很强的单原子氧(O)和羟基(OH)，迅速破坏细菌、病毒等微生物的内部结构，对各种致病微生物有极强的杀灭作用。臭氧杀菌效果比氯好得多，杀菌速度比氯快200～3 000倍，能自分解成氧气，不会残留有害物质而造成二次污染。目前，臭氧消毒主要用于矿泉水、纯净水等直接饮用水生产企业以及一些高档住宅小区分质供水进行水处理的消毒杀菌。随着人们对臭氧知识的不断深入，臭氧发生器(有高效率、低成本的消毒功能)会逐渐得到广泛应用；而随着人们对车内环境要求的逐步提高，大量车用臭氧消毒产品也会很快进入车内。

(2)负离子消毒。带负电荷的负离子吸附在带正电荷的尘埃和细菌上，导致这种较大的微粒脱离我们呼吸的空气掉到地面上，如图8.1所示。大部分漂浮的尘埃和细菌带正电荷，而负离子带负电荷，在负离子浓度高的地方，能够中和那些漂浮的尘埃微粒，这就起到了对空气进行杀菌消毒的作用。

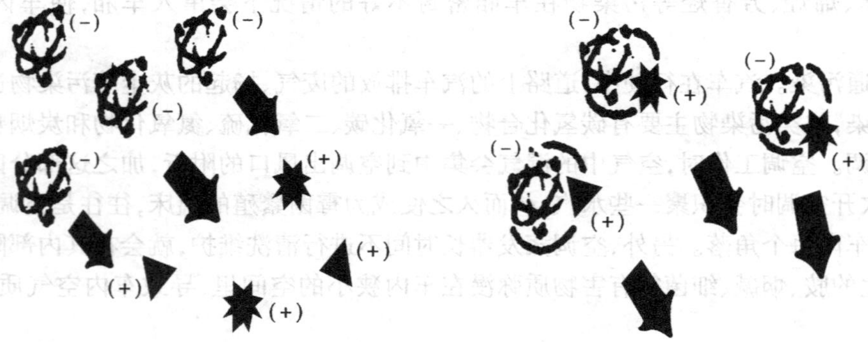

图8.1　负离子净化空气原理

(3)光触媒消毒。光触媒就是在光的参与下发生反应的催化剂，它在光源照射下利用特定波长光源的能量来产生触媒作用，使周围氧气及水分子激发成极具活性的自由离子基，这些氧化能力极强的自由基几乎可分解所有对人体或环境有害的有机物质及部分无机物质。二氧化钛作为一种光触媒，在光作用下能产生超乎一般化学氧化剂氧化能力的空穴/电子对，能把有机物彻底氧化为而言二氧化碳和水，从而彻底消除污染，由于细菌和病毒都为有机微生物，故也就能将之彻底杀灭。

(4)其他消毒方法。其他消毒方法主要有化学消毒、竹炭消毒和汽车空调系统消毒等。用化学方法消毒就是用一些消毒剂对汽车进行喷洒和擦拭以除去病菌。竹炭(以5～10年以上深山老毛竹为原材料,采用千度高温的热解技术,历时 30 天精心炼制而成)有吸附分解作用、自动调节车内空气湿度作用、远红外线作用及负离子作用等,这些作用完全可以起到对车内空气杀毒灭菌的功效。汽车空调系统消毒就是使一些空调除臭剂、空调消臭剂等直接进入空调器及冷凝器的内部,彻底消除异味和霉菌产生的根源。

3)汽车隔音

汽车隔音是根据车辆的性能、相应的路况、使用条件。对汽车发动机产生的噪声、轮胎与地面所产生振动共鸣声、车厢内组件因间隙或老化挤压力摩擦声等作细致处理,以提高汽车乘坐的舒适性。

(1)汽车隔音的作用。汽车隔音的作用主要有以下几个方面:一是能降低车内噪声;二是可以改善车内音响效果;三是能降低车内温度;四还可以延缓汽车漆膜老化。

(2)隔音材料的种类。汽车隔音所采用的材料根据功能不同可分为阻隔材料(如各种隔音毯、隔音垫、隔音片、隔音条、隔音发泡阻尼等)、吸音材料(如各种吸音毯、泡沫板等)、减振材料(如加强刚性发泡剂)、密封材料(各种密封条等)几种。选用时要从其外包装或技术资料上以及网上全面了解隔音产品的技术状况、产品特性等,正确使用。

(3)汽车隔音的方法。汽车隔音的方法要从这几方面着手:车门隔音、门柱及门下踏脚位隔音、行李舱隔音、车内底部隔音、车顶隔音及室外底盘隔音等。

8.2　汽车美容装饰设施及用品

8.2.1　汽车美容护理主要设备及附件

1)泡沫清洗机

泡沫清洗机,其工作气压为 245 千帕,喷射距离为 5 ~7 米,贮水量为 70 公斤。使用时先打开加水阀和排气阀,加入 70 公斤水,以水柱标高为准,然后按比例加入清洗剂;把加水阀和排气阀关好,用快速接头接上空气压缩机,将工作压力调至 245 千帕(压力开关顺时针为增加压力,逆时针为减小压力);启动空气压缩机,压力达到 245 千帕时打开喷枪阀开关,即可喷射出泡沫对车辆进行清洗,喷射距离 5 ~7 米可用压力来调节。

2)喷抽式地毯清洗机

喷抽式地毯清洗机可配合无泡毯水、地毯除渍剂、化泡剂等完成对车轿地面、沙发、汽车座椅、车门内衬(绒质)、地毯等的吸尘和清洗。

3)研磨机(研磨/抛光机)及其附件

研磨机的种类较多,按功能可分为双功能工业用研磨/抛光机和简易型研磨机(实际上是钻机、体积小、转速不可调、使用时难掌握平衡)两类;按转速可分为高速研磨机(转速为 1 750 ~3 000 转/分)、中速研磨机(转速为 1 200 ~1 600 转/分)、低速研磨机(转速为1 200 转/分,转速不可调)三类。

研磨机主要的附件有研磨盘和抛光盘。按研磨盘、抛光盘与研磨机的连接方式可分为螺母盘(适用于带有螺栓接头的研磨机)、螺栓盘(适用于带有螺母接头的研磨机)和吸盘(适用于带有吸盘的研磨机)三种;按研磨盘、抛光盘的材料可分为纯羊毛、人造混纺纤维和海绵三种。

4）打蜡机及其附件

打蜡机也称轨道抛光机，它工作时是以椭圆形的轨道旋转。因它的重量、速度和椭圆形的旋转方式使其不能产生足够的热能让研磨剂或抛光剂与汽车漆产生化学反应，所以不用它来进行研磨或抛光，而只用它来进行打蜡作业。

打蜡机的配套件主要是打蜡托盘的各种盘套，打蜡机只使用固定的打蜡托盘；打蜡盘套是一种衬有皮革底（防渗）的毛巾套，其作用是把蜡均匀地涂覆到车身上。抛光盘套的材料有全棉（毛巾）的盘套、全毛（或混纺）的盘套和海绵的盘套三种。

5）喷枪

喷枪的作用是将油漆和其他液状材料喷涂到被喷涂的物面上。喷枪的种类很多，用途各不相同。按供漆方式可分为虹吸式喷枪、重力式喷枪和压送式喷枪三种；按喷嘴类型不同又分为对嘴式、单嘴式和扁嘴式；按雾化机理不同还可分为内部混合式和外部混合式等。

喷枪一般由喷枪嘴和枪体两大部分组成。喷枪嘴由气帽1、涂料喷嘴2和顶针（即涂料控制针阀10）组成；枪体由空气阀、漆流控制阀3、雾形控制（即漆雾扇形角度调节）阀、控漆阀、压缩空气进气阀、扳机8、手柄等组成，如图8.2。

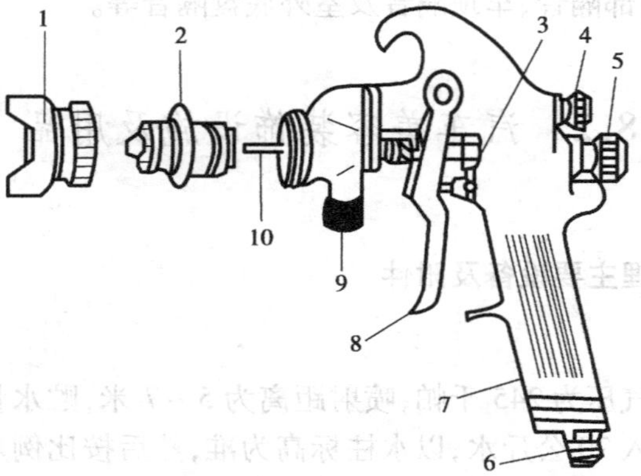

图8.2 典型喷枪的主要零部件

1—空气帽；2—涂料喷嘴；3—空气阀；4—喷雾形状控制旋钮；5—涂料调节控制旋钮；6—进气口；7—枪体（或称把手）；8—扳机；9—进料口；10—涂料控制针阀

6）空气压缩机

空气压缩机是压缩空气供给系统的心脏，也称打气泵，其作用是将空气的压力从普通的大气压升高到一定的压力值，供喷涂涂料时使用。空气压缩机有固定式和移动式两种，按压缩机的结构型式不同可分为往复活塞式、膜片式和螺旋式；按缸数多少又可分为单缸、双缸（V型）和三缸（W型）；按工作方式还可分为一级压缩式和二级压缩式，一级压缩式空气压缩机工作时，空气经过空气滤清器过滤后经汽缸压缩直接进入储气筒，二级压缩式空压机工作时，空气经过空气滤清器进入一级汽缸压缩后排入中间冷却器冷却后再进入二级汽缸压缩，然后才排到储气筒内以供使用。

空气压缩机一般由压缩机、储气筒和电动机组成。活塞式压缩机由曲柄连杆机构、冷却系统、润滑系统和压力自动调节系统等几部分组成。使用时注意：工作前检查润滑油油面高度，如过低要及时添加到规定高度;工作中要留意其温度,不要使其温度过高;经常排除储气筒内的油水等沉积物;定期更换其润滑油和清洁空气滤清器的滤网;随时注意压力表的压力是否正常及“三漏”(漏气、漏水、漏油)情况,发现问题,立即停机。

7)打磨设备

常用的打磨设备种类很多,按动力装置不同可分为气动打磨设备和电动打磨设备两大类。气动打磨设备主要有风磨机、风动砂轮、钢丝轮等;气动打磨设备主要用于清除钢铁表面上的锈渍、旧漆层及打磨腻子等;气动打磨设备具有体积小、重量轻、速度快、磨平质量好、使用安全、可干磨也可水磨等优点。电动打磨设备主要有电动软轴磨盘式打磨机、电动软轴带吸尘袋磨盘式打磨机、AON3 型电动磨灰机等;其主要作用与气动打磨设备相同;具有噪音小、震动轻、粉尘飞扬少等优点;但质量通常比气动打磨设备大,且不适于水磨。

8)吸尘器

吸尘器是一种能将车内尘埃、脏物及碎屑吸集起来的电器设备,它也是进行车轿内日常清洁的主要设备。由于车轿内空间小、结构复杂,不便于清洁;只有使用吸尘器才能将车轿内壁、地毯、座椅及其缝隙中的尘土、赃物及碎屑等吸除干净彻底,且不会使尘土等飞扬。吸尘器是利用电动机的高速旋转,带动叶轮旋转,在吸尘器内产生真空形成吸力,把灰尘、赃物、碎屑等吸入,并经过其内部的过滤装置,经过滤后的清洁空气排出,而灰尘、赃物等则沉积在吸尘器内,达到吸尘的目的。吸尘器的使用按其使用说明书规定的步骤和方法进行操作即可。但要注意:不损坏吸尘器导线的绝缘层,以免发生意外事故;每次使用前,要将其吸尘袋彻底清理并及时清除吸尘袋内的灰尘;不要吸集金属碎屑,以免损坏电动机;在清理吸尘器灰尘时,不要将手放在吸入口附近,以免发生危险等。

9)空气净化设备

汽车车内空气净化设备主要有臭氧发生器、车用负离子发生器等。

臭氧发生器就是采用电晕放电法(在常压下使含氧气体在交变高压电场作用下产生电晕放电生成臭氧的过程)产生臭氧来对车内空气进行消毒处理,主要产品有 CP(CP-500、CP-1000、CP-2000)系列轿车臭氧机、HTH 大巴车载消毒器、HTH-3 系列快速杀菌消毒器等。车用负离子发生器主要有 LB3032、LB3103、LB3009 等几种型号,其作用是在车内产生寿命很短的负离子,对车内的空气进行杀菌消毒,保持车内空气清新。

8.2.2　汽车美容护理工具及辅助用品

1)常用工具

(1)清除工具。手工除漆、除锈使用的工具主要有刮刀、扁铲、钢丝刷、锉刀、废砂轮片、砂器等。如图8.3所示。使用手工除漆、除锈工具除漆、除锈操作劳动强度大、工效低,除漆、除锈效果差。但因其简便易行,不受任何限制,目前仍是局部和部件等小工作量除漆、锈渍的主要工具。

(2)刮涂工具。常用的刮涂工具有刮灰刀、牛角板、钢片刮板和橡胶刮板等。刮灰刀(如图8.4所示)的规格有宽灰刀、中号灰刀和窄灰刀等几种;宽灰刀适用于木车厢、客车大板等平整大物面的腻子刮涂或基层清理,中灰刀主要用于调配腻子、小面积腻子补刮及清除旧漆等,窄灰刀多用于调配腻子或清理腻子毛刺等。牛角板的材料为优质的水牛角,如图8.5所示;其特点是使用方便、可来回刮涂(或左右刮涂),主要用于修饰腻子的补刮涂等;使用牛角

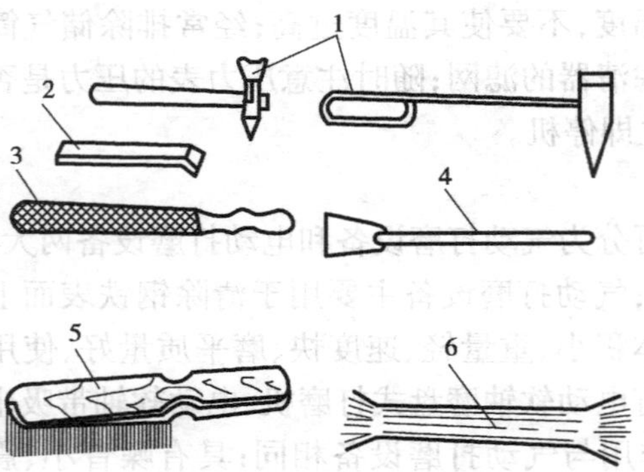

图 8.3　手工除锈工具

1—尖头锤;2—弯头刮刀;

3—粗锉刀;4—刮铲;5—钢丝刷;6—钢丝束

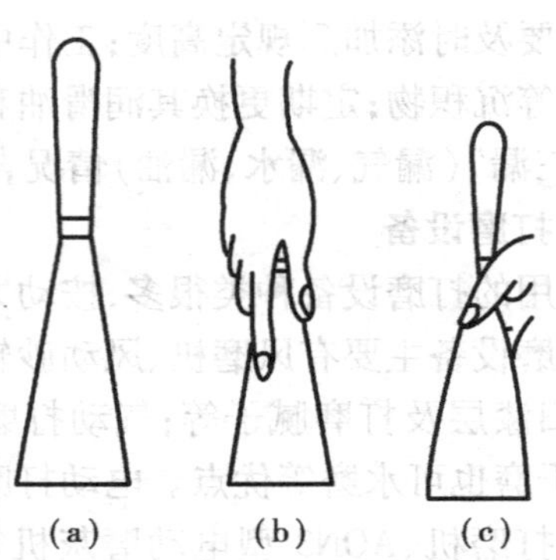

图 8.4　刮灰刀及其握持法

(a)刮灰刀;(b)直握法;(c)横握法

板后,应清理干净再置于木架上存放,以防变形,影响使用。钢片刮板由弹性极好的薄钢片制成,如图 8.6;其特点是弹性好、刮涂轻便、效率高,刮涂后的腻子层平整,既可用于局部刮涂,也可用于全面刮涂;较适用于小轿车、轻型客车等表面的腻子刮涂。橡胶刮板采用耐油、耐溶剂和膨胀系数小的橡胶板制成,外形尺寸和形状根据需要确定,如图 8.7 所示;橡胶刮板弹性极好、刮涂方便、可随物面形状的不同进行刮涂,以获得平整的腻子层;尤其对凸形、圆形、椭圆形等表面,使用橡胶刮板刮涂,质量更优;适用于刮涂弧形车门、翼子板等。

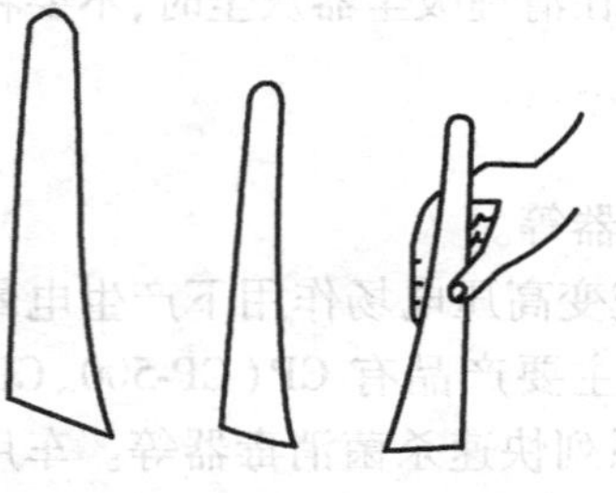

图 8.5　牛角板及握持法

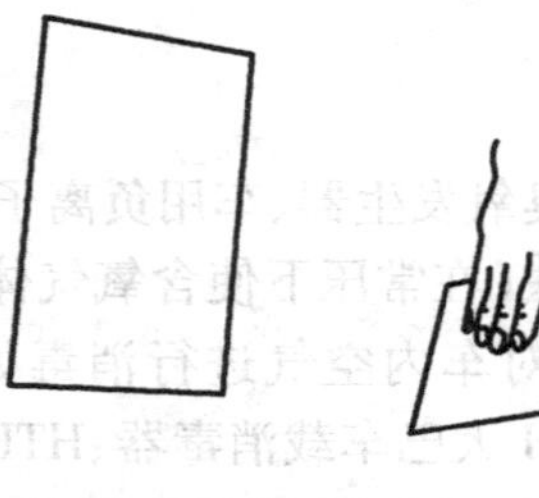

图 8.6　钢片刮板及握持法

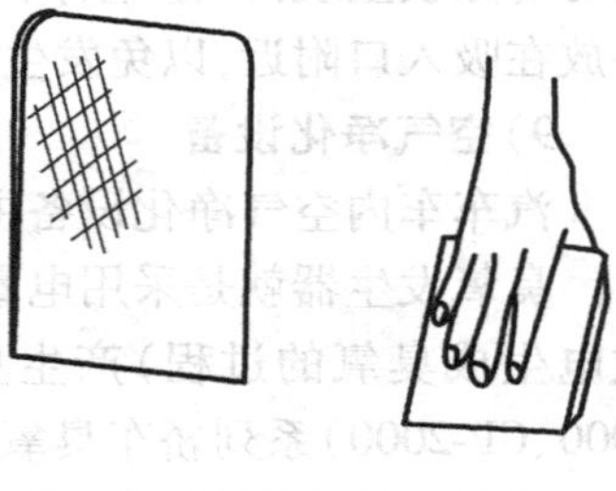

图 8.7　橡胶刮板及其拿法

(3)打磨工具。打磨工具主要指用砂布包垫板进行手工打磨时的垫板,垫板有木制的和橡胶制的两种;木块可选用长 180 ~ 200 毫米、宽 50 ~ 60 毫米、厚 25 ~ 30 毫米的平木板;橡胶板可使用厚 18 ~ 20 毫米、长宽相应的橡胶板剪制而成,如图 8.8 所示。

(4)刷涂工具。刷涂的主要工具有油漆刷、画笔、毛笔、盛漆容器等。漆刷有很多种类,按形状可分为圆型、扁型和歪脖型三种;按制作材料可分为硬毛刷和软毛刷两类;硬毛刷主要用猪鬃、马鬃制作,软毛刷用狼毫、猫毛、绵羊和山羊毛等制作;按制作尺寸可分为 12 毫米、19 毫米、25 毫米、38 毫米、50 毫米、65 毫米、75 毫米等,常用油漆刷如图 8.9;圆型毛刷可分为大圆毛刷和椭圆毛刷两种,刷毛一般用猪鬃或马鬃制成,直径也分大小不同的尺寸,圆毛刷适用于涂刷粗糙的物件;扁型刷也有硬毛和软毛两种,硬毛刷多用猪鬃制成、软毛刷多用羊毛制成,以毛直、毛清为质量好;软毛刷常用于刷涂稀度涂料,由于蘸漆量大、刷痕轻、漆流展性好,适于刷品质要求较高的物件;在选购毛刷时,通常以毛直、口齐、刷斗与刷柄组合牢固、刷毛中无脱毛者为上品。毛笔和画笔(如图 8.10)在喷涂作业中用来描字、划线,涂刷不易涂到的部位和汽车表面局部补喷漆时使用,常用画笔为长杆画笔,毛笔以狼毫为佳。

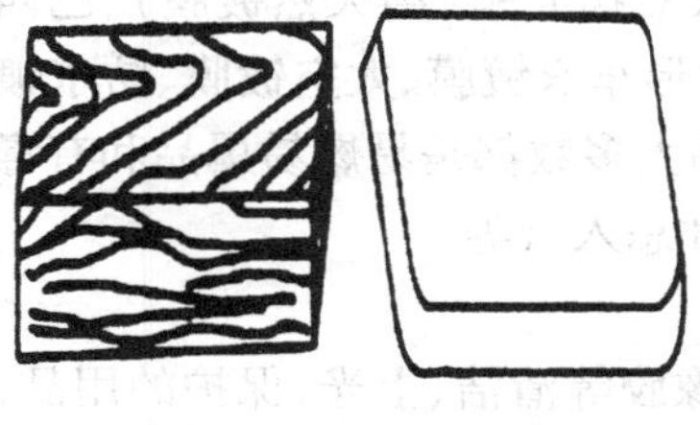

(a)　(b)

图8.8　打磨用木块与橡胶块

图8.9　常用油漆刷

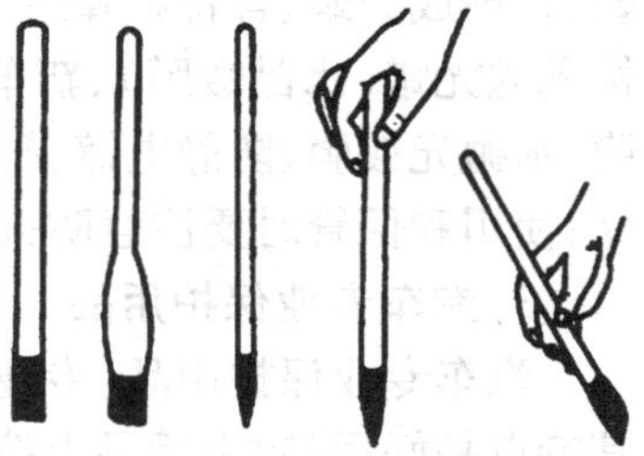

图8.10　画笔及毛笔拿法

(5)洗车擦具。洗车擦具主要有毛巾、浴巾、车巾、洗车布、无纺棉、波纹海绵、多功能清洗双面海绵和麂皮等在清洗车辆外表时使用的工具。

2)**辅助用品**

(1)砂纸、砂布、砂器。

(2)胶条与胶带。门缝密封胶条用于遮蔽车门、发动机盖内两侧、后行李厢、油箱等处,可防止喷漆时喷入车内,也可将粉尘和污染物隔离,使喷漆施工时的瑕疵降低。胶带用于喷漆时保护不需喷漆处,以保证整车漆面质量。主要有窗缘遮蔽胶带、感压式喷漆遮蔽胶带、遮蔽胶带、子母粘扣带、感压式背胶子母粘扣带、超粘型感压式粘扣带、外装粘着双面胶带、车身护条及铭牌固定胶带、电气绝缘胶带等。

(3)其他用品。其他用品主要包括:塑料零件用品(如:塑件修补AB胶、强化塑钢补胶、玻璃纤维补胶等)、地垫、透气工作服、喷漆/烤漆专用口罩、喷漆/烤漆用防毒面具等。

8.2.3　汽车车身美容护理用品

大家知道,汽车美容护理用品一般都为化学制剂。汽车美容护理操作人员除应了解汽车美容护理用品的作用和使用方法外,还必须对其特性加以掌握,以防患于未然。也只有这样,才能适应环保的要求、减少和杜绝对环境的污染(尽可能选用无公害的用品);防止爆炸和火灾事故的发生(许多汽车美容护理用品的化学成分是易燃易爆物质);防止疾病的危害(减轻汽车美容护理用品中的有毒化学成分对操作人员眼睛、皮肤、内脏和血液的危害)。

1)**清洗剂**

清洗剂主要有多功能清洗剂、去油剂和溶剂三种。多功能清洗剂主要用于一般性的汽车内外饰的去油、去污;去油剂主要用于清洗发动机等油泥较重的汽车部位;溶剂用于去除各种用水难以溶解的污渍。清洗系列的产品主要有:不脱蜡洗车液(浓缩型)、上光洗车液(浓缩型)、脱蜡洗车液(浓缩型)、泡沫上光洗车剂、天然洗车液(浓缩型)、变色水蜡、化纤清洗剂(浓缩型)、多功能绿色清洗剂、轮毂去油剂、轮胎强力去污剂、玻璃清洗液、发动机强力清洗剂(松香型、浓缩型)、发动机外部清洗剂、水质去油剂、蜡质开蜡水、树脂开蜡水、污垢软化剂等。

2)**汽车漆面美容护理用品**

汽车漆面美容护理用品主要有:普通漆微切研磨剂(不含硅氧烷)、普通漆中切研磨剂(不含硅氧烷)、普通漆深切研磨剂(不含硅氧烷)、透明漆微切研磨剂(不含硅氧烷)、透明漆中切研磨剂(不含硅氧烷)、透明漆深切研磨剂(不含硅氧烷)、普通漆抛光剂(不含蜡、不含硅)、透明漆抛光剂(不含蜡)、漆面还原抛光剂(不含蜡、不含硅)、全能抛光剂(不含蜡、不含硅)、普通漆增光剂、透明漆增光剂、增艳剂、通用还原剂、普通漆镜面还原剂、金属漆镜面还原剂、色蜡、含釉成分蜡、含特氟隆蜡、含硅蜡、含研磨剂蜡、含棕榈蜡、天然抛光蜡(纯天然镀膜)、巴西棕乳抛光蜡(水晶镀膜)、新车保护蜡(新车镀膜)、色彩镀膜、隐形车衣镀膜、太空镀膜、防水镀膜、水抛光镀膜、防静电镀膜、彩色蜡、钻石镜面蜡等。这些用品大多数都是易燃易爆品和有毒品,使用和保管时要注意防火(即要远离火源)、禁止小孩玩耍和忌入口等。

3)汽车专业保护用品

汽车专业保护用品(专业保护剂)是一种用于皮革、塑料、橡胶等清洁、上光、保护的用品,其特点是好用(喷上后马上擦几下即可)、保持时间长(一般能保持一二个月)、耐磨(外表实际是一层镀膜)、光泽好(含增光剂多)和防老化。汽车专业保护用品主要有水性真皮清洁柔顺剂、油性真皮上光保护剂、2001 配方皮革保护剂、化纤保护剂、化纤皮革清洁保护剂、绒毛深度清洁香波(超浓缩液)、绒毛清洁柔顺剂、丝绒清洁保护剂、地毯洗涤保护剂、塑料护理上光剂、皮塑防护剂、清澈美容防护剂、硬质皮革清洗剂、超级防护剂、塑件橡胶润光剂、电镀件除锈保护剂、汽车镀铬抛光剂、玻璃清洁防雾剂、玻璃抛光剂等。

4)其他专业保护剂

其他专业保护剂主要有:焦油沥青去除剂、昆虫焦油清除剂、异味清除剂(超浓缩型)、多功能防锈剂、万能除锈剂等。

8.2.4 基本操作技能

1)研磨机使用操作

(1)选择合适的研磨机转速。

(2)均匀向下施加压力,如图 8.11。

(3)将研磨机平放于漆面进行研磨,如图 8.12,千万不要像图 8.13 所示操作。

(4)研磨结束后,清洁、清理研磨机,妥善放入工具箱(或工具柜),以备下次使用。

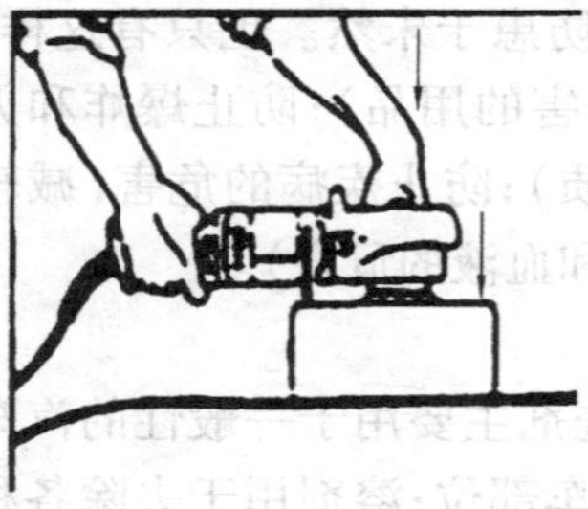

图 8.11 研磨机施压

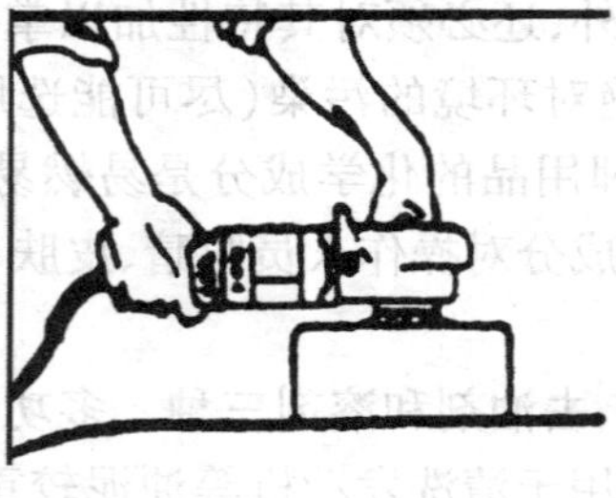

图 8.12 研磨机平放

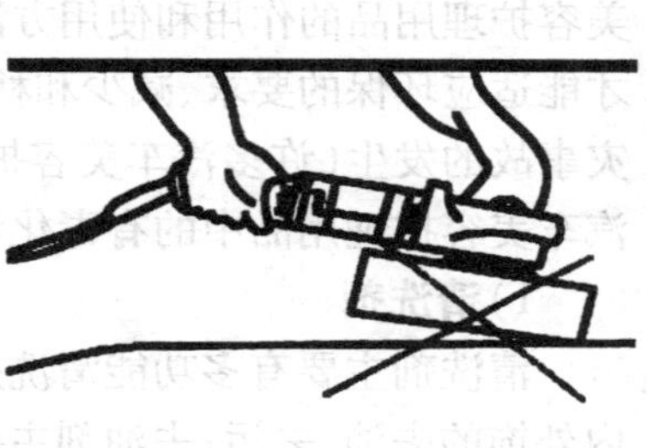

图 8.13 研磨机斜放(错误方法)

2)微型喷枪的选用、使用操作与维护

(1)喷枪的选用

选用喷枪时主要考虑喷涂物件的大小、涂料的种类、喷涂的品质、喷涂的等级标准等因素。被喷涂的物件大时,要选用口径较大的喷枪,这种喷枪的出漆量大、速度快;喷涂品质要求高时,要选用喷嘴雾化质量好的喷枪;相反,物件大、但品质要求不高,选用雾化好的喷枪反而会影响效率。涂料用量少、喷涂物件面积小而且颜色种类又多时,使用大喷枪既会造成浪费,又不能提高品质,此时应选用重力式喷枪,因这种喷枪装漆数量少,换颜色方便,清洗油漆杯时节省稀释剂。喷枪口径越大,所需的空气压力越大,喷出的涂料越多,需用漆的稠度越高;喷枪的口径大小与喷枪嘴的空气帽的风孔是相互配合的，空气帽分为多孔型和少孔型。多孔型的空气帽空气用量大，雾化性能好，涂膜品质也好；少孔型的空气帽空气用量小，但雾化能力差，适合喷涂品质要求不太高的物件。喷涂涂料的雾化程度与喷枪的口径大小、涂料的黏度、出风孔的排风量多少及排列的角度等有很大关系，因此，要根据不同品种的涂料选用喷枪嘴的口径和出风孔的多少，并调好涂料的黏度。

（2）喷枪的使用

①调整喷枪。调整喷枪就是对气压、喷漆雾形的大小和喷漆流量三个方面进行调整，这样就可以在正常条件下获得合适的喷漆雾形、漆膜湿度和气压，保证喷涂质量。气压的调节是通过调整调压阀（连接在软管接头和喷枪之间的）来进行；调整喷漆雾形是通过旋转雾形控制阀的旋钮来完成：把控制阀的旋钮全拧进去可得到最小的圆形喷漆雾束，把旋钮全反时针旋转得到的雾形最大，如图 8.14 所示。注意：最佳喷雾压力是指能获得理想雾化程度、流速和喷束宽度的最小压力。压力过高会因飞漆而浪费大量油漆，抵达构件表面前溶剂挥发快而导致流动性差；气压值应随喷涂漆料的不同而不同。

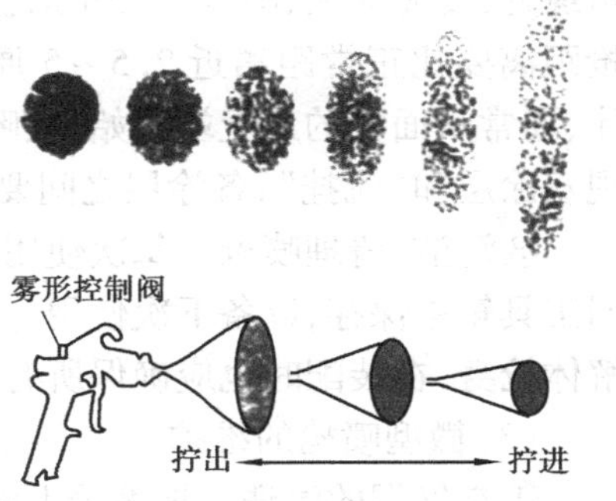

图 8.14　喷漆雾型的控制

②正确使用喷枪

a. 掌握好喷枪在移动过程中与被喷涂构件的角度。为便于操作，操作时应以“一字步形”或“丁字步形”站立，在喷枪移动过程中，不论是横向喷涂还是纵向喷涂，上下或左右移动时，都要保持喷枪与工作表面成 90 ℃夹角，并以与表面相同的距离和稳定一致的速度移动，否则漆膜就不均匀。绝不可由手腕或手肘做弧线摆动，否则被涂构件的漆雾流厚薄不匀，厚处可能出现“流挂”，薄处可能出现“露底”，一部分漆雾在空气中流失。只有在小面积喷涂时才允许喷枪做扇形摆动，因为这时要求漆膜中间厚两边薄。

b. 掌握好喷枪嘴与被涂构件之间的距离。一般喷涂距离为 20 厘米左右（可按油漆供应商提供的工艺参数操作）。如果距离太近，会因速度太高使湿漆膜起“桔皮纹”或“流挂”；如果距离太远，稀释剂挥发太多，会形成砂状表面，还会飞漆增多。而正常的喷涂距离应与喷枪的气压、喷枪的扇形面调整大小以及涂料的种类相配合。

c. 掌握好被喷涂料的喷涂气压。选择正确的喷涂气压与多种因素有关，如涂料的种类、稀释剂的种类、稀释后的黏度等。在喷涂操作时要尽量使液体物料雾化，同时又要求液体物料中所含溶剂尽可能少蒸发。一般调节气压 0.35 ~ 0.5 MPa，或进行试喷后再确定。要养成严格遵守油漆厂商说明书所提供的施工参数的良好习惯，以便达到理想的效果。合适的喷涂气压能获得适当的喷雾、散发率和喷幅的最低需要。压力过低可能会雾化不好，油漆像雨淋一样喷涂到构件的表面，容易产生“流痕”、“针孔”、“起泡”等现象。而压力过高可能会过度蒸发，严重时形成所谓“干喷”现象。

d. 掌握好雾形。

e. 掌握好喷枪移动的速度。喷枪移动的速度与涂料干燥速度、环境温度、涂料的黏度有关，一般行进速度为 0.3 米/秒左右。移动速度过快，会使漆膜粗糙无光，漆膜流平性差；移动过慢，会使漆膜过厚产生流挂。所以移动速度必须一致，否则漆膜厚薄不匀。喷涂过程中不要中途停留，以免产生“流挂”。使用干燥速度较慢的涂料，可适当提高移动速度。

f. 掌握好喷涂方法和行进路线。喷涂方法有：纵行重叠法、横行重叠法和纵横交替法；喷涂路线应从高到低、从左到右、从上到下、先里后外的顺序进行。应按计划好的行程稳定地移动喷枪，在抵达单方向行程的终点时放开扳机，然后再按扳机开始从原方向仍按原线喷涂。在行程终了关闭喷枪可以避免出现“流挂”，并把飞漆减少到最低。对难喷漆的部位，如拐角或边缘处，要先喷涂，喷漆时要正对被喷涂的部位，这样拐角或边缘的两边各得到一半的喷漆，喷枪距离要比正常距离近 2.5 ~5 厘米，所有拐角和边缘都喷好后再喷平面。对竖直面板的喷涂，通常从面板的最上端开始，喷嘴与上边缘平齐；注意开始喷涂的搭接处选择合适，可避免出现双涂层和“流挂”；各涂层之间要留出几分钟的闪干时间。

③清洁、清理喷枪。每次使用完喷枪，必须在油漆凝固前彻底清洗喷枪，并将其擦净后放回工具箱中保存，以备下次使用。注意在一般情况下，不要解体枪身，清洗时也不例外；若必须解体枪身，在装配时也应确保所有部位连接正确。

(3)微型喷枪的维护

①空气帽的清洗。把喷枪上的空气帽拆下来，浸泡在清洁的稀释剂里，用圆头牙签或其他软毛刷洗刷气孔(绝不能用金属丝捅这些精密小孔)后，再用压缩空气吹干。吹干后，把空气帽装配在喷枪上，进行试喷，观察喷漆的雾束分布是否良好，决定是否还要拆下清洗。

②虹吸式喷枪和漆杯的清洗。对虹吸式喷枪，清洗时首先取下漆杯，但不取下输漆管，仍留在杯里，再把气帽拧松 2 ~3 圈，用布盖住气帽，扳动扳机，让喷枪中残留的漆液流回到杯内。再拧紧气帽，把漆杯中的漆倒回原容器。用稀释剂和软毛刷清洗漆杯和杯盖，并用蘸有清洁稀释剂的抹布擦拭干净。然后将清洁的稀释剂倒入漆杯内(约 1/3 杯)，用喷枪喷稀释剂以清洗输漆管。最后用抹布蘸上清洁的稀释剂将喷枪的外部擦拭干净。

③压送式喷枪的清洗。对于压送式喷枪，先关闭油漆罐的压缩空气，从泄压阀或调压阀卸压，然后拧松气帽 2 ~3 圈，用布把气帽盖住，扳动扳机，让喷枪中残留的漆液流回到杯内。清洗油漆罐并加一些稀释剂在油漆罐里，把油漆罐安装好，打开所有的空气阀，扣动扳机，使清洗剂通过软管流动，达到清洁软管的目的。通过压缩空气 10 ~15 秒钟，将软管吹干。随后清洗喷枪和空气帽(方法与前述清洗虹吸式喷枪和空气帽的方法相同)，最后再次清洗油漆罐。

④喷枪的注油。每次使用喷枪后，都要加注几滴机械润滑油，将喷枪各部位的零件润滑。润滑时要特别小心，不要润滑过量，多余的润滑油可能会溢到油漆通路上，混入油漆中破坏漆面。如果每天都要使用喷枪，则要在有弹簧的部位(如控制漆料的顶针弹簧和空气阀的弹簧)加注一些润滑脂。

3)打蜡机的使用

(1)上蜡。将液体车蜡画圈式地倒在打蜡盘上，每次按 0.5 平方米的面积打蜡，直至全车打完，用几分钟时间等待车蜡凝固。

(2)抛光。将抛蜡盘套装在打蜡机上，确认盘套的绒线中无杂质后开机，再将打蜡机套轻放在车身上，让打蜡机按图 8.15 所示的路线进行横向与竖向覆盖式的抛光，直至车漆光亮度(如镜面一样光滑)令车主满意为止。

(3)清洁、清理。打蜡作业结束后，彻底清除车灯、车牌、车门及行李舱等处的残留车蜡；清洁和清理打蜡机，并将其装入工具箱，以备下次使用。

(4)打蜡注意：

①在阳光直射下或汽车车身温度过高时,不要打蜡。

②上蜡作业要连续一次完成,作业中间不出现间隔(即涂涂停停)。

③尽量不要将车蜡涂抹到门边塑料装饰条、前、后塑料保险杠及车体其他塑料件上。

④操作打蜡机时,不要用力过大,以免将原漆打掉。

⑤上蜡后,一定要等待5~10分钟后,再将汽车蜡抛出光泽。

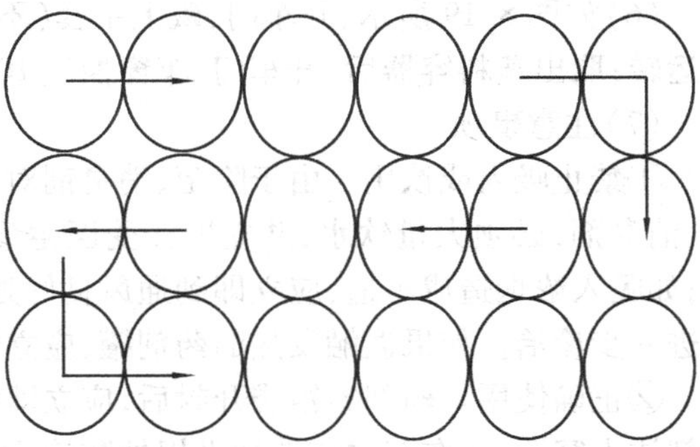

图8.15　打蜡机抛光运行路线

4)使用汽车空调除菌、消臭剂消毒

(1)将宠物、食物、纸巾等移出车外,关紧车窗。

(2)如图8.16所示。将空调开关调到"OFF(关闭)"、吹出选择"VENT(排出)"、空气转换开关选择"RECIRC(反复循环)",起动发动机,将空调扇调至"HI(高速)",并持续运转5分钟。

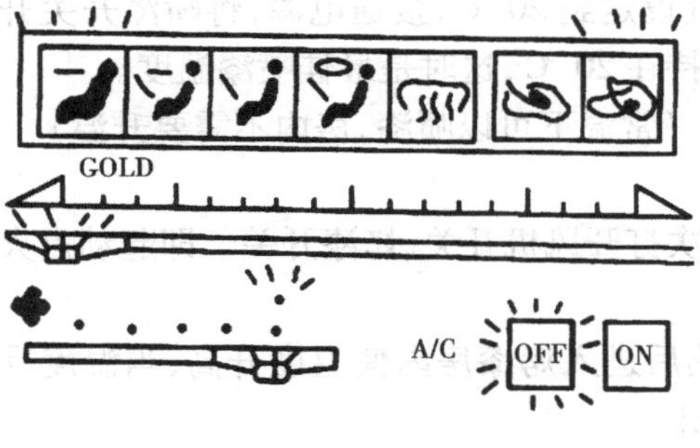

图8.16　调整空调开关

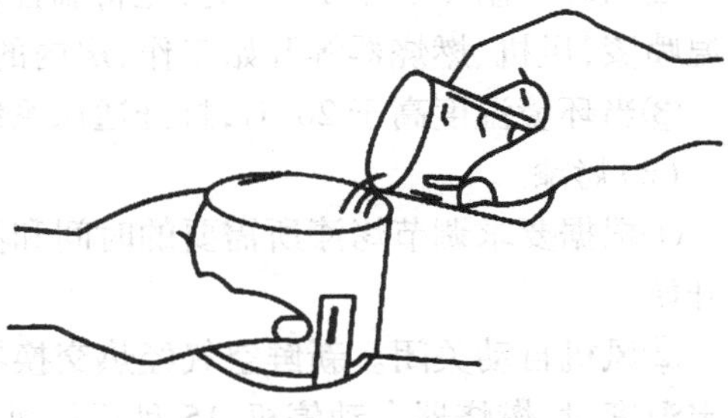

图8.17　向塑料容器注水

(3)如图8.17所示,从塑料容器中取出除菌、消臭剂,在塑料容器中注水到黑线为止。

(4)如图8.18所示,先将塑料容器水平放置在副驾驶座前的放脚处,然后将盛有除菌、消臭剂的药剂罐放入塑料容器,并盖上圆状盖子。(注意,图示为方向盘右置汽车)

(5)关上车门,运转空调的风扇功能约10分钟。

图8.18　放入塑料容器及药剂罐

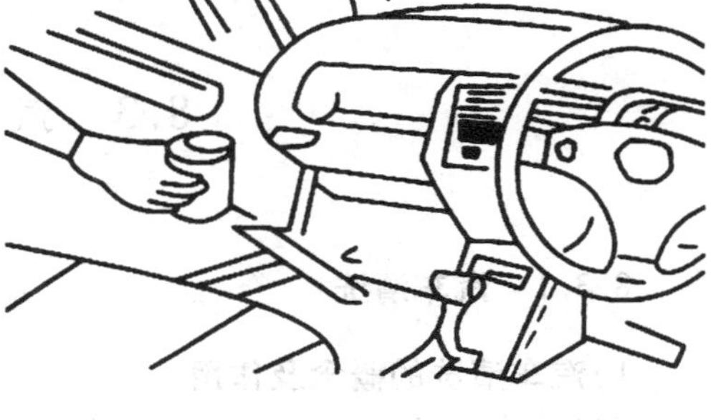

图8.19　取出塑料容器

(6)如图8.19所示,开车门,戴上手套(不要直接取出塑料容器)拿出塑料容器,停止发动机运转;取出塑料容器后,开车门、车窗换气10分钟。

(7)注意事项

①禁止吸入或饮用。由于除菌、消臭剂对人体有害,使用时,人不可在车内;万一饮入了除菌、消臭剂,必须大量饮水,并立即接受医生诊治;如误入眼内,沾到眼部,要立即用水清洗干净;如吸入浓烟造成不适,应立即到通风良好处;经过这些处置,还有异常出现,要马上到医院作进一步诊治。如果误触发热的药剂罐,应立即用水降温。

②正确使用。药剂铅箔袋开封后,应立即使用;使用时注水应到黑线位置,撕开封条后,将药剂注入容器,且在车内应选择平坦处防治,不要弄倒塑料容器;要关好车门和车窗。

③安全。在塑料容器内必须先注入水后放入药剂罐,如果顺序出错,不但不能正确量出水的注入量,还会导致水和药剂急速沸腾向周围飞散,造成人员烫伤。使用中容器的温度会上升至300 ℃左右,绝对不可用手触碰;取出车外时,必须戴上手套,且确认容器的温度已下降后才可取出。

5)喷漆烤漆房操作

(1)喷漆

①根据环境温度,确定是用升温喷漆还是常温喷漆。

②当环境温度低于10 ℃时,先将温控仪的温度设定到20 ℃,接通电源,将喷漆开关开到升温喷漆,风机、燃烧器等开始工作,房内的温度保持在20 ℃,这时是最佳喷漆温度。

③当环境温度高于20 ℃,打开通风系统开关。(常温下可以喷漆,房内不需要升温)

(2)烤漆

①根据要求调节烤漆所需要的时间和温度,依次打开风机开关、烤漆开关。即起动点火烤漆开始。

②风机自动关闭。新鲜空气经热交换器被加热后进入烤漆房内使温度升高,当温度升至设定温度时,燃烧器自动停机,15秒后风机自动关闭。

③当温度降到设定温度以下4~5 ℃时,风机和燃烧器自动工作,使房内温度保持恒定。

④当烤漆时间达到设定的工作时间时,烤漆房自动关机,烤漆结束。

⑤在烤漆过程中要紧急停机,先关燃烧器点火开关,20秒后再关风机开关(因热交换器工作时处于高温状态,为使其冷却而风机还应再工作一段时间)。

(3)注意。一是严格按喷漆烤漆房的使用说明书要求使用;二是严禁在喷漆烤漆房内吸烟和使用明火。

8.3 汽车美容装饰实务

8.3.1 汽车清洗

1)汽车清洗的概念及作用

(1)汽车清洗

汽车清洗是采用专用设备和清洗剂,对汽车车身及其附属部件进行清洁处理,使之保持或

再现原有风貌的基本美容工序。现代汽车美容清洗与传统洗车有以下区别:

①技术不同。“传统洗车”大多是由非专业人员进行,无法从技术上、程序上保证洗车的效果,而“美容洗车”的人员都经过正规严格的训练,能熟练地借助于现代化的设备和高性能的清洗用品进行洗车作业,如用高压水枪完成冲洗后,再由专业人员完成清洁和擦干等工序;这样不仅可以大大提高了清洗作业的效率,降低人力消耗,同时还有效地保护了汽车漆面。

②材料不同。“传统洗车”使用的是洗衣粉、肥皂水、洗洁精,这些材料虽能分解一些油垢,但会造成汽车车漆氧化、失光,严重时还会腐蚀金属和加速密封胶条的老化。“美容洗车”使用的是专用洗车液,专用洗车液呈中性,选用非离子表面活性剂制成,能使污渍分子分解浮起而容易被洗掉,其化学成分不但不会损伤车漆,反而对车漆有保护作用。

③目的不同。传统意义的洗车无非是除去汽车表面的泥土、灰尘等,这仅仅是洗去了汽车表面的浮落物,而对黏附在车漆上的具有较强氧化性的沥青、树胶、鸟(虫)粪便和嵌入汽车漆深处的铁粉等是无法去除的,以上这些物质不仅影响汽车的外观,还严重地氧化、腐蚀车漆,时间一长,汽车漆就会暗淡失光,甚至汽车漆脱落,大大降低了汽车的品质。“美容洗车”则是在“传统洗车”的基础上,内涵扩大到漆面清除氧化物和汽车漆养护的范畴,不仅洗去了汽车表面的浮土,还用专业技术将粘附在汽车表面的有害物质统统除去,就连嵌入车漆深处的铁粉等有害物质也要彻底除去,“传统洗车”正逐步被现代的“美容洗车”所代替。

④对环境的影响不同。“传统洗车”的作业场所一般不规范,即随时随地就可实施,甚至“一人、一桶、一块抹布”,这样的洗车不但影响城市形象,而且清洗的泥沙及废水还会造成城市的环境污染,同时也造成了水资源的浪费。专业的“美容洗车”作业场所固定,设备配套完善齐全,将洗车水经过多次沉淀、过滤、消毒和处理后反复利用,不仅保证洗车的效果,还节约了宝贵的水资源、保护了环境。

(2)汽车清洗的作用

①保持汽车外观整洁。汽车在行驶中经常置身于飞扬的尘土中,雨雪天气有时还要在泥泞的道路上行驶,车身外表难免被泥土玷污,影响汽车的外表整洁,为使汽车外观保持整洁亮丽,必须经常对汽车进行清洗。

②清除大气污染的侵害。大气中有多种能对车身表面产生危害的污染物,尤其是酸雨的危害性最大,它附着于车身表面会使汽车漆表面上形成有色斑点,如不及时清洗还会造成漆层老化。轻微的酸雨可以用专用去酸雨材料清除,严重的酸雨要使用专业的设备和清洗剂才能彻底清除。因此,车主或驾驶员应该定期将车辆送到专业汽车美容店进行清洗。

③清除车身表面顽渍。车身表面若沾附有树汁、鸟粪、虫尸、焦油、沥青等顽渍,如不及时清除就会腐蚀漆层,给漆面护理增加难度。因此,车主或驾驶员要经常检查车身表面,一旦发现有腐蚀性的顽渍,就应尽快清除,若已腐蚀漆层更应尽快到专业汽车美容店进行处理。

2)汽车清洗的种类与时机

(1)汽车清洗的种类。汽车的清洗根据情况不同有以下几类:一是开蜡清洗,所有新车出厂时都涂有一层油脂运输保护蜡,这种蜡的成分与日常的车蜡不同,因此购买后,应到汽车专业美容店用开蜡剂去除运输蜡然后对车漆做深层次的清洁保护,这就是所谓的“车漆还原”。汽车漆还原后,再用高泡柔性洗车液清洗上光,最后用不含抛光剂的、柔和的新车专用蜡,将清洁的车漆层密封,使汽车漆的底色充分展露。二是不脱蜡清洗,不脱蜡洗车是最常见的一种汽车清洗,也称为日常清洗。它指车身表面有蜡,但是不想把它去掉,只是洗掉灰尘、污迹等。这种清洗方法主要是用清水和不脱蜡清洗剂,采用人工或机械清洗。三是脱蜡清洗,脱蜡洗车就是除掉汽车漆表面原有车蜡的汽车清洗作业。有些汽车原已打过车蜡,现在需要重新打蜡上光,此时就必须在洗车的同时将原有车蜡除净,然后再打新蜡。脱蜡洗车使用脱蜡洗车剂,这种洗车剂可有效地去除车蜡;用脱蜡清洗剂洗完后,要用清水将车身表面冲洗干净。四是顽渍清洗,对附着在车身漆面上的鸟粪、沥青、焦油等难以清洗的顽渍,尤其是已附着在车身几天,汽车漆就出现了腐蚀,采用一般清洗剂很难清除,必须使用专门的清洗剂(溶剂)进行清洗。

(2)汽车清洗的时机。汽车清洗的时机主要根据天气、行驶的路况和汽车污垢等的情况来把握。

①根据天气情况确定。一般有三种天气情况:一是连续雨天,这种天气,车身表面污渍以泥土为主,只要用清水将全车喷洒,使车上的泥土掉落;然后用湿毛巾或湿布擦拭全车所有玻璃即可;但天晴后,应马上进行全车清洗。二是连续晴天,这种天气,车身表面污渍以灰尘为主;只要用鸡毛掸子将车身表面的灰尘清除,再用湿毛巾或湿布擦拭前后风窗玻璃及车窗与两旁的后视镜;一般先清除车顶,再清除前后风窗玻璃、左右车窗、车门,最后清除发动机盖及行李舱盖等处;如果这种天气较长,大约一周应做一次全车清洗。三是忽晴忽雨,遇到这种天气,就要常常清洗车身表面,虽然有点累人,但为了车身的整洁,也不得不如此。

②根据汽车行驶的道路状况确定。一般行驶在工地或行经工地时,车辆都会受工地的污泥所溅及,因为工地上的泥水容易溅起。如果车身被溅上了泥水应立即使用清水予以彻底清洗,以免附着太久伤及漆面;行驶在海岸有露水或有雾区时,如驱车在海边垂钓过夜,因海水盐分重且又有露水,雾气湿重,倘若返回后不立即用清水彻底清洗一遍,则车身钣金就会遭受海水盐分的腐蚀;行驶在山区有露水或有雾区时,只要在停车后,使用湿毛巾或湿布擦拭一遍即可;行驶在沙石路面时,很容易沾上泥土,尤其在雨天这些土路便成了泥泞路,在这样的道路上行驶,汽车最好每天都进行清洗。

③根据污垢种类确定

a.沥青或焦油。若车身表面附有沥青或焦油,无论是深色漆面还是浅色漆面的车辆,其视觉影响都是很大的,况且沥青和焦油都是有机化合物,长时间附着于漆面,漆面会出现污斑,特别是丙烯酸面漆的车辆尤为明显;因此,车身表面若沾上沥青或焦油,必须立即清除。

b.树汁、鸟粪和虫尸。汽车在露天停放以及夜间行驶后,很容易沾附树汁、鸟粪和虫尸,对这些污垢必须立即清除,否则会腐蚀漆层并形成色斑。

c.水泥。汽车在建筑工地上行驶时,车身表面容易沾上路面上的水泥粉,对此必须及时清洗,以免水泥粉沾水后牢固地附着在漆面上难以清除。

3)汽车清洗方法

(1)一般洗车。所谓"一般洗车"就是路旁洗车,即雇人洗车、自己动手洗车的统称。

①洗车步骤

a.使用清水冲洗汽车车身上所附着的污泥。从车顶开始冲洗,使污物由上往下流出。冲洗前、后挡风玻璃上的污物和左右两侧玻璃门窗。用水柱清洗车轮挡泥板内侧及凹缘处,可用手或布擦、挖凹缘内沉积泥土等。用水柱清洗减振器上的污泥。

b.用刷子及清水清洗前、后保险杠上的污泥。用布或刷子或海绵清洗轮圈护盖上的污泥。

c.用水柱彻底清洗前挡泥板上的污泥。清洗后挡泥板、后保险杠与车身的连接处。若水柱力量不足时,可用空气压缩机加压的高压水枪。

d. 清洗后视镜与车窗结合处。用高压水枪喷洗后照镜及后车窗。

e. 用高压水枪清洗车身底盘下各车轴、连杆等处的污秽。

f. 用毛巾或擦布配合水柱从车顶开始擦洗全车。

g. 用半湿毛巾由车顶、前挡风玻璃至后车窗擦干。

h. 擦干前发动机盖板及其余各处,完成洗车。

注意洗车时使用水压要合适,在清洗车轮时务必清除胎纹沟内的小石子等,避免损坏汽车轮胎。

②高压水枪洗车步骤

a. 用高压清水将车身喷洗一遍。这一遍并不能洗净车身,但可清除附着在车身上的砂粒和污泥等。用高压清水喷洗前挡风玻璃及通风口。用高压清水喷洗后车窗。用高压清水喷洗侧车窗。

b. 用高压清水喷洗车门、门饰板及饰条。

c. 用高压清水喷洗底盘与门槛间缝隙。

d. 用高压清水喷洗门外饰板及饰条。

e. 用高压清水喷洗车轮污泥。

f. 用高压清水喷洗前后保险杠及与车身结合的缝隙。

g. 用高压清水喷洗钢圈。

h. 用清水与毛巾从车顶开始再清洗一遍。

i. 用半湿毛巾擦干车身上的水痕,最后擦拭前发动机盖板,完成洗车。

(2)冲洗法

①液流冲洗。液流冲洗就是洗涤液对污垢表面起机械的、热的和理化的作用。液流的机械作用是指液流冲击污垢表面;此时,液流冲击区的污垢发生变形,从而由于法向应力和切向应力作用导致污垢层的破坏和脱落;在液流沿表面流动时,洗涤液就将污垢粒子从清洗区带走。液流热的作用就是提高洗涤液的温度能使污垢的强度降低,从而提高了洗涤效率。在洗涤剂液流的作用下,污垢表面张力下降,由此降低了污垢对表面的吸附能力,也就加快了它们的乳化、分散和胶溶作用的理化过程。根据冲洗的用途和方法,三种作用方式(机械的、热的、理化的)可以同时采用。

②蒸汽冲洗。蒸汽冲洗法是指用温度为90~100 ℃、压力为0.5~2 MPa的蒸汽液流冲洗被清洁的表面。高温、大容量的洗涤液及液流冲击表面时产生的湍流运动,保证达到有效的清洗。这种方法可以彻底清洗尘埃及路上污泥的沉积物、润滑油、润滑脂及其分解物,同时也可消除被有毒化合物玷污的表面。

蒸汽冲洗装置的效率取决于液流的能量。此能量表现为冲到被清洁表面上的液流压力及量,同时也取决于液流的温度和洗涤剂的活性;根据水的耗量,蒸汽冲洗装置可分为耗量为200~500升/小时的低压装置和耗量为500~1 500升/小时的高压装置两种。

③高压冲洗。采用高压(1 000米水柱)热水冲洗表面的方法称为高压冲洗。这种方法比蒸汽冲洗的效率更高,它具有清洗质量高、成本低,同时仍然能保护漆层的特点。用高压冲洗表面的方法可以避免使用化学药品和试剂,因而能保护周围的环境。由于机械能量高度集中,所以不用化学药品和高温就能获得较好的效果。

高压清洗装置是由水泵和传动机构组成的泵组,全部机组安装在二轮或四轮车架的刚性梁上。为了取得高压液流,装置一般采用柱塞泵。装置用水一般可以采用自来水供应,有时也可以由水池或水塘供应。高压液流的清洗效率取决于清洗对象、清洗表面的特征、污垢的形式,同时也取决于液流的压力、供给液体的量和温度以及液流的形状。现代的清洗装置备有各种专门的水加热、洗涤剂供给、防腐剂供给、液流压力调节和供液量调节等系统,备有自动控制和保护系统,同时还装备有获得各种不同形式的全套喷嘴。这些装置可以完成冷热水、加洗涤剂和不加洗涤剂、低压和高压各种作业。

④电动洗车。电动洗车分为半自动和全自动电动洗车两种。两者共同点为:驾驶员将待洗的汽车驶入洗车机的车道中,发动机熄火,拉起手制动,驾驶员可离开车辆也可留在车内,紧闭车门、车窗。不同点为:半自动,需要人工操作洗车机上的功能按钮;全自动,只要洗车场人员或驾驶员按下机器上的起动按钮即可全程功能操作。

4)汽车室内清洁

(1)清洁部位与方法。清洁部位:车室内需要清洁的部位主要有顶棚、内壁、车窗玻璃、地毯、座椅、仪表板、转向盘、音响、空调风口及其他操纵件。清洁方法有:掸,用鸡毛掸掸去内壁及仪表板等物品上的浮灰;擦,用干净毛巾擦去仪表台及其他部位的灰尘;吸,用吸尘器吸去地毯、座椅内壁及行李舱中的灰尘;洗,定期对座椅罩、地毯、脚垫、安全带等部位进行清洗。

(2)不同材料的清洁。车辆内部顶棚、侧壁、座套及地毯等部位主要由化纤、皮革、塑料及橡胶等材料制成,清洁时应根据材料的种类选择不同的清洗剂和清洗方法。

①化纤制品的清洗。车厢内衬及座椅面套一般都是化纤制品,应先将表面灰尘用吸尘器吸净,然后将化纤专用清洗剂喷在需清洁的化纤制品表面,润湿5分钟,待污物充分溶解、松化,再用毛巾擦拭即可。

②皮革制品的清洁。车辆内座椅、仪表台等很多物品都是由皮革制成。对皮革制品可直接用湿毛巾擦拭;对于严重油污,应配合使用皮革清洗剂。仪表台在清洗后,可涂上一层液体水蜡,防止阳光照射发生龟裂。

③塑料制品的清洁。对仪表板、顶棚支架、座椅护围等处的塑料制品,首先将专用清洗剂喷洒于塑料表面;然后用毛刷稍沾一些清水刷洗表面,直至细纹中的污垢完全被清除;再用半湿性毛巾擦净刷掉的污垢。如果去污力不够强劲,可视油污轻重而定清洗剂的稀释比例,加大力度,但应该由轻到重,以免出现失光白化现象。

④橡胶制品的清洁。对于橡胶制品,首先将专用清洗剂喷洒在半湿性毛巾上;然后直接擦洗橡胶部件,切勿使用毛刷,以免使橡胶件失去亮度;再用干净的半湿性毛巾擦净表面的清洗剂。

⑤注意。不能用碱性较强的洗衣粉或洗洁精清洗和在清洁过程中使用汽油、玻璃清洗剂或漂白粉等。

(3)不同部位的清洁。车辆内的清洁也应按照自上而下的顺序进行,即从顶棚到仪表板、座椅,最后是地毯。

①顶棚的清洁。顶棚上的主要污垢是浮灰,这些浮灰如不及时清除,在空气中水蒸气的作用下便沾附在顶棚上,使顶棚产生灰蒙蒙的感觉。因此,对顶棚要经常用鸡毛掸掸去浮灰;一旦浮灰沾附在顶棚上,应先用吸尘器进行大面积清洁;然后根据顶棚的材料选择清洁剂进行清洁。必须注意的是顶棚内的填充物是隔热吸音材质,具有很强的吸水能力,清洁时一定要使用干一些的擦布,否则会使清洁剂浸湿顶棚内的材料很难干燥。

②控制台的清洁。由于控制台上各种仪表和按钮比较多,且台面结构凹凸不平,清洁起来比较困难。清洗时要在擦上清洁剂后用非常柔软的尼龙刷子刷出污垢,也可以在控制台的开关等处(这时不需用清洁剂)一边用刷子刷出污垢,一边用吸尘器来吸收。对凹槽等难以清洁处,可在清洁之前根据各部位的不同特点,自制一些不同厚度的木片,将其头部分别削成三角形、矩形及尖形,再把它包在干净的毛巾里,用于清洁沟沟坎坎之处,不仅清洁效果好,而且不会损伤台面。

③座椅的清洁。清洁座椅应根据座椅的面料选用不同的清洁剂和清洁工具。

④轿车地毯的清洁。先选用泡沫型的清洗剂浸泡地毯,再用毛刷刷洗。清洗地毯应注意不能用水清洗。地毯干燥后使用刷子将地毯毛膨起。另外,要保持车厢地毯干燥,经常检查地毯下层,若有积水及灰尘异物等,须及时干燥和清洁,否则天长日久会造成地毯霉烂和车厢地板锈蚀。

⑤安全带的清洁。安全带应使用中性的清洗剂和温水进行清洗,不能选用染色剂或漂白剂为清洗剂,否则将降低安全带的强度。

5)汽车清洗注意事项

汽车表面清洗涉及许多材质和不同的表面涂层及内外装饰等,因而在进行清洗时要注意以下事项:

(1)清洗汽车外表面最好在室内或背阴处清洗,既不要在阳光直射下进行清洗,因为在阳光下,干涸在车身的水滴会留下斑点,影响美观;也不要在严寒中清洗,在严寒中不但清洗不净,反而会导致水滴在车身表面结冰使外表涂层出现裂纹。

(2)清洗前应将车门、车窗、发动机罩、行李舱盖、车身通风口、空气入口等全部关闭严密,封严发动机电器系统及线路,以防清洗时进水,造成短路、窜漏电和锈蚀等。清洗货车时,注意保护所载货物,即加以防护或不清洗上部。

(3)在没有干燥设备的场地清洗时,最好将汽车停放在带有小坡的空地或路边,以便清洗后的清洗剂和污水自行流尽,防止积水污染或腐蚀。

(4)在清洗汽车轮毂时,最好能防止制动器进水,造成制动不灵。如发现制动器已进水,可提醒驾驶员低速运行,反复踩制动踏板,挤干制动器内的水分,恢复制动器的制动性能。

(5)手工清洗时,要使用软管,水的压力要合适和不要把水喷进锁孔。水压力过高,会造成车身外表污物硬粒划伤漆面,严重时,还会把薄皮车身冲洗变形。

(6)清洗汽车内外装饰件溅上的污物,应在污物未干的时候进行。如已干涸,要用清水或清洗剂、软毛刷慢慢刷洗,不能用硬质工具刮除。

(7)不能使用碱、煤油、汽油、矿物油及酸等溶剂直接清洗汽车外表面;橡胶件可用工业甘油擦去未洗净的灰色沉积物。

(8)镀铬件清洗后如有锈迹,可用白垩粉或牙粉撒在法兰绒上,沾上氨水或松节油擦拭,擦完后,再涂上防锈透明漆。

(9)汽车清洗结束,提醒驾驶员上路后要控制车速,对车辆的制动性能进行路试,确认制动性能良好后,再逐渐提高车速行驶,以保证行车安全。

(10)使用对环境污染较大的清洗剂时,应采取回收措施,避免对环境造成污染。

8.3.2 汽车漆面美容

汽车漆面美容主要包括修复美容、护理美容和翻新美容三个方面。

1)修复美容

汽车修复美容是指对喷漆后的漆面问题进行处理。在没有专用喷烤设备的车间喷漆,或者虽有喷漆房,但喷漆房的通风净化不洁净、过滤系统失效、空气压差不稳,用于喷漆的压缩空气就会或大或小,致使修补漆的漆面产生种种缺陷,如流挂、收缩、起颗粒、橘皮、发白、拉丝、发花、浮色、针孔、渗色、气泡、丰满度差等。出现了这些问题,必须经过修复才能达到高质量的漆面效果。

漆面修复美容的施工工艺如下:

(1)磨平。新喷涂的漆面必须完全干燥后才能进行打磨,因此,要严格遵循涂料制造商有关干燥时间的规定,确定干燥的温度及涂层可抛光的时间。

①大面积缺陷的处理。用费斯托电动偏心振动圆形细磨机 ET2E 或气动圆形细磨机 LEX150/3M(这两种细磨机的偏心振动直径均为 3 厘米并带有平滑起动、无级调速功能,运转平稳),调中档转速,配费斯托专用美容砂纸 P1500,尽量使磨垫底盘平放于打磨部位,均匀打磨需要打磨的部位,且适当加少许水。这样可获得更好的平稳性,减少损坏涂料表面的机会;避免因高速打磨产生的热量,使磨削的粉尘粘在砂纸表面后造成漆面新的划痕。

②小面积缺陷或点状颗粒的处理。用费斯托手动小磨头 D36,配费斯托自黏式专用水砂纸 P2500 平稳打磨,在打磨时要保持打磨头垂直于物体表面,磨头要在尽可能小的圆圈内移动,并在砂纸表面涂抹一些肥皂,以减少砂纸黏的堵塞,将有问题的漆面打磨平滑后再进行抛光。

(2)抛光。将水溶性抛光蜡均匀涂在已处理好的表面,用费斯托中号抛光机 RAP150.03E 配合费斯托抛光用软毛毡进行抛光,在抛光过程中使用喷雾瓶向被抛光表面及抛光毛毡喷水,以防发热后抛光剂和漆面粘着。注意先将抛光机转速调整为 900 ~1 600 转/分钟进行扩散抛光,把磨削过的砂纸痕迹磨平;然后再将转速调整为 1 900 ~2 500 转/分钟进行高光洁度抛光。

(3)上光蜡保护。经过抛光后的漆面要上光蜡保护,即用费斯托中号抛光机加细海绵球及水溶性漆膜保护蜡,用中低速涂匀,封闭保护 10 分钟,使汽车蜡中的高分子聚合物覆盖于漆膜表面后,再用中号抛光机配费斯托洁净羊毛球进行保护性抛光。

2)护理美容

护理美容是指汽车在正常使用中进行护理,保护漆膜而使漆面光泽持久,避免粗糙失去弹性和光泽。汽车漆膜护理美容的施工工艺如下:

(1)用中性清洗液清洗车身各部位油污和斑点等。

(2)用费斯托中号抛光机 RAP150.03E 及细海绵球配合水溶性漆膜保护蜡进行抛光,具体做法是:将漆膜保护蜡涂于海绵球的表面,用中低速 900 ~1 600 转/分钟均匀涂抹在车身表面;封闭 10 分钟后改用羊毛球进行抛光,除去表面浮蜡。

3)翻新美容

汽车漆面翻新美容是指受污染的漆面(粗糙失光)不须喷漆,而经过翻新美容后就能达到原来的效果。经过日常的使用,汽车油漆表面较长时间未做任何漆膜保护,以及受空气中的有害气体侵害、紫外光照射、酸雨和鸟粪等的侵蚀和汽车在高速行驶时与空气摩擦产生静电,将有害气体的分子和灰尘吸附黏结于车身漆面,而形成一层氧化膜,使车身颜色变暗而不鲜艳,同时严重影响上蜡质量。因此要对车身漆面进行翻新美容。

汽车漆面翻新美容的施工工艺如下:

(1)对汽车车身表面用清洗液彻底清洗。在确认没有严重刮伤的情况下,使用中性清洗液予以彻底清洗去除车身表面的尘污等。

(2)去掉氧化膜。用费斯托电动细磨机 ET2E 或气动细磨机 LEX150/3M 配合费斯托专用超软联接垫和费斯托超软型尼龙细砂网 S1200,中低速将氧化膜除掉,再用快干清洁剂清洁。

(3)调整漆膜纹理。用费斯托中号抛光机 RAP150. 03E 和费斯托粗海绵球配合水溶性抛光粗蜡;将抛光蜡涂于海绵球表面后使用中速 1 600 转/分钟将车身扩散研磨一遍。

(4)使漆面产生光泽。将水溶性抛光细蜡加少许水后均匀涂抹在需抛光部位,抛光机改用羊毛球、选中高速 1 900 ~ 2 200 转/分钟将砂纸纹抛掉,使漆面产生光泽。注意在抛光过程中尽量使羊毛球保湿润防止过热损伤漆面。

(5)上光封闭保护。用水溶性漆膜上光保护蜡和费斯托细海绵球,先将蜡均匀涂抹在车身表面,10 分钟后再用洁净的羊毛球抛光。

8.3.3　汽车漆面护理

1)除漆、除锈及除油

(1)除旧漆

①化学除漆法

化学除漆就是用脱漆剂(俗称去漆药水)清除旧漆膜。常用的脱漆剂主要是 T-1、T-2 脱漆剂。T-1 脱漆剂是乳白色糊状液体,由酮、醇、苯、酯溶剂,再加适量的石蜡配制而成,主要用于清除油脂漆、脂胶漆、酚醛漆的旧漆膜。T-2 脱漆剂由酮、醇、酯及苯等溶剂混合而成,溶胀漆膜的能力比 T-1 要稍强一些,脱漆速度较快,主要用于除去油基漆、醇酸漆及硝基漆的旧漆膜。近年来又出现了以二甲烷为主要溶剂的 F-4 触变型脱漆剂和水冲型不燃脱漆剂等品种,可以用来脱除环氧沥青、聚氨酯、环氧聚酰胺或氨基醇酸树脂等固化型涂料。这类脱漆剂不会引起燃烧,无须防火要求,完全适用于各种作业范围的现场;而且由于配方中加入少量增稠剂、挥发阻缓剂及活化剂等添加剂,使之适合于在垂直物面或特殊部位涂刷,不流挂、不滴流,特别适用于轻金属及其合金构件。

化学除漆的具体操作程序如下:

a. 遮盖不需除漆部位。涂脱漆剂前,把不需脱漆的部位用遮盖纸遮盖好,一般要遮盖二三层,所有缝隙均应盖上,防止涂脱漆剂时渗入面板的下表面。

b. 在需脱漆的表面划出轻微的划痕。这样可以使脱漆剂渗透速度加快。

c. 用漆刷将脱漆剂沿着一个方向在整个需脱漆的区域刷上厚厚一层。注意刷脱漆剂不要超出需脱漆的区域和不要把脱漆剂残留在塑料件上。因为脱漆剂对塑料有损害作用,一旦在塑料上残留下来,很难清除干净,从而造成新油漆难以附着。

d. 用工具等配合。一般来说,脱漆剂对大多数漆层都能很快起作用,但有些漆膜很牢固,如丙烯酸漆会变黏,很难除掉。这时需要涂几次脱漆剂;使用 T-1、T-2 脱漆剂时,要用铲刀将漆膜清除;而使用触变型脱漆剂时,要待涂层松软后再用铲刀清除或用急水(或高压水)冲除。

e. 施工注意。一是利用脱漆剂清除旧漆面时,必须清除彻底,不能留下任何旧漆痕迹(包括脱漆剂溶液)。因为脱漆剂都含有蜡质,若脱漆剂残留在金属表面,新涂上的底、漆腻子及面漆不能正常附着、干燥和固化,漆膜出现"回黏"现象。二是在最后清除时,使用溶剂将打磨过旧漆膜和脱漆剂的金属表面彻底清洁并擦拭干净。三是必须严格遵守安全规定,因为脱漆剂中的溶剂容易挥发且易燃烧,触变型脱漆剂对人体有麻醉作用,使用时的施工现场要通风良好,避免触及皮肤或眼睛引起刺激和灼伤。

②火焰烤漆法。火焰烤漆的方法是先用喷灯(有两种喷灯:煤油喷灯和汽油喷灯)将旧漆层烤软,随后用铲刀将旧漆膜铲除;常用于旧漆膜中腻子较厚、清除旧漆膜较多的构件表面。注意经火焰烘烤的旧漆面要彻底清除、清洁干净;先用钢丝刷、砂纸打磨,再用溶剂全面清洗,以防新涂漆膜起泡脱落。对大面积构件,特别是中央部位,烘烤时间不宜过长,以防温度过高构件变形。

③烧碱除漆法。烧碱(学名为氢氧化钠)除漆法是先将固体的烧碱放入水中配制成一定浓度的液碱;然后将拆下来的零件放入经过加温后的烧碱液槽中,或用碱液有间隔地分几次涂刷于旧漆表面(一般为3~4遍),经过一段(几分钟至数十分钟不等)时间后,再用铲刀、钢丝刷将旧漆层除去,最后用清水冲洗、立即烤灯烘干、涂上防锈漆膜。注意这种除漆方法主要适用于可拆卸的零部件清除旧漆膜。

(2)除锈。金属腐蚀就是金属与氧气结合生成金属氧化物,即生锈。铁锈的形成主要有三种:漆膜损坏、碰撞损坏和修理加工损坏。要保证金属表面获得良好的附着力,在漆膜涂装前,必须进行除锈。

①手工除锈法。手工除锈法主要依赖于铲刀、刮刀、尖头锤、钢丝刷、砂布、断锯条等工具,用手工敲、铲、刮、刷、砂或柔性锉的方法来清除表面锈垢、氧化皮等。这是传统的除锈方法,也是最简便的方法。这种方法劳动强度大、工作效率低,适用于小范围的除锈处理。

②机械除锈法。机械除锈主要是利用机械产生冲击、摩擦作用对车身表面除锈的一种方法。这种方法具有效率高、质量好、可减轻劳动强度等特点,故而应用较广。

a. 电动刷(钢丝刷通过改进、用机械方式进行)、风动刷除锈。这两种工具工作原理相同,都是利用特制圆形的钢丝刷的转动,靠冲击与摩擦把铁锈或氧化皮清除干净。所不同的是风动刷是以空气压缩机的压缩空气为动力,而电动刷是以电机为动力。

b. 电动砂轮除锈。电动砂轮除锈就是把砂轮机改进成手提砂轮机,以电机为动力,使小砂轮高速转动摩擦砂去锈迹,其工作效率高、施工质量好、使用方便、设备简单。

③化学除锈法。化学除锈法又称酸洗法,就是用酸性溶液与金属氧化物(铁锈、氧化皮)发生化学反应,使铁锈、氧化皮被酸性溶液溶解,而达到清除金属表面氧化物的目的。酸洗中使用的酸有两种,即无机酸(硫酸、盐酸、硝酸、磷酸等)和有机酸(醋酸、柠檬酸等)。在实际使用中,由于无机酸作用力强,除锈速度快,原料来源广,价格便宜,所以应用较广。使用无机酸除锈后的待喷涂表面一定要清洗干净,并要进行钝化处理,或用碱性中和,否则其残酸腐蚀性很强,除锈后腐蚀仍在涂层下继续,从而破坏漆膜,失去涂膜保护物面的作用。注意,在无机酸中,磷酸能与金属表面产生一层不溶于水的磷酸盐保护层,可防止锈蚀的作用。

对车身中可拆卸且其体积较小的部件一般采用浸渍酸洗法除锈,浸渍酸洗是通过酸性溶液与金属氧化皮及锈渍产生化学反应,将氧化皮及锈渍侵蚀掉,然后取出物件,用水冲洗干净,再以碱性溶液进行中和处理后,用清水把碱冲洗干净,尽快烘干(可采用太阳晒或喷灯烘)后,立即用铁砂布打磨物面,以增加其表面的附着力,并尽快涂上底漆或作磷化处理。

对车身中体积较大的部件，采用浸渍酸洗有一定困难，所以一般对锈蚀较多或较严重部位采用涂刷酸溶液的方法，涂刷时产生的有害气体对人体健康有害，应采取相应的防护措施。其方法是用非金属容器盛酸性溶液，用漆刷把酸溶液刷涂于物面上(一般物面上应清除了旧涂膜)，要涂刷多次，直至锈蚀完全被酸性溶液溶解，将锈蚀彻底除净为止。为加快除锈的速度，涂刷一二次酸溶液后，可用热水或温水冲洗涂面的酸溶液后，再刷涂酸溶液；当锈蚀被完全除净、用水把酸溶液冲洗后，立即用石灰水进行中和处理；再用冷、热水把石灰水冲洗干净，晒干或烘干，用砂布砂磨，立即涂底漆或作磷化处理。注意：在稀释硫酸时，必须把硫酸徐徐倒入水中，并不断搅拌；千万不要把水倒入硫酸中。

浸渍酸洗的工艺过程一般为：酸洗除锈→冷水冲洗→热水冲洗→中和处理→冷水冲洗→热水冲洗→干燥砂磨→磷化处理。

④火焰处理除锈法。火焰处理除锈是运用气焊枪对少量手工难以清除且较深的锈蚀锈斑进行烧红，让高温铁锈的氧化物改变化学成分而达到除锈的目的，此法目前很少使用，操作时必须注意不要让金属表面烧穿，以防止大面积表面处理时受热变形。

(3)除油。汽车车身表面虽然经过清洗、除漆、除锈等工序，但仍有可能留存有油污(工具上的油污以及旧漆上的油污)。若不在涂底漆前清除干净，必将影响底漆的附着力，甚至在面漆喷涂后，还会出现脱落或揭皮现象，因此，上漆前必须进行除油。除油的方法是用洁净的干布沾上除蜡除油剂擦拭待漆表面。

2)涂料基础知识

涂料是一种含颜料或不含颜料的有机高分子胶体混合物的溶液。早期人类生产涂料是以桐籽中榨取的桐油和漆树上采集的漆液作为主要原料，经净化、熬炼制成，所以人们自古以来一直习惯称它为“油漆”。随着科学技术和石油化学工业的发展，为涂料工业提供了大量的有机合成树脂、改性油和合成油等新型原料，采用这些原料生产的涂料在性能、质量、品种等方面都比原来的油漆更胜一筹，这就是现在广泛使用的“有机涂料”(简称涂料)。由于“油漆”一词沿用已久，所以人们往往习惯把这些有机涂料称之为“油漆”。

(1)涂料的组成和作用

①涂料的组成。各种涂料都是由主要成膜物质、次要成膜物质和辅助成膜物质三部分组成。

主要成膜物质是涂料的主要成分，它是涂料的基础，没有它就不能形成牢固的涂膜。主要成膜物质有油脂和树脂两大类。采用油脂作为主要成膜物质的叫油性漆，采用树脂作为主要成膜物质的叫树脂漆，而油脂和一些天然树脂合用为主要成膜物质的习惯上叫油基漆。

次要成膜物质是构成涂膜的组成部分，它不能离开主要成膜物质单独成膜，虽然涂料中没有次要成膜物质照样可以形成涂膜，但有了它可赋予涂膜一定的遮盖力和颜色，并能增加涂膜的厚度，提高涂膜的耐磨、耐热、防锈等特殊性能。

辅助成膜物质主要有溶剂和添加剂两大类，它也不能单独形成涂膜，但有助于改善涂料的加工、成膜及使用等性能。

②涂料的作用。涂料经涂覆在物体表面展成连续的薄膜，薄膜干燥后牢固地黏附在物体表面，这种薄膜一般称为涂膜(涂层、漆膜)。涂膜对物面具有保护、装饰美化、色彩标志及各种特殊作用。

保护作用，通过各种工艺将涂料牢固地附着在物体表面，形成一层覆盖层，把物体表面与空气、水分、日光及其他腐蚀物质(如酸、碱、盐、二氧化硫等)隔离,起到保护物面、防止腐蚀作用,从而延长其使用寿命。装饰作用,五颜六色的涂料按照人们的喜爱和与环境的协调涂装在物体表面,形成色彩鲜艳、光亮平滑的美丽外观,给人们以赏心悦目的感觉。涂料对汽车内外环境的美化,给人们带来了舒适、流畅、淡雅、新颖的视觉感。标志作用,红、橙、黄、绿、青、蓝、紫等颜色的涂料,可调配出各种不同颜色的有色涂料,并具有色彩鲜明、保持性好、涂装方便等优点,是作为识别、指令、指示、警告等标志的重要材料。如执行紧急特殊任务的工程抢险、救护、消防、警车等都是用不同颜色示出不同信号向其他车辆发出警告,引起注意,以保证安全行驶,保障人民和国家财产安全。特殊作用,为满足各种特殊需要,专用涂料应运而生,起到伪装、隔热、隔音、导电、防震、防燃烧、防毒气、耐低温、太阳能接收、红外线吸收等特殊作用,为各种特定环境条件使用的产品提供了可靠的表面层保护,增强了产品的使用性能,扩大了使用范围。

(2)汽车常用修补涂料

①底漆。底漆是车身表面的基础涂料。其功能:一是封闭金属基层,防止金属表面氧化腐蚀;二是填平金属基材的细微缺陷以及锈斑;三是增强金属表面与腻子或腻子与面漆之间的附着力,使两者牢固结合,以构成坚固的覆盖层。因此,底漆不仅要具有很强的防锈和填充物面的性能,同时还应具有合理的配套性能。

②腻子。当汽车车身出现损伤或变形时,在修复中虽经钣金工敲打、拉拔、撬顶、修平等处理,但外表面仍有凸起、凹陷、焊缝等痕迹,这些痕迹是底漆所不能填平的,必须通过汽车腻子的涂刮及打磨,才能形成平整光滑的表面,因此腻子是汽车修补涂装中不可缺少的重要材料。

汽车腻子是一种含颜料量较高、呈稠浆状的涂料品种,主要由体质颜料、催干剂、溶剂组成。适用于汽车修补的腻子很多,有醇酸树脂型、硝基型、环氧树脂型、不饱和聚脂型腻子等等,使用时应根据修复汽车的档次、损坏程度以及对外表面漆的要求灵活选用。

③面漆。面漆用于改善汽车表面质量,增加其耐候性。常用国产面漆有:醇酸磁漆、硝基磁漆、过氯乙烯磁漆、丙烯酸漆、聚氨酯磁漆等;常用进口面漆有:美国杜邦公司汽车喷漆、英国ICI汽车喷漆、德国巴斯夫公司鹦鹉牌汽车漆等。使用时根据车辆档次、修补费用等灵活选用。

3)涂料颜色调配

由于汽车原面漆颜色成分不同、光照程度不同,使汽车褪色程度造成很大差异。如汽车停放在车库里褪色比较慢,而停放在路边、树下的汽车褪色比较快;在西北高原,因日光中的紫外线辐射较强,汽车的褪色比较快,在工矿城市使用的汽车,因酸雾较强颜色影响也较大。因此,在汽车修补面漆的调色过程中,应考虑面漆褪色的变化情况。一般来讲,新车在前几个月褪色最快,以后就慢了下来。

(1)调色前的准备。调色是汽车修补漆配色的一个重要环节,如果弄懂了调色理论,了解周围环境对颜色的影响,拟定完整的调色程序,就可以制订一个很好的喷涂工艺。

①调色的基本目的,调色的基本目的一是调整修补色漆与汽车原漆之间的细微差别,使两者相配;二是补色漆与褪色的汽车面漆相匹配;三是在无配方或无漆码的情况下,调配汽车修补色漆。

②造成颜色失配的原因如下:

a. 汽车原漆颜色是否褪色?如果确实已褪色,可适当扩大抛光修复部位;

b. 是否用错颜色?对照检查汽车生产商的油漆代码和油漆生产商的色漆原料号码,确定是否用错。

c. 色漆中的颜料或金属光片是否充分均匀混合？如果修补色漆因搅拌不匀，罐底尚残留颜料、金属光片或珠光粉都可能引起颜色失配，所以一定要彻底搅拌均匀。

d. 稀释剂的用量是否准确？稀释过度会使颜色变浅或降低饱和度。

e. 在作颜色对比之前一定要清洗、抛光，去除汽车旧面漆上的粉尘和氧化层。

f. 使用试板时一定要留出充裕的干燥时间。试板一般要喷涂几次，每次喷涂后一定要干透，因为油漆干燥后的颜色要深些。

g. 在喷涂金属漆或珠光漆时最好使用搅拌杯。因为金属屑片或环光片容易沉入漆膜深处，影响色光。

h. 要等油漆干燥后再调整颜色。可用加热灯、加热枪或其他干燥方法缩短干燥时间。

i. 调整颜色时每次只许加少量调色剂。

j. 喷涂方法的不同会造成颜色的不同和喷枪离试板距离较近时喷涂的油漆颜色比喷枪离得较远的要深，特别是在喷涂金属漆时，差异更为明显。同样降低喷枪速度比增加喷枪速度的要深；各涂层间隔时间短比间隔时间长的要深。采用较大的液体喷嘴比较小的液体喷嘴深；减小喷束宽度比加大喷束宽度要深；减小喷束压力比增大喷束压力要深；增大流量比减小流量深。

③注意。整板整修中出现颜色失配的情况比小面积整修时要多。这是因为板件（如车门）都有明显的边缘，如前门和后门紧挨着，形成鲜明的对照。而小面积整修时，修理部位与周围区域掺和在一起，头道涂层只涂在修理部位内，以后的涂层一层比一层涂的范围大，最终混合涂层超出原来涂层的范围，这样，虽然有些颜色失配，新旧面漆之间会有过渡，不会形成强烈的色差。

(2) 调色的基本程序。在汽车面漆的调色过程中，我们应借助不同的喷涂方法对亮度、色调、色度进行调整，以达到最佳的颜色。调色的一般程序如下：

①颜色分析。主要从三个方面进行颜色分析：一是从正面或某一角度观察面漆，看颜色是否太深或太浅；二是检查色调，看色漆是否比原面漆更红、更蓝、更绿或更黄；三是检查刚喷涂色漆的色度是否比原面漆高或低。

②亮度的调整。影响亮度的主要因素有：车间环境、喷涂方法、溶剂的使用、油漆的用量、喷枪的压力和混合料中的颜料用量等，在亮度调整时必须综合考虑各种因素才能得到合适的油漆亮度。

③色调调整。在亮度调整好后才能进行色调的调整。每种颜色的色调只可能沿两个方向变化：第一，色调会发绿或发红的颜色有蓝色、紫色、黄色、米黄色和棕色；第二，色调会发黄或发蓝的颜色有绿色、黑色、褐红色、灰色或银色、白色；第三，色调会发黄或发红的颜色有青铜色、红色和橘红色；第四，色调会发蓝或发绿的颜色有海蓝色和青绿色。可以根据油漆生产商提供的资料选定能调出正确色调的调色剂后，按最低限量计算调色剂用量；经充分搅拌均匀后，喷涂一小块试板，待干燥后与原面漆做颜色对比。

④色度调整。调整好亮度和色调后就开始调整色度。如果要想把颜色调得明亮些，就必须重新调整前两个项目；如果要使面漆颜色更灰，就喷涂一层湿涂层，再以较远的距离和较低的气压喷一层用少量白色与微量黑色混和起来的涂层。

⑤检查及校正。最后，可以从三个角度检查：一是垂直于汽车表面；二是从刚好超过光源

反射线角度;三是以小于45°的角度,观察汽车面漆(如图8.20)。检查维修喷涂后的面漆颜色是否与其他部位一致,若不一致则予以校正,直至满意为止。

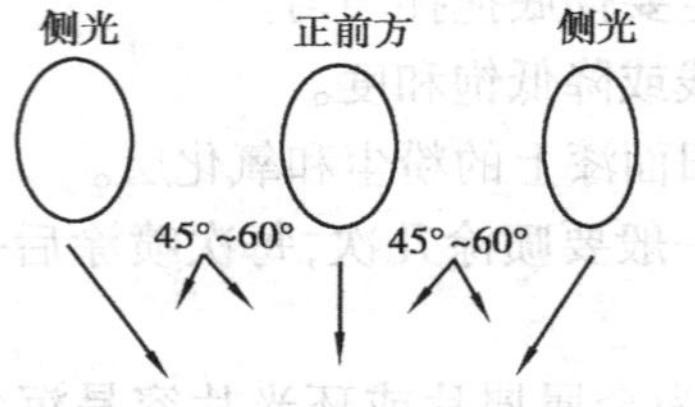

图8.20　观察汽车面漆的角度

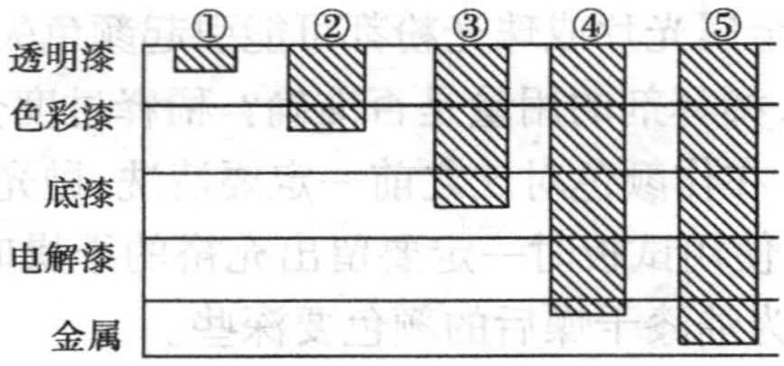

图8.21　划痕示意图

①发丝划痕;②微度划痕;
③中度划痕;④深度划痕;⑤创伤划痕

4)汽车车身漆膜划痕处理

(1)汽车漆膜划痕的产生与种类

①汽车漆膜划痕的产生。汽车漆膜划痕是漆膜表面出现的线条痕迹。其产生的原因如下:

a. 擦洗不当。汽车在擦洗时,若清洗剂、水或擦洗工具(海绵、毛巾等)中有硬质颗粒,都会使汽车漆膜表面产生划痕。

b. 护理不当。在进行漆面抛光时,若选择的打磨盘粒度大、打磨用力较重、打磨失手等都会在漆膜表面留下不同程度的划痕。在打蜡时,若把蜡的品种选择错误,砂蜡用在新车上,也会打出圆形划痕。

c. 刮擦。汽车在行驶中与其他汽车产生刮擦、与路边树枝产生刮擦以及暴风、沙尘天气与"飞砂走石"等产生刮擦都会造成汽车漆膜表面划痕。

②汽车漆膜划痕的种类。汽车漆膜划痕根据其深浅程度不同可分为浅度划痕、中度划痕和深度划痕,如图8.21。浅度划痕(包括发丝划痕和微度划痕)指表层面漆轻微刮伤,划痕穿过清漆层已伤及色漆层,但色漆层未刮透;中度划痕指色漆层已经刮透,但未伤及底漆层;深度划痕(包括创伤划痕)指底漆层已经刮透,可见车身的金属表面。

(2)浅度划痕的处理

①清洗。采用脱蜡清洗剂对刮伤部位(面漆表层)的上光蜡薄膜层、油膜及其他异物清洗掉,然后晾干。

②打磨。根据划痕的具体情况(大小和深度),选用适当的打磨材料,如1500号磨石、9微米的磨片或1000~1500号的砂纸对刮伤的表面层进行打磨。打磨一般采用人工作业,也可用研磨/抛光机或打磨机进行打磨抛光。注意不要磨穿面漆层,若面漆层被磨穿,透出中涂层,必须喷涂面漆予以补救。

③还原。用一小块无纺布将还原剂涂抹在漆面,然后抛光至面漆层与原来的涂层颜色完全一致为止。还原的目的是在漆面已基本消除浅度划痕后,还要对打磨抛光作业中残留的一些发丝划痕、旋印等进行处理。

④上蜡。先将固体抛光蜡捣碎放入汽油中热溶后备用,修补部位用清洁的棉纱蘸汽油润湿;再蘸蜡涂满后进行擦拭,要反复多次擦拭至漆膜平整光亮为止。

注意在上蜡的同时,也可以将汽车整个表面打蜡抛光一遍;即用洁净的棉纱把蜡质全部擦净后，再涂上光蜡，至漆膜清晰光泽显目为止，最后用绒布均匀擦拭一遍。

⑤质检。进行完前面的操作后，就要对修补表面的外观质量进行检查，检查的重点是涂层的色泽必须与原车漆膜完全一样，若有差异说明表面清理和打蜡抛光没有严格按照要求操作，必要时应返工。

(3) 中度划痕的处理

①打磨

a. 检查底层涂漆是否附着完好；

b. 对中涂层及面漆层的刮伤部位进行打磨，使之平整、光滑；

c. 对损伤部位的边缘进行修整，使其边缘不见刮伤的涂层为止，必要时可扩大打磨面积。

②清洗、干燥

a. 用专用清洗剂去除打磨表面的油污、石蜡及其他异物；

b. 用烘干设备（烤灯等）使清洗表面干燥。

③中涂层涂装

a. 确定施工工艺参数。根据不同的涂料确定施工黏度、雾化压力、喷涂距离、干燥温度、干燥时间等参数。

b. 遮盖。用塑料胶带等对不喷涂的部位进行遮盖。

c. 中涂层漆干燥。若修补面积不大，采用室温自然干燥，但时间较长；一般使用远红外线干燥灯或远红外线干燥箱（反射式）进行局部干燥。

d. 中涂层漆膜打磨、清洁。中涂层漆膜干燥后，用 320 号砂纸对补涂的漆膜进行轻打磨，使之光滑平整，用手触摸无粗糙感觉为好。打磨时既可以采用干式打磨，也可以采用湿式打磨；干打磨就是用压缩空气吹净打磨部位，再用清洁的黏性抹布把浮灰等彻底除净；湿打磨则是用 320 号的水磨砂纸对修补的中涂层进行表面打磨，同样打磨到手触摸无粗糙感为止；并用水冲洗干净后，将水擦净、晾干或用压缩空气吹干，最好还是用远红外线灯箱烘干。

④面漆涂装

a. 第一道面漆：首先进行喷漆，将已选好的面漆按施工条件的要求，调配到规定的工艺条件允许的范围，就进行喷涂。其次是烘干，用特制的远红外线烘烤灯或烘烤箱进行局部烘干，烘烤的温度和时间取决于现场的实际情况，但必须要达到烘烤的质量要求；其三是打磨，用 320 号砂纸进行面漆表面打磨，使面漆涂层表面平整光滑，并用抹布、压缩空气一边吹一边擦，最后用带黏性的抹布将表面彻底擦净。

b. 第二道面漆：同样进行喷漆、烘干和打磨，喷漆和烘干与第一道面漆相同；但打磨时应特别注意打磨质量，因为这次打磨直接影响到涂层表面质量；这时要用 500 ~ 600 号砂纸轻轻湿打磨，清除涂膜缺陷，然后再进行烘干。

⑤罩光漆喷涂

第二道面漆喷涂打磨干燥后，要喷涂一层氨基罩光漆。

a. 施工条件。以罩光漆 KH-24 为例，采用专用稀释剂 KH-24；稀释率 14% ~ 16%；稀释黏度 24 ~ 25 s；施工固体分质量分数 46%；稳定性静置 48 小时。

b. 涂装方法。喷涂次数 5 ~ 6 次；目标厚度 35 ~ 40 微米；每次之间流平 3 ~ 5 分钟；最后一次流平时间 7 ~ 10 分钟。

c. 干燥。干燥温度 140 ℃；干燥时间 30 分钟。若在干燥室内采用保持式干燥时间 20 分钟；若是局部小范围的干燥，采用远红外线加热器进行烘烤，时间以实际干透为止。

⑥抛光上蜡

a. 用棉布、呢绒、海绵等浸润抛光剂，进行抛光，然后擦净；

b. 涂上光蜡，并抛出光泽。

(4)深度划痕的处理。深度划痕包括创伤划痕，是汽车因碰撞、刮擦等原因造成车身局部损坏、钣金变形、破裂等创伤，涂层严重损坏。对深度划痕首先要清除损伤板面的旧漆层，用钣金或焊装等方法，修复好已损坏的车身板面，达到与原来的形状尺寸轮廓相等要求；然后进行修补涂装，其工艺方法如下：

①表面处理

a. 用铲刀、钢丝刷等清除表面涂层、铁锈、焊渣，焊口较大处用砂轮打磨平整，用1.5～2.5号砂布打磨，清除底层表面锈蚀和杂物；

b. 用溶剂将划痕处洗净、晾干；

c. 涂上一层薄薄的底漆；

d. 在底漆上涂一层防锈漆。

②刮涂腻子

a. 将速干原子灰覆盖在金属层上；

b. 原子灰干燥后，用400号干砂纸将原子灰打平；

c. 用脱蜡清洗剂将划痕处擦净。

③喷涂中涂层

a. 将不喷漆的地方用专用胶纸遮盖；

b. 用喷枪轻轻地喷上两道底漆，然后再喷第二层较厚的底漆，并使其干燥；

c. 用600号砂纸将底漆磨平；

d. 如果划痕处仍低于漆面，可再喷涂3～5层底漆，并重复清洁步骤；

e. 用1500～2000号砂纸将周围部分打平，再用溶剂擦净。

④喷涂面漆

a. 喷漆。选用与原车色漆相配的面漆，按原车颜色调配，并调至符合施工要求的黏度，经过滤后再进行喷涂施工。每喷涂一遍之后，应有涂膜需要流平的时间，然后再一遍一遍地进行喷涂。使第一次面漆涂层达到30～40微米厚度。涂料在涂覆后应有足够的流平和晾干的时间，常温干燥一般2小时以上。

b. 湿磨使用280～320号水磨砂纸在喷涂四层的涂膜基础上将涂膜打磨平整光滑。用抹布、压缩空气一边吹一边擦拭干净；并使之表面干燥，可加热干燥、也可晾干。但自然晾干时，时间较长，应注意防止粉尘污染涂膜表面。

c. 罩光。在原有面漆内，加清漆20%以下，再适当加入稀释剂混合使用，以增加光洁度。其黏度以15 s/25 ℃为宜。经过滤后再喷涂。喷后流平性要好，以使第二天易于抛光打蜡。总厚度为80～110微米。

⑤抛光上蜡

a. 将喷涂完并干燥后的车身，拆除遮盖物。

b. 用400～500号水磨砂纸带水将车身表面满磨至涂膜表面光滑平整为止。打磨长度来回在100毫米以内。

c. 用抛光剂打磨。先用抹布将涂层表面擦净。再用呢绒、海绵等浸润抛光剂进行抛光。

d. 抛光后再用上光蜡抛出光泽，使其表面光亮如新。

8.4　汽车整容

8.4.1　吸尘器整容

（1）两用吸尘器及其附件的准备。准备两用吸尘器及其附件一方面可以接交流电再接转换器，另一方面可直接使用汽车蓄电池电压（可从点烟器插座接出）。但要注意：由于是直接使用蓄电池电源，所以最好是发动机在工作，否则吸尘器使用时间过长易使蓄电池容量不足，将造成发动机起动困难。

（2）将车厢内的杂物及大型垃圾取出，包括脚踏板、座垫、靠背、腰背靠垫、录音带、钱币、拐子锁等。

（3）用高压水枪或水柱清洗脚踏板污秽面并风干，如果脚踏板两面都一起浸洗过，可用脱水机脱水后再风干。

（4）将后座底座拆下，双手伸入背垫下方再往外翻。

（5）脱离座椅下的固定钩。

（6）拉起后椅背的拉钮。

（7）拆下后椅背上的固定螺钉。

（8）用吸尘器吸除前室底板灰尘及砂粒。

（9）用吸尘器吸除后座底板及座椅下灰尘及砂粒。

（10）如果不拆下后椅座，也可吸除其座椅面上的灰尘及砂粒，就进行此操作。

（11）吸除后挡风玻璃下方及后椅背板上的污物，如纸屑或蚊虫等。

（12）吸除车门板下置物槽内的污物。

（13）用吸尘器除去置币槽内及音乐带槽内的污物，并擦拭干净。

（14）用清洁湿布擦拭车内与脚部易接触的部位（因该处易沾上泥土）。

（15）用清洁的干布擦拭前仪表板上的灰尘或前后挡风玻璃上的污物。

（16）用吸尘器清洁后行李箱内的灰尘。

（17）用吸尘器清除后窗玻璃水沟内的污物。

（18）用清洁抹布清除车门窗除雾通风口和自然通风口上的灰尘。

（19）用清洁湿布擦拭仪表板各处。

（20）用吸尘器清洁座垫上的灰尘。

（21）用吸尘器清洁地毯。

8.4.2　仪表板及门饰板处理

1）仪表板处理

（1）用抹布将仪表板清洁干净；

（2）用清洁剂处理仪表板上的塑胶部分；

(3)用清洁剂处理仪表板的剩余部分;

(4)注意:在处理仪表板的过程中,为防止阳光照射仪表板后使其变质,可用遮阳片保护。

2)门饰板处理

(1)用湿棉布(或毛巾)擦拭或使用门饰板清洁剂清洁。因汽车的门饰板很容易被手弄脏,只用吸尘器吸除尘污不能彻底解决问题。

(2)用润滑剂润滑门轴。

(3)加装窗帘保持车门内及门饰板的清洁。

8.4.3 汽车内饰件清洗

汽车内饰件除了用吸尘器处理外,还应和外观一样,要经常进行美容,营造一个清新的车内环境。

1)汽车内饰污垢种类及成因

(1)污垢的种类。汽车内饰污垢有三种,即水溶性污垢(糖浆、果汁中的有机酸、盐、血液及黏附性的液体等)、非水溶性固体污垢(泥、沙、金属粉末、铁锈或霉菌及虱虫等)和油脂性污垢(润滑油、漆类产品、油彩、沥青及食物油等)。

(2)污垢的形成过程。汽车内饰污垢主要有以下几种方式形成:

①黏附。污垢在重力作用下停落或黏附在内饰件的表面;当有压力或摩擦力产生时,污垢也会渗透内饰件的表层,变得难以去除,如汽车玻璃及仪表台上的灰尘。

②渗透。饮料或污水会渗透内饰件的表面,被内饰件所吸收,以致很难清除。如车门内饰板、脚垫上的饮料或血渍等。

③凝结。黏性污垢变干凝固后,会紧紧粘贴在内饰件的表面,如汽车内饰丝绒脚垫或地毯表面的轻油类污垢。

2)去除污垢的方法

(1)高温蒸汽。使用高温蒸汽可以使极难去除的污垢在清洗之前软化,为手工清洁内饰件上的污渍做好准备。

(2)水洗。用水可以去除水溶性污垢(触及不到的内饰件上的水溶性污垢除外),但不能去除油脂性污垢。

(3)清洁剂。使用清洁剂能去除轻油脂和重油脂类污垢,还可以帮助水分渗入内饰丝绒化纤制品。

(4)动力。清洗内饰件时,适当用力拍打、刷洗、挤压等有助于去除内饰件的污垢。

只要以上四种方法相互配合,就能发挥最佳的清洁效果,有效地去除内饰件的各种污垢。

3)清洁汽车内饰的注意事项

(1)使用适当的清洁剂。清洁汽车不同材质的内饰件时,最好使用专用于该种内饰件或最相称的清洁剂。例如用玻璃清洁剂清洗门窗、镜子,用化纤制品清洁剂清洗丝绒纤维制成的座套、地毯等。

(2)不能随意混合或加温使用内饰清洁用品。不同的内饰清洁用品混合后,可能产生有害物质;而有些化学成分混合后,可能释放有毒气体。将清洁剂加温,如放入蒸汽清洗机内使用,也会产生有害气体。因此,除非产品包装上注明特别的混合比例或配合机械的使用方法,否则切勿随意混合或加温使用内饰件清洁用品,以免发生化学反应,产生有害物质。

(3)使用不熟悉的产品要先测试。对于首次使用的清洁剂,要先在待清洗的内饰件的不显眼处进行测试。如使用皮革清洁剂清洗内饰皮革时,先在不显眼的地方(座椅底部或背面等)小面积使用,以防褪色或有其他损害。

(4)正确保存清洁用品。要正确保存清洁剂,这样既保证产品充分发挥效能,又有助于防止产品出现早期变质。主要做好下面几个方面:

①正确开启产品包装。

②使用后封装好产品,避免产品泄漏或因挥发而失去效能。

③储存清洁剂于阴凉、干燥和儿童不易触及的地方。

8.5　汽车装饰

8.5.1　汽车形象设计

随着汽车逐步进入家庭,汽车的形象设计也开始流行起来。汽车形象设计也称汽车改装。所谓汽车改装就是以汽车品牌文化为特征,以特性偏好为取向,在汽车产量的基础上,运用先进的汽车制造工艺和成熟的汽车配件技术,对汽车的实用性、功能性、欣赏性进行改进、提升和美化,来满足人们对汽车的需要。

一般来说,汽车改装分为外观设计型、普通安装型和参赛改装型三类。外观设计型是对整个车身进行重新设计,为了外观设计的需要,必要时还会更换车轮及对车内的一些附加设备的位置进行调整,其各部分的车身部件都是根据原有车体“量体裁衣”式地订做。它多用于对过时车型的外观改造;同时还受到许多超级玩车族的青睐。普通安装型又称“大包围”,是比较常见的改装方法,它的各个车身组件是由专门从事汽车改装的厂家批量生产的,改装时只需要进行相应的安装即可。对改装人员的要求较低,只要有相应的部件,一般的维修厂都能进行安装。具体的安装内容有:加装前头唇、裙脚、后尾唇、高位扰流板、改装前脸等。前头唇和后尾唇是分别加装在前、后保险杠上的,能起到压流、稳定车身的作用;裙脚是在车身左右两侧的底部加装导流板,具有降低风阻系数的作用;高位扰流板(俗称尾翼)在高速时能起到增大车轮附着力的作用。由此可见,大包围除了能改善车身的外观外,还具有增强汽车的行驶(特别是高速行驶)稳定性等实用价值,因而特别受到普通有车族的欢迎。参赛改装型是为了满足参赛的需要而进行的改装。它除了对汽车本身进行改装外,还需对发动机、轮胎等与汽车动力性相关的部件进行改装或更换。由于参赛具备高强度的竞争性,因而对车进行改装时其安全性、速度性及防撞性等方面要求相当高,所以它一般在专业性较强的改装厂进行施工,以满足参赛改装的性能要求和安全保障。

汽车改装目的不同,其最终效果也不同,根据汽车改装的目的不同,其改装可以分为性能升级改装、运动与竞技改装、机械兴趣改装和时尚改装等。

1)汽车性能改装

汽车性能改装就是针对汽车在行驶过程中性能不足之处予以改进,通过改装达到提升汽车部分性能,使汽车在行驶中有更好的性能表现。汽车性能改装主要从以下方面进行。

(1)发动机改装。汽车发动机改装主要对曲柄连杆机构、配气机构、供油系统、点火系统、进排气及涡轮增压等部件或总成进行改装优化,提升发动机的性能。对曲柄连杆机构的改装主要是将原铸造的活塞改装为锻造的活塞,将原活塞环改装为不锈钢或特殊合金的活塞环,将原曲轴改装为材料更好、加工工艺更高、重量更轻、强度更高的曲轴,将原连杆改装为强敌更高、重量更轻的钛合金或4340钢材。对配气机构的改装主要是对原气门头部予以打磨或更换钛合金气门,进气门头部打磨后能产生涡流加速油气混合,排气门头部打磨后产生涡流可加速排气。供油系统的改装分为硬件改装和软件改装两个方面,软件改装就是改变供油系统的参数,通过改装电脑(在原电脑上升级释放原车动力的程序、更换新的电脑重新设定供油程序)来实现;硬件改装则是把整个供油系统都换成性能更好的整套产品,如更换压力更大的调压阀。对点火系统的改装主要是将原火花塞改装为稳定性和抗烧蚀性更好的白金或铱金火花塞,将原点火线圈改装为材质较好的或一、二次线圈匝数比值较大的点火线圈;另一种改装方法则是将原点火系统改装为电容放电式点火系统。进、排气改装则是将原空气滤清器改装为高效率、高流量的空气滤清器;将原进气管改装为碳纤维的进气管;将原进气道进行抛光;将原排气管改装为粗壮、内壁光滑、弯曲度较小的排气管;将原消声器改装为更轻更耐用的不锈钢消声器。涡轮增压就是在原没有涡轮增压的情况下加装涡轮增压机构,或将原机械增压改装为废气涡轮增压,同时用改装的ECU管理发动机运行。

(2)传动系统改装。汽车传动系统的改装主要对离合器和变速器两个部件进行。离合器改装一般是将原单片离合器改装为多片式离合器;变速器的改装一是将自动变速器改装成手动变速器,二是改变变速器的传动比(必须结合发动机的功率和转矩进行非常严谨的计算)。

(3)悬挂改装。现代汽车的悬挂趋向于舒适性,悬挂的改装则趋向于运动性和操控性,以提高车辆在行驶中的运动性和操控性表现。悬挂的改装主要是将原减震器改装为既可以调整离地间隙,又可以调校缓冲度的减震器。

(4)制动系统改装。制动系统改装主要是将原制动液更换为高性能制动液(主要增高制动液的沸点);将原软质的制动油管改装为可承受高压、高温的金属油管;将原制动摩擦片改装为材质为碳纤维和金属且在高温时依然能保持较好摩擦系数的高性能制动摩擦片,同时增大制动盘的尺寸(与摩擦片配套),手工划线打孔或配置通风盘;将原制动卡钳改装为更好的制动卡钳(尺寸增大,活塞数增多,配套有大尺寸的制动盘、摩擦片、金属制动管等)。

(5)轮毂和轮胎改装。轮胎的改装主要是将原轮胎改装为轮胎直径稍大(直径差在3%以内)、宽度稍大、花纹深度适宜的轮胎。轮毂的改装则是将铁质的轮毂改装为铝合金的轮毂,再配上特殊造型还能达到更好的冷却效果,同时为更大的制动盘和制动卡钳留出空间。

2)汽车外部改装

汽车外部改装主要从以下几方面进行。

(1)大包围。汽车改装为大包围主要是为了改变外观、减小行驶时空气阻力和整车重量。大包围包括全保险杠、侧包围和导流板。大包围的材料有ABS塑料、PU塑料和树脂纤维材料。大包围的制作在形状方面的设计难度大,但一般改装店都有设计、制造的部件供选用、安装。

(2)尾翼。汽车尾翼又称为尾部扰流板,一般分为单层和双层两种,其工作方式有手动调节和自动调节两种,其材料有铝合金、玻璃纤维和碳纤维等。尾翼改装就是加装尾部扰流板,其目的是为车辆高速行驶时提供更大的下压力,但一般在120千米/小时的速度时才能发挥作用。

(3)灯光。灯光的改装是为了改变视觉效果。灯光的改装一是将原大灯改装为氙气大灯和加装底盘灯。

3）汽车内部改装

汽车内部改装主要在以下几个部件或部位进行。

（1）座椅和安全带。座椅改装的目的是为了使汽车驾驶员有一个轻松自然的坐姿，并保证驾驶员的人身安全且更方便驾驶。座椅改装一般有两种情况，一是改装为跑车座椅，二是加装真皮座椅。座椅的改装应满足以下要求：一是头枕和后脑保持约 33 mm（1 寸）的距离；二是将靠背与座椅的夹角调整到 110°时，腰部支撑必须感觉到安定，但不能压迫背部；三是座垫前端与膝盖内侧保持约三个指头的宽度，使脚部能轻松灵活踩放离合器、制动器等踏板；四是在身背不离开椅的情况下手掌能灵活操作方向盘。安全带的改装一般选用多点式安全带，多点式安全带固定肩部、胸部、腰部和裆部，把各条安全带扣紧锁扣，然后拉紧安全带，充分固定身体。

（2）方向盘。方向盘的改装大多是将原方向盘改装为直径小、容易抓握不易打滑、转动更灵活、指向更准确、色彩时尚动感十足的赛车方向盘。但改装后往往会失去安全气囊的功能。

（3）踏板。踏板改装的目的主要是适合脚位和防滑。制动踏板应高于加速踏板；加速踏板稍向左加宽；踏板表面有防滑处理；安装固定踏板，即在离合器左边安装一个踏板，它的作用是搁置不踩离合器踏板时的左脚，以便车辆在急加速转弯时左脚蹬踏板支撑身体，保持平衡。

（4）变速杆。变速杆的改装就是换装一个变速杆头，起画龙点睛的作用，提升车辆档次。

8.5.2　汽车太阳膜装饰

1）太阳膜的选择

太阳膜的隔热性是评价太阳膜好坏的一个很重要的关键因素，但光凭眼睛和手无法判定太阳膜质量的高低。如果有条件，可以做以下试验来比较，以便进行选择：在一个碘钨灯上放一块贴好膜的玻璃，用手接近会有一丝热感；而换上另一块贴有次膜的玻璃，马上感到手热。这样好坏的区别一下子就出来了。另外，如果一种膜有中国质检中心的证明，一般来讲这种膜在隔热性方面都是不错的。

另外在选择太阳膜的颜色时，不要在太阳光底下看它颜色的深浅；而是应将它放在车窗上，把车门关好。只有这样试过以后，才不会与你想要的颜色有误差，因为在阳光下单看一种膜的颜色都是很浅的。

2）太阳膜的粘贴

对贴膜有些人并不感兴趣，其实贴上太阳膜除了能降低车内的温度、减轻空调的负担之外，太阳膜还有另一作用，即装饰作用。若太阳膜的颜色能与车身的颜色搭配得当，将产生意想不到的效果。所以要贴好太阳膜，关键是要颜色协调。也就是说，你必须考虑自己的车型和颜色，不能只听推销员说这个颜色很流行，于是不论多大多小、是黑是白的车，都用上了流行色贴膜，那效果就千差万别了。

目前汽车车身的颜色最多不过是白、黑、红、蓝色四种，约占总量的一半。对于浅色的车型（如白色富康车）最好使用色彩明快的色膜。这类膜大多透光率很高，不会影响隔热效率；纯白色的太阳膜，有很强的隔热性，从外观上看就像没有贴过一样，透过明亮的车窗，整车让人看起来特别干净，且车内一览无遗：选择蓝色、绿色和灰色三种颜色的浅色，贴在任何车上都不难看。总之，车膜的颜色是越浅越好。

8.5.3 轿车真皮座椅装饰

1)轿车真皮座椅的优缺点

(1)真皮座椅的优点

①提高汽车配备档次,让汽车能够在视觉上、触觉上,甚至在嗅觉上都有一种好的心理感受,而且可使汽车增色不少。

②真皮座椅不像绒布座椅那么容易藏污纳垢,顶多只是灰尘落在座椅的表面,不会堆积在座椅的较深处而不易清理。

③真皮座椅的散热性比绒布座椅要好,在炎热的夏日,真皮座椅只会表面较热,轻拍几下,热气很快消散。所以,长时间坐在皮椅上。也会将体热散去,而不像绒布座椅那么吸热。

(2)真皮座椅的缺点

①使用起来必须尽量小心,以免碰到尖锐的物品,而使真皮表面损伤。

②真皮座椅受热后会出现老化现象,如果不理会,易过早失去光泽。

③真皮座椅在乘坐上要比绒布座椅滑,虽然厂商在座椅表面做皱褶或反皮处理,以降低滑感,但与绒布相比,同一椅型真皮座椅的乘坐感还是要滑一些。

2)轿车真皮座椅的识别

如果是分辨原车皮椅或是鉴别已经装好的皮椅,用按压法是很有效的,伸出食指,按压座椅表面(压住不要放手),若是有许多细微的线条向手指按压的圆心伸展开去,那么这就是真皮座椅。如果压下去以后,皮椅表面并没有细微纹路出现,则是假冒的真皮座椅。

如果装饰店等地方换装真皮座椅,换装之前最好通过检查皮样来鉴别一下所用皮子的真假。首先看韧性,即延展性。拿一块皮样使劲拉一拉,如果延展性不错,那么说明这张皮是人造皮,即所谓的假皮;真皮的延展性是不好的。其次检查皮样的抗火性,人造皮含有塑胶成分,容易燃烧,如果拿人造皮样来点燃,人造皮就会马上烧起来,而真正的牛皮是很难烧着的。其三,还可以找皮样的纤维,把皮样翻过来,看看它的底部,如果皮样底部有自然纤维存在,毛毛的,这张皮是真皮;如果反面没有纤维,很光滑或有一层绒布黏在上面,那么很可能就是假皮。

3)轿车真皮座椅的选择

(1)选择传统式皮椅。所谓传统式,就是指换装真皮椅前需将原有的绒布座椅拆除,然后再重新缝制一层真皮。这样做的好处是店家完全可以按照原来的椅型及椅面上的缝隙,重新缝制一张完全符合座椅造型的真皮。这样做,不仅可以保持原设计时的线条,更可确保在长久使用的情形下,椅面不至于变形或易位。

(2)选择椅套式皮椅。所谓椅套式是指一种店家已经制好的皮椅套,只需将它买来往自己车上的椅子上一套即可。拆装自如、相对便宜的售价是椅套式的最大优点;但长时间使用,容易变形、易位。现在一般将椅套固定在绒布座椅上,即通过类似固定胶条的东西,将椅套牢牢黏住,甚至连皱褶和沟纹都能再现。

(3)不必要的装饰。有些车主喜欢在真皮的座椅外部再套上一层椅套,如在头枕上套一个针织物,以求美观和保持真皮座椅的清洁。美观与否暂且不谈,单说清洁,再加一个套是有害无益的。因为时间一长,灰尘、杂物等细屑不仅会堆积在织物的表面,而且还会透过织物套堆积在真皮座椅的表面,反而造成清理上的困难。

第 9 章 道路交通控制

汽车成为一种公路交通工具以来,整个世界的发展与之紧密相连,人们的生活也与之密不可分,汽车拥有量的多少更成为衡量一个城市,一个地区甚至一个国家发达程度的标志之一。环视全球各大、中城市,汽车在道路上运行却都面临着类似的问题:城市道路建设难以跟上车辆数量增长的速度、车辆堵塞严重、车辆运行速度低、燃油消耗大等。特别是许多发展中国家和地区,由于车辆道路交通问题严重,不仅使经济发展受到影响,而且严重危害了城市环境,给人们的生活带来了不便,同时还威胁着人们的健康与生命安全。这种局面的出现,从一定程度上来说是不可避免的,因为任何城市可利用的土地资源是有限的。道路建设速度缓慢,而汽车增长却呈现出高速的势头。这种道路与车辆间的矛盾使各大、中城市均出现了不同程度的城市交通问题。道路交通要达到既安全便捷,又舒适低费用,就必须对城市有限的交通资源的使用进行协调,即解决好有关道路交通自动控制的问题。

道路交通自动控制系统包括交通流系统、交通检测设备、数据处理、控制器和控制设备五个部分:

(1)交通流系统。交通流系统是指车辆、行人、道路和环境,之所以称为系统是为了突出交通控制研究对象不是某一因素,而是多个因素交织在一起构成的复杂系统。

(2)交通检测设备。交通检测设备是指为控制提供有关交通信息的设备,如可以检测车流量、车辆行驶速度等参数的车辆检测器,这些设备将交通信息反映为与之相关的电子信息量。

(3)数据处理。这一部分是将交通检测设备送来的交通信息按照一定规律进行处理,剔除如噪声等无用、无效信息,对有效信息进行数据整理和管理,提供尽可能详细的交通流系统的状态信息。承担这部分工作的可以是硬件设备,也有支持其工作的软件系统(如相关的滤波算法等)。

(4)控制器。控制器是根据由数据处理后送来的交通信息,按照一定控制算法作出相应的控制决策,这种决策可以是信号灯的配时,也可以是某些交通信息的传递。控制器的核心通常是功能比较强大的微机控制器(或称为微处理器,如 MCS-51),这类控制具有很强的输入、输出、定时和通信等功能。

(5)控制设备。控制设备主要包括交通信号灯(高速公路入口处的控制信号灯及城市道路交叉口的红绿灯)和可变限速标志等,这些可以通过为车辆驾驶员或行人提供交通控制信息,来达到对交通流进行引导和控制的目的。

9.1 概 述

9.1.1 道路交通控制的目的和任务

1)道路交通控制的目的

道路交通控制的目的就是要在确定的行政规定约束下,采用合适的营运方法来确保公共和私人运输方式具有最佳的交通条件。道路交通自动控制的目的主要体现在以下几个方面:

(1)减少交通事故,增加交通安全。自第一辆装有内燃机的汽车问世以来,据不完全统计,全世界已经有2 000万人死于交通事故。目前,全世界每年有40万~50万人死于交通事故,因此,提高行车安全刻不容缓。实践证明,现代科学技术在道路交通中的应用,可以有效地减少交通事故的发生。据统计,日本的交通事故有50%发生在平面交叉口,这其中又有60%发生在城市平面交叉口;美国的交通事故有一半以上也是发生在平面交叉口。日本在采用道路交通自动控制技术后,事故数和人数分别下降了7.3%和10.8%。我国的统计资料也显示,在城市交叉口安装交通信号控制机后,交通事故有所下降。

(2)缓和交通拥挤、堵塞,提高运输效率。由于城市道路空间有限,而车辆保有量增长迅速,目前许多国家的城市随处都可以见到交通拥挤和堵塞现象。20世纪70年代,英国道路研究实验室的研究表明:在英国一个大约具有100个交叉口的城市内,每年由于车辆延误造成的经济损失就达400万英镑;在东京,通过268个主要交叉口的低效交通流引起的年经济损失约为2亿美元;在巴黎,每天由于交通拥挤引起的损失时间相当于一个拥有10万人口的城市的日工作时间。广州市政府近几年根据调查发现,交通拥挤和堵塞已经成为制约广州市国民经济发展的一个重要因素之一。而根据美国、德国、英国、日本等国家的统计,采用交通控制系统可以减少车辆运行延误时间15%~40%,并使道路通行能力提高20%左右。因此,要通过科学手段,引导交通流合理运行,提高运输效率。

(3)节约能源消耗,降低车辆对环境的污染。研究调查表明,车辆每一次加速运动,都将使燃油消耗增加。根据测量,如果一辆小汽车在7 km/h(千米/小时)的速度时加减速1 000次,则比匀速行驶时多消耗燃油60 L(升)。如果是卡车则多消耗燃油144 L。另外,车辆在起步、制动时排出的废气量是匀速行驶的7倍以上,产生的噪声也比正常行驶时高7倍。汽车排出的废气里有一氧化碳、碳氢化合物、氮氧化物和光化学产物等污染物。从这里可以看出,交通的好坏不仅影响运输效率,而且也严重影响我们赖以生存的自然环境。

(4)提高公共运输系统的吸引力和效率。目前,国内外专家学者几乎一致同意要大力发展公共交通,其主要原因是公共交通运输工具如公共电汽车、地铁、轻轨等具有载客量大、占用道路少的特点。当城市居民大量采用公共交通方式出行时,则可以大大地减少小汽车的使用,节省道路空间,减少车辆拥挤与堵塞。如果以相同的乘客量作对比,公共交通与小汽车比较,土地资源节约3/4。建造材料节省4/5,投资节省5/6,空气污染减少9/10。城市交通在经过“阵痛”发展后,目前几乎所有国家在优先发展公共交通方面已经达成共识。从我国现有情况来看,我国公共交通发展中还存在很多问题,如公共汽车底盘长期没有专门的设计,而是采用卡车底盘代替;公共汽车动力偏小;公共交通的服务质量比较低,不能满足人民的生活需要;公交换乘问题没有很好解决等。因此对于城市交通管理和控制来讲,如何有效地提高公共交通的效率是关键问题,同时包括实行公共交通优先的各种措施和方法。

2)道路交通控制的任务

交通控制针对的是车辆及各种人员。所以,道路交通自动控制的任务主要是对道路上的交通运行进行合理的引导和控制,缓解交通拥挤,并及时为车辆上的有关人员及行人提供交通情况信息,增进交通运输安全。

交通控制涉及行人、车辆和道路等因素,而且这些因素中,行人和车辆的运行规律随机性很强,十分容易互相影响和受其他因素影响。这些因素决定了交通控制不同于我们通常所讲的工业控制,交通控制是复杂的、巨型的、开放型系统的控制。

9.1.2 我国城市道路交通控制面临的问题

我国是发展中国家,汽车工业处于快速发展阶段;随着人民生活水平的提高,汽车等交通工具的拥有量将还会大幅度上升,城市交通中的地铁、轻轨等系统将日益完善,我国的城市交通运输系统将面临更大的挑战。因此,对现代交通控制方法和手段的研究是十分迫切的。它是保障交通这个国民经济的"大动脉"畅通、快捷的重要因素,是促进我国城市经济发展持续稳定增长的关键之一。但目前我国许多大中城市都出现了不同程度的交通拥挤和堵塞问题,严重影响了城市正常的经济活动,并污染了环境,影响了人民的身心健康。

造成我国城市交通问题的主要原因是:国民经济高速度发展、车辆的高速度增长、道路交通设施少且不健全、交通管理及交通安全设施极少以及不重视城市交通的综合治理等。要解决这些问题,除了加强交通规划、建设以及加强交通管理外,还必须提高全民的交通意识,建立完善的交通管理体制、政策及交通法规,并严格执法;同时对各种交通流统筹安排,解决混合交通流(城市的交叉口由于道路占地有限,面积较小,而机动车、非机动车和行人交织在一起)十分严重的问题。

9.1.3 交通管理与信号的基本概念

交通信号可以分为:指挥灯信号、车道灯信号、人行横道灯信号、交通指挥棒信号和手势信号。

1)城市道路交叉口

交叉路口(这里仅考虑平面交叉口)具有将城市道路相互连接起来构成道路交通网络的功能,而在城市交通运输中,交叉口对于交通运输的快捷性影响最大。这是因为交叉口通常是交通流的汇集和分流点,行人对机动车的影响也集中于此,从而容易造成交通中断。平面交叉口可以分为三路交叉、四路交叉和多路交叉等。根据交叉口的形状又可以分为T形交叉口、十字交叉口、Y形交叉口和环形交叉口。

(1)交叉口导流化。为了确保交叉口处车辆运行的畅通和安全性,要合理设计交叉口的几何形状,以确保通行能力。在交叉口的形状设计上,尽可能简单明了,交叉口的分支不宜过多,以T形和十字形较为理想。因为入口一旦较多,就要求驾驶员注意力相当集中,信号控制也会变得复杂。交叉口的车辆行驶自由度较高,行驶方向随意性较大,容易发生冲撞和刮擦等事故,因此有必要设置交通岛、路面标记等设施,将交通流引导到特定的线路上,这些对策和处理方法称为导流化。

①首先要使交叉口的点面积适当缩小。因为交叉口面积过大,车辆的行驶轨线则变宽,行人穿越交叉口要绕大弯。因此,在不妨碍左右转弯车辆行驶时,应使停车线和人行横道与交叉口尽可能接近。

②应使用导流岛和导流带来明确规定车辆行驶位置。导流岛的设置应与车辆的行驶轨迹相符合,为防止车辆和导流岛相撞或导流路变窄,一般和斑马条纹线并用。但导流岛的设置不宜过多,否则容易引起驾驶员的错误判断。

③当车流不是交叉而是分流或合流交织时,导流化应使其分流或合流的角度尽可能小。这是因为角度小时,车流可以用最小速度差进行分流或合流,而且在合流时可以利用小的车头间距。

④导流化所用的交通岛的形状和位置应配合交通组织和管理,给出正确的指示使车辆按正确的路线行驶。

⑤导流化处理在很大程度上可以提高交叉口处的通行能力和减少交通冲突地区,但在实施时要根据道路交通情况精心设计,并注意:要对交叉口的通行能力和道路安全性进行全面分析,然后再确认是否进行导流化;导流化后的车道宽度设计要合理,道路过宽会造成车辆运行的随意性较大,容易引发交通事故;导流化所设置的交通岛、安全岛的面积要合适,且数量不宜过多;导流化处理要避免分流、合流点集中,以便驾驶人员进行判断;导流化后的道路之间应不再有锐角冲突;导流化后应具有良好的视距和照明,为交通信号和交通标志提供良好的视认条件。

(2)交叉口控制方式。一般来讲,城市交叉口实行交通控制的方式主要有:

①让路控制。让路控制是在交通流量十分小的支路(包括小街、小巷和胡同)与交通流量不大的干道的交叉口设置让路标志,以便提醒车辆在进入交叉口前先降低车速观察周围的交通情况,然后再通过,即驾驶人员要有“一停、二看、三通过”的思想。在这种情况下,支路上的车辆必须等到干路上的车辆通过以后才能通行。在我国城市中,由于城市建设原因,存在大量的小支路,与这些支路相连的许多交叉口都是车流量不大的;在这些路口设置让路标志时要注意改善路口的视距条件,使支路上的车辆在进入交叉口前能看清楚干道上的车辆,以便于寻找合适的行车空隙穿过。同时,要设置完善的标志和标线系统。

②停车让路控制。这是用停车让路标志与标示来指挥、引导交通,是针对城市中的支路和交通流量比较大的干道交叉的路口而言。在这些路口上,支路上的车辆必须停车让干路上的车辆通行,然后再寻找适当的机会通过口交叉口或与干道交通流汇合。采用停车让路控制的交叉口有三个独立的条件:支路上的交通流量大大低于干道上的交通流量;从支路上的车辆来看,视距、视野不太良好;干道上的交通流量复杂,或是车道多,或是转弯车辆多。在采用这种控制方式的交叉口处,支路进口应有明显的标志和让路停车标示。

③信号控制方式。采用信号机控制和引导交通流称为信号控制。交通信号控制通过信号灯色来给予交通流通行权,以形成畅通有序的交通流。在城市道路交通系统中,交通信号控制是最重要的一类控制方式,它在很大程度上决定城市交通的运输效率。

④警察管理和指挥。警察管理和指挥道路交叉口处的交通是一种比较有效的方式,有利于对突发性事件的处理,对于暂时性交通流波动的出现有很好的疏导作用。一般来讲,警察可

以在以下这些情况下介入交叉口的交通管理和指挥:交通信号灯系统发生故障;有大型活动,如在大型体育比赛期间汇入了大量的交通;有道路施工或交通事故时;某些信号灯控制装置不能处理高峰时间大交通流量时。

(3)交叉口交通冲突。交叉口的冲突点是指车辆运行至交叉口有可能与其他车辆及行人发生冲突的接触点。平面交叉口的基本冲突可以分为交叉、分流和合流三种形式。交叉是指交通流从两个不同的方向进入交叉口,然后又按不同方向离开交叉口。合流是由两个或两个以上不同方向的交通流合成一个方向的交通流。分流是由一个方向的交通流分成两个或两个以上的交通流所形成的。车辆在相互交叉时可能产生碰撞的地点称为冲突点;交通流在合流与分流时可能产生碰撞的地点称为交织点。

(4)城市道路交叉口存在的问题及解决。城市的交通问题日趋严重,主要是由道路交叉口引起的,这些问题主要有:路口面积较大,缺乏交通渠化设计或设计不合理,没有发挥应有作用;路口大量的自行车车流和行人过路;路口信号灯控制缺乏合理性;人行天桥设施差,在实际中不能发挥应有作用;人行道被占用情况比较严重,尤其是在一些支路和支路交叉、干道与支路交叉的地方,这种情况比较常见;交通标志和交通标线不完善等。要解决这些问题,不能单纯考虑信号控制,而要统筹兼顾自行车和行人因素,从以下几个方面着手:

①重视自行车和行人因素。在重视自行车和行人因素方面要做的一是在城市交叉口处应利用护栏、分隔带及自行车专用道等将自行车和机动车分开;在中心区建立机动车线路时,同时建立与之平行的有足够容量的自行车线路。二是设计满足行人和自行车方便的天桥。三是通过安装行人信号灯装置改善地面行人过街设施,以提高交通安全,改善机动车通行条件。

②建立自行车和行人交通网络。要建立合理的城市交通运输体系,需要考虑建立自行车和行人交通网络,这个网络应具有的特点,一是与城市道路网和公交线路网相结合,并有明确的分级;二是具有连续性,以便建立整个网络;三是与现有的出行发生点和商业活动中心协调相连,发挥其功用;四是具有完整性,尽量消除断头路,避免零碎设施,吸引行人和自行车使用此网络。

2)交通规则

我国是发展中国家,全民的交通意识还不强。因此,加大交通规则的宣传力度,加强交通安全和交通常识教育,是提高全民交通意识的关键之一。只有强化城市居民的交通意识,使大家遵守交通规则,才能更好地发挥城市交通控制的作用,同时也能减少城市交通事故,交通安全就能得到很好的保障。因此,应当把交通规则看成是交通控制的重要组成部分。交通规则主要分为行人的职责和驾驶人员的职责。

(1)行人的职责。行人在城市道路上行走。应遵守以下交通规则:

①行人要根据行人交通信号灯指示通行,不要在行人交通信号灯禁止行人通行时强行穿越人行道;

②行人在走人行横道,过街天桥或地道时,要在行人护栏以内行走,不要越过护栏横穿街道(此规则与行人护栏设置有关);

③行人在穿越街道时,要使用人行横道,并且要按标线和标志的指示行走(此规则与标志和标线有关)。

(2)驾驶人员的职责。驾驶人员在城市道路上运行时,应遵守以下交通规则:

①限制行驶速度。限制行驶速度是为了防止司机超速驾驶车辆肇事,减少事故发生,减低

事故造成的损害程度。同时给驾驶员提供行驶参考速度，以保障安全行车。

②禁止车辆转弯。城市交叉口是交通事故多发地段，特别是转弯车辆，容易引发交通事故。一般在十字交叉口，左转弯车辆要先让对向直行车通过之后再通行。当然，如果对向直行车数量比较大，会导致左转弯车辆寻找不到合适的空隙穿过交叉口，引起交通堵塞，这时可以考虑采用设置左转弯专用道和左转弯专用信号来禁止车辆随意转弯等。在有些城市交叉口，右转车辆也会影响到行人穿过人行横道，这种情况要考虑设置专用右转相位。

③停车限制。这里的"停车"是指路边停车和路外停车，并不包括在信号灯和交通警察的指挥下引起的停车。按交通规则实行临时停车的地方，车辆当然可以临时停靠，但并不是说禁止停车的地方也禁止临时停车。在城市道路上有效的停车限制是：对于主干道，为保证其交通流运行畅通，要限制停车；对于交叉口附近，停车对交通流影响十分大，因此，在出入口至少50 m（米）以内禁止停车；为了不妨碍公共交通运行，在公交车站附近禁止停车。

④单向行车。单向交通是指在道路上的车辆只能按一个方向行驶，不允许双向行车。当城市道路上的交通流量超过其自身的通行能力时，将会造成交通拥挤和堵塞。如果由于道路占地有限，不可能在现有情况下加宽道路，这时候可以考虑采用单向交通。单向交通可以分为固定式单向交通、定时式单向交通和可逆性单向交通三种类型。固定式单向交通就是对道路上的车辆在所有时间里都实行单向通行；这种方式通常用在一般辅助性的道路上，如连接立交桥的匝道。定时式单向交通就是对道路上的车辆在部分时间里实行单向通行；这种方式主要在一些商业区内的道路上实行，因为这些区域的商业活动有一定的时间性，比如夜间的商业活动和行人往往多于白天，那么，可以在白天实行双向交通，而在夜间实行单向交通，以便于居民出行。可逆性单向交通就是道路上的车辆在一定时间里按一个方向行驶，而在另一部分时间里按相反方向行驶。

⑤公共交通优先。公共交通的发展由来已久，不论是发达国家还是不发达中国家，一直都比较重视公共交通的发展。但是，随着城市工业化程度的加快，城市车辆中公共交通车辆所占比例越来越小，而且公共交通车辆的体积较大，车辆行驶速度相对来讲比较低，公共交通的吸引力下降，使得许多城市居民改乘小汽车上下班。随着我国城市居民生活水平的提高，人们对公共交通的要求越来越高；但公共交通的发展现状却不令人满意，引发了许多交通问题。因此，必须采取公共交通优先的有效措施提高公共交通运输效率，减少其他小汽车的使用，将大批的出行乘客吸引到公交车辆上来。公交优先的具体管理措施主要有：一是公共交通专用车道。公共交通专用车道是通过限定路段和时段，指定公共汽车等车辆的通行时段，使公共交通拥有优先权；其目的在于通过公共交通运行的畅通，增加公共交通的吸引力。二是公共交通专用线。公共交通专用线可以分为顺向式和对向式。顺向式是指在一种专为公共汽车开辟的车道上，公共汽车运行的方向与其他车辆运行的方向一致；而对向式是允许公共汽车的运行方向与其他车辆运行的方向相反。由于公共汽车专用线是车行道的一部分，为了同其他车辆分离开来，常采用路面交通标志的方法，或是在对向式公共公交专用线的车道上采用实物分离的办法，使这种专用车道与其他车道严格区分开来。为了提高道路的利用效率，公交专用线可以按时间设置，即在规定的时间（如上下班高峰时间）内，只允许公共交通车辆使用，其他各类车辆不得使用，而在其余时间里，则允许所有车辆使用。三是交通信号的公共交通优先控制。交通信号的优先控制可以提高公共车辆的运行效率，降低公共汽车在交叉口的延误时间。优先控制的方法可以采用按公交车流量调整信号配时的方法，也可以采用公共汽车专用放行信号灯

方法。目前公共交通优先控制的方法较少使用。

3)交通信号

交通信号是用来控制、引导车辆和行人在道路上运行或行走的信号。它包括城市交叉口的红、黄、绿三色灯光信号,行人信号,铁路交叉口信号和其他一些信号装置等,城市交叉口安置交通信号灯主要有两种布置形式,一种是设在交叉口中央灯柱上,一种是设在交叉口各入口路边的灯柱上。三种色灯的排列方式又分为两种:当水平设置红、黄、绿三种色灯时,则从道路中心线一侧起以红、黄、绿的顺序向路边排列。当垂直设置红、黄、绿三种色灯时,则从上往下依次是红、黄、绿灯。下面简单介绍交通信号控制的几个参数:

(1)周期。交通信号的红、黄、绿三种灯在指挥交通时是依次循环闪亮的,信号灯变化一个循环所用的时间就称为信号周期,简称周期。

(2)信号相位。在一个周期内,交叉口上某一支或某几支交通流所获得的通行权,称为信号相。在城市道路交叉口,由于车辆、行人来自各个方向,并且又向不同方向行走,因此,如果不采取一定控制、引导措施,必然会产生交通冲突。一般来讲,消除交叉口交通冲突有三种方案:一是渠化交通,在交叉口合理布置交通岛,将车流分车道组织运行,减少车辆行驶的干扰;二是立体交叉,将来自各方向车流按立体空间分设在不同高度的道路上,各行其道,相互间没有干扰;三是交通控制,用优先控制、交通信号灯或由民警指挥,使通过交叉口的冲突车流分时间段通过,这就是信号相位问题。

交叉口信号灯的灯色是周期性变化的,其目的是控制不同方向的车流安全、顺畅地通过交叉口。对于交叉口不同方向的车流,在某一瞬间所获得的灯色显示是不同的。但是,在交叉口的所有车流中,总有不同方向的某些车流在任何时间获得相同的灯色,其运行和停止同时发生,即这些车流在相同时间里获得通行权。一般来说,交叉口两个车道上直行车运行不发生冲突,但左转车和直行车之间的冲突不可避免。如果左转车数目较少,则这些左转车要利用直行车之间的空档左转;如果左转车数目较多,则会造成左转车找不到足够空档左转,必然造成一部分左转车堵塞。为防止这种情况的出现,必须在信号相位序列中加左转相位。同样,按照目前我国的交通规则,右转车辆和行人的冲突也是存在的。如果不消除这种冲突,也容易引起交通秩序混乱,并有可能造成交通事故。要消除这种冲突,必须考虑将行人通过交叉口人行横道与车辆右转放在不同相位中。

(3)绿信比。绿信比是指在一个信号周期内有效绿灯时间分配给各个信号相的情况。而有效绿灯时间是指某相信号的绿灯时间与黄灯时间之和减去损失时间。

(4)损失时间。损失时间是指在周期时间内由于交通安全及车流运行特性等原因,在某段时间内没有交通流运行或未被充分利用的时间。

(5)相位差。相位差是协调控制的信号配时中的概念,它分为相对相位差和绝对相位差。相对相位差是指在各路口的信号周期均相同的联动信号控制系统中,相邻两个交叉路口协调相位的绿灯起始时间差。绝对相位差是指在联动信号控制系统中,选定某一交叉中信号为基准信号,其他各交叉口绿灯起始时间相对于基准信号交叉口绿灯时间差。

4)饱和流量

当交通信号灯转变为绿灯时间时,由于驾驶人员和车辆起动反应需要一定的时间,在停车线后排队的车辆,经过一段时间后加速到正常行驶速度,通过停车线的车流量由零很快增至一个稳定的数值,这个稳定的数值即是饱和流量。

5）通行能力

通行能力是指在现有道路条件和交通管制下，车辆以能够接受的行车速度，单位时间内一条道路或道路某一截面所能通过的最大车辆数。道路通行能力是衡量道路所能承担通过车辆的极限数量，是对现有道路交通运行状态分析的依据，是新建或改建道路上各种设施的设计、规划和管理的基本指标。其具体数值的变化随着街道等级、线形、路况、交通管理与交通状况的不同而有显著的变化。

6）服务水平

服务水平是指司机和乘客对道路交通运行时要求能达到的服务质量标准。考察服务水平的因素主要包括以下内容：

（1）车速与行程时间。它不仅与运行车速有关，也与总的行程时间有关。

（2）车辆行驶受阻情况。可以用每公里停车次数和车辆延误时间来衡量。

（3）操纵车辆以维持所需车速的自由程度。

（4）行车的安全性与事故状况。

（5）行车的舒适性和方便性。它们受道路条件、交通条件和道路能为满足驾驶人员需要所能提供的方便程度的影响。

（6）在行车方面的经济性。

7）交通信号建立的基本条件

在城市街道交叉口处设置交通信号灯，应具备以下几个基本条件：

（1）车辆延误。车辆延误是指车辆在通过交叉口时，碰到红灯后停车等待及车辆减速等因素所造成的时间延误。在交叉口信号控制中，延误指标是衡量控制效果的关键，因此，它是设计信号配时的关键因素。

（2）交叉口交通容量。这里交通容量是指当两种以上的交叉交通流与交叉口几何线形有关，另外也受交通流运行方式的影响。

（3）交叉口的冲突点和交织点。交叉口实行交通信号控制要考虑以上三方面因素，但并不是所有交叉口都一定要实行信号控制，因为有些交叉口车流量极少，混合交通少，如果片面地实施信号控制，反而会适得其反，造成车辆不必要停车，增加停车延误。所以要依据一定标准来衡量交叉口是否有必要实行信号控制。

8）人行信号灯及人行道

城市交叉口往往是车辆和行人的汇集点。在许多设置信号灯时，既要考虑到机动车，又要考虑行人过街，这就需要设置人行信号灯。人行信号灯一般为红、绿两种色灯，红色灯面上有行人站住不走的图像，而绿色灯面上有行人过街的图像。目前，人行信号灯的显示一般与同向车灯同步，绿灯结束前3～5秒有闪烁绿灯，表示提醒路人要尽快穿过街道。人行信号灯只能避免行人与侧向直行车辆的冲突，但是不能避免行人与左右转弯车辆的冲突。要避免这种情况的发生，就要设置人行专用信号相位。

在城市交叉口中，人行横道的作用是非常重要的。为了防止行人乱穿马路。在车行道上用标线指定行人过街的地方。人行横道的标线可分为条纹式人行横道线和平行式人行横道线。人行横道的设置应在整条道路上做通盘布置。一般先布置交叉口上的人行横道，然后再考虑在两交叉口中间加设路段上的人行横道。

交叉口的人行横道最好设置在向交叉口外侧移一段距离的地方,使之不占用街道转角,留出这段空间给右转车辆等候行人过街之用。这样一来,不仅可以使行人注意到右转车辆,提高交通的安全度,而且可以为交叉口转角处设置雨水口、信号灯杆、标志和路牌等设备提供位置。

两交叉口中间加设路段上的人行横道的最小间距是有规定的,一般要根据行人和道路条件而定,原则上既要照顾行人过街的方便,又要不使车辆受到行人的严重干扰。如果干道上两交叉口间距不大,中间最好不要设置人行横道。在车流量不大的次要道路上,可以考虑在两交叉口中间的位置加设人行横道,如果两交叉口间距过大,可以考虑加设几条人行横道,加设的位置应在过街行人比较集中的地点。在公共汽车站附近设置人行横道,要考虑到站点的位置,以便行人过街。

为了确保过街行人安全,在弯道和纵坡变化路段等视距不足的地方,转弯车辆多、又不能禁止的地方,瓶颈路段,公共汽车停靠站上游,车辆进出口附近不宜设置人行横道。

9.2　道路交通控制

9.2.1　点　控

"点控"即孤立信号交叉口的交通信号控制。其控制对象是针对单一交叉口的交通而言,而不考虑此交叉口周围其他交叉口的交通运行。其控制的目标是通过信号指示合理分配各个入口车道车辆通行权,减少或完全消除可能引发的交通事故冲突点,同时,又要设法使车辆和行人的延误时间最小,并增加与交叉口相连各车道的通行能力。交叉口的延误是指假设交叉口没有信号灯控制,车辆在交叉口不停车而通过所需时间与实际所需时间之差。

信号交叉口的点控是最简单的信号交通控制方式。在许多情况下,点控是一种有效的方式,如在城市郊区以及交叉口之间间距比较大,相互之间影响不是非常明显的情况。对于我国城市道路交叉口控制来讲,应当重视点控。因为我国城市中的交叉口情况比较复杂,混合交通流十分严重,只有切实做好交叉口的点控才能实现更高一级的控制。孤立信号交叉口的信号控制方式主要有两种:一是定时控制;二是车辆感应控制。定时控制的信号周期长度和绿信比等参数是预先给定的,且在一段时间内固定不变。

1)信号周期长度的确定

对一个信号交叉口而言,评价其信号配时是否最佳的指标有延误时间、通行能力和交通事故次数等,其中延误时间是驾驶员最为关心的指标。延误时间主要由车辆到达的均匀性所造成的延误时间和车辆到达的随机性所造成的延误时间组成。所以,在确定最佳信号周期时,还要考虑一天当中交通流的变化情况。如果交通流在一天中的波动幅度比较大,即存在明显的交通高峰段和非高峰段,则应根据不同时段对应的交通流量分别确定信号周期。

很显然,信号周期会影响车辆通过交叉口所受到的平均延误。若周期很短,损失时间所占比例较大,并引起延误过长,交叉口通行效率较低;另一方面,周期过长,待行车辆有可能在绿灯开放后不久就可以从停车线后驶完,而绿灯后期通过停车线的少数车辆,将是那些以稀疏车距到达的车辆,这不利于绿灯时间的充分利用。

2)绿灯时间确定

绿灯时间的分配是以车辆阻滞延误最小为原则的,根据这一原则,绿信比大致与相位的交通流量成正比。

3)交通信号的早断与滞后

前面提到,如果左转车数量比较大,那么左转车仅单纯依靠对向直行车的空档穿过交叉口是比较困难的,容易引发车辆堵塞,这就要求为左转车提供专用相位。但这样做就要求为左转车设置专门的一组信号灯,增加了设备投资,同时,多设一个左转相位就增加了一份损失时间。为此,当左转车数目不足以专设左转信号相位时,可以采取交通信号的早断与滞后。

对向相位的早断是指先给予直行车一段绿灯时间,然后放行交通量较大的一股左转车流,而在这之前,要先截断对向直行车流的通行。滞后是在绿灯时间内,先放行左转车流,过一段时间后再放行对向直行车。

9.2.2 车辆感应式控制

定时信号控制是根据以往的交通情况,预先设定信号周期和绿灯等参数。这种预先设定的参数在任何时间内都是不变的。也就是说定时信号控制是不会随着实际情况改变而改变的,其控制仅能达到与设计时采用的交通情况相符的效果。在现实中,这种条件并不是常常发生,这样,就导致了信号控制并不能适应实际交通的要求。其结果是在有些情况下车辆延误时间增大,或是造成某些相位绿灯开通时,其对应放行车道却无排队车辆,而另一些相位红灯禁止通行时,确有车辆在排队等候等情况的发生。

要使信号控制能够根据实际交通情况作出反应,必须建立适应性信号控制系统。这种系统的特点是交通信号控制中央处理单元能够根据车辆检测器送来的当前交通情况数据,利用一套独立的算法,推导出当前信号控制所应采取的参数值(包括周期、绿信比等),然后去控制信号灯色的变化。这种控制能够适应交通流的随机变化,对于那些交通流量变化大,运行规律难以把握的交叉口,这种控制方式十分有效。

1)半感应式控制

(1)基本原理。在主干道上绿灯尚未达到最小绿灯(非感应相)时间时,无论次干道是否有车辆到达(通过检测器检测到),都要维持主干道绿灯时间。当主干道绿灯通行时间到达最小绿灯时间后,判断次干道是否有车辆排队或到达,如果没有,则主干道维持绿灯状态;如果次干道上有车辆,则主干道绿灯时间结束,次干道绿灯通行时间开始。当次干道绿灯时间达到初始绿灯时间后,如果没有后续车辆到达,则次干道绿灯时间结束,通行权转给主干道;如果在初始绿灯时间内有车辆到达,则次干道绿灯时间延长一个单位绿灯时间。在延续绿灯时间内,若没有检测到有后续车辆到达,则次干道绿灯时间结束,通行权转给主干道;若检测到有后续车辆到达,则再将次干道绿灯时间延长一个单位绿灯时间。依次类推,直到次干道绿灯时间累计达到了最大绿灯时间为止。在这之后,次干道无论是否检测到有车辆到达,其绿灯时间都将结束,通行权转给主干道。

(2)工作特点。在城市道路交叉口信号控制中采用半感应控制方式有以下特点:

①只在次要道路入口埋设检测器;

②主干道上的相位始终有最小绿灯时间;保证了主干道上的交通运行;

③若次要道路上的绿灯达到最大值,则将检测到的交通信息存储起来,并在主干道经过最

小绿灯时间后,恢复绿灯;

④能适应交通流的短期波动(这是定时系统无法做到的)。

2)全感应式控制

(1)基本原理。全感应式控制是在交叉口各入口道上都设置了车辆检测器,各信号相的绿灯时间均根据检测到的交通情况而定。全感应式控制使用于需要三个以上相位且交通流量变化比较大的交叉口。全感应式控制与半感应式控制的区别在于所有交叉口入口车道均设置了车辆检测器,这样,所有信号相均为感应信号相。

(2)工作特点。在城市道路交叉口信号控制中采用全感应控制方式有以下特点:

①在交叉口所有入口都埋设了检测器;

②每一信号相位都有预置初始绿灯时间;

③对每一信号相位的绿灯时间都有限制;

④初始绿灯时间要比单位延长时间短。在初始绿灯时间后,对于每次感应都按照预置的单位延长时间延长绿灯时间。

9.2.3 交通协调控制

1)干道交通的信号协调控制

干道交通的信号协调控制是在"点控"的基础上发展起来的,其主要特点是在信号交叉口配时设计中,将考虑某一线路上其他交叉口的交通情况。在通常情况,将干道交通的信号协调控制称为线控。这里的干道主要指有多个交叉口的城市街道、高速公路沿线道路和长隧道等。

(1)影响车辆在干道上运行的因素。在干道上运行的车辆主要受以下几个因素影响:

①干道环境。干道环境包括设施的线形特征与土地的使用、车道数目与车道宽度、中间分隔带类型和信号交叉口之间的距离等环境因素;速度限制性和城市人口等也是环境因素。干道环境会引起驾驶人员对安全速度的重视。

②车辆之间的相互作用。车辆之间的相互作用是由交通密度、货车与公共汽车所占比例以及转弯行驶状况来决定的。这种相互作用会影响交叉口上车辆的运行。在信号交叉口之间的路段上,相互作用的影响较小。

③交通信号的效果。交通信号会强迫车辆停车,并且使车辆停留一段时间。然后以车队的形式放行。由于交通信号的影响,造成车辆延误和车速改变,大大降低了市区干道的通行能力和交通流的质量。每辆车平均停车持续时间或平均停车延误,主要取决于路段上红灯的比例、绿灯时车辆抵达比例(或交通信号联动的质量)和交通流量。

(2)干道交通协调控制的方式。干道交通协调控制主要有以下三种方式:

①联动控制。对2~3个相邻交叉口的信号机实行系统控制,称为联动控制。这种联动控制多数由定周期信号机附加联动装置组成。

②单系统控制。对路线上的5~20个信号交叉口,预先确定一种控制方案的系统控制称为单系统控制。在所控制的路线上,各交叉口的信号机使用一个统一的信号周期,然后按所规定的统一行车速度和相邻交叉口的距离确定各相邻交叉口之间的相位差。在这种信号控制中,各交叉口的信号机可以利用导线连接起来,由中央控制室统一控制,也可以不用导线,而用石英钟调准各交叉口的开机时间,以达到协调控制的目的。前者属于有线线控信号机,后者称为无线线控信号机。

③多段系统控制。这种控制的原理与多段定周期控制一样,是为了适应交通流量在一天中的变化,把控制方案根据交通流量变化分成几组参数(如分为高峰、平峰、低峰等),不同时段采用不同控制参数。这样做,有利于提高信号控制效率。

(3)干道交通协调控制信号配时要考虑的因素。信号配时是同实际交通情况、交通规则和道路条件密切相关的。干道交通协调控制的信号配时也是根据实际情况来确定的。信号配时要考虑以下几个主要因素:

①交通运行方式。交通运行方式是指干道为单向通行还是双向通行的街道。这里之所以提到运行方式,是因为单向通行的干道设计信号配时比较容易,而双向通行的干道设计信号配时则要困难得多。主要是因为干道两个方向车流行驶速度、起始点都不一样,当一个方向获得足够通过带时,另一方向车流未必能充分利用该通过带。因此,在实际设计中,针对双向通行干道的配时设计,要统筹考虑通过带宽度及车辆行驶速度。

②交通流量变化。交通流量变化情况信号配时要考虑的关键因素之一。在干线控制中,当交通流量发生变化时,如果不改变信号配时方案,那么整个控制的效果将大大降低。交通流量变化主要有路口交通量的变化和交通流方向上不均匀两大类。

③允许车速。允许车速与通过带速度相差不能太大,否则车辆将难以在通过带时段内通过交叉口。在交叉口间距基本相等时,整个信号配时设计可采用相同的速度,如果交叉口间距不等,各路段设计车速不一定相等。

④交叉口间距。干道交通协调控制系统的信号相位差取决于行车速度和交叉口间距,因此,对各个交叉口间距必须精确测量。需要注意的是,这里所指的交叉口间距是指一个交叉口流入部停车线到相邻交叉口流入部停车线之间的距离。

2)区域交通协调控制

“点控”和线控的明显的特征是其控制的对象数目有限,控制范围较小,方法较为简单、直观。当然,这些控制的缺点也较明显,即在城市交通系统中,各个被控对象(如信号交叉口)之间是存在一定关系的,这种内在关系决定了理想的交通控制不仅仅是为提高某一交叉口的通行能力,减少车辆经过该交叉口的延误,而且是要提高整个控制区域的交通运输,减少整个区域内车辆运行的延误时间。很显然,要达到这一目的,“点控”和线控方式是无法做到的。为此,区域交通协调控制系统应运而生。

对于任何一个城市而言,点控、线控和面控都是存在的。对于城市交通控制系统(Urban Traffic Control System,简称 UTCS)而言,有两种控制方式:一是集中控制;这种控制系统的优点是控制中心可直接对路口控制器进行操作,便于直接从控制中心了解各个信号交叉口的交通情景;其缺点是控制策略的计算复杂,设备线路复杂、投资大,维护费用高,二是分层递阶式;这种控制系统的优点是城市交通控制中心不直接对路口级的信号控制器进行操作,而是通过中间控制层来完成,这样做可以减少控制设备,提高控制的实时性,使控制策略的选取更加简单;因此,在实际中,这种系统控制方式被广为采用。

根据系统控制的策略,区域交通控制系统可分为两大类:一类是固定配时系统。这类系统的配时方案是根据交通网络的历史数据制定的,主要应用了计算机建模、优化与仿真技术。另一类是自适应式控制系统。这类系统的主要特点是配时方案是根据实际交通情况,而不是历史数据,这样,这种控制的实时性有了明显的提高。

9.2.4　高速公路交通控制

高速公路是使汽车高速行驶的公路。由于高速公路上采取了限制进入、分隔行驶、汽车专用和全部立交等措施,并采用较高的标准和完善的交通设施,从而为汽车的大量、快速、安全、舒适、连续地运行创造了条件。随着各国经济实力的增强和技术进步以及交通运输量的大幅度增加,汽车也日益大型化,不仅发达国家,而且相当一部分发展中国家也修建了高速公路,通车总里程达 18 万千米,我国高速公路通车里程已跃居世界第二位。

1)高速公路的组成

高速公路是唯一能够提供完全不间断交通流的公路设施,车辆在高速公路上行驶所受的外部干扰比较少。一般车辆进出要通过匝道,为了减少进出车辆对主线交通的影响,匝道可以设计成合流与分流的形式。由于这些原因,高速公路上车辆的运行主要受车辆间相互作用及高速公路几何线形特征的影响。高速公路一般有三种类型的路段组成:

(1)高速公路基本路段。高速公路基本路段是指不受匝道合流、分流及交织流向影响的高速公路路段。

(2)交织区。两条或多条车流沿着高速公路一定长度,穿过彼此车行路线的高速公路路段称为交织区,一般由合流区和紧跟着的分流区组成。

(3)匝道连接点。驶入、驶出匝道与高速公路的连接点是匝道连接点。

2)高速公路交通控制的主要内容

高速公路交通控制分为动态控制和静态控制两大类。动态控制是指根据高速公路上交通流量的变化情况,采取一定的方法和手段引导交通流安全、顺畅地在高速公路上运行。而静态控制则是指以公文、告示和情报板等形式通知交通车辆驾驶人员在运行中应注意的事项,也包括通过交通标志限制交通。高速公路控制方式可分为入口匝道和出口匝道控制等。

(1)入口匝道控制。入口匝道控制的原理是限制进入高速公路的车辆数目以保证高速公路自身的交通要求不超过其交通容量。入口匝道控制的目的为:

①减少高速公路干道行驶车辆的总行程时间;

②减少通道内全部行驶车辆的行驶时间;

③在高速公路干道和入口匝道上,或减少交汇处的冲突和事故;

④改善交通的平稳性。减少不舒适感或环境干扰。

(2)出口匝道控制。出口匝道控制的方法主要有封闭阻塞区间、强制让车辆驶出的指示以及提供路径信息等,同时,也可以采取关闭出口匝道的方法。这样可以大大减少该处的车辆交织以及随之造成的交通拥挤和安全问题。特别是当连接着一个大型互通式立交的沿街道路和街道到出口匝道的距离较短时,关闭匝道是个很实用的解决方法。

(3)设置交通控制设施。在高速公路上设置交通控制设施时,要注意以下原则:

①交通信号的说明要完整、简明,避免出现不易理解和辨认的信号;

②交通信号和标志要突出醒目;由于高速公路上车辆行驶速度高,要求高速公路上交通信号或标志比普通道路上的尺寸大,并且颜色鲜明,位置突出;

③标志要安放在驾驶员容易疏忽的地方,由于道路变化多,而驾驶员往往都有一些共同的习惯性行为。稍一疏忽,就会发生交通事故,因此,在驾驶员容易疏忽的地方,要设置标志牌进行必要的提示。

3)**入口匝道控制方法**

为连接有高度的高速公路上互通式立体交叉的车道而设置的车道,通称为匝道。入口匝道的控制方法有:

(1)匝道关闭。匝道关闭是一种简单而可靠的入口匝道控制方法。由于这种方法容易导致高速公路容量不足,使与之相接道路负荷加重,因此,这种方法仅在选定路段上使用。

①使用条件。使用匝道关闭调节方法的条件一是互通式立交非常接近,交通问题严重的地方;二是有较多车辆要在入口匝道上排队,但没有足够的停车空间和长度容纳排队车辆的匝道;三是附近有良好的道路可供绕道行驶;四是高速公路上发生偶然事故。

②关闭方法。实施匝道关闭主要采用的方法有:交通标志、人工设置路栏、自动操作路栏(这种方法最为有效)。

(2)匝道调节。匝道调节是利用交通信号灯来限制进入高速公路的交通流量,从而使高速公路以较高的服务水平运行。匝道的调节率通常取决于调节的用途。

①匝道调节的用途。匝道调节的用途一是用来减轻高速公路上的交通拥挤程度。如果匝道调节是为了减轻高速公路上的交通拥挤程度,则调节率应调整到等于高速公路上游的交通需求和高速公路下游的通行能力之差。二是提高合流的安全性。车辆汇流时容易引发尾端碰撞事故,为了减少这种情况发生,必须选择合适的调节率,保证每辆车在后随车辆驶进合流路段之前有时间会入高速公路。

②匝道调节的方法。匝道调节的方法主要有定时调节和交通感应调节两种方法。定时调节是指匝道调节率按照不同的周期或每天不同时段预先加以固定的匝道调节方式;定时调节是最简单的匝道调节形式,其系统组成主要包括:匝道调节信号灯、前置警告标志、时钟控制、检入检测器、检出检测器和排队检测器等;定时调节又分为单车调节(在一个绿灯时间内,仅允许一辆车进入高速公路,绿灯时间加黄灯时间之和就是一辆车通过信号灯的时间)和车队调节(每个信号周期放行 2 辆或更多车辆的车队调节方式)两种类型。与定时调节相似,交通感应调节也是根据交通流量的需求来决定的。所不同的是,交通感应调节率的选择是由现行的而不是历史的交通流量条件来决定的,即在线实时调节,其系统组成主要包括:匝道调节信号灯、前置警告标志、信号控制机、交通控制变量检测器、排队检测器、检入检测器、检出检测器和交会检测器等。交通感应调节主要控制方式有交通需求量—交通容量差额控制(在实时比较上游交通流量和下游交通流量的基础上选择匝道调节率)和占有率控制(在实时测量车道占有率的基础上来选择匝道调节率)两种。

9.3 智能交通系统

智能交通系统(Intelligent Transportation Systems,简称 ITS),在许多欧美国家的早期研究中将其称为 Intelligent Vehicle and Highhway Systems,即 IVHS,中文为“智能公路-车辆系统”。智能交通系统是近几年交通管理与控制领域发展最为迅速的方面,并引起了全世界的高度重视,投入了大量的人力、物力和财力。国外给出的智能交通系统的定义主要包括四个方面的内容:把先进高级的信息处理技术、通信技术和电子技术应用于地面交通;通过更多的旅行和道路信息的传播,更加有效地利用国家的道路设施及其能源;改善交通安全状况,增加道路通行能力,提高生产效率,减少环境污染;为出行者提供更好的交通信息,改善交通控制系统,提供更加有效的公交和商用车运营。

9.3.1 建立智能交通系统的目的

智能交通系统是现代信息技术的产物,是社会历史发展的必然,它的建立应当适应未来社会需要的交通运输体系和满足人们对高质量生活的需求。

1)建立高度信息化的交通系统

智能交通系统是将先进的信息技术、数据通信技术、自动控制技术以及计算机处理技术有效地结合起来,从而建立起立体化的、全方位的公路交通运输体系。在这里交通信息将实行最大限度的共享,将为各个层次的使用者所获得,比如有关道路的交通信息可以通过控制管理中心传输到各个用户(包括警察部门、城市居民、医院等),出行者可以根据实时交通信息选择交通方式和路径,而交通指挥管理部门应用先进的手段处理接受到的交通信息,掌握道路上交通流运行情况,并进行合理调度,使路网上的交通流处于最佳状态。例如,出行者在公共汽车站等候公共汽车时,可以通过站上设置的动态交通情报获知目前自己等候的车辆所在位置,离本站点距离和还需等多久才能到达等信息,通过这些信息,出行者可以决定乘坐哪趟公共汽车。这样,公共交通的效率将得到很大的提高,同时也增加了公共交通的吸引力。

2)建立高效率的交通系统

交通运输效率对于一个国家的经济发展具有十分重要的意义。智能交通系统可以非常有效地提高交通流运行的通畅性,促进运输车辆的合理调度,提高车辆行驶效率,从而促进全社会交通运输业经济效益的提高。

3)提高公路交通的安全

智能交通系统可以为汽车驾驶员提供详细而准确的交通信息,提高各种安全控制系统功能的发挥,减少车辆碰撞机会,从而有效地提高交通的安全。

4)减少堵塞和行车延误

智能交通系统能够借助于计算机信息处理系统对各种交通情况下的车辆进行合理调度与疏导,提高道路交通的效率,以此减少交通堵塞。而自驾车出行者可以随时随地获得各种交通信息,合理选择行车路线,极大地减少自己出行的盲目性,从而减少了行车延误。

5)降低交通运输对环境的影响

环境问题已经成为一个全球化的问题,为世界各国所关注。交通对环境的影响很大,这种情况不仅存在于发达国家,在发展中国家也同样非常突出。采用智能交通系统,既可以减少交通堵塞和延误,同时还可以降低能源消耗和减少废气污染物的排放,使交通运输对环境的影响明显减小。

9.3.2 智能交通系统的基本内容

智能交通系统所包括的范围十分广泛,涉及的领域有电子、通信、计算机和自动控制等,其研究的主要内容有以下几个方面:

1)分布式车辆管理系统

分布式车辆管理系统的研究是在分布式人工智能基础上进行的。分布式人工智能主要研究多智能系统中的知识与行为。其主要目的是有效地利用资源,控制智能系统的异步操作,均衡各智能系统的目标。在这里,来自每个传感器的数据送入相应的问题求解结点中,然后所有结点合作构成一个通过传感器网络的总体车辆交通运行图。

2)先进的交通管理系统

交通管理系统主要用于交通监测、控制和信息处理的智能化。该系统类似于机场的航空控制器,在道路、车辆和驾驶员间提供通讯联系。从而使交通流始终处于最佳状态。

3)智能驾驶员信息系统

智能驾驶员信息系统是以驾驶员为服务对象。通过办公室或家庭计算机终端和公路咨询广播系统等,向驾驶员提供目前交通和道路状况、车辆位置和行驶信息,并且通过路径引导系统向驾驶员提供行车路线信息。

4)先进的大众运输系统

先进的大众运输系统是采用智能技术促进公共交通运输业的发展,提高公共交通的吸引力。如向候车者提供实时交通信息的显示板就属于这种系统的组成部分。

5)自动车辆驾驶系统

自动车辆驾驶系统包括能监控车辆的探测器、自动车头间距控制、自动刹车以及控制油门等部件。它能使车辆在高速行驶中保持适当的车间距,必要时可以自动减速或刹车,以免碰撞事故发生。

9.3.3 发展我国智能交通系统要解决的问题

我国是一个发展中国家,汽车工业处于高速发展时期,也是世界上最大的汽车消费潜在市场。随着我国的经济实力的不断增强和人民生活水平的日益提高,汽车的保有量还将大幅度增长,而城市中的地铁、轻轨等交通系统也将更加完善。为了使人们出行方便快捷和安全通畅,发展智能交通系统必成当务之急。为了使我国智能交通系统健康发展,造福于广大出行者,应注意解决以下问题:

1)政府有关部门做好统筹规划

智能交通系统是一项庞大的系统工程,它涉及交通工程、自动控制、现代通信、计算机和图像处理等新技术,只有政府部门出面协调各方面的专家、学者,同心协力,充分发挥各自的聪明才智,才能研究开发出适合我国国情的智能交通系统。并做好:

(1)智能交通系统发展规划。政府规划部门首先要把智能交通系统的发展纳入国家或地方的规划工作中;其次是做好发展规划,使智能交通系统的发展有计划、有步骤、在保证发展和保护环境的前提下稳步进行,注意不要操之过急。

(2)资金筹集和投入。有了很好的发展规划,就需要大量的资金投入。政府在财政能力允许的前提下加大资金投入和多方筹集(如出台政策融资、合理引进外资等)资金以保证智能交通系统的发展。

2)加强基础建设

智能交通系统的开发研究以及发展工作可以说是千头万绪,但如果不注重基础工作,将会造成开发工作的困难,甚至无法继续进行,并直接影响智能交通系统作用的充分发挥。加强基础建设主要是做好基础硬件的研发、加强交通基础设施建设和交通基础数据及相关资料收集整理工作。

(1)基础硬件的研发。如根据我国现有技术力量的情况,开发研制在智能交通系统中起关键作用的传感器、通信传播系统等,并将其投入使用。随着技术水平的提高,再开发研制控制系统和作为智能交通系统"耳目"的检测系统,使我国自行研制的设备在功能、可靠性等方面不断提高。

(2)交通基础设施建设。我国的交通基础设施设备陈旧、管理和调度水平低,必须在政府有关部门的统筹规划下,系统地加大对交通设施建设的投入,使其尽快形成科学化、现代化,以适应智能交通系统的发展需要。

(3)交通基础数据及相关资料收集整理、研究。首先就是交通信息收集、信息传播、信息共享的充分与灵活,并为智能交通系统的开发研究提供基础资料;其次是探索和研究我国交通流理论、交通管理规划、交通法规和交通标准规范等,以便研究开发的智能交通系统适合我国国情。

3)提高管理水平和加强全民交通安全意识

提高管理水平就是要提高现有交通管理队伍的科学管理水平,特别是将管理引向规范化、标准化方向。智能交通系统需要各个层次、各个方面的共同配合、协调,才能发挥其应有的作用。否则,智能交通系统即使建立起来了,如果没有各个机构的共同配合、组织协调,也是发挥不了作用的,并不能起到改善交通状况的作用。

加强全民交通安全意识首先要大力宣传交通法律法规、增强人们出行交通安全意识:行人过街按信号灯指示走人行横道;驾车者严格遵守交通法规关于安全行车的相关规定,如保持所驾车辆技术状况良好(即不开带病车)、不超速行驶和酒后驾车、在人行横道处减速和避让行人、严格按交通信号的指示行车、保障自己和他人出行安全等。其次是严格管理和执行相关规定,对违规人员在劝导和教育的前提下,适当加大处罚力度;加强监管体系的建设,可以把遵守交通法规纳入社会诚信管理的一部分,使违规者的社会诚信度降低,提高违规成本。

第10章 其他汽车服务

10.1 汽车召回

10.1.1 召回制度

召回，指按照《缺陷汽车产品召回管理规定》要求的程序，由缺陷汽车产品制造商进行的消除其产品可能引起人身伤害、财产损失的缺陷的过程，包括制造商以有效方式通知销售商、修理商、车主等有关方面关于缺陷的具体情况及消除缺陷的方法等事项，并由制造商组织销售商、修理商等通过修理、更换、收回等具体措施有效消除其汽车产品缺陷的过程。缺陷，是指由于设计、制造等方面的原因而在某一批次、型号或类别的汽车产品中普遍存在的具有同一性的缺陷，具体包括汽车产品存在危及人身、财产安全的不合理危险，以及不符合有关汽车安全的国家标准、行业标准两种情形。

有缺陷的汽车在社会上使用会对消费者造成不可预料的伤害，同时在交通安全问题上埋下祸根。对有缺陷的汽车进行召回不但能够保护消费者的权益，还可以促使汽车制造企业的经营行为更为规范，从而维护正常的竞争和市场秩序。从已实施多年召回制度的欧、美等国家和地区的实际情况看，汽车企业对缺陷产品召回，特别是企业对有缺陷的汽车产品主动召回行动，不但不会影响企业在公众中的信誉，反而还会提升企业的诚信度，给消费者和全社会树立良好的企业形象。其带动和辐射作用还可以影响到其他行业，推动全社会诚信水平的提高。所以世界汽车制造商的普遍做法是对有缺陷的汽车进行主动召回，汽车制造商一旦对有缺陷的汽车实施召回，将在社会上产生巨大的影响，同时也大大提升本企业的知名度。

汽车召回是以消除缺陷、避免伤害为目的，是指按照规定的程序，由缺陷汽车产品制造商（包括进口商），采取修理、更换、收回等方式消除其产品可能引起的人身伤害、财产损失的缺陷的过程，具体召回活动由制造商组织完成并承担相应费用。按照规定，一方面消费者有权向主管部门，有关制造商、销售商、租赁商或进口商投诉或者反映汽车产品存在的缺陷，并向主管部门提出开展缺陷汽车产品召回的相关调查的建议；另一方面，消费者也应当积极配合厂商进行缺陷汽车召回。另外，对于明知有缺陷或隐瞒不报的汽车制造商，主管部门除责令其召回外，还要向社会公布曝光，并依情节轻重，处以相应数额的罚款。因此，召回对消费者一般是免费的。同时，企业的召回活动又是在法律的框架下进行的，政府主管部门在整个召回过程中要给予指导和监督。缺陷汽车产品召回制度的建立和实施是一项十分复杂而庞大的系统性工作，涉及政策研究、法规制定、前期技术准备、信息网络建设、实施后的日常运行管理以及宣传、培训等诸多因素；所以，缺陷汽车产品召回需要国家在各个方面予以大力支持才可以顺利开展。

"召回"是汽车售后服务的完善，补充了维修的内涵。科技再发达，企业知名度再高，也不可能制造出完美无暇的汽车。随着科学技术的进步，汽车被制造得更加优异，过去认为完善的设计，也会暴露出它的种种不足，可以说缺陷是永远存在的。同时有不少缺陷是人们很难在设计和生产中觉察到的，只有在进一步的使用和研究中才能发现。所以通过召回就可采取措施予以弥补。

10.1.2　国外汽车召回情况

汽车召回在美国、欧洲、日本、韩国等国家早已不是一件新鲜事儿。其中，美国的召回历史最长，相关的管理程序也最严密。美国早在 1966 年就开始对有缺陷的汽车进行召回了（主管部门为美国"国家高速公路交通安全局"（NHTSA），参见美国"国家交通和机动车辆安全法"和美国法典第 49 条第 301 章），至今美国已总计召回了 2 亿多辆整车，2 400 多万条轮胎。涉及的车型有轿车、卡车、大客车、摩托车等多种，全球几乎所有汽车制造厂在美国都曾经历过召回案例。在这些召回案例中，大多数是由厂家主动召回的，但也有一些是因 NHTSA 的影响或 NHTSA 通过法院强制厂家召回的。美国法律规定，如果汽车厂家发现某个安全缺陷，必须通知 NHTSA 以及车主、销售商和代理商，然后再进行免费修复。NHTSA 负责监督厂家的修复措施和召回过程，以保证修复后的车辆能够满足法定要求。

日本从 1969 年开始实施汽车召回制度，1994 年将召回写进《公路运输车辆法》，并在 2002 年做了进一步修改和完善。截至 2001 年日本共召回缺陷车辆 3 483 万辆，仅 2001 年就召回 329 万辆。其中，大多数是由企业依法自主召回。

韩国从 1992 年开始进行汽车召回，当年只召回了 1 100 辆，无论是汽车厂家还是车主对召回的认识都不十分清楚。但随着政府对汽车安全的要求更加严格，车主权利意识的不断提高，召回数量在不断增加。到 2000 年，召回数量增加到 56 万辆，2001 年 57 万辆，2002 年 129 万辆。这并不是说汽车质量下降了，而是说明公众的质量意识提高了。

法国实行汽车召回制度也有了相当长的时间，对缺陷汽车召回已经形成了比较成熟的管理制度。在法国，汽车召回属于各种商品召回的一部分，其法律依据是法国消费法的 L221-5 条款。这一条款授权政府部门针对可能对消费者造成直接和严重伤害的产品发出产品强制召回令。在实际操作过程中，政府很少通过发布政令的方式来进行强制性的商品召回，而是鼓励生产厂商自行进行商品召回。只有当问题商品对消费者构成严重威胁，或生产厂商对存在的安全问题没有给予应有的重视时，才会通过法律手段强制生产厂商实行召回。通常，厂商在发现缺陷时，会首先拟定一份新闻通告，说明产品存在的问题和可能导致的危险，要求消费者尽快送还问题商品。新闻通告一般首先送往法新社，经其播发后，全国主要报纸一般都会予以转载。与此同时，厂商还会以广告的方式在广播、电视以及影响较大的地方报纸和专业杂志上（如汽车杂志）发布召回通告。当然，对于汽车和大型家用电器，由于商家一般都会保留消费者的姓名和地址等资料,因此也可以直接通过投寄信件的方式进行通知。近年来随着因特网的日益普及,一些网站上也长期登载商品召回信息,如CEPR(欧洲风险预防中心)的网站就是这个领域的专业网站。作为主管部门,法国公平贸易、消费事务和欺诈监督总局在厂商决定对其产品进行召回处理时,将予以全面的协作和监督。但是,法国的汽车制造商在决定采取召回行动时并没有通报主管部门的义务,因为有关法规中没有这方面的规定。公平贸易、消费事务和欺诈监督总局往往是通过专业杂志或有关网站来了解汽车召回的信息。有些制造商甚至还有一种被称为“无声召回”的做法:即当车主把车辆送往专修店进行例行保养或维修时,专修店根据厂商的要求对车辆进行必要的检查和处理,消除有关的安全隐患。当地有关专家对厂商不必通报主管部门即可进行汽车召回的做法多次提出质疑,对于所谓的“无声召回”更是极力反对。他们认为,厂商通过“无声召回”无法完全消除安全隐患,因为许多车主往往不在专修店修车和保养,许多问题车辆因此得不到应有的解决。因此,尽管法律上没有相关规定,但汽车生产厂商同主管部门的协调正在不断加强,双方之间的对立关系也正在发生变化。许多厂商也认识到,他们通过同主管部门加强关系能够得到不少帮助;而主管部门近年来也正在试图改变自己的形象,努力成为能够在厂商处理安全问题时提供专业知识的对话者。据公平贸易、消费事务和欺诈监督总局一名负责人透露,在去年处理韩国某品牌汽车轮胎存在爆胎隐患的过程中,制造商同主管部门的协作卓有成效。制造商代表向主管部门介绍了解决问题的具体方式并通报了召回决定。主管部门则在诸如发布新闻通告、向用户发送通知信以及在专业刊物上发表通知等方面给予了厂商一定的帮助。由于双方的努力,召回工作进行得非常顺利。据透露,法国正在进一步完善商品召回方面的有关法律法规,预计在不远的将来,汽车生产厂商在决定对产品进行召回前可能也将像美国等国家的厂商一样首先通报主管部门。公平贸易、消费事务和欺诈监督总局的专家认为,随着汽车工业技术的不断发展,任何汽车产品都会有需要改进的地方。许多被召回的汽车实际上并不存在行驶方面的安全隐患,召回是为了改进车的机动性能和配置,目的是让汽车的质量更好,让消费者更加满意。他强调,一次成功的召回丝毫不会对厂商及其产品的形象造成危害,相反,将有利于增强人们对厂商的信任度和忠诚度。

10.1.3 国内汽车召回制度

我国实施汽车召回制度比国外晚几十年,实施几年汽车召回制度后,它在我国正逐渐走向成熟。目前,汽车生产厂家不再忌谈汽车召回(2006年全年22家厂商实施36次召回行动,平均每月3次,累计召回汽车达28万辆),也很少利用召回机会作秀炒作。虽然有个别厂家仍在召回问题上采取回避态度,但多数企业已经将召回作为对消费者负责和表现企业诚信度的重要手段。在我国,召回制度为车主利益保驾护航的作用已经非常明显。

在召回车型方面,2006年有超过35款车型被召回,总数呈上升趋势。召回涉及的汽车产品等级越来越高、所涉及的安全程度和技术含量也越来越高。目前,召回汽车存在的缺陷涉及发动机、底盘(方向盘等)各个方面,全部汽车企业都是根据质检总局的建议主动召回。

1)汽车生产厂家借此提高诚信度

随着召回制度走向成熟,汽车生产厂家也不再忌谈车辆的召回。不少厂家在向质监总局提出召回申请的同时,已经把解决方法同时提交。同时,前两年,不少厂家利用召回行动作秀甚至进行营销的行为几乎绝迹。厂家对召回制度抱以更加积极、负责的态度,经销商配合的热情也更加强烈。

2)国内召回率不高

不过,汽车召回制度在目前面临着新的难题——召回率较低,车主参与热情不高。召回制度实施后第一个“吃螃蟹”的一汽轿车召回马自达6,当时的召回率高达95%。但现在的召回率不断下降,大约只有30%。不少车主的车型只要不是涉及发动机或者是安全配置问题,一般不会第一时间到经销商处实施召回检修,而是趁保养或维修的机会才到经销商处检修。国家质检总局有关负责人曾公开表示,在今后的工作中,将继续完善汽车召回制度,争取在立法上有所突破。由此推断,国家将加大召回监管力度,车主的利益将得到进一步的保障。

对消费者负责是衡量一个企业的道德标准,在汽车召回中,有些企业故意对产品存在的缺陷隐瞒或是隐性召回,而忽略了消费者的权益保护。甚至有的企业故意拖延,极力缩小和美化缺陷,这才是对消费者最大的不负责任。汽车行业的相关法律法规还不健全,尤其是维护弱势的汽车消费者权益时,因为认证程序复杂总是不了了之。在法律还不健全,制度还不完善的情况下,企业(汽车制造商、汽车经销商)积极主动的态度更重要。

10.2　城市公共交通

10.2.1　概　述

1)城市公共交通

城市公共交通是城市社会经济正常运转的基础保障,是城市综合环境的基本组成部分,是实现城市功能的重要元素,也是衡量一个城市综合竞争力的重要标志。更与每个市民的日常生活息息相关。没有人可以否认这样一个事实,城市公共交通是一种典型的公共产品。少数市民出行可以驾驶自己的私人汽车,更多的人通常只有选择公共交通。在发达国家的城市里,城市公共交通可能在行程时间、舒适度、出行花费、可靠性方面都比私人小汽车更胜一筹,公共交通有着巨大的优势和发展潜力。

(1)城市交通。城市交通是实现人流、物流、车流和部分信息载体的空间位移并到达一定目的地的基本手段,是整个城市生活从静态转入动态,完成城市生存发展所必须的多种活动的重要保证,是重要的城市基础设施。为了实现上述空间位移而提供的城市道路、桥梁、铁路和航空等运输设施,公共交通车辆、货运车辆、轨道交通车辆、出租汽车和公用停车场等交通载体,可以供任何人随时使用,其中包括与他人共同使用(如道路、公共交通车辆等)或交通需求者独自使用(如专业化货运车辆、出租汽车等),去实现各自活动的不同目的和不同价值。

城市交通系统既可以按运输工具分类,也可以按运输方式分类。

(2)城市公共交通。城市公共交通的概念包括广义和狭义两层含义。广义的城市公共交通是指在城市及其近郊范围,为方便市民和公众出行,使用各种客运工具的旅客运输体系。狭义的城市公共交通仅指服务于公众出行需要的运输工具。总的说来可以分为这样两大类,一类是以私人小汽车作为城市客运交通工具(主要以美国和欧洲地区一些经济发达城市为代表),另一类是以运量大的公共交通系统为主,在城市客运结构中处于主导地位。公交系统包括公共汽车、无轨道电车、小型公共汽车、地铁、轻轨、市郊铁路、新型交通系统等在内的综合公共客运交通系统(主要以我国大型城市、中国香港、日本、新加坡、俄罗斯和东欧等国家和地区为代表)。

城市公共交通有以下三个特征:一是城市公共交通为公众提供大众化的、共享的出行方式,城市公共交通必须通过大量的投入和科学的营运管理来创造具有足够吸引力的客运服务能力和服务水平,从而促使尽可能多的市民选择这种共享的、大众化的出行方式,并为市民提供良好的服务,以便有效地利用现有城市交通资源;二是城市公共交通是受多种因素影响的动态复杂系统,城市的人口数量、人口密度、工作岗位的数量和分布、城市用地性质和形态以及社会经济状况和发展速度都对城市公共交通产生直接或间接的影响;三是城市公共交通具有社会化、半福利性的经济属性,有助于实现在大中城市优先发展公共客运交通的目的。利用社会化、半福利性的公共客运交通方式来调控、替代非社会化的个体客运方式以及企事业单位自备通勤车辆的盲目发展和自发性膨胀,从而在车辆购置、交通资源利用、节约能源和减少环境污染方面获得可观的经济效益和明显的社会效益。

2)城市公交从业人员素质与职业道德

(1)城市公交从业人员素质。城市公共交通点多面广、流动分散,城市公共交通从业人员每天要与成百上千的乘客打交道,面对这些年龄、性格、知识结构、文化素养、道德水准等有着千差万别的服务对象,要进一步提高服务水准,热情地为乘客服务,最终使乘客满意。因此,所有公共交通从业人员必须不断提高自身素养,使服务水平更上一层楼。城市公共交通从业人员素质的内容主要包括:一是有强烈的服务意识,这方面主要体现在塑造企业形象、热情为乘客服务和及时与乘客沟通交流方面;二是有良好的心理素质,这就要求公共交通从业人员具有自信心理、热情心理和开放心理;三是有高尚的职业道德,这就要求公共交通从业人员具有吃苦耐劳、勤奋努力的优秀品质,自责、自律、真诚可信、踏实进取的精神,善解人意、乐于助人、关心乘客、热爱乘客的工作态度等;四是合理的知识结构,如乘客心理学知识、交通法和其他知识(法律常识、外语、方言和哑语等);五是较强的工作能力,这方面要求公共交通从业人员具有表达沟通能力、人际交往能力和自控应变能力等。

(2)城市公交从业人员职业道德。城市公交从业人员职业道德包括驾驶员职业道德、乘务员职业道德和城市公共交通管理人员职业道德三个方面。驾驶员职业道德要求公共交通车辆驾驶员做到热爱本职、尽忠职守,安全驾驶、优质服务,遵章守纪、准点运行,仪表端庄、车容整洁,钻研技术、爱护车辆,服从整体、团结协作等。乘务员职业道德要求公共交通乘务员做到热爱本职、忠于职守,文明礼貌、乘客至上,遵章守纪、顾全大局,仪表端庄、车容整洁,钻研业务、讲究艺术,团结协作、密切配合等。城市公共交通管理人员职业道德要求管理人员做到热爱本职工作、尽忠职守,服务乘客、关心职工,注重效率、提高质量,深入调研、精通业务,坚持原则、团结协作,遵章守纪、廉洁自律等。

3)政府对城市公交的管理

政府对城市公交的管理主要体现在对公共交通企业管理和对城市公共交通运营管理两个方面。

(1)政府对公共交通企业管理。政府对公共交通企业管理主要是从这些方面进行,一是保护城市公共交通企业的适度竞争;二是使用微观经济手段优化资源配置;三是采取非市场化手段扶持公共交通企业;四是采取必要的公共管制手段限制垄断;五是发挥价格杠杆作用、形成科学调价体系,具体做法有以运营成本为核算基础、以稳定收益水平为前提的低赢利目标价格,以体现社会公平和合理比价的“多乘多付”、“优质优价”等差别价格,以提高公共交通运营效率而鼓励换乘、推广预售的优惠价格,以体现公众利益优先、政府和社会扶持公用事业的补贴价格。

(2)政府对城市公共交通运营管理。城市公共交通运输系统相对于其他运输系统是一个复杂的、相对独立、完整的运输子系统,它包括:私人与公共交通方式(私人小汽车、自行车、摩托车、社会车辆、公共汽电车、轨道交通等),各种基础设施(停车、换乘设施、道路、轨道、轮渡设施等)。随着城市轨道交通、小汽车交通的发展,高新技术带来智能交通的发展,国家和地方政府在这方面的投资将会更大。城市公共交通系统除了具有国家交通运输体系中其他运输方式所具有的运输特点外,同时还具有自身的特点和内在的规律,如:面向低收入阶层和高薪阶层,公共运输的低价格运输行为,个人交通选择行为对城市社会产生的交通聚集效果,有限设施和无限交通需求的动态平衡系统,对政策敏感度极强等。政府对城市公共交通运营管理只有采用多种综合手段进行管理,那就是通过国家和地方行政、法律、经济、技术、教育和体制的改革来实现其良性发展的目标。其中最直接的手段主要有四个:一是进行公共交通规划,政府应当对城市未来的交通需求,通过大规模的客运调查,分析道路交通网络和数据后,进行系统规划,且应当优先采用公共交通系统;二是改善交通基础设施,为了缓解交通系统的紧张和压力,满足不断增长的交通需求,政府应进一步扩大交通基础设施建设,保证及时提供各种交通设施,支持新的开发建设和避免交通网络的拥堵;三是促进公共交通服务,政府应当致力于协调多种交通工具,保持交通综合服务体系的平衡与活力;四是对道路使用的管理,政府应当通过对道路使用的管理,保证把交通拥挤程度控制在合理的限度内,其目的在于使市民从共享有限的道路路面中普遍获得最大利益,改善客运货运的流通能力。

10.2.2 公共汽电车客运系统

在公共客运整体中,使用量大的,最经济实惠的方式是地面公共汽电车系统。公共汽车和无轨(有轨)电车通常被人们俗称为地面公交。我国城市交通以地面公交为主,大城市交通的发展,现已到了非建设轨道交通不可的地步,然而轨道交通的建设需要花费大量的资金,而且要形成网络系统,需要很长的时间。以致当前在相当长的时间里,我国城市公共交通主要是地面公交。即使轨道交通发展后,地面公交以其覆盖面的广度和深度,仍是城市公共交通的基础。

1)公共汽电车运行管理

公共汽电车运行管理主要是编制行车作业计划。行车作业计划是公共汽电车企业营运计划的具体反映,是组织车辆在线路有序、均衡运行的生产作业计划。行车作业根据客流动态在不同时期的规律性变化,可分为季节、月度、平日(周一至周五)、节日、假日行车作业计划。

(1)编制行车作业计划的原则。编制行车作业计划需掌握好以下原则:一是客流动态,以最大限度地方便性和最快的时间,安全地将乘客送往目的地。二是合理配置车辆,不同时段的运能要适应运量的需求。三是提高车辆利用率,加快车辆周转,车辆的平均满载程度要符合国家(行业)制动的规范标准。四是组织车辆在线路上有计划、有节奏地均衡运行。五是根据客流动态变化,机动、灵活、适时地调整行车作业计划,提高劳动生产率。六是在不影响营业服务质量的前提下,安排好员工的休息时间。

(2)编制行车作业计划的主要依据。编制行车作业计划的主要依据有客流资料、定额和标准，营运调度有关的计算指标，调度形式和线路的有关资料等。

(3)营运环节的管理与控制。线路有序的运行，抓住营运环节的管理往往能起到事半功倍的效果。一般线路的重要环节有出场车管理、早晚高峰管理、交接班管理和进场车管理等。

2)公共汽电车技术管理

城市公共交通企业的技术管理，必须遵守国家有关车辆管理中的相关规定，必须服从所在地区行业主管部门的管理，努力做到："择优选配、正确使用、定期检测、强制维护、视情修理、合理改造、适时更新和报废"的全过程综合性管理。根据企业自身特点，建立一套行之有效的车辆管理制度，把车辆管、用、养、修、造有机结合起来，最大限度地为营运服务提供安全、可靠、质量稳定的车辆。

(1)技术管理的基本任务。技术管理的基本任务一是对车辆实行全过程管理，减少机电故障，提高车辆完好率，最大限度地为营运服务提供安全、可靠、质量稳定的车辆。二是加强技术工作，不断提高车辆档次，加速实现城市公共交通技术现代化。三是加强员工和技术人员的技术培训工作，不断提高大家的文化、技术素养，不断实现知识和技术更新，迎接新的挑战。四是根据本企业的近期和长期发展计划，制定车辆技术、维护规模等中长期发展规划。

(2)车辆全过程管理。公共汽电车是城市公共交通企业为社会服务的交通工具，也是企业的资产，它将直接影响企业的经济效益和社会服务效益，因而车辆的全过程管理十分重要。车辆的全过程管理可简单分为一生、季节性、一天和重点管理。车辆的一生管理是指从购置新车开始直至车辆报废的全过程，主要抓购置新车、维护修理、过程控制管理、技术跟踪和车辆报废更新等环节。季节性管理则是根据不同季节的特点采取相应的措施，保证车辆完好，如冬季要预热、保温、防冻、防滑等；夏季则要降温、防爆、防气阻等。

(3)车辆质量管理。车辆质量管理分为两部分，即维修质量和使用质量。车辆维修质量实行专职检验员、质量技术管理员、质量员三级管理，适时对车辆维修状态实施掌控。车辆使用质量实行专职机务管理员、机务员或行车管理员二级管理，对车辆使用过程实施掌控。

(4)车辆技术管理的内容。车辆技术管理包括周转总成管理、发动机管理、蓄电池管理、轮胎管理、车身管理、旧件修复管理、节能管理、计量和环保管理等，各项管理均实行专业管理。

3)公共汽电车服务质量管理

城市公交服务质量就是在城市公共汽电车运营中体现"以人为本"的原则，不断满足市民出行需要，提供"方便、安全、快速、舒适"的乘车条件。

(1)服务质量管理手段。为了加强对城市公交服务质量的管理，切实提高服务质量管理的现代化水平，可以充分运用法律、行政、经济和社会监督等各种手段，来规范城市公交客运市场的秩序，实现规范有序的运营秩序、以人为本的优质服务，以适应城市现代化建设发展的需要。法律规范就是充分运用法律手段来维护运营秩序，提高服务质量，保障乘客和经营者的合法权益，促进城市公交的健康发展。行政管理就是成立城市行业行政管理部门，具体实施对客运市场的依法行政管理，保障经营者和从业人员的合法权益，教育和处罚他们的违法违规行为，以确保城市客运市场服务规范、运营有序。经济处罚就是依法负责城市公交的日常管理和监督检查，并按照法规授权实施行政处罚，这既是行业行政管理部门的基本职责，也是实施行政处罚的常用和必要手段。社会监督就是行业行政管理部门和经营者(企业)建立投诉受理制度，接受社会监督，对乘客投诉应在规定期限内进行检查答复；对涉及违诺补偿事件，应按服务承诺兑现；同时接受社会、新闻媒体的投诉和批评，在法规范围内的要依法答复和兑现承诺，在道德范围内的要通过对从业人员的职业道德教育和企业精神文明建设活动逐步解决，不断提高企业从业人员的服务素质。

(2)行业服务质量管理的基本方法。行业服务质量管理的基本方法主要是通过采取线路经营权、线路等级考评和精神文明创建活动等来实现。

(3)公交企业运营服务质量管理的基本方法。公交企业运营服务质量管理的基本方法有两个方面，一是为保证运营服务质量，公交企业制订完整的、系统的、标准化的、规范化的操作程序和质量要求。包括驾驶员服务操作规范、售票员服务操作规范和调度员服务操作规范。二是实行运营服务标准化质量管理，首先向社会公布首末班车和行车间隔时间，严格执行行车作业计划、科学调度，运用区间、大站、直达等多种方式，做好“高低”平衡，保证行车质量；其次标准化服务用语、服务态度、服务作风、服务安全、车容站貌、仪表着装等；其三是加强本企业检查考核和社会监督(公布监督电话，接受群众监督，做到有诉必答，有诺必兑，组织社会特约监管员，检查、监督、评议公交服务质量)。

4)公共汽电车行车安全管理

行车安全关系到人民群众的生活、工作和生命，关系到国家和城市的建设和发展，安全行车责任重于泰山。所以必须贯彻“安全第一、预防为主”的方针，实施“企业负责、行业管理、国家监察、群众监督、从业者遵章守纪”的综合治理管理机制，以保障城市公共交通汽电车行车安全。

(1)行车事故预防。在安全行车管理中，必须坚持预防为主的方针。行车事故预防工作主要包括：抓好健全组织机构、明确相关责任，加强对从业人员的教育、树立安全第一的观念，加强培训辅导、提高从业人员素质，总结行车规律、指导行车实践等。

(2)行车事故处理。行车事故处理是内容广泛、复杂细致、政策性强的工作。主要抓好事故现场处理(做到及时、全面、细致、周到)、事故责任认定和事故善后处理(做好关心伤者、热情对待家属、争取社会支持帮助、力争一次性解决、办妥调解协议、完善结案报告等方面工作)三方面工作。

10.2.3　公共出租汽车

出租汽车是指充分满足乘客和用户意愿而被雇佣的营业汽车。出租汽车分为按照乘客和用户意愿提供客运服务或者车辆租赁服务两大类。客运服务是为乘客提供运送服务，并按里程和时间收费的出租车经营活动。车辆租赁服务是指向用户出租不提供驾驶员的客运车辆，并按时间收费的出租车经营活动。

1)出租汽车的行业特征

(1)单车流动作业。出租汽车实行单车作业，一人一车，独立地为乘客提供不定线、不定点、门对门的服务。驾驶员不但要驾驶车辆运载乘客，还要承接业务、结算租费、保管现金。因此，在一定程度上讲，每一个出租车驾驶员都是一个独立的生产经营者。出租车服务质量的优劣和营运效益的高低，主要取决于驾驶员职业道德水平和生产积极性的高低。这就要求驾驶员首先要具备一定的职业道德水准，也要具备熟练的驾驶技术和排除车辆故障的能力，还要熟悉城市街道、文娱场所和名胜古迹位置，掌握市场信息和客流变化规律，懂点外语，具有独立的经营能力。

(2)多种经济成分并存，多家经营，竞争激烈。与城市公用事业的其他行业相比，出租汽车具有多种经济成分并存、多家经营的特点。我国改革开放以来,各行各业以及外商等都争先恐后地将资金投向出租汽车行业。这不但促进了出租汽车行业的迅速发展,而且形成了多家经营的格局。同时,从经济成分看,既有国有独资企业、集体所有制企业,又有中外合资企业、私营企业和个体经营户。由于多家经营、多种经济成分并存,使出租汽车行业率先建立了社会主义市场经济体制,形成了激烈的竞争局面,这有利于服务质量的提高和行业的发展与进步。

(3)服务面广、影响大。出租汽车在营运服务中,接触社会各阶层,服务对象广泛。这就要求驾驶员和其他从业人员必须具备多方面的知识,具有较高的思想觉悟和民族自尊心以及良好的职业道德风尚,并能自觉地抵制社会不良风气的侵蚀。如果在服务过程中出现问题,会影响一个城市甚至国家的声誉,出租汽车经营者责任重大。

(4)敏感性强。国家政策的调整,城市经济的发展规模和速度的变化,以及涉外活动和旅游业务的繁荣程度等,往往会影响出租汽车的供求关系。因此,出租汽车经营者应具备一定的应变能力,使自己在竞争中处于不败之地。

(5)犯罪分子的主要作案对象。小轿车是一种高档商品,驾驶员在车内报关的现金也相对较多,这对犯罪分子有一定的诱惑力。同时出租汽车单独流动作业,高速行驶在密闭空间之中,基本上与外界隔绝,车内回旋余地小,便于罪犯作案。因此,在出租汽车上经常发生抢劫车辆、财物的犯罪案件。这就要求驾驶员必须提高思想警惕和防劫能力,主动防止意外事件发生,以确保乘客和国家财产的安全。

2)对出租汽车驾驶员的要求

(1)热爱出租汽车驾驶工作。热爱出租汽车驾驶工作就是要做一行、爱一行,这是对出租车驾驶员提出的基本要求,也是做好服务工作的动力。这一要求就是要出租车驾驶员做到端正从业动机、履行岗位职责。

(2)钻研业务。钻研业务就是要出租车驾驶员利用业余时间学习文化专业知识、钻研服务技巧、熟练掌握车辆驾驶和维护技能,随时保持车辆状况良好。

(3)仪表整洁。仪表端庄、车容整洁是文明服务和职业道德水平的外在表现,反映了行业、企业的经营服务水平,也反映了现代大都市公共交通的管理水准。仪表整洁包括人与车辆方面的"整洁",具体要求做到:出车前、行驶中和收车后的例行检查维护;保持各类设备的完好,如计价器、顶灯、音响、空调、防劫装置、报警器等设备的完好;保持车辆的整洁,经常对车辆清理打扫,定期更换座套,不在车内吸烟,保持车厢内空气清新等。

(4)安全行车。文明驾驶、安全行车是出租车行业优质服务最基本的保证,如果因行车事故耽搁了时间,就会影响乘客的工作和生活;如果因事故造成乘客和自身的伤亡,就会影响各自的家庭幸福;如果因事故造成道路堵塞,就会影响社会的正常秩序;如果因事故造成车毁人亡,就会造成国家和家庭难以估量的损失。因此,安全行车尤为重要。具体要求做到:牢固树立"安全第一、预防为主"的思想;安全行车、文明驾驶(驾驶员在行车时不文明、不守规、不礼让是交通事故最大的隐患);处理好服务于安全的关系。

(5)按章收费。出租车运价是由物价部门统一规定的,具有较强的严肃性和政策性,是驾驶员和乘客关系中最为敏感的问题。驾驶员应该严格遵守物价政策,合理收费,维护乘客和自己双方的权益,不能利用乘客急需租车的心理和不熟悉路线、计价器操作等,损害乘客的利益。具体要求驾驶员做到按计价器显示全额收费和不降低服务标准、变相多收费。

(6)诚实可信。诚实可信,体现了出租汽车驾驶员的高尚品质和美好心灵,是维护职业尊严和人格信誉的具体行动。这就要求出租汽车驾驶员做好一视同仁对待乘客(不以貌取人、欺生骗幼、刁难乘客)、严肃认真对待乘客的馈赠(领其情不收其礼、并和言悦语解释)、慎重对待乘客失物(四要:要提醒、要保管、要寻找、要上交)三方面工作。

(7)遵纪守法。出租汽车驾驶员不仅要遵守行业、企业的各项规章制度和营运规范,而且还要遵守各项相关的法规,如交通法规、治安法规和市容卫生管理条例等,应比其他行业的员工有更强的遵纪守法的自觉性和法纪观念。也就是说出租车驾驶员应具体有较强的法制观念、较强的守规观念、较强的护法观念。

3)出租汽车安全行驶

(1)影响出租汽车安全行驶的因素。行车事故的发生,与车辆技术状况、道路条件、行车环境、交通管理以及驾驶员的思想情绪、驾驶操作技能、应变能力等一系列因素有关,但归纳起来可分为客观因素和主观因素两个方面。客观因素包括气候、道路、行人、车辆等;主观因素包括出租车驾驶员的法制观念、安全意识、生理特性、疲劳驾车及开情绪车等。

(2)处理好下列关系。要确保行车安全,出租车驾驶员在行车中要正确处理好以下几方面关系:一是“人与车”的关系,驾驶员应对车辆技术状况熟练掌握,车辆性能好,驾驶员可以得心应手地处理各种情况;车辆技术状况差,则可能导致事故发生;同时要保持自己心情舒畅。二是“得与失”的关系,驾驶员自己对车辆的检查、调整、维护,花费了一些时间和精力可谓“失”,但是却换来了行车安全,即是“得”;如果不加强车辆检查维护,省时省力,可谓“得”,若一旦发生故障或待援停修,就会失去更多的营运时间,将有更多的经济损失,即为“失”。三是“有理与无理”的关系,当驾驶员遵章守纪行车,是有理;遇对方车辆违章行驶,采取无理举止时,能克制礼让,则为得理让人;如果因为有理而不克制,不避让,发生了行车事故,哪怕自己没有事故责任,但会耽误自己的营运时间,自己同样有经济损失,则有理也变成了无理;因此,有理加礼让,就更有理;而有理不理让,很可能会走向反面,变为无理。四是“突然与必然”的关系,行车中发生一切大小事故,看起来都是突然的,但仔细分析主客观原因,都是必然的;开车中,驾驶员思想不集中,出现情况就会感到突然;而当驾驶员思想上有高度的警惕性、预防性、责任性,并能正确判断各种动态,随时做好各种应变准备,那就会变被动为主动,避免发生行车事故。五是“有利条件与不利条件”的关系,在车辆行驶中,有些事故往往不是发生在狭窄、复杂、危险的道路上,而是发生在车辆较少、宽阔的道路上;因为在危险路段行车,驾驶员往往谨慎、警惕,能够化不利为有利;而在道路条件良好的情况下,驾驶员容易麻痹大意,从而使有利变为不利。所以有利条件和不利条件都是相对的,在一定条件下可以相互转化。只有在不利和有利条件下,同样保持高度警惕,才能保证安全行车。

(3)努力做到“一树、二严、三勤、四慢、五知、六不、七禁、八防”。“一树”即树立“安全第一、预防为主”的思想;“二严”就是严格遵守交通安全法、严格遵守出租车驾驶操作规程;“三勤”即勤清洁车辆、勤检查车辆、勤维护车辆;“四慢”就是情况不明慢、视线不良慢、起步会车慢、通过交叉路口和危险及繁华路段慢;“五知”即知车辆技术状况、知道路情况、知气候变化特点、知行人和车辆动态特点、知事故处理规定;“六不”就是不开英雄车、不开霸道车、不开赌气车、不开带病车、不开急躁车、不开麻痹车;“七禁”即禁止酒后开车、禁止吸烟开车、禁止开车饮食、禁止开车谈笑、禁止开车使用手机、禁止争道抢行、禁止超速行驶;“八防”就是让车防里档、会车防车尾、跟车防急刹、超车防车前、路口防突然、车站防横窜、弄口防小孩、下雨防侧滑。

10.2.4 城市轨道交通

实践证明,大容量快速轨道交通是解决大城市交通拥堵,提供居民快速、舒适出行的最佳选择。城市轨道交通包括地铁和轻轨两大部分。

地铁主要有线路大部分建于地下,采用标准或非标准轨距;新建线路投资大、建设周期和成本回收期长;线路全隔离、全封闭,可实现信号控制调度的自动化;客运量大;列车的编组数较大,一般为6~8辆;车辆的消音减振和防火要求严格等特征。

轻轨主要有以钢轨和钢轮为行走系统的一种交通方式;投资比地铁少;单向客运量介于地铁和公共汽车之间;车辆能通过小半径曲线和大坡度地段;车辆和线路的消音和减振要求较高等特征。

1)城市轨道交通系统

城市轨道交通是一个复杂的系统,它由车辆系统、信号系统、通信系统、供电系统、自动检票系统、列车自动控制系统等部分组成。各部分紧密配合、协同运作、构成一个有机整体。

(1)城市轨道交通车辆。城市轨道交通车辆主要是指地铁车辆和轻轨车辆,它是城市轨道交通工程最重要的设备,也是技术含量较高的机电设备。城市轨道交通车辆具有先进性、可靠性和实用性,应满足容量大、安全、快速、舒适、美观和节能的要求。地铁车辆有动车和拖车、带驾驶员室车和不带驾驶员室车等多种形式。一般城市轨道车辆由车体、动力转向架和非动力转向架、牵引缓冲装置、制动装置、受流装置、车辆电气系统和内部设备组成。

(2)城市轨道交通信号系统。信号设备包括信号装置、联锁装置、闭塞装置等,主要作用是保证行车的安全和提高线路的通过能力。信号装置就是指列车或车辆运行条件的信号及附属设备;联锁装置就是保证在车站范围内,行车和调车安全及提高通过能力的设备;闭塞装置就是保证在区间内行车安全及提高通过能力的设备。

(3)城市轨道交通通信系统。轨道交通通信系统是指能传输文字、数据、图像等各种信息的综合数字通信网。轨道交通通信系统要求迅速、准确、可靠地传输和交换各种信息。轨道交通通信按用途来分,大致可分为自动通信、专用通信、有线广播、闭路电视、无线通信以及子母钟报时系统、会议系统、传真计算机通信系统;按信息传递的媒介来分有有线通信和无线通信;按有线通信的传输媒介的结构来分可分为光缆和电缆通信。

(4)城市轨道交通供电系统。轨道交通的供电部门是为运营提供所需电能的重要部门。轨道车辆是电力牵引的电动列车,其动力是电能;此外,各种辅助设备包括照明、通风、空调、排水、通信、信号、防灾报警、自动扶梯等也都依赖电能。在营运过程中,一旦电力中断不仅会造成轨道交通运营的瘫痪,而且还会危及旅客生命安全和造成财产损失。因此,高度安全、可靠而又经济的供电系统是轨道交通正常运营的重要保证和前提。轨道交通供电电源一般取自城市电网,通过城市电网的电力系统和轨道交通供电系统实现输送或变换,然后以适当的电压等级供给轨道交通各类用电设备。轨道交通的供电不同于一般工业和民用的供电,根据其重要性应规定为一级负荷。一级负荷规定应由两路独立的电源供电,当一路电源发生故障中断供电时,另一路应能保证轨道交通的全部用电需要。地铁变电所的电源进线应来自城市电网中的两个不同区域的变电所,当一路电源失电时,另一路电源自动投入,使轨道交通变电所仍能不间断地获得三相交流电,满足地铁正常运营的用电要求。在地铁供电系统中,根据用电性质的不同可分为两部分,即由牵引变电所为主组成的牵引供电系统和以降压变电所为主组成的动力照明供电系统。轨道交通的供电方式分为两种，一种是集中式供电方式，另一种是分散式供电方式。轨道交通变电所根据类型的不同可分为三种基本类型：高压主变电所、牵引变电所和降压变电所。

(5)列车自动控制系统。列车自动控制系统包括三个子系统：列车自动保护系统、列车自动运行系统和列车自动监控系统；列车自动保护系统由轨旁设备及车载设备组成。具有停车点防护、速度监督和超速防护、列车间隔控制、测速与测距、车门控制和紧急停车等功能。列车自动运行系统由轨旁设备及车上设备组成；主要有停车点的目标制定、打开车门、列车从车站出发、列车加速、区间内临时停车、限速区间、记录运行信息等功能。列车自动监控系统由中心设备、车站设备和车上设备组成；主要功能有二：一是根据线路运行信息，如车次号、目的到站、列车位置等，由中央行车控制计算机进行跟踪，绘制列车发车时间、改变区间运行模式。二是根据列车运行计划和实际运行图的比较及客流情况，指挥列车运行，包括办理列车进路、控制列车发车时间、改变区间运行模式等。

(6)城市轨道交通自动售检票系统。随着计算机技术、通信技术的发展，特别是智能技术的日趋成熟，自动售检票系统在轨道交通领域的应用越来越普及。自动售检票系统应满足开放性、可扩充性、灵活性、成熟性、先进性、具有足够的数据处理能力等要求。

2)城市轨道交通管理

(1)行车调度管理。行车调度是轨道交通系统日常运输工作的指挥中枢，它的好坏直接影响轨道交通运输工作的完成情况。行车调度员是列车运行的统一指挥，负责监控或操纵列车隐形控制设备，掌握列车运行、到发情况，发布调度命令，检查各站、段执行和完成行车计划情况，在列车晚点或运行秩序混乱时采取有效措施尽快恢复按图行车，负责施工要点登记，发生行车事故要迅速采取救援措施，并向上级和有关部门报告，填写各种报表。

组织列车正点始发是保证列车正点运行和实现列车运行图的基础。对始发列车，行车调度员应具体掌握和组织列车出库、列车折返交路和客流情况等，以保证正点始发，列车在始发站早点不应超过1分钟。在列车运行晚点时，行车调度员应根据列车运行的实际情况，按规定的列车等级顺序进行调整。对同一等级的旅客列车可根据列车的车次和乘客多少等情况进行调整。在抢险救灾的情况下，优先放行救援列车。列车进行调整应注意列车运行安全，做到恢复正点运行和行车安全兼顾，尽可能在最短时间内使列车恢复按图运行。列车进行调整主要有始发提前或推迟发出列车；根据车辆技术性能、驾驶员操作水平和线路允许速度，组织列车加速运行、恢复正点；组织车站快速作业，压缩停站时间；组织列车通过某些车站；变更列车运行交路、组织列车在局内条件的中间站折返；组织列车反方向运行；扣车；调整列车运行时间间隔；在环行线情况下，当一条线路运行秩序混乱时，要尽力维持另一条线路的列车正常运行，并通知各站组织乘客乘坐畅通线路方向的列车；停运列车等方法。

(2)调车管理。在轨道交通系统的日常运输生产活动中，除列车运行以外，为了列车运转、解体或编组以及取送车辆等需要，列车或车辆在线路上的调动，都属于调车。调车工作应满足这些要求：及时完成调车任务，保证按列车运行图规定的时刻发车，不影响接车；充分运用各种调车设备，采用先进的工作方法，提高调车作业效率；保证调车作业安全。调车方法有调车钩和调车程、牵出线调车作业法等；调车钩是指连挂或摘解车辆加减速一次的移动；调车程是分析计算调车作业时间最小单位；由于轨道交通系统通常是短距离调车，调车作业主要采用加速—制动型、加速—惰行型和加速—惰行—制动型三种调车程；牵出线调车常用的作业方法有推送法(将车辆由一股道调移到另一股道,在调动过程中不摘车的调车方法,需要时间长、但比较安全)和溜送法(推送车辆达到一定速度后摘钩制动,使摘钩的车组获得的动能溜放到指定地点的调车方法,一般禁止使用)两种。调车工作是一项多工种联合行动的复杂工作,为了安全、准确、迅速、协调地进行工作,及时完成调车作业任务,必须实行统一领导和单一指挥的原则。在进行调车作业时,应根据不同种类调车作业的特点,准确掌握调车速度;在瞭望困难和天气不良时调车,应适当降低调车速度;调动载有乘客的车辆和接近被挂链车辆时,调车速度应符合《技术规范》的规定。

(3)客运管理。城市轨道交通系统的客流量随时间段不同具有明显的高峰与低谷,且这种不均衡性亦与城市的产业布局、居民出行习惯有关。因此,有计划的客流组织与疏导比较困难。为实行优质高效的客运管理,必须依靠科学管理。客运管理直接面对乘客,能否安全、便利、舒适、文明地为乘客服务,是反映轨道交通运营管理水平的标志之一。对车站客运管理的基本要求是:站容整洁、完善的向导标志、服务质量第一、严格按规章办事、掌握客流变化和搞好联防协作。

3)城市轨道交通安全

城市轨道交通的安全性要远远高于其他交通方式,安全防范工作没有做好,轻则扰乱运输生产秩序,重则设备受到损坏甚至危及乘客的生命财产安全,给社会带来重大损失。从企业角度来讲,安全是实现效益的保证,抓好了安全,运输生产才不至于因为事故而中断,才能保证生产过程的连续性,不断提高生产效率和效益;从社会角度讲,城市轨道交通的运输安全涉及城市各行各业的活动,涉及千家万户的日常生活,因而直接关系到城市社会经济的发展,有时甚至涉及社会的稳定。可以说,安全是城市轨道交通运营管理的头等大事,运输必须安全,只有安全才能保障运输。

(1)运行安全。运行安全是指轨道交通在运送乘客的过程中,涉及行车、乘客安全的各项生产活动安全。它与运行的关系是密不可分、相互促进、相互制约的。运行安全大体上分为行车安全和客运安全两类。主要从以下方面加强城市轨道交通的安全生产,一是健全安全法制;二是健全安全管理制度,提高科学管理水平;三是提高关键设备(特别是行车指挥系统)的可靠性和先进性,为行车安全提供保障;四是加强安全运行的组织管理,不断提高行车管理组织水平;五是提高工作人员的素质及责任心。此外,事故发生后的调查分析也是运输安全管理的一个重要组成部分。事故发生后,科学地调查分析事故原因,不仅为了查明责任,进行处理,更重要的是在于找出确实存在的不安全因素,及时消除,做到预防为主、防患于未然。

(2)系统防灾。城市轨道交通系统的基础设施,如高架桥梁、浅埋地下隧道以及其他设施不可避免要受到自然环境的影响,如地震、洪水、台风等会对这些基础设施构成严重威胁。因此,城市轨道交通系统的防灾工作也是十分重要的,应本着预防为主、从细微处入手,常抓不懈。针对不同的自然灾害,应采取不同的预防和应急对策,主要从以下几方面着手:一是在设计和施工轨道交通系统的基础设施过程中,充分考虑当地的自然条件和可能发生的重大自然灾害,采取相应的技术处理措施,如选用较大的保险系数、提高设计等级或选用更适宜的结构体系等。二是在容易遭受灾害的地方,设置先进的自动报警装置,包括监督装置、报警装置,并配备专职人员监控,实现预防、监督、善后处理系统化、自动化。三是对工作人员加强应急培训,在紧急情况下不致发生混乱,并采取适当的方法使损失减少到最小程度。

10.3 汽车再制造工程

10.3.1 再制造工程与汽车再制造工程

1)再制造工程及产品全寿命周期

(1)再制造工程。所谓再制造工程(remanufacture engineering)就是以产品全寿命周期理论为指导,用工业化生产方式恢复或提升设备及零件的功能,并投入再度使用的全部工程活动的总称,是实现资源持续利用,从源头上减少机电产品垃圾的一种工程活动。再制造工程是在产品寿命周期设计和管理思想的指导下,旨在以环保、低耗的方式制造高质量的产品。规模生产、质量不低于新品、最大限度地利用留存在材料上的使用价值和采用环境友好的方式制造是再制造工程的特征。一般说来,再制造产品的质量水准应等同于用毛坯制造的产品,甚至性能可能优于原品。这是因为,现代科技日新月异,当产品进入再制造时,科学和技术可能已经进步了,再制造工程可以及时地采用新科技,赋予产品新的性能和质量。再制造产品的价格约为传统产品的40%～60%,而购买再制造产品享受与传统产品相同的售后服务。所以,可以说再制造工程是一场制造工程的革命,是一项化害为利、变废为宝,功在当代、造福子孙的伟业。

再制造属于循环经济的一部分,而且是循环经济集合中的一个特殊子集。再制造不是制造产品过程中的副产品的回收利用,退役产品一般也不以原料状态进入下一循环期,而主要以尽可能留存了人工劳动、能源消耗、设备和工具损耗等价值的坯料状态进入下一循环期,因而是先进的循环方式。从生产模式的角度看,发展再制造工程是从高投入、高消耗、高污染的传统生产模式向低投入、低消耗、少废物的循环生产模式转变的重要工程途径。

(2)产品全寿命周期。产品的全寿命周期理论提出了始自策划,经历设计、制造、使用、维修、直至报废后的回收和废物处置的产品全寿命周期管理的理念,这无疑是一种先进的产品寿命理论。但是,产品全寿命周期没有明确提出利用留存在退役产品中的有效功能的理念和方法,因此有待完善和发展。产品退役的原因可归纳为一是丧失某种或某些功能(包括经济效益达不到期望、丧失时尚感等)而被用户拒用,二是某种技术性能落后于政府的法规被强制淘汰。但是产品的退役并不意味着产品丧失了全部功能,以常见的部件失效为例,往往是摩擦副的摩擦面、在腐蚀介质和热介质中工作的零件、承受高应力的零件等先于箱体、支架类零件失效,不仅失效的部件包含着未失效的零件,就是已经失效的零件也存留着部分使用价值。

(3)产品的寿命周期流程。再制造工程认为,产品无论因何种原因退役,都可能留存某些可以继续利用的功能,如果恢复或改进产品的功能具有经济价值的话,这样的退役产品就可能成为再制造的坯料。再制造工程视角中的产品寿命周期流程如图10.1所示。从图10.1可以看出,除少量不能重复使用的废弃件需作报废处理外,大量的退役产品均能进入经再制造环节之后的产品寿命循环,价值能得到充分利用。

2)汽车再制造工程

汽车再制造工程则是以汽车全寿命周期理论为指导,用工业化生产方式恢复或提升汽车及其零部件的功能,并投入再度使用的全部工程活动的总称。

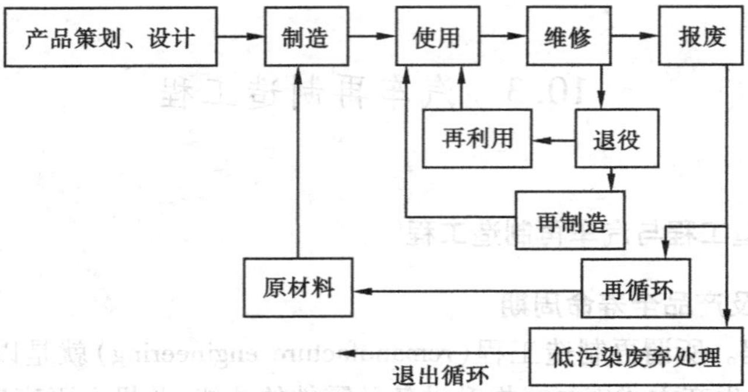

图 10.1　产品的寿命周期流程

(1)国外汽车再制造。汽车因其用量大、更新快、部件互换性好、适合再制造的部件多而成为最大宗的再制造,也是最早的再制造对象。1963 年初,德国就有了汽车部件的再制造。1996 年,美国的汽车再制造公司的销售总额达 365 亿美元,雇员达 337 571 人,美国汽车工程师学会已经制定了一些汽车部件的再制造标准。当前,汽车产品的再制造占了整个再制造业的 2/3。再制造在汽车领域的成长壮大首先得益于庞大的需求,其次得益于汽车部件的可再制造性。汽车有大量的基础件,如箱体、壳体、缸体、支架、杆、轴等,这些零件本身受力后损耗极小,或仅仅局部损耗,并且具有恢复受损功能的经济价值。发动机、变速器、驱动桥、车架、转向器、钢板弹簧、轮胎、制动系的一些元件的再制造性都很好,国外也对一些车身部件,如轿车的前盖、车门等实施再制造。目前,再制造产品主要用于配件,在产品开发上游活动——策划和设计中对产品的整个生命周期作出通盘设计之后,当全社会普遍接受了再制造产品以后,车架、车身也可能成为再制造的对象,甚至可能进行整车再制造。

(2)我国汽车再制造

虽然我国在 1960 年代就有了再制造工程的雏形行业——轮胎翻新,但真正引入再制造工程概念却是在 20 世纪末,在徐滨士院士等人的倡导下,再制造工程开始受到政府主管部门的重视,被列入有关部门的"十五"期间前瞻、优先发展领域和关键技术项目,建立了重点实验室。2000 年,中国工程院设立了"绿色再制造工程及其在我国应用的前景"咨询项目,12 位院士和 12 位专家经过一年的调查研究,于 2001 年 1 月向国务院提交了咨询报告。报告受到国务院有关领导的重视。2004 年 11 月,徐匡迪院士在世界工程师大会上提出,在新世纪,工程科学要从单纯追求规模、效益转向建设"4R"循环经济。所谓"4R"即 reduce(减量化)、reuse(再利用)、recycle(再循环)、remanufacture(再制造)。

目前,我国已有济南复强动力公司和上海大众联合发展公司动力总成分公司两家汽车行业的专业再制造工厂在运营。复强动力公司正在建设每年 5 万台重型车用发动机的再制造能力,联合发展公司已在 2000 年建成了每年 3 万台轿车发动机的再制造能力。潍柴动力再制造公司已于 2008 年注册成立。

在我国,较低的购买能力与巨大需求之间的矛盾为非法拼报废装车交易提供了可乘之机,加之再制造的缺失,使非法拼装报废汽车交易一度十分猖獗。2001 年全国各地采取了大规模取缔拼装报废汽车的行动,当时 29 个省、自治区、直辖市均存在拼装报废汽车,其中以被称为"第三汽车厂"的陕西某县大规模拼装地最为典型,这一案例被定为 2001 年整顿经济秩序十大案件之一。现在,非法拼装仍然禁而未绝。非法拼装汽车交易猖獗说明再制造汽车产品具有巨大的潜在市场和高额的投资回报。2000 年全国汽车和改装车工业总产值 2 459.3 亿元，2007 年已增至 17 242(当年价)亿元，如果 2000 年的产品退役后其中一半的产值能够成为再制造产品，按不变价计算，可创产值 614.8 亿元，接近上海大众和一汽当年工业总产值之和；如果计入进口汽车和汽车配件，再制造产品的潜在年产值可能达 700 亿元。

根据国外发展再制造的经验，汽车再制造业不仅是再制造行业中的巨人，而且是拉动再制造发展的先驱和示范。率先发展汽车再制造可以向其他行业输送技术和管理经验，并以自己的成功提供示范，以榜样的力量拉动其他行业再制造业的发展。

10.3.2　汽车再制造步骤

汽车再制造过程如图 10.2 所示，一般分六个步骤。再制造用对退役品的拆解、清洗、分拣取代了传统制造用铸造、锻压、冲压、剪切、切割等获取毛坯的步骤。

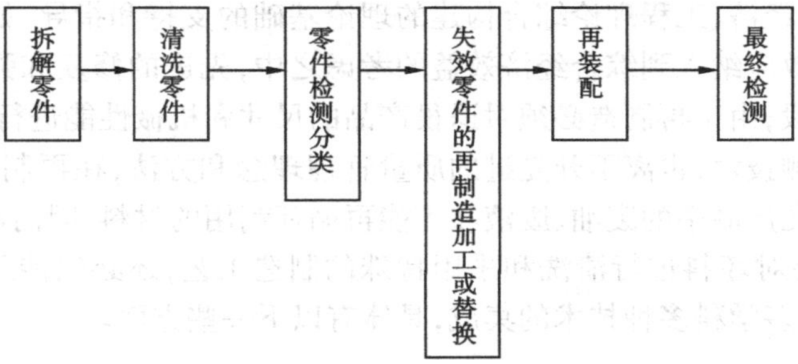

图 10.2　再制造步骤

1)拆解零件

拆解是对实物实施再制造的开始。良好的再制造性能表现为零件可以简单地采用装配的逆过程拆解。在目前的情况下，多采用人工拆解，但作为规模化生产，为提高生产效率，除了广泛采用电、气拆卸工具之外，还需要采用自动化或半自动化拆解，需要研制专用的拆解机械或者采用工业机器人，但采用自动化拆解需要以经济批量为前提，这就要求扩大再制造的生产规模。一般在拆解之后，即分门别类进行分拣。

2)清洗零件

实物拆解分拣后，就对其进行清洗，以去除旧零件表面上的灰尘、油脂、锈迹、影响再制造的涂层等才能进入检测甄别步骤。清洗的方法包括油液清洗、热水清洗、蒸汽清洗、化学清洗剂浴洗或喷洗、超声波清洗、喷沙清洗、钢刷清洗等。清洗产生的有害废物是再制造产生的主要污染物，对这些污染物的处理也十分昂贵。近年来，这种状况已有所改变。例如，将逐渐淘汰化学清洗方法，一些有利于环保的机械清洗设备，如超声波清洗设备、小钢丸喷射清洗设备等开始受到重视；已经减少了破坏臭氧层的氯氟烃(CFC)的使用，使用热水和蒸汽清洗呈现出上升的趋势。

3)零件检测分类

清洗完毕的零件需要逐一检测其主要的性能，以甄别零件的再制造性，逐件甄别使得再制造的检验成本高于传统制造的抽检成本。需要开发一些快速检测设备来检测零件的几何尺寸、机械性能，探测隐藏的缺陷。根据检测的结果，零件可以分为三种，一是可直接重新使用的零件，二是经再制造加工可再使用的零件，三是报废的零件。

4）**失效零件的再制造加工会替换**

对失效零件进行再制造加工是再制造的关键步骤，再制造加工包括为全面恢复或部分提升原品的功能而进行的常规加工或特殊的加工工艺。再制造的每一步加工完成后，都必须经过严格的检验，确保产品质量符合规定的要求。

5）**再装配和最终检测**

再制造产品的最终装配和检测与原品制造别无二致，从而保证最终的再制造产品的质量不低于原品的质量。

10.3.3 汽车再制造工程体系

严格意义上的再制造工程为什么不能诞生在100年前，除了西方人的资源、环境意识在50年前得以增强外，现代科学技术的出现也是再制造工程兴起的必要因素。再制造工程的发展离不开包括人文、经济、工程理论综合构建的理论基础的支持和指导，如生态经济学教会我们如何把生态经济效应纳入到综合经济效益的考虑之中，先进的修复和强化技术为再制造提供了必要的技术手段；由于再制造必须对退役产品的尺寸和机械性能进行逐件全面的检测，因而需要采用快捷检测技术，也离不开先进的质量管理理念和方法；在再制造过程中，不可避免地要涉及处理留存在产品中的废油、废液和不能再循环利用的材料，因而需要采用有利于环保的回收技术；由于要对坯料进行清洗和采用特殊的制造工艺，还必然涉及清洁生产技术。总之，再制造工程是很多学科多种技术的集成，具体有以下一些方面。

1）**基础理论**

基础理论主要包括生态经济学、环境伦理学、法律学、系统科学、可靠性设计理论、产品失效理论、工程力学、材料科学、再制造性能设计理论等。

2）**修复技术**

修复技术主要包括塑性变形修复技术、冶金涂覆技术、局部强化技术、粘接修复技术、置换修复技术、复合薄膜技术、纳米涂层及改性修复技术、再生热处理技术等。

3）**检测技术和质量管理**

检测技术和质量管理主要包括零件几何特性检测、零件的机械特性检测和产品寿命评估、质量预测等。

4）**加工技术**

加工技术主要包括机械加工技术和特殊加工技术两个方面。

5）**拆卸和分拣技术**

拆卸和分拣技术主要包括人工拆卸和分拣技术、自动拆卸和分拣技术两个方面。

6）**其他技术**

其他技术诸如塑料制品再制造技术、橡胶制品再制造技术、废油回收利用技术、废液回收利用技术、清洁生产技术、逆向物流技术、模拟技术和仿真技术等。

10.4 汽车俱乐部

伴随着汽车工业的不断发展和有车人士对汽车的兴趣和需要，形形色色的汽车俱乐部也相继产生。汽车俱乐部不生产具体的汽车产品,它所提供的产品是一种服务。对一个综合性汽车俱乐部而言,这种服务又分为生产型服务和生活型服务。生产型服务是指汽车俱乐部为会员提供各种对车辆和车主本人有关车辆的服务,其目的是为广大会员解决在使用车辆的过程中所产生的实际困难;而生活型服务则是以会员为主体的各种休闲、娱乐和交友服务。汽车俱乐部是经营汽车文化的重要形式,它促使汽车文化愈加繁荣丰富。

10.4.1 汽车俱乐部的产生

汽车俱乐部在国际上已有百年以上的发展历史。1895 年 10 月中旬,美国《芝加哥时报》在"车坛风云"专栏上发表了赛车运动员查尔斯·布雷迪·金格建议成立汽车俱乐部的一封信,成为车迷和驾驶员议论的热门话题。1895 年 11 月 1 日,由《先驱时报》主办的汽车大赛在芝加哥开幕,全国各地很多驾驶员都赶来参加比赛。其中,有 60 名驾驶员聚会在一家酒店,按照金格的倡议而发起成立了美国汽车联盟,这就是世界上最早的汽车俱乐部。同年 11 月 12 日,法国汽车驾驶员则在巴黎普拉斯·德罗佩拉大街 4 号活动总部,成立了法国汽车俱乐部。随后,欧美各国都相继成立了为车主和驾驶员服务的汽车俱乐部,使汽车融入了人们的交通生活。

我国汽车俱乐部的出现始于 1995 年建立的北京大陆汽车救援中心,即现在的恩保大陆汽车俱乐部(CAA)。随着我国成功加入世界贸易组织,我国即将进入一个汽车拥有率迅速上升的时期,国内汽车的销量大幅度增长,意味着方兴未艾的汽车俱乐部业,将是一个蕴藏无限商机的新兴产业。由于处于发展初期,而且各自的经营理念和发展方向不同。我国目前的汽车俱乐部形式多样,但主要可以划分为以下类型:一是为车主提供服务为主的,以救援为龙头,并带动相关售后服务等,如北京"大陆"、福建"迅速"等;二是专门作售后服务的,如武汉"绿岛";三是与文化、沙龙以及公益活动相结合,带有一定的协会性质的,如全国唯一一家在民政部注册成功的北京"爱车俱乐部";四是以旅游、越野、赛车等兴趣或职业特征为主的,如"风鸟"、"摄影家"等;五是以企业、品牌等来设立的俱乐部,如法拉利汽车俱乐部、大众汽车俱乐部。当然也有集上述特色于一体的综合性俱乐部,不少大型俱乐部在尝试这种模式。

10.4.2 汽车俱乐部的主要服务项目

汽车消费者常常会遇到各种麻烦,他们感到很棘手,甚至根本无法处理。这就产生了一种服务需求,于是各种汽车俱乐部应运而生。汽车俱乐部的主要服务项目如下:

1)汽车救援

汽车救援只是综合性俱乐部的一个服务项目。由于它收费低、反应速度快、救援质量好,得到了各界很高的评价。汽车救援保证在承诺的时间内准时到达,做到急修迅速处理并排除故障;大修免费拖至特约维修站,并为被救援者提供备用车、备用油;如果因发生交通事故而需要救援,还将协助被救援者报警和协助交通事故现场查勘等。

2)金融服务

金融服务在国外的汽车俱乐部中是很大的一部分业务,拥有从信用卡开始到汽车贷款等诸多服务。国外的许多服务都是借助联名信用卡实现的,如异地租车。在我国,虽然有信用卡,却缺少信用体制,这就使租车手续非常麻烦,需要带户口本、交押金等。联名信用卡最大的特点就是把汽车服务包括进去,有了这张信用卡,租车行就不用担心租车者不付钱的问题,如果持卡人不向银行付钱,俱乐部也会采取一系列追索措施,化解风险。

3)车辆保险

在车辆出险后,汽车消费者向保险公司索赔是一件比较耗费时间和精力的事情。但如果您是这类汽车俱乐部的会员,就可以放心地把理赔的烦琐手续留给俱乐部,去忙您自己的事情,而且还会先期得到俱乐部垫付的车辆保险理赔款。

4)汽车保养维修

为了维修各种出险车、故障车,这类汽车俱乐部拥有自己的维修、零配件、美容装饰等服务网络。这些服务网点在服务质量和工期上均接受汽车俱乐部严格的审查,零配件费用和汽车维修工时费用也由汽车俱乐部严格监督,汽车俱乐部会员可在这个网络里享受相当程度的打折优惠。而且出现问题后,会员还可以投诉汽车俱乐部而非汽车修理厂。

5)汽车展销咨询

汽车展销咨询即是为消费者购车当“参谋”。一些汽车俱乐部举办过为期一个月的“双休日家用轿车展销及免费咨询活动”。活动期间,工作人员向咨询者免费发放各种宣传资料,介绍各种家用轿车的技术参数和性能,同时还免费提供售车咨询和汽车维修咨询等。

6)汽车旅游

一些汽车俱乐部创造性地提出了“汽车旅游”的新概念,并为自驾车旅游爱好者提供各种条件,满足自驾车旅游爱好者的要求。

7)汽车赛事运动

从1995年卡丁车运动传入我国至今,我国已先后成立了一批卡丁车俱乐部。然而,由于宣传力度不够,人们对卡丁车缺乏认识,且卡丁车均为国外进口,成本高,费用昂贵,这些成为普及卡丁车运动的障碍。但在不久的将来,卡丁车运动会像现在的台球、保龄球一样,成为全民健身运动项目之一。

8)汽车连锁租赁

汽车连锁租赁是汽车俱乐部推出的重要举措。如一家汽车俱乐部实现联网,通过推出“世纪通卡”,打破区域界限,使租车实现了“一地入会,各地驾车”。目前,该俱乐部已在广州、北京、上海等15个城市建立了汽车租赁站,并将发展到52个城市。消费者在租车时不需当地户口、不需要交押金,不必办理烦琐的手续,并可在全国各地租车、驾车和还车。这真是想到了汽车消费者的“心坎”里去了。

总之,汽车俱乐部的服务项目里包括汽车俱乐部会员的汽车“从生到死”的全过程服务,甚至包括准车主们学驾车,会员车辆的更新手续、年检、保养、装饰、维修、救援、理赔以及为会员提供应急用车等服务。

10.5 汽车展览

汽车展览是一种重要的会展经济形式。所谓会展经济形式就是指通过举办各种形式的会议和展览展销,能带来直接或间接的经济效益和社会效益的一种经济现象和经济行为。汽车展览会是各大汽车厂商向市场推介产品、宣传企业形象的重要载体。汽车展览是汽车制造商们展示新产品的舞台,在流光溢彩的样车背后是汽车制造商们为在汽车市场上争夺市场份额而进行的殊死较量。

10.5.1　国内外汽车展览

1)国外汽车展览

国际汽车展的历史,几乎和汽车本身一样源远流长,巴黎车展起源于1898年,日内瓦车展今年是100周年,法兰克福(是世界上最大的汽车展之一,始于1887年9月)和底特律车展(又名北美车展,始于1907年)也都有上百年历史,作为"后生晚辈"的东京车展(始于1966年),也已经举办了38届。每年全球举办的车展多得数不清,但只有上述几个车展,最受人们关注,特别是受汽车跨国公司的追捧,因为它们都具有各自的特点,除日内瓦车展以外,它们所在国家都有强大的汽车产业。

2)国内汽车展览

在我国,自从改革开放以来,特别是进入20世纪90年代后,汽车工业处于飞速发展的黄金时期,1990年,由中国汽车工业总公司和中国国际贸易促进会联合创办北京国际汽车工业展览会。其后,我国的汽车展览业如雨后春笋般蓬勃发展,影响由国内波及到国外,其中影响力最大的是北京国际汽车工业展览会和上海国际汽车工业展览会。

(1)北京国际汽车展。北京国际汽车展已跻身世界著名汽车展的前十位,确切地说是排在第七位。有23个国家和地区的600多家外商参展,其影响力完全可以同东京车展、底特律车展、纽约车展这样的世界级著名车展相提并论。

今年,北京国际车展占尽了天时、地利、人和。首先,今年的车展是中国加入世贸组织后的第一届,随着国外汽车厂商在中国市场的竞争愈加激烈,许多外国公司都认为此时是进入中国市场的最佳时机,一些世界知名企业都希望借此机会能树立自己的品牌形象,引起中国市场的广泛关注。国内家用轿车市场的升温对于国内厂商来说也是挑战和机遇并存。为了能在市场争得一席之地,各厂商也是在不失时机地打造自己的品牌。其次,参展商也很看重北京在地域上的影响力。北京汽车市场的保有量达到了全国市场的十分之一,私人购车比例达到80%以上,对全国汽车市场作用不可小视。国内厂商希望通过北京把影响扩展到全国,国外厂商还希望能进一步通过提高在中国的影响力站稳东南亚市场。此外,由于贸促会是对外贸易的权威组织,汽车分会一直与国外的汽车厂商保持着良好的关系,了解国内外市场,知道外国公司需要什么,市场需要什么,这样办出的展览才具有专业性,能代表汽车工业的发展趋势。

在天时、地利、人和的优势下,本届车展在历届车展的基础上办出了与以往不同的特色。所有参与车展的国外厂商都是一些跨国公司,以集团、家族的形式参展。如上海大众、一汽大众纳入了德国大众家族,中国通用和上海通用也同美国通用联了血脉,雪铁龙更没有忘记神龙,所以,很多国内合资企业都被安排在国际展厅,合资企业的产品也是与国际同步的。这表明中国汽车工业已成为世界汽车工业体系不可分割的组成部分。根据今年的情况来看,把下届北京国际车展在国际上的影响力提升到第六位将不是件很困难的事。

(2)上海国际车展。上海车展不仅面积大幅度增加,而且展馆设施堪称国内一流,和国外一些车展相比,也毫不逊色。世界著名汽车公司悉数到齐,也带来了他们刚刚发布过的新车,采访车展的记者也达到5 000多人,参观人数达到空前的36万人。

(3)长春国际汽车博览会。长春是全国第一个举办汽车节的城市,之所以要设立这样一个以汽车为主题的节日,主要基于以下几点考虑:一是基于长春与新中国汽车工业有着深厚的历史渊源。长春是新中国汽车工业的摇篮,是中国汽车产业的发祥地。长春已成功地举办了几届汽车博览会,在第五届长春汽车博览会即将开幕之前,长春市政府把7月15日定为长春汽车节,是具有历史意义和现实意义的。长春汽车节就是要凭借深厚的汽车文化底蕴打响汽车文化牌。车展文化包括设计文化,品牌文化和边缘文化,而边缘文化则是拉动展会经济效益的关键。车展办的越有文化内涵,层次就越高,就会更吸引参展商的关注,影响力会更大,收益自然更明显。

(4)成都国际汽车展览会。作为中国西部地区最具规模和影响力的车展,成都国际汽车展览会在社会各方的鼎力支持下走过了十个年头。经过这些年来的不断发展和壮大,成都车展已从国内众多的车展中脱颖而出,成为最具人气和吸引力的汽车盛会之一。成都国际会议展览中心与汉诺威展览公司将继续携手合作,在中国国际贸易促进委员会汽车行业分会和中国汽车工程学会的大力支持下,不断丰富汽车展会内涵、树立展会个性、提升展会品质,向社会各界呈上西部中国的汽车饕餮盛宴。

车展是经济发展的风向标,也是汽车产业发展的缩影。中国车展的规模越来越大,是因为中国的汽车销售市场规模越来越大。中国的车展越办越好,是因为跨国公司在中国市场销售的汽车越来越多,中国市场对它们越来越重要,它们越来越重视中国汽车市场。

10.5.2 汽车展览的展示设计

1)独特鲜明的品牌形象

根据品牌个性形象的风格,以创新的设计理念,建立品牌的独特展示环境和具有活力的形象。在汽车展览会上汽车展示的个性形象包括品牌名称、商标、标牌及橱窗、展区的空间布局,汽车的展示形式,服务人员的服务质量等。如果其整体的视觉形象独特鲜明,将使参观者在一瞬间对汽车展品产生深刻而强烈的印象,吸引其停留观看并进其展区亲身体验,从而使参观者获得更多的汽车产品知识,对展示的汽车产品的兴趣加浓。汽车展示应改变单纯展示的观念,要增强汽车品牌理念的宣传,将品牌的形象定位有机地融入到视觉设计中。任何一个汽车品牌都有自己明确的定位,而且随着时代的发展呈动态的发展。这种定位有年龄上的、有价格上的、也有文化层次上的。因此,包括企业标志、图案、色彩以及代言人形象等都需导入汽车展示的空间设计中。使这些元素有机结合,充分显示其风格与形象,表达其内涵,营造其独特的视觉魅力。以在目标顾客的心目中确立与众不同的价值地位,从而有效地吸引特定的消费群体和潜在的消费群体。

2)赋予想象的色彩环境

人的视觉对色彩的敏感在每个汽车品牌上都有体现。通过特定的颜色系列来表现品牌的风格,尤其是汽车展示的设计,要考虑展区整体的色彩环境与企业CI及汽车色彩的相适应:展区空间的主色与品牌形象色的统一协调,使汽车品牌风格在色彩的诠释中得到充分亮相。展厅内环境的色彩设计,侧重对于每个厅室的色彩基调的把握。色彩设计中必须考虑到:色彩的喜好因人而异,不同年龄层次、文化层次的观众亦有不同的色彩偏爱;这些色彩互相配合所产生的对比效应。色彩计划要统一、单纯、含蓄,并避免绘画式的表达,要追求"固有色的交混回响"交响乐般的和谐。

如何使色彩成为品牌的艺术语言,让消费者从商业的色彩环境中感悟到品牌的文化内涵,这才是色彩的价值体现。展示设计应充分考虑社会的文化流行和民族风情,根据品牌的色彩定位予以色彩的再现。对品牌的文化内涵予以象征性的表现。给予人们精神和物质上的满足。

3)灵活多变的空间布局

空间设计是整个展示活动设计的大前提。展示空间的设计实质上是一个人为环境创造,是在人和物之间创造一个彼此交往的中介,是为展示活动获得一个符合美学原则的空间结构。

汽车展览空间不仅要具有汽车的展示功能,同时也要具有信息传播、交流洽谈、公共服务等多种功能。与通常的室内设计不同,展示空间是体格大空间(展馆)中独立分隔出的一小块区域,再对其进行独立设计。汽车本身就是富有立体感的雕塑品,它是构成展区空间的一种形象元素,同时也赋予汽车展区空间设计新的文化内涵。汽车展览会这一载体,正是将汽车作为表现品牌形象的主要语言,再通过其他空间形态的处理衬托,使展台的形象独树一帜,吸引参观者的光顾。

4)不断应用高新技术

采用数码视频技术和计算机程控技术对展示设计产生的革命性效果。它通过各种表现要素的有机结合,提高了展示的艺术效果并创造理想的展示气氛。当然,有效地控制各种声音、照明、视频播放时间及强弱变化是创造最佳展示效果的前提。

数码视频技术除了能够达到以前传统视频手段难以达到的效果外,交互技术的发展,更为汽车展示提供了新的表现手段。如“视频实时合成”技术能使参观者在欣赏视频画面的过程中,使自己“身临其境”,因为展厅中安装的摄像机已经将你的身影摄入电脑,并通过特制装置和软件将你的形象与背景分离开,并与播放的视频画面合成在一起。另外一种常在展示中应用的电脑视频技术是将视频图像与场景或模型等结合起来,产生丰富的视觉效果。

而多媒体和网络技术的运用使交互成为可能。比如观众可以根据自己的需要和爱好,随意了解各种车型,并具有传播和播放的特点;还有可以让外地的观众体验和参与展览的活动。“虚拟现实”技术提供了这个可能性。用户通过特制的头盔上的液晶显示屏,可以观察到“周围”逼真的三维空间;可以通过装有传感器的“手套”体会“触摸”物体的感觉。但由于在实际的运用过程中成本高、技术难度大等诸多原因,在实际中运用较少。从它的发展和前景来看,虚拟现实可能是未来展示设计向高技术领域发展的一个重要方向。

附 录

附录1 汽车贸易政策

第一章 总 则

第一条 为建立统一、开放、竞争、有序的汽车市场，维护汽车消费者合法权益，推进我国汽车产业健康发展，促进消费，扩大内需，特制定本政策。

第二条 国家鼓励发展汽车贸易，引导汽车贸易业统筹规划，合理布局，调整结构，积极运用现代信息技术、物流技术和先进的经营模式，推进电子商务，提高汽车贸易水平，实现集约化、规模化、品牌化及多样化经营。

第三条 为创造公平竞争的汽车市场环境，发挥市场在资源配置中的基础性作用，坚持按社会主义市场经济规律，进一步引入竞争机制，扩大对内对外开放，打破地区封锁，促进汽车商品在全国范围内自由流通。

第四条 引导汽车贸易企业依法、诚信经营，保证商品质量和服务质量，为消费者提供满意的服务。

第五条 为提高我国汽车贸易整体水平，国家鼓励具有较强的经济实力、先进的商业经营管理经验和营销技术以及完善的国际销售网络的境外投资者投资汽车贸易领域。

第六条 充分发挥行业组织、认证机构、检测机构的桥梁纽带作用，建立和完善独立公正、规范运作的汽车贸易评估、咨询、认证、检测等中介服务体系，积极推进汽车贸易市场化进程。

第七条 积极建立、完善相关法规和制度，加快汽车贸易法制化建设。设立汽车贸易企业应当具备法律、行政法规规定的有关条件，国务院商务主管部门会同有关部门研究制定和完善汽车品牌销售、二手车流通、汽车配件流通、报废汽车回收等管理办法、规范及标准，依法管理、规范汽车贸易的经营行为，维护公平竞争的市场秩序。

第二章 政策目标

第八条 通过本政策的实施，基本实现汽车品牌销售和服务，形成多种经营主体与经营模式并存的二手车流通发展格局，汽车及二手车销售和售后服务功能完善、体系健全；汽车配件商品来源、质量和价格公开、透明，假冒伪劣配件商品得到有效遏制，报废汽车回收拆解率显著提高,形成良好的汽车贸易市场秩序。

第九条 到2010年,建立起与国际接轨并具有竞争优势的现代汽车贸易体系,拥有一批具有竞争实力的汽车贸易企业,贸易额有较大幅度增长,贸易水平显著提高,对外贸易能力明显增强,实现汽车贸易与汽车工业的协调发展。

第三章 汽车销售

第十条 境内外汽车生产企业凡在境内销售自产汽车的,应当尽快建立完善的汽车品牌销售和服务体系,确保消费者在购买和使用过程中得到良好的服务,维护其合法权益。汽车生产企业可以按国家有关规定自行投资或授权汽车总经销商建立品牌销售和服务体系。

第十一条 实施汽车品牌销售和服务。自2005年4月1日起,乘用车实行品牌销售和服务;自2006年12月1日起,除专用作业车外,所有汽车实行品牌销售和服务。

从事汽车品牌销售活动应当先取得汽车生产企业或经其授权的汽车总经销商授权。汽车(包括二手车)经销商应当在工商行政管理部门核准的经营范围内开展汽车经营活动。

第十二条 汽车供应商应当制订汽车品牌销售和服务网络规划。为维护消费者的利益,汽车品牌销售和与其配套的配件供应、售后服务网点相距不得超过150千米。

第十三条 汽车供应商应当加强品牌销售和服务网络的管理,规范销售和服务,在国务院工商行政管理部门备案并向社会公布后,要定期向社会公布其授权和取消授权的汽车品牌销售和服务企业名单,对未经品牌授权或不具备经营条件的经销商不得提供汽车资源。汽车供应商有责任及时向社会公布停产车型,并采取积极措施在合理期限内保证配件供应。

第十四条 汽车供应商和经销商应当通过签订书面合同明确双方的权利和义务。汽车供应商要对经销商提供指导和技术支持,不得要求经销商接受不平等的合作条件,以及强行规定经销数量和进行搭售,不应随意解除与经销商的合作关系。

第十五条 汽车供应商应当按国家有关法律法规以及向消费者的承诺,承担汽车质量保证义务,提供售后服务。

汽车经销商应当在经营场所向消费者明示汽车供应商承诺的汽车质量保证和售后服务,并按其授权经营合同的约定和服务规范要求,提供相应的售后服务。

汽车供应商和经销商不得供应和销售不符合机动车国家安全技术标准、未获国家强制性产品认证、未列入《道路机动车辆生产企业及产品公告》的汽车。进口汽车未按照《中华人民共和国进出口商品检验法》及其实施条例规定检验合格的,不准销售使用。

第四章 二手车流通

第十六条 国家鼓励二手车流通。建立竞争机制,拓展流通渠道,支持有条件的汽车品牌经销商等经营主体经营二手车,以及在异地设立分支机构开展连锁经营。

第十七条 积极创造条件,简化二手车交易、转移登记手续,提高车辆合法性与安全性的查询效率,降低交易成本,统一规范交易发票;强化二手车质量管理,推动二手车经销商提供优质售后服务。

第十八条 加快二手车市场的培育和建设,引导二手车交易市场转变观念,强化市场管理,拓展市场服务功能。

第十九条 实施二手车自愿评估制度。除涉及国有资产的车辆外,二手车的交易价格由买卖双方商定,当事人可以自愿委托具有资格的二手车鉴定评估机构进行评估,供交易时参考。除法律、行政法规规定外,任何单位和部门不得强制或变相强制对交易车辆进行评估。

第二十条　积极规范二手车鉴定评估行为。二手车鉴定评估机构应当本着“客观、真实、公正、公开”的原则，依据国家有关法律法规，开展二手车鉴定评估经营活动，出具车辆鉴定评估报告，明确车辆技术状况（包括是否属事故车辆等内容）。

第二十一条　二手车经营、拍卖企业在销售、拍卖二手车时，应当向买方提供真实情况，不得有隐瞒和欺诈行为。所销售和拍卖的车辆必须具有机动车号牌、《机动车登记证书》、《机动车行驶证》、有效的机动车安全技术检验合格标志、车辆保险单和交纳税费凭证等。

第二十二条　二手车经营企业销售二手车时，应当向买方提供质量保证及售后服务承诺。在产品质量责任担保期内的，汽车供应商应当按国家有关法律法规以及向消费者的承诺，承担汽车质量保证和售后服务。

第二十三条　从事二手车拍卖和鉴定评估经营活动应当经省级商务主管部门核准。

第五章　汽车配件流通

第二十四条　国家鼓励汽车配件流通采取特许、连锁经营的方式向规模化、品牌化、网络化方向发展，支持配件流通企业进行整合，实现结构升级，提高规模效应及服务水平。

第二十五条　汽车及配件供应商和经销商应当加强质量管理，提高产品质量及服务质量。

汽车及配件供应商和经销商不得供应和销售不符合国家法律、行政法规、强制性标准及强制性产品认证要求的汽车配件。

第二十六条　汽车及配件供应商应当定期向社会公布认可和取消认可的特许汽车配件经销商名单。

汽车配件经销商应当明示所销售的汽车配件及其他汽车用品的名称、生产厂家、价格等信息，并分别对原厂配件、经汽车生产企业认可的配件、报废汽车回用件及翻新件予以注明。汽车配件产品标识应当符合《产品质量法》的要求。

第二十七条　加快规范报废汽车回用件流通，报废汽车回收拆解企业对按有关规定拆解的可出售配件，必须在配件的醒目位置标明“报废汽车回用件”。

第六章　汽车报废与报废汽车回收

第二十八条　国家实施汽车强制报废制度。根据汽车安全技术状况和不同用途，修订现行汽车报废标准，规定不同的强制报废标准。

第二十九条　报废汽车所有人应当将报废汽车及时交售给具有合法资格的报废汽车回收拆解企业。

第三十条　地方商务主管部门要按《报废汽车回收管理办法》（国务院令第 307 号）的有关要求，对报废汽车回收拆解行业统筹规划，合理布局。

从事报废汽车回收拆解业务，应当具备法律法规规定的有关条件。国务院商务主管部门应当将符合条件的报废汽车回收拆解企业向社会公告。

第三十一条　报废汽车回收拆解企业必须严格按国家有关法律、法规开展业务，及时拆解回收的报废汽车。拆解的发动机、前后桥、变速器、方向机、车架“五大总成”应当作为废钢铁，交售给钢铁企业作为冶炼原料。

第三十二条　各级商务主管部门要会同公安机关建立报废汽车回收管理信息交换制度，实现报废汽车回收过程实时控制，防止报废汽车及其“五大总成”流入社会。

第三十三条　为合理和有效利用资源，国家适时制定报废汽车回收利用的管理办法。

第三十四条　完善老旧汽车报废更新补贴资金管理办法，鼓励老旧汽车报废更新。

第三十五条　报废汽车回收拆解企业拆解的报废汽车零部件及其他废弃物、有害物（如油、液、电池、有害金属等）的存放、转运、处理等必须符合《环境保护法》、《大气污染防治法》等法律、法规的要求，确保安全、无污染（或使污染降至最低）。

第七章　汽车对外贸易

第三十六条　自2005年1月1日起，国家实施汽车自动进口许可管理，所有汽车进口口岸保税区不得存放以进入国内市场为目的的汽车。

第三十七条　国家禁止以任何贸易方式进口旧汽车及其总成、配件和右置方向盘汽车（用于开发出口产品的右置方向盘样车除外）。

第三十八条　进口汽车必须获得国家强制性产品认证证书，贴有认证标志，并须经检验检疫机构抽查检验合格，同时附有中文说明书。

第三十九条　禁止汽车及相关商品进口中的不公平贸易行为。国务院商务主管部门依法对汽车产业实施反倾销、反补贴和保障措施，组织有关行业协会建立和完善汽车产业损害预警系统，并开展汽车产业竞争力调查研究工作。汽车供应商和经销商有义务及时准确地向国务院有关部门提供相关信息。

第四十条　鼓励发展汽车及相关商品的对外贸易。支持培育和发展国家汽车及零部件出口基地，引导有条件的汽车供应商和经销商采取多种方式在国外建立合资、合作、独资销售及服务网络，优化出口商品结构，加大开拓国际市场的力度。

第四十一条　利用中央外贸发展基金支持汽车及相关商品对外贸易发展。

第四十二条　汽车及相关商品的出口供应商和经销商应当根据出口地区相关法规建立必要的销售和服务体系。

第四十三条　加强政府间磋商，支持汽车及相关商品出口供应商参与反倾销、反补贴和保障措施的应诉，维护我国汽车及相关商品出口供应商的合法权益。

第四十四条　汽车行业组织要加强行业自律，建立竞争有序的汽车及相关商品对外贸易秩序。

第八章　其　他

第四十五条　设立外商投资汽车贸易企业，除符合相应的资质条件外，还应当符合外商投资有关法律法规，并经省级商务主管部门初审后报国务院商务主管部门审批。

第四十六条　加快发展和扩大汽车消费信贷，支持有条件的汽车供应商建立面向全行业的汽车金融公司，引导汽车金融机构与其他金融机构建立合作机制，使汽车消费信贷市场规模化、专业化程度显著提高，风险管理体系更加完善。

第四十七条　完善汽车保险市场，鼓励汽车保险品种向个性化与多样化方向发展，提高汽车保险服务水平，初步实现汽车保险业专业化、集约化经营。

第四十八条　各地政府制定的与汽车贸易相关的各种政策、制度和规定要符合本政策要求并做到公开、透明。不得对非本地生产和交易的汽车在流通、服务、使用等方面实施歧视政策，坚决制止强制或变相强制本地消费者购买本地生产汽车，以及以任何方式干预经营者选择国家许可生产、销售的汽车的行为。

第四十九条　本政策自发布之日起实施，由国务院商务主管部门负责解释。

附录2 中华人民共和国道路交通安全法

第一章 总 则

第一条 为了维护道路交通秩序,预防和减少交通事故,保护人身安全,保护公民、法人和其他组织的财产安全及其他合法权益,提高通行效率,制定本法。

第二条 中华人民共和国境内的车辆驾驶人、行人、乘车人以及与道路交通活动有关的单位和个人,都应当遵守本法。

第三条 道路交通安全工作,应当遵循依法管理、方便群众的原则,保障道路交通有序、安全、畅通。

第四条 各级人民政府应当保障道路交通安全管理工作与经济建设和社会发展相适应。

县级以上地方各级人民政府应当适应道路交通发展的需要,依据道路交通安全法律、法规和国家有关政策,制定道路交通安全管理规划,并组织实施。

第五条 国务院公安部门负责全国道路交通安全管理工作。县级以上地方各级人民政府公安机关交通管理部门负责本行政区域内的道路交通安全管理工作。

县级以上各级人民政府交通、建设管理部门依据各自职责,负责有关的道路交通工作。

第六条 各级人民政府应当经常进行道路交通安全教育,提高公民的道路交通安全意识。

公安机关交通管理部门及其交通警察执行职务时,应当加强道路交通安全法律、法规的宣传,并模范遵守道路交通安全法律、法规。

机关、部队、企业事业单位、社会团体以及其他组织,应当对本单位的人员进行道路交通安全教育。

教育行政部门、学校应当将道路交通安全教育纳入法制教育的内容。

新闻、出版、广播、电视等有关单位,有进行道路交通安全教育的义务。

第七条 对道路交通安全管理工作,应当加强科学研究,推广、使用先进的管理方法、技术、设备。

第二章 车辆和驾驶人

第一节 机动车、非机动车

第八条 国家对机动车实行登记制度。机动车经公安机关交通管理部门登记后,方可上道路行驶。尚未登记的机动车,需要临时上道路行驶的,应当取得临时通行牌证。

第九条 申请机动车登记,应当提交以下证明、凭证:

(一)机动车所有人的身份证明;

(二)机动车来历证明;

(三)机动车整车出厂合格证明或者进口机动车进口凭证;

(四)车辆购置税的完税证明或者免税凭证;

(五)法律、行政法规规定应当在机动车登记时提交的其他证明、凭证。

公安机关交通管理部门应当自受理申请之日起五个工作日内完成机动车登记审查工作,对符合前款规定条件的,应当发放机动车登记证书、号牌和行驶证;对不符合前款规定条件的,应当向申请人说明不予登记的理由。

公安机关交通管理部门以外的任何单位或者个人不得发放机动车号牌或者要求机动车悬挂其他号牌,本法另有规定的除外。

机动车登记证书、号牌、行驶证的式样由国务院公安部门规定并监制。

第十条　准予登记的机动车应当符合机动车国家安全技术标准。申请机动车登记时,应当接受对该机动车的安全技术检验。但是,经国家机动车产品主管部门依据机动车国家安全技术标准认定的企业生产的机动车型,该车型的新车在出厂时经检验符合机动车国家安全技术标准,获得检验合格证的,免予安全技术检验。

第十一条　驾驶机动车上道路行驶,应当悬挂机动车号牌,放置检验合格标志、保险标志,并随车携带机动车行驶证。

机动车号牌应当按照规定悬挂并保持清晰、完整,不得故意遮挡、污损。

任何单位和个人不得收缴、扣留机动车号牌。

第十二条　有下列情形之一的,应当办理相应的登记:

(一)机动车所有权发生转移的;

(二)机动车登记内容变更的;

(三)机动车用作抵押的;

(四)机动车报废的。

第十三条　对登记后上道路行驶的机动车,应当依照法律、行政法规的规定,根据车辆用途、载客载货数量、使用年限等不同情况,定期进行安全技术检验。对提供机动车行驶证和机动车第三者责任强制保险单的,机动车安全技术检验机构应当予以检验,任何单位不得附加其他条件。对符合机动车国家安全技术标准的机动车,公安机关交通管理部门应当发给检验合格标志。

对机动车的安全技术检验实行社会化。具体办法由国务院规定。

机动车安全技术检验实行社会化的地方,任何单位不得要求机动车到指定的场所进行检验。

公安机关交通管理部门、机动车安全技术检验机构不得要求机动车到指定的场所进行维修、保养。

机动车安全技术检验机构对机动车检验收取费用,应当严格执行国务院价格主管部门核定的收费标准。

第十四条　国家实行机动车强制报废制度,根据机动车的安全技术状况和不同用途,规定不同的报废标准。

应当报废的机动车必须及时办理注销登记。

达到报废标准的机动车不得上道路行驶。报废的大型客、货车及其他营运车辆应当在公安机关交通管理部门的监督下解体。

第十五条　警车、消防车、救护车、工程救险车应当按照规定喷涂标志图案,安装警报器、标志灯具。其他机动车不得喷涂、安装、使用上述车辆专用的或者与其相类似的标志图案、警报器或者标志灯具。

警车、消防车、救护车、工程救险车应当严格按照规定的用途和条件使用。

公路监督检查的专用车辆,应当依照公路法的规定,设置统一的标志和示警灯。

第十六条　任何单位或者个人不得有下列行为:

（一）拼装机动车或者擅自改变机动车已登记的结构、构造或者特征；

（二）改变机动车型号、发动机号、车架号或者车辆识别代号；

（三）伪造、变造或者使用伪造、变造的机动车登记证书、号牌、行驶证、检验合格标志、保险标志；

（四）使用其他机动车的登记证书、号牌、行驶证、检验合格标志、保险标志。

第十七条　国家实行机动车第三者责任强制保险制度，设立道路交通事故社会救助基金。具体办法由国务院规定。

第十八条　依法应当登记的非机动车，经公安机关交通管理部门登记后，方可上道路行驶。

依法应当登记的非机动车的种类，由省、自治区、直辖市人民政府根据当地实际情况规定。

非机动车的外形尺寸、质量、制动器、车铃和夜间反光装置，应当符合非机动车安全技术标准。

第二节　机动车驾驶人

第十九条　驾驶机动车，应当依法取得机动车驾驶证。

申请机动车驾驶证，应当符合国务院公安部门规定的驾驶许可条件；经考试合格后，由公安机关交通管理部门发给相应类别的机动车驾驶证。

持有境外机动车驾驶证的人，符合国务院公安部门规定的驾驶许可条件，经公安机关交通管理部门考核合格的，可以发给中国的机动车驾驶证。

驾驶人应当按照驾驶证载明的准驾车型驾驶机动车；驾驶机动车时，应当随身携带机动车驾驶证。

公安机关交通管理部门以外的任何单位或者个人，不得收缴、扣留机动车驾驶证。

第二十条　机动车的驾驶培训实行社会化，由交通主管部门对驾驶培训学校、驾驶培训班实行资格管理，其中专门的拖拉机驾驶培训学校、驾驶培训班由农业（农业机械）主管部门实行资格管理。

驾驶培训学校、驾驶培训班应当严格按照国家有关规定，对学员进行道路交通安全法律、法规、驾驶技能的培训，确保培训质量。

任何国家机关以及驾驶培训和考试主管部门不得举办或者参与举办驾驶培训学校、驾驶培训班。

第二十一条　驾驶人驾驶机动车上道路行驶前，应当对机动车的安全技术性能进行认真检查；不得驾驶安全设施不全或者机件不符合技术标准等具有安全隐患的机动车。

第二十二条　机动车驾驶人应当遵守道路交通安全法律、法规的规定，按照操作规范安全驾驶、文明驾驶。

饮酒、服用国家管制的精神药品或者麻醉药品，或者患有妨碍安全驾驶机动车的疾病，或者过度疲劳影响安全驾驶的，不得驾驶机动车。

任何人不得强迫、指使、纵容驾驶人违反道路交通安全法律、法规和机动车安全驾驶要求驾驶机动车。

第二十三条　公安机关交通管理部门依照法律、行政法规的规定，定期对机动车驾驶证实施审验。

第二十四条　公安机关交通管理部门对机动车驾驶人违反道路交通安全法律、法规的行为，除依法给予行政处罚外，实行累积记分制度。公安机关交通管理部门对累积记分达到规定分值的机动车驾驶人，扣留机动车驾驶证，对其进行道路交通安全法律、法规教育，重新考试；考试合格的，发还其机动车驾驶证。

对遵守道路交通安全法律、法规，在一年内无累积记分的机动车驾驶人，可以延长机动车驾驶证的审验期。具体办法由国务院公安部门规定。

第三章　道路通行条件

第二十五条　全国实行统一的道路交通信号。

交通信号包括交通信号灯、交通标志、交通标线和交通警察的指挥。

交通信号灯、交通标志、交通标线的设置应当符合道路交通安全、畅通的要求和国家标准，并保持清晰、醒目、准确、完好。

根据通行需要，应当及时增设、调换、更新道路交通信号。增设、调换、更新限制性的道路交通信号时，应当提前向社会公告，广泛进行宣传。

第二十六条　交通信号灯由红灯、绿灯、黄灯组成。红灯表示禁止通行，绿灯表示准许通行，黄灯表示警示。

第二十七条　铁路与道路平面交叉的道口，应当设置警示灯、警示标志或者安全防护设施。无人看守的铁路道口，应当在距道口一定距离处设置警示标志。

第二十八条　任何单位和个人不得擅自设置、移动、占用、损毁交通信号灯、交通标志、交通标线。

道路两侧及隔离带上种植的树木或者其他植物，设置的广告牌、管线等，应当与交通设施保持必要的距离，不得遮挡路灯、交通信号灯、交通标志，不得妨碍安全视距，不得影响通行。

第二十九条　道路、停车场和道路配套设施的规划、设计、建设，应当符合道路交通安全、畅通的要求，并根据交通需求及时调整。

公安机关交通管理部门发现已经投入使用的道路存在交通事故频发路段，或者停车场、道路配套设施存在交通安全严重隐患的，应当及时向当地人民政府报告，并提出防范交通事故、消除隐患的建议，当地人民政府应当及时作出处理决定。

第三十条　道路出现坍塌、坑漕、水毁、隆起等损毁或者交通信号灯、交通标志、交通标线等交通设施损毁、灭失的，道路、交通设施的养护部门或者管理部门应当设置警示标志并及时修复。

公安机关交通管理部门发现前款情形，危及交通安全，尚未设置警示标志的，应当及时采取安全措施，疏导交通，并通知道路、交通设施的养护部门或者管理部门。

第三十一条　未经许可，任何单位和个人不得占用道路从事非交通活动。

第三十二条　因工程建设需要占用、挖掘道路，或者跨越、穿越道路架设、增设管线设施，应当事先征得道路主管部门的同意；影响交通安全的，还应当征得公安机关交通管理部门的同意。

施工作业单位应当在经批准的路段和时间内施工作业，并在距离施工作业地点来车方向安全距离处设置明显的安全警示标志，采取防护措施；施工作业完毕，应当迅速清除道路上的障碍物，消除安全隐患，经道路主管部门和公安机关交通管理部门验收合格，符合通行要求后，方可恢复通行。

对未中断交通的施工作业道路，公安机关交通管理部门应当加强交通安全监督检查，维护道路交通秩序。

第三十三条 新建、改建、扩建的公共建筑、商业街区、居住区、大(中)型建筑等,应当配建、增建停车场;停车泊位不足的,应当及时改建或者扩建;投入使用的停车场不得擅自停止使用或者改作他用。

在城市道路范围内,在不影响行人、车辆通行的情况下,政府有关部门可以施划停车泊位。

第三十四条 学校、幼儿园、医院、养老院门前的道路没有行人过街设施的,应当施划人行横道线,设置提示标志。

城市主要道路的人行道,应当按照规划设置盲道。盲道的设置应当符合国家标准。

第四章 道路通行规定

第一节 一般规定

第三十五条 机动车、非机动车实行右侧通行。

第三十六条 根据道路条件和通行需要,道路划分为机动车道、非机动车道和人行道的,机动车、非机动车、行人实行分道通行。没有划分机动车道、非机动车道和人行道的,机动车在道路中间通行,非机动车和行人在道路两侧通行。

第三十七条 道路划设专用车道的,在专用车道内,只准许规定的车辆通行,其他车辆不得进入专用车道内行驶。

第三十八条 车辆、行人应当按照交通信号通行;遇有交通警察现场指挥时,应当按照交通警察的指挥通行;在没有交通信号的道路上,应当在确保安全、畅通的原则下通行。

第三十九条 公安机关交通管理部门根据道路和交通流量的具体情况,可以对机动车、非机动车、行人采取疏导、限制通行、禁止通行等措施。遇有大型群众性活动、大范围施工等情况,需要采取限制交通的措施,或者作出与公众的道路交通活动直接有关的决定,应当提前向社会公告。

第四十条 遇有自然灾害、恶劣气象条件或者重大交通事故等严重影响交通安全的情形,采取其他措施难以保证交通安全时,公安机关交通管理部门可以实行交通管制。

第四十一条 有关道路通行的其他具体规定,由国务院规定。

第二节 机动车通行规定

第四十二条 机动车上道路行驶,不得超过限速标志标明的最高时速。在没有限速标志的路段,应当保持安全车速。

夜间行驶或者在容易发生危险的路段行驶,以及遇有沙尘、冰雹、雨、雪、雾、结冰等气象条件时,应当降低行驶速度。

第四十三条 同车道行驶的机动车,后车应当与前车保持足以采取紧急制动措施的安全距离。有下列情形之一的,不得超车:

(一)前车正在左转弯、掉头、超车的;

(二)与对面来车有会车可能的;

(三)前车为执行紧急任务的警车、消防车、救护车、工程救险车的;

(四)行经铁路道口、交叉路口、窄桥、弯道、陡坡、隧道、人行横道、市区交通流量大的路段等没有超车条件的。

第四十四条 机动车通过交叉路口,应当按照交通信号灯、交通标志、交通标线或者交通警察的指挥通过;通过没有交通信号灯、交通标志、交通标线或者交通警察指挥的交叉路口时,应当减速慢行,并让行人和优先通行的车辆先行。

第四十五条 机动车遇有前方车辆停车排队等候或者缓慢行驶时,不得借道超车或者占用对面车道,不得穿插等候的车辆。

在车道减少的路段、路口,或者在没有交通信号灯、交通标志、交通标线或者交通警察指挥的交叉路口遇到停车排队等候或者缓慢行驶时,机动车应当依次交替通行。

第四十六条 机动车通过铁路道口时,应当按照交通信号或者管理人员的指挥通行;没有交通信号或者管理人员的,应当减速或者停车,在确认安全后通过。

第四十七条 机动车行经人行横道时,应当减速行驶;遇行人正在通过人行横道,应当停车让行。

机动车行经没有交通信号的道路时,遇行人横过道路,应当避让。

第四十八条 机动车载物应当符合核定的载质量,严禁超载;载物的长、宽、高不得违反装载要求,不得遗洒、飘散载运物。

机动车运载超限的不可解体的物品,影响交通安全的,应当按照公安机关交通管理部门指定的时间、路线、速度行驶,悬挂明显标志。在公路上运载超限的不可解体的物品,并应当依照公路法的规定执行。

机动车载运爆炸物品、易燃易爆化学物品以及剧毒、放射性等危险物品,应当经公安机关批准后,按指定的时间、路线、速度行驶,悬挂警示标志并采取必要的安全措施。

第四十九条 机动车载人不得超过核定的人数,客运机动车不得违反规定载货。

第五十条 禁止货运机动车载客。

货运机动车需要附载作业人员的,应当设置保护作业人员的安全措施。

第五十一条 机动车行驶时,驾驶人、乘坐人员应当按规定使用安全带,摩托车驾驶人及乘坐人员应当按规定戴安全头盔。

第五十二条 机动车在道路上发生故障,需要停车排除故障时,驾驶人应当立即开启危险报警闪光灯,将机动车移至不妨碍交通的地方停放;难以移动的,应当持续开启危险报警闪光灯,并在来车方向设置警告标志等措施扩大示警距离,必要时迅速报警。

第五十三条 警车、消防车、救护车、工程救险车执行紧急任务时,可以使用警报器、标志灯具;在确保安全的前提下,不受行驶路线、行驶方向、行驶速度和信号灯的限制,其他车辆和行人应当让行。

警车、消防车、救护车、工程救险车非执行紧急任务时,不得使用警报器、标志灯具,不享有前款规定的道路优先通行权。

第五十四条 道路养护车辆、工程作业车进行作业时,在不影响过往车辆通行的前提下,其行驶路线和方向不受交通标志、标线限制,过往车辆和人员应当注意避让。

洒水车、清扫车等机动车应当按照安全作业标准作业;在不影响其他车辆通行的情况下,可以不受车辆分道行驶的限制,但是不得逆向行驶。

第五十五条 高速公路、大中城市中心城区内的道路,禁止拖拉机通行。其他禁止拖拉机通行的道路,由省、自治区、直辖市人民政府根据当地实际情况规定。

在允许拖拉机通行的道路上,拖拉机可以从事货运,但是不得用于载人。

第五十六条 机动车应当在规定地点停放。禁止在人行道上停放机动车;但是,依照本法第三十三条规定施划的停车泊位除外。

在道路上临时停车的，不得妨碍其他车辆和行人通行。

第三节 非机动车通行规定

第五十七条 驾驶非机动车在道路上行驶应当遵守有关交通安全的规定。非机动车应当在非机动车道内行驶；在没有非机动车道的道路上，应当靠车行道的右侧行驶。

第五十八条 残疾人机动轮椅车、电动自行车在非机动车道内行驶时，最高时速不得超过十五千米。

第五十九条 非机动车应当在规定地点停放。未设停放地点的，非机动车停放不得妨碍其他车辆和行人通行。

第六十条 驾驭畜力车，应当使用驯服的牲畜；驾驭畜力车横过道路时，驾驭人应当下车牵引牲畜；驾驭人离开车辆时，应当拴系牲畜。

第四节 行人和乘车人通行规定

第六十一条 行人应当在人行道内行走，没有人行道的靠路边行走。

第六十二条 行人通过路口或者横过道路，应当走人行横道或者过街设施；通过有交通信号灯的人行横道，应当按照交通信号灯指示通行；通过没有交通信号灯、人行横道的路口，或者在没有过街设施的路段横过道路，应当在确认安全后通过。

第六十三条 行人不得跨越、倚坐道路隔离设施，不得扒车、强行拦车或者实施妨碍道路交通安全的其他行为。

第六十四条 学龄前儿童以及不能辨认或者不能控制自己行为的精神疾病患者、智力障碍者在道路上通行，应当由其监护人、监护人委托的人或者对其负有管理、保护职责的人带领。

盲人在道路上通行，应当使用盲杖或者采取其他导盲手段，车辆应当避让盲人。

第六十五条 行人通过铁路道口时，应当按照交通信号或者管理人员的指挥通行；没有交通信号和管理人员的，应当在确认无火车驶临后，迅速通过。

第六十六条 乘车人不得携带易燃易爆等危险物品，不得向车外抛洒物品，不得有影响驾驶人安全驾驶的行为。

第五节 高速公路的特别规定

第六十七条 行人、非机动车、拖拉机、轮式专用机械车、铰接式客车、全挂拖斗车以及其他设计最高时速低于七十公里的机动车，不得进入高速公路。高速公路限速标志标明的最高时速不得超过一百二十公里。

第六十八条 机动车在高速公路上发生故障时，应当依照本法第五十二条的有关规定办理；但是，警告标志应当设置在故障车来车方向一百五十米以外，车上人员应当迅速转移到右侧路肩上或者应急车道内，并且迅速报警。

机动车在高速公路上发生故障或者交通事故，无法正常行驶的，应当由救援车、清障车拖曳、牵引。

第六十九条 任何单位、个人不得在高速公路上拦截检查行驶的车辆，公安机关的人民警察依法执行紧急公务除外。

第五章 交通事故处理

第七十条 在道路上发生交通事故，车辆驾驶人应当立即停车，保护现场；造成人身伤亡的，车辆驾驶人应当立即抢救受伤人员，并迅速报告执勤的交通警察或者公安机关交通管理部门。因抢救受伤人员变动现场的，应当标明位置。乘车人、过往车辆驾驶人、过往行人应当予以协助。

在道路上发生交通事故，未造成人身伤亡，当事人对事实及成因无争议的，可以即行撤离现场，恢复交通，自行协商处理损害赔偿事宜；不即行撤离现场的，应当迅速报告执勤的交通警察或者公安机关交通管理部门。

在道路上发生交通事故，仅造成轻微财产损失，并且基本事实清楚的，当事人应当先撤离现场再进行协商处理。

第七十一条　车辆发生交通事故后逃逸的，事故现场目击人员和其他知情人员应当向公安机关交通管理部门或者交通警察举报。举报属实的，公安机关交通管理部门应当给予奖励。

第七十二条　公安机关交通管理部门接到交通事故报警后，应当立即派交通警察赶赴现场，先组织抢救受伤人员，并采取措施，尽快恢复交通。

交通警察应当对交通事故现场进行勘验、检查，收集证据；因收集证据的需要，可以扣留事故车辆，但是应当妥善保管，以备核查。

对当事人的生理、精神状况等专业性较强的检验，公安机关交通管理部门应当委托专门机构进行鉴定。鉴定结论应当由鉴定人签名。

第七十三条　公安机关交通管理部门应当根据交通事故现场勘验、检查、调查情况和有关的检验、鉴定结论，及时制作交通事故认定书，作为处理交通事故的证据。交通事故认定书应当载明交通事故的基本事实、成因和当事人的责任，并送达当事人。

第七十四条　对交通事故损害赔偿的争议，当事人可以请求公安机关交通管理部门调解，也可以直接向人民法院提起民事诉讼。

经公安机关交通管理部门调解，当事人未达成协议或者调解书生效后不履行的，当事人可以向人民法院提起民事诉讼。

第七十五条　医疗机构对交通事故中的受伤人员应当及时抢救，不得因抢救费用未及时支付而拖延救治。肇事车辆参加机动车第三者责任强制保险的，由保险公司在责任限额范围内支付抢救费用；抢救费用超过责任限额的，未参加机动车第三者责任强制保险或者肇事后逃逸的，由道路交通事故社会救助基金先行垫付部分或者全部抢救费用，道路交通事故社会救助基金管理机构有权向交通事故责任人追偿。

第七十六条　机动车发生交通事故造成人身伤亡、财产损失的，由保险公司在机动车第三者责任强制保险责任限额范围内予以赔偿；不足的部分，按照下列规定承担赔偿责任：

（一）机动车之间发生交通事故的，由有过错的一方承担赔偿责任；双方都有过错的，按照各自过错的比例分担责任。

（二）机动车与非机动车驾驶人、行人之间发生交通事故，非机动车驾驶人、行人没有过错的，由机动车一方承担赔偿责任；有证据证明非机动车驾驶人、行人有过错的，根据过错程度适当减轻机动车一方的赔偿责任；机动车一方没有过错的，承担不超过百分之十的赔偿责任。

交通事故的损失是由非机动车驾驶人、行人故意碰撞机动车造成的，机动车一方不承担赔偿责任。

第七十七条　车辆在道路以外通行时发生的事故，公安机关交通管理部门接到报案的，参照本法有关规定办理。

第六章　执法监督

第七十八条　公安机关交通管理部门应当加强对交通警察的管理，提高交通警察的素质和管理道路交通的水平。

公安机关交通管理部门应当对交通警察进行法制和交通安全管理业务培训、考核。交通警察经考核不合格的,不得上岗执行职务。

第七十九条　公安机关交通管理部门及其交通警察实施道路交通安全管理,应当依据法定的职权和程序,简化办事手续,做到公正、严格、文明、高效。

第八十条　交通警察执行职务时,应当按照规定着装,佩带人民警察标志,持有人民警察证件,保持警容严整,举止端庄,指挥规范。

第八十一条　依照本法发放牌证等收取工本费,应当严格执行国务院价格主管部门核定的收费标准,并全部上缴国库。

第八十二条　公安机关交通管理部门依法实施罚款的行政处罚,应当依照有关法律、行政法规的规定,实施罚款决定与罚款收缴分离;收缴的罚款以及依法没收的违法所得,应当全部上缴国库。

第八十三条　交通警察调查处理道路交通安全违法行为和交通事故,有下列情形之一的,应当回避:

(一)是本案的当事人或者当事人的近亲属;

(二)本人或者其近亲属与本案有利害关系;

(三)与本案当事人有其他关系,可能影响案件的公正处理。

第八十四条　公安机关交通管理部门及其交通警察的行政执法活动,应当接受行政监察机关依法实施的监督。

公安机关督察部门应当对公安机关交通管理部门及其交通警察执行法律、法规和遵守纪律的情况依法进行监督。

上级公安机关交通管理部门应当对下级公安机关交通管理部门的执法活动进行监督。

第八十五条　公安机关交通管理部门及其交通警察执行职务,应当自觉接受社会和公民的监督。

任何单位和个人都有权对公安机关交通管理部门及其交通警察不严格执法以及违法违纪行为进行检举、控告。收到检举、控告的机关,应当依据职责及时查处。

第八十六条　任何单位不得给公安机关交通管理部门下达或者变相下达罚款指标;公安机关交通管理部门不得以罚款数额作为考核交通警察的标准。

公安机关交通管理部门及其交通警察对超越法律、法规规定的指令,有权拒绝执行,并同时向上级机关报告。

第七章　法律责任

第八十七条　公安机关交通管理部门及其交通警察对道路交通安全违法行为,应当及时纠正。

公安机关交通管理部门及其交通警察应当依据事实和本法的有关规定对道路交通安全违法行为予以处罚。对于情节轻微,未影响道路通行的,指出违法行为,给予口头警告后放行。

第八十八条　对道路交通安全违法行为的处罚种类包括:警告、罚款、暂扣或者吊销机动车驾驶证、拘留。

第八十九条　行人、乘车人、非机动车驾驶人违反道路交通安全法律、法规关于道路通行规定的,处警告或者五元以上五十元以下罚款;非机动车驾驶人拒绝接受罚款处罚的,可以扣留其非机动车。

第九十条 机动车驾驶人违反道路交通安全法律、法规关于道路通行规定的,处警告或者二十元以上二百元以下罚款。本法另有规定的,依照规定处罚。

第九十一条 饮酒后驾驶机动车的,处暂扣六个月机动车驾驶证,并处一千元以上二千元以下罚款。因饮酒后驾驶机动车被处罚,再次饮酒后驾驶机动车的,处十日以下拘留,并处一千元以上二千元以下罚款,吊销机动车驾驶证。

醉酒驾驶机动车的,由公安机关交通管理部门约束至酒醒,吊销机动车驾驶证,依法追究刑事责任;五年内不得重新取得机动车驾驶证。

饮酒后驾驶营运机动车的,处十五日拘留,并处五千元罚款,吊销机动车驾驶证,五年内不得重新取得机动车驾驶证。

醉酒驾驶营运机动车的,由公安机关交通管理部门约束至酒醒,吊销机动车驾驶证,依法追究刑事责任;十年内不得重新取得机动车驾驶证,重新取得机动车驾驶证后,不得驾驶营运机动车。

饮酒后或者醉酒驾驶机动车发生重大交通事故,构成犯罪的,依法追究刑事责任,并由公安机关交通管理部门吊销机动车驾驶证,终生不得重新取得机动车驾驶证。

第九十二条 公路客运车辆载客超过额定乘员的,处二百元以上五百元以下罚款;超过额定乘员百分之二十或者违反规定载货的,处五百元以上二千元以下罚款。

货运机动车超过核定载质量的,处二百元以上五百元以下罚款;超过核定载质量百分之三十或者违反规定载客的,处五百元以上二千元以下罚款。

有前两款行为的,由公安机关交通管理部门扣留机动车至违法状态消除。

运输单位的车辆有本条第一款、第二款规定的情形,经处罚不改的,对直接负责的主管人员处二千元以上五千元以下罚款。

第九十三条 对违反道路交通安全法律、法规关于机动车停放、临时停车规定的,可以指出违法行为,并予以口头警告,令其立即驶离。

机动车驾驶人不在现场或者虽在现场但拒绝立即驶离,妨碍其他车辆、行人通行的,处二十元以上二百元以下罚款,并可以将该机动车拖移至不妨碍交通的地点或者公安机关交通管理部门指定的地点停放。公安机关交通管理部门拖车不得向当事人收取费用,并应当及时告知当事人停放地点。

因采取不正确的方法拖车造成机动车损坏的,应当依法承担补偿责任。

第九十四条 机动车安全技术检验机构实施机动车安全技术检验超过国务院价格主管部门核定的收费标准收取费用的,退还多收取的费用,并由价格主管部门依照《中华人民共和国价格法》的有关规定给予处罚。

机动车安全技术检验机构不按照机动车国家安全技术标准进行检验,出具虚假检验结果的,由公安机关交通管理部门处所收检验费用五倍以上十倍以下罚款,并依法撤销其检验资格;构成犯罪的,依法追究刑事责任。

第九十五条 上道路行驶的机动车未悬挂机动车号牌,未放置检验合格标志、保险标志,或者未随车携带行驶证、驾驶证的,公安机关交通管理部门应当扣留机动车,通知当事人提供相应的牌证、标志或者补办相应手续,并可以依照本法第九十条的规定予以处罚。当事人提供相应的牌证、标志或者补办相应手续的,应当及时退还机动车。

故意遮挡、污损或者不按规定安装机动车号牌的，依照本法第九十条的规定予以处罚。

第九十六条　伪造、变造或者使用伪造、变造的机动车登记证书、号牌、行驶证、驾驶证的，由公安机关交通管理部门予以收缴，扣留该机动车，处十五日以下拘留，并处二千元以上五千元以下罚款；构成犯罪的，依法追究刑事责任。

伪造、变造或者使用伪造、变造的检验合格标志、保险标志的，由公安机关交通管理部门予以收缴，扣留该机动车，处十日以下拘留，并处一千元以上三千元以下罚款；构成犯罪的，依法追究刑事责任。

使用其他车辆的机动车登记证书、号牌、行驶证、检验合格标志、保险标志的，由公安机关交通管理部门予以收缴，扣留该机动车，处二千元以上五千元以下罚款。

当事人提供相应的合法证明或者补办相应手续的，应当及时退还机动车。

第九十七条　非法安装警报器、标志灯具的，由公安机关交通管理部门强制拆除，予以收缴，并处二百元以上二千元以下罚款。

第九十八条　机动车所有人、管理人未按照国家规定投保机动车第三者责任强制保险的，由公安机关交通管理部门扣留车辆至依照规定投保后，并处依照规定投保最低责任限额应缴纳的保险费的二倍罚款。

依照前款缴纳的罚款全部纳入道路交通事故社会救助基金。具体办法由国务院规定。

第九十九条　有下列行为之一的，由公安机关交通管理部门处二百元以上二千元以下罚款：

（一）未取得机动车驾驶证、机动车驾驶证被吊销或者机动车驾驶证被暂扣期间驾驶机动车的；

（二）将机动车交由未取得机动车驾驶证或者机动车驾驶证被吊销、暂扣的人驾驶的；

（三）造成交通事故后逃逸，尚不构成犯罪的；

（四）机动车行驶超过规定时速百分之五十的；

（五）强迫机动车驾驶人违反道路交通安全法律、法规和机动车安全驾驶要求驾驶机动车，造成交通事故，尚不构成犯罪的；

（六）违反交通管制的规定强行通行，不听劝阻的；

（七）故意损毁、移动、涂改交通设施，造成危害后果，尚不构成犯罪的；

（八）非法拦截、扣留机动车辆，不听劝阻，造成交通严重阻塞或者较大财产损失的。

行为人有前款第二项、第四项情形之一的，可以并处吊销机动车驾驶证；有第一项、第三项、第五项至第八项情形之一的，可以并处十五日以下拘留。

第一百条　驾驶拼装的机动车或者已达到报废标准的机动车上道路行驶的，公安机关交通管理部门应当予以收缴，强制报废。

对驾驶前款所列机动车上道路行驶的驾驶人，处二百元以上二千元以下罚款，并吊销机动车驾驶证。

出售已达到报废标准的机动车的，没收违法所得，处销售金额等额的罚款，对该机动车依照本条第一款的规定处理。

第一百零一条　违反道路交通安全法律、法规的规定，发生重大交通事故，构成犯罪的，依法追究刑事责任，并由公安机关交通管理部门吊销机动车驾驶证。

造成交通事故后逃逸的，由公安机关交通管理部门吊销机动车驾驶证，且终生不得重新取得机动车驾驶证。

第一百零二条　对六个月内发生二次以上特大交通事故负有主要责任或者全部责任的专业运输单位,由公安机关交通管理部门责令消除安全隐患,未消除安全隐患的机动车,禁止上道路行驶。

第一百零三条　国家机动车产品主管部门未按照机动车国家安全技术标准严格审查,许可不合格机动车型投入生产的,对负有责任的主管人员和其他直接责任人员给予降级或者撤职的行政处分。

机动车生产企业经国家机动车产品主管部门许可生产的机动车型,不执行机动车国家安全技术标准或者不严格进行机动车成品质量检验,致使质量不合格的机动车出厂销售的,由质量技术监督部门依照《中华人民共和国产品质量法》的有关规定给予处罚。

擅自生产、销售未经国家机动车产品主管部门许可生产的机动车型的,没收非法生产、销售的机动车成品及配件,可以并处非法产品价值三倍以上五倍以下罚款;有营业执照的,由工商行政管理部门吊销营业执照,没有营业执照的,予以查封。

生产、销售拼装的机动车或者生产、销售擅自改装的机动车的,依照本条第三款的规定处罚。

有本条第二款、第三款、第四款所列违法行为,生产或者销售不符合机动车国家安全技术标准的机动车,构成犯罪的,依法追究刑事责任。

第一百零四条　未经批准,擅自挖掘道路、占用道路施工或者从事其他影响道路交通安全活动的,由道路主管部门责令停止违法行为,并恢复原状,可以依法给予罚款;致使通行的人员、车辆及其他财产遭受损失的,依法承担赔偿责任。

有前款行为,影响道路交通安全活动的,公安机关交通管理部门可以责令停止违法行为,迅速恢复交通。

第一百零五条　道路施工作业或者道路出现损毁,未及时设置警示标志、未采取防护措施,或者应当设置交通信号灯、交通标志、交通标线而没有设置或者应当及时变更交通信号灯、交通标志、交通标线而没有及时变更,致使通行的人员、车辆及其他财产遭受损失的,负有相关职责的单位应当依法承担赔偿责任。

第一百零六条　在道路两侧及隔离带上种植树木、其他植物或者设置广告牌、管线等,遮挡路灯、交通信号灯、交通标志,妨碍安全视距的,由公安机关交通管理部门责令行为人排除妨碍;拒不执行的,处二百元以上二千元以下罚款,并强制排除妨碍,所需费用由行为人负担。

第一百零七条　对道路交通违法行为人予以警告、二百元以下罚款,交通警察可以当场作出行政处罚决定,并出具行政处罚决定书。

行政处罚决定书应当载明当事人的违法事实、行政处罚的依据、处罚内容、时间、地点以及处罚机关名称,并由执法人员签名或者盖章。

第一百零八条　当事人应当自收到罚款的行政处罚决定书之日起十五日内,到指定的银行缴纳罚款。

对行人、乘车人和非机动车驾驶人的罚款,当事人无异议的,可以当场予以收缴罚款。

罚款应当开具省、自治区、直辖市财政部门统一制发的罚款收据;不出具财政部门统一制发的罚款收据的,当事人有权拒绝缴纳罚款。

第一百零九条　当事人逾期不履行行政处罚决定的,作出行政处罚决定的行政机关可以采取下列措施：

(一)到期不缴纳罚款的，每日按罚款数额的百分之三加处罚款；

(二)申请人民法院强制执行。

第一百一十条　执行职务的交通警察认为应当对道路交通违法行为人给予暂扣或者吊销机动车驾驶证处罚的，可以先予扣留机动车驾驶证，并在二十四小时内将案件移交公安机关交通管理部门处理。

道路交通违法行为人应当在十五日内到公安机关交通管理部门接受处理。无正当理由逾期未接受处理的，吊销机动车驾驶证。

公安机关交通管理部门暂扣或者吊销机动车驾驶证的，应当出具行政处罚决定书。

第一百一十一条　对违反本法规定予以拘留的行政处罚，由县、市公安局、公安分局或者相当于县一级的公安机关裁决。

第一百一十二条　公安机关交通管理部门扣留机动车、非机动车，应当当场出具凭证，并告知当事人在规定期限内到公安机关交通管理部门接受处理。

公安机关交通管理部门对被扣留的车辆应当妥善保管，不得使用。

逾期不来接受处理，并且经公告三个月仍不来接受处理的，对扣留的车辆依法处理。

第一百一十三条　暂扣机动车驾驶证的期限从处罚决定生效之日起计算；处罚决定生效前先予扣留机动车驾驶证的，扣留一日折抵暂扣期限一日。

吊销机动车驾驶证后重新申请领取机动车驾驶证的期限，按照机动车驾驶证管理规定办理。

第一百一十四条　公安机关交通管理部门根据交通技术监控记录资料，可以对违法的机动车所有人或者管理人依法予以处罚。对能够确定驾驶人的，可以依照本法的规定依法予以处罚。

第一百一十五条　交通警察有下列行为之一的，依法给予行政处分：

(一)为不符合法定条件的机动车发放机动车登记证书、号牌、行驶证、检验合格标志的；

(二)批准不符合法定条件的机动车安装、使用警车、消防车、救护车、工程救险车的警报器、标志灯具，喷涂标志图案的；

(三)为不符合驾驶许可条件、未经考试或者考试不合格人员发放机动车驾驶证的；

(四)不执行罚款决定与罚款收缴分离制度或者不按规定将依法收取的费用、收缴的罚款及没收的违法所得全部上缴国库的；

(五)举办或者参与举办驾驶学校或者驾驶培训班、机动车修理厂或者收费停车场等经营活动的；

(六)利用职务上的便利收受他人财物或者谋取其他利益的；

(七)违法扣留车辆、机动车行驶证、驾驶证、车辆号牌的；

(八)使用依法扣留的车辆的；

(九)当场收取罚款不开具罚款收据或者不如实填写罚款额的；

(十)徇私舞弊，不公正处理交通事故的；

(十一)故意刁难，拖延办理机动车牌证的；

(十二)非执行紧急任务时使用警报器、标志灯具的；

(十三)违反规定拦截、检查正常行驶的车辆的；

（十四）非执行紧急公务时拦截搭乘机动车的；

（十五）不履行法定职责的。

公安机关交通管理部门有前款所列行为之一的，对直接负责的主管人员和其他直接责任人员给予相应的行政处分。

第一百一十六条　依照本法第一百一十五条的规定，给予交通警察行政处分的，在作出行政处分决定前，可以停止其执行职务；必要时，可以予以禁闭。

依照本法第一百一十五条的规定，交通警察受到降级或者撤职行政处分的，可以予以辞退。

交通警察受到开除处分或者被辞退的，应当取消警衔；受到撤职以下行政处分的交通警察，应当降低警衔。

第一百一十七条　交通警察利用职权非法占有公共财物，索取、收受贿赂，或者滥用职权、玩忽职守，构成犯罪的，依法追究刑事责任。

第一百一十八条　公安机关交通管理部门及其交通警察有本法第一百一十五条所列行为之一，给当事人造成损失的，应当依法承担赔偿责任。

第八章　附　则

第一百一十九条　本法中下列用语的含义：

（一）"道路"，是指公路、城市道路和虽在单位管辖范围但允许社会机动车通行的地方，包括广场、公共停车场等用于公众通行的场所。

（二）"车辆"，是指机动车和非机动车。

（三）"机动车"，是指以动力装置驱动或者牵引，上道路行驶的供人员乘用或者用于运送物品以及进行工程专项作业的轮式车辆。

（四）"非机动车"，是指以人力或者畜力驱动，上道路行驶的交通工具，以及虽有动力装置驱动但设计最高时速、空车质量、外形尺寸符合有关国家标准的残疾人机动轮椅车、电动自行车等交通工具。

（五）"交通事故"，是指车辆在道路上因过错或者意外造成的人身伤亡或者财产损失的事件。

第一百二十条　中国人民解放军和中国人民武装警察部队在编机动车牌证、在编机动车检验以及机动车驾驶人考核工作，由中国人民解放军、中国人民武装警察部队有关部门负责。

第一百二十一条　对上道路行驶的拖拉机，由农业（农业机械）主管部门行使本法第八条、第九条、第十三条、第十九条、第二十三条规定的公安机关交通管理部门的管理职权。

农业（农业机械）主管部门依照前款规定行使职权，应当遵守本法有关规定，并接受公安机关交通管理部门的监督；对违反规定的，依照本法有关规定追究法律责任。

本法施行前由农业（农业机械）主管部门发放的机动车牌证，在本法施行后继续有效。

第一百二十二条　国家对入境的境外机动车的道路交通安全实施统一管理。

第一百二十三条　省、自治区、直辖市人民代表大会常务委员会可以根据本地区的实际情况，在本法规定的罚款幅度内，规定具体的执行标准。

第一百二十四条　本法自2004年5月1日起施行。

附录3 中华人民共和国道路交通管理条例

第一章 总 则

第一条 为了加强道路交通管理,维护交通秩序,保障交通安全和畅通,以适应社会主义现代化建设的需要,制定本条例。

第二条 本条例所称的道路,是指公路、城市街道和胡同(里巷),以及公共广场、公共停车场等供车辆、行人通行的地方。

第三条 本条例所称的车辆,是指在道路上行驶的下列机动车和非机动车:

(一)机动车是指各种汽车、电车、电瓶车、摩托车、拖拉机、轮式专用机械车;

(二)非机动车是指自行车、三轮车、人力车、畜力车、残疾人专用车。

第四条 凡在道路上通行的车辆、行人、乘车人以及在道路上进行与交通有关活动的人员,都必须遵守本条例。

第五条 机关、军队、团体、企业、学校以及其他组织,应当经常教育所属人员遵守本条例。对违反本条例的行为,任何人都有劝阻和控告的权利。

第六条 驾驶车辆,赶、骑牲畜,必须遵守右侧通行的原则。

第七条 车辆、行人必须各行其道。借道通行的车辆或行人,应当让在其本道内行驶的车辆或行人优先通行。

遇到本条例没有规定的情况,车辆、行人必须在确保安全的原则下通行。

第八条 本条例由各级公安机关负责实施。

第二章 交通信号、交通标志和交通标线

第九条 交通信号分为:指挥灯信号、车道灯信号、人行横道灯信号、交通指挥棒信号、手势信号。

第十条 指挥灯信号:

(一)绿灯亮时,准许车辆、行人通行,但转弯的车辆不准妨碍直行的车辆和被放行的行人通行;

(二)黄灯亮时,不准车辆、行人通行,但已越过停止线的车辆和已进入人行横道的行人,可以继续通行;

(三)红灯亮时,不准车辆、行人通行;

(四)绿色箭头灯亮时,准许车辆按箭头所示方向通行;

(五)黄灯闪烁时,车辆、行人须在确保安全的原则下通行。右转弯的车辆和T形路口右边无横道的直行车辆,遇有前款(二)、(三)项规定时,在不妨碍被放行的车辆和行人通行的情况下,可以通行。

前两款规定亦适用于列队行走和赶、骑牲畜的人员。

第十一条 车道灯信号:

(一)绿色箭头灯亮时,本车道准许车辆通行;

(二)红色叉形灯亮时,本车道不准车辆通行。

第十二条 人行横道灯信号:

（一）绿灯亮时，准许行人通过人行横道；

（二）绿灯闪烁时，不准行人进入人行横道，但已进入人行横道的，可以继续通行；

（三）红灯亮时，不准行人进入人行横道。

第十三条 交通指挥棒信号：

（一）直行信号：右手持棒举臂向右平伸，然后向左曲臂放下，准许左右两方直行的车辆通行；各方右转弯的车辆在不妨碍被放行的车辆通行的情况下，可以通行。

（二）左转弯信号：右手持棒举臂向前平伸，准许左方的左转弯和直行的车辆通行；左臂同时向右前方摆动时，准许车辆左小转弯；各方右转弯的车辆和T形路口右边无横道的直行车辆在不妨碍被放行的车辆通行的情况下，可以通行。

（三）停止信号：右手持棒曲臂向上直伸，不准车辆通行，但已越过停止线的，可以继续通行。

第十四条 手势信号：

（一）直行信号：右臂（左臂）向右（向左）平伸，手掌向前，准许左右两方直行的车辆通行；各方右转弯的车辆在不妨碍被放行的车辆通行的情况下，可以通行。

（二）左转弯信号：右臂向前平伸，手掌向前，准许左方的左转弯和直行的车辆通行；左臂同时向右前方摆动时，准许车辆左小转弯；各方右转弯的车辆和T形路口右边无横道的直行车辆，在不妨碍被放行的车辆通行的情况下，可以通行。

（三）停止信号：左臂向上直伸，手掌向前，不准前方车辆通行；右臂同时向左前方摆动时，车辆须靠边停车。

第十五条 车辆、行人必须遵守交通标志和交通标线的规定。

第十六条 车辆和行人遇有灯光信号、交通标志或交通标线与交通警察的指挥不一致时，服从交通警察的指挥。

第三章 车 辆

第十七条 车辆必须经过车辆管理机关检验合格，领取号牌、行驶证后方准行驶。号牌须按指定位置安装，并保持清晰。号牌和行驶证不准转借、涂改或伪造。

第十八条 机动车在没有领取正式号牌、行驶证以前，需要移动或试车时，必须申领移动证、临时号牌或试车号牌，按规定行驶。

第十九条 机动车必须保持车况良好、车容整洁。制动器、转向器、喇叭、刮水器自行车和三轮车及残疾人专用车的车闸、车铃、反射器以及畜力车的制动装置，必须保持有效。自行车、三轮车不准安装机械动力装置。

第二十条 机动车必须按车辆管理机关规定的期限接受检验，未按规定检验或检验不合格的，不准继续行驶。

第二十一条 汽车、拖拉机拖带挂车时，只准拖带一辆。挂车的载质量不准超过汽车的载质量。连接装置必须牢固，防护网和挂车的制动器、标杆、标杆灯、制动灯、转向灯、尾灯，必须齐全有效。

第二十二条 机动车的转向器、灯光装置失效时，不准被牵引；发生其他故障需要被牵引时，必须遵守下列规定：

（一）须由正式驾驶员操作，并不准载人或拖带挂车；

（二）宽度不准大于牵引车；

（三）用软连接牵引装置时，与牵引车须保持必要的安全距离；

（四）制动器失效的，须用硬连接牵引装置。

第二十三条　起重车、轮式专用机械车，不准拖带挂车或牵引车辆；二轮摩托车、轻便摩托车不准牵引车辆或被其他车辆牵引。

第二十四条　机动车的噪声和排放的有害气体，必须符合国家规定的标准。

第四章　车辆驾驶员

第二十五条　机动车驾驶员，必须经过车辆管理机关考试合格，领取驾驶证，方准驾驶车辆。

第二十六条　机动车驾驶员，必须遵守下列规定：

（一）驾驶车辆时，须携带驾驶证和行驶证；

（二）不准转借、涂改或伪造驾驶证；

（三）不准将车辆交给没有驾驶证的人驾驶；

（四）不准驾驶与驾驶证准驾车型不相符合的车辆；

（五）未按规定审验或审验不合格的，不准继续驾驶车辆；

（六）饮酒后不准驾驶车辆；

（七）不准驾驶安全设备不全或机件失灵的车辆；

（八）不准驾驶不符合装载规定的车辆；

（九）在患有妨碍安全行车的疾病或过度疲劳时，不准驾驶车辆；

（十）驾驶和乘坐二轮摩托车须戴安全头盔；

（十一）车门、车厢没有关好时，不准行车；

（十二）不准穿拖鞋驾驶车辆；

（十三）不准在驾驶车辆时吸烟、饮食、闲谈或有其他妨碍安全行车的行为。

第二十七条　机动车学习驾驶员和教练员，除遵守第二十六条规定外，还必须遵守下列规定：

（一）学习驾驶员和教练员，分别持有车辆管理机关核发的学习驾驶证和教练员证；

（二）在教练员随车指导下，按指定时间、路线学习驾驶，车上不准乘坐与教练无关的人员。学习驾驶员违反本条例的行为或者造成交通事故的，教练员应负一部分或全部责任。

第二十八条　机动车实习驾驶员可以按考试车型单独驾驶车辆。但驾驶大型客车、电车、起重车和带挂车的汽车时，须有正式驾驶员并坐，以监督指导。

实习驾驶员不准驾驶执行任务的警车、消防车、工程救险车、救护车和载运危险物品的车辆。

第二十九条　驾驶非机动车，必须遵守下列规定：

（一）醉酒的人不准驾驶；

（二）丧失正常驾驶能力的残疾人不准驾驶（残疾人专用车除外）；

（三）未满十六岁的人，不准在道路上赶畜力车；

（四）未满十二岁的儿童，不准在道路上骑自行车、三轮车和推、拉人力车。

第五章　车辆装载

第三十条　机动车载物，必须遵守下列规定：

（一）不准超过行驶证上核定的载质量。

（二）装载须均衡平稳，捆扎牢固。装载容易散落、飞扬、流漏的物品，须封盖严密。

（三）大型货运汽车载物，高度从地面起不准超过 4 米，宽度不准超出车厢，长度前端不准超出车身，后端不准超出车厢 2 米，超出部分不准触地。

（四）大型货运汽车挂车和大型拖拉机挂车载物，高度从地面起不准超过 3 米，宽度不准超出车厢，长度前端不准超出车厢，后端不准超出车厢 1 米。

（五）载质量在 1 000 千克以上的小型货运汽车载物，高度从地面起不准超过二点五米，宽度不准超出车厢，长度前端不准超出车身，后端不准超出车厢 1 米。

（六）载质量不满 1 000 千克的小型货运汽车、小型拖拉机挂车、后三轮摩托车载物，高度从地面起不准超过二米，宽度不准超出车厢，长度前端不准超出车厢，后端不准超出车厢五十厘米。

（七）二轮摩托车、轻便摩托车载物，高度从地面起不准超过一点五米，宽度左右各不准超出车把十五厘米，长度不准超出车身二十厘米。

（八）载物长度未超出车厢后栏板时，不准将栏板平放或放下；超出时，货物栏板。

第三十一条　非机动车载物，在大、中城市市区或交通流量大的道路上，必须遵守下列规定：

（一）自行车载物，高度从地面起不准超过一点五米，宽度左右各不准超出车把十五厘米，长度前端不准超出车轮，后端不准超出车身三十厘米；

（二）三轮车、人力车载物，高度从地面起不准超过二米，宽度左右各不准超出车身十厘米，长度前后共不准超出车身一米；

（三）畜力车载物，高度从地面起不准超过二点五米，宽度左右各不准超出车身十厘米，长度前端不准超出车辕，后端不准超出车身一米。

第三十二条　车辆载运不可解体的物品，其体积超过规定时，须经公安机关批准后，按指定时间、路线、时速行驶，并须悬挂明显标志。

第三十三条　机动车载人，必须遵守下列规定：

（一）不准超过行驶证上核定的载人数。

（二）货运机动车不准人、货混载。但大型货运汽车在短途运输时，车厢内可以附载押运或装卸人员一至五人，并须留有安全乘坐位置。载物高度超过车厢栏板时，货物上不准乘人。

（三）货运汽车挂车、拖拉机挂车、半挂车、平板车、起重车、自动倾卸车、罐车不准载人。但拖拉机挂车和设有安全保险或乘车装置的半挂车、平板车、起重车、自动倾卸车，经车辆管理机关核准，可以附载押运或装卸人员一至五人。

（四）货运汽车车厢内载人超过六人时，车辆和驾驶员须经车辆管理机关核准，方准行驶。

（五）机动车除驾驶室和车厢外，其他任何部位都不准载人。

（六）二轮、侧三轮摩托车后座不准附载不满十二岁的儿童。轻便摩托车不准载人。

第六章　车辆行驶

第三十四条　车辆必须按照下列规定分道行驶：

（一）在划分机动车道和非机动车道的道路上，机动车在机动车道行驶，轻便摩托车在机动车道内靠右边行驶，非机动车、残疾人专用车在非机动车道行驶；

（二）在没有划分中心线和机动车道与非机动车道的道路上，机动车在中间行驶，非机动车靠右边行驶；

（三）在划分小型机动车道和大型机动车道的道路上，小型客车在小型机动车道行驶，其他机动车在大型机动车道行驶；

（四）大型机动车道的车辆，在不妨碍小型机动车道的车辆正常行驶时，可以借道超车；小型机动车道的车辆低速行驶或遇后车超越时，须改在大型机动车道行驶；

（五）在道路上划有超车道的，机动车超车时可以驶入超车道，超车后须驶回原车道。

第三十五条　机动车遇道路宽阔、空闲、视线良好，在保证交通安全的原则下，最高时速规定如下：

（一）小型客车在设有中心双实线、中心分隔带、机动车道与非机动车道分隔设施的道路上，城市街道为七十千米，公路为八十千米；在其他道路上，城市街道为六十千米，公路为七十千米。

（二）大型客车、货运汽车在设有中心双实线、中心分隔带、机动车道与非机动车道分隔设施的道路上，城市街道为六十千米，公路为七十千米；在其他道路上，城市街道为五十千米，公路为六十千米。

（三）二轮、侧三轮摩托车在城市街道为五十千米，公路为六十千米。

（四）铰接式客车、电车、载人的货运汽车、带挂车的汽车、后三轮摩托车在城市街道为四十千米，公路为五十千米。

（五）拖拉机、轻便摩托车为三十千米。

（六）电瓶车、小型拖拉机、轮式专用机械车为十五千米。

但是机动车遇有高于或低于上述规定的限速交通标志和路面文字标记时，高于上述规定的，准许按所示时速行驶；低于上述规定的，应按所示时速行驶。

第三十六条　机动车行驶中遇有下列情形之一时，最高时速不准超过二十千米，拖拉机不准超过十五千米：

（一）通过胡同（里巷）、铁路道口、急弯路、窄路、窄桥、隧道时；

（二）掉头、转弯、下陡坡时；

（三）遇风、雨、雪、雾天能见度在三十米以内时；

（四）在冰雪、泥泞的道路上行驶时；

（五）喇叭、刮水器发生故障时；

（六）牵引发生故障的机动车时；

（七）进、出非机动车道时。

第三十七条　同车道行驶的机动车，后车必须根据行驶速度、天气和路面情况，同前车保持必要的安全距离。

第三十八条　机动车转向灯的使用：

（一）向右转弯、向右变更车道、靠路边停车时，须开右转向灯；

（二）向左转弯、向左变更车道、驶离停车地点或掉头时，须开左转向灯。

第三十九条　机动车在夜间路灯照明良好或遇阴暗天气视线不清时，须开防眩目近光灯、示宽灯和尾灯；夜间没有路灯或路灯照明不良的，须将近光灯改用远光灯，但同向行驶的后车不准使用远光灯；雾天须开防雾灯。

第四十条　机动车在非禁止鸣喇叭的区域和路段使用喇叭时，音量必须控制在一百零五分贝以内，每次按鸣不准超过半秒钟，连续按鸣不准超过三次。不准用喇叭唤人。

警车、消防车、工程救险车、救护车安装警报器和标志灯具，须经公安机关核准，并只准在执行任务时按规定使用。

第四十一条　车辆行经人行横道，遇有交通信号放行行人通过时，必须停车或减速让行；通过没有信号控制的人行横道时，须注意避让来往行人。

第四十二条　车辆通过有交通信号或交通标志控制的交叉路口，必须遵守下列规定：

（一）机动车须在距路口一百至三十米的地方减速慢行，转弯的车辆须同时开转向灯，夜间须将远光灯改用近光灯；

（二）在划有导向车道的路口，须按行进方向分道行驶；

（三）遇放行信号时，须让先被放行的车辆行驶；

（四）向左转弯时，机动车须紧靠路口中心点小转弯；

（五）向右转弯遇有同车道前车正在等候放行信号时，机动车须依次停车等候，非机动车在本车道内能够转弯的，可以通行；

（六）遇有行进方向的路口交通阻塞时，不准进入路口；

（七）遇有停止信号时，须依次停在停止线以外，没有停止线的，停在路口以外。

第四十三条　车辆通过没有交通信号或交通标志控制的交叉路口，必须遵守下列规定依次让行：

（一）支路车让干路车先行；

（二）支、干路不分的，非机动车让机动车先行，非公共汽车、电车让公共汽车、电车先行，同类车让右边没有来车的车先行；

（三）相对方向同类车相遇，左转弯的车让直行或右转弯的车先行；

（四）进入环形路口的车让已在路口内的车先行。

让行车辆须停车或减速瞭望，确认安全后，方准通过。

第四十四条　车辆通过铁路道口，必须遵守下列规定：

（一）遇有道口栏杆（栏门）关闭、音响器发出报警、红灯亮时或看守人员示意停止行进时，须依次停在停止线以外；没有停止线的，停在距最外股铁轨五米以外；

（二）通过无人看守的道口时，须停车瞭望，确认安全后，方准通过；

（三）遇有道口信号两个红灯交替闪烁或红灯亮时，不准通过；白灯亮时，准许通过；红灯和白灯同时熄灭时，按前项规定通过；

（四）载运百吨以上大型设备构件时，须按当地铁路部门指定的道口、时间通过。

第四十五条　车辆行经渡口，必须服从渡口管理人员指挥，按指定地点依次待渡。机动车上下渡船时，须低速慢行。

第四十六条　车辆行经漫水路或漫水桥时，必须停车察明水情，确认安全后，低速通过。

第四十七条　机动车行驶中，供油系统发生故障时，不准人工直接供油；下陡坡时不准熄火或空档滑行。

第四十八条　机动车行驶中发生故障不能行驶时，须立即报告附近的交通警察，或自行将车移开；制动器、转向器、灯光等发生故障时，须修复后方准行驶。故障车须移至不妨碍交通的地点，并须在车后身设警告标志或开危险信号灯，夜间还须开示宽灯、尾灯或设明显标志。

第四十九条　机动车会车，必须遵守下列规定：

（一）在没有划中心线的道路和窄路、窄桥，须减速靠右通过，并注意非机动车和行人的安全。会车有困难时，有让路条件的一方让对方先行。

(二)在有障碍的路段,有障碍的一方让对方先行。

(三)在狭窄的坡路,下坡车让上坡车先行;但下坡车已行至中途而上坡车未上坡时,让下坡车先行。

(四)夜间在没有路灯或照明不良的道路上,须距对面来车一百五十米以外互闭远光灯,改用近光灯;在窄路、窄桥与非机动车会车时,不准持续使用远光灯。

前款(二)、(三)项的规定,也适用于非机动车。

第五十条　机动车超车,必须遵守下列规定:

(一)超车前,须开左转向灯、鸣喇叭(禁止鸣喇叭的区域、路段除外,夜间改用变换远近光灯),确认安全后,从被超车的左边超越,在同被超车保持必要的安全距离后,开右转向灯,驶回原车道;

(二)被超车示意左转弯、掉头时,不准超车;

(三)在超车过程中与对面来车有会车可能时,不准超车;

(四)不准超越正在超车的车辆;

(五)行经交叉路口、人行横道、漫水路、漫水桥或遇有本条例第三十六条规定的情形,不准超车。

第五十一条　机动车行驶中,遇后车发出超车信号时,在条件许可的情况下,必须靠右让路,并开右转向灯,不准故意不让或加速行驶。

第五十二条　机动车在铁路道口、人行横道、弯路、窄路、桥梁、陡坡、隧道或容易发生危险的路段,不准掉头。

第五十三条　机动车倒车时,须察明车后情况,确认安全后,方准倒车。铁路道口、交叉路口、单行路、弯路、窄路、桥梁、陡坡、隧道和交通繁华路段,不准倒车。

第五十四条　机动车驶入或驶出非机动车道,须注意避让非机动车;非机动车因受阻不能正常行驶时,准许在受阻的路段内驶入机动车道,后面驶来的机动车须减速让行。

第五十五条　警车及其护卫的车队、消防车、工程救险车、救护车执行任务时,在确保安全的原则下,不受行驶速度、行驶路线、行驶方向和指挥灯信号的限制,其他车辆和行人必须让行,不准穿插或超越。

遇有交通警察出示停车示意牌时,任何车辆必须停车接受检查。

第五十六条　洒水车、清扫车、道路维修车作业时,在保证交通安全畅通的情况下,不受行驶路线、行驶方向的限制。

执行任务的邮政车辆,凭公安机关核发的通行证,可以不受禁止驶入和各种禁止机动车通行标志的限制。

第五十七条　履带式车辆,需要在铺装路面上横穿或短距离行驶时,须经市政管理部门或公路管理部门同意,并按公安机关指定的时间、路线行驶。

货运机动车通过桥梁,其总质量超过桥梁的负荷量时,按前款规定办理。

第五十八条　自行车、三轮车的驾驶人必须遵守下列规定:

(一)转弯前须减速慢行,向后瞭望,伸手示意,不准突然猛拐;

(二)超越前车时,不准妨碍被超车的行驶;

(三)通过陡坡、横穿四条以上机动车道或途中车闸失效时,须下车推行。下车前须伸手上下摆动示意,不准妨碍后面车辆行驶;

(四)不准双手离把,攀扶其他车辆或手中持物;

(五)不准牵引车辆或被其他车辆牵引;

(六)不准扶身并行、互相追逐或曲折竞驶;

(七)大中城市市区不准骑自行车带人,但对于带学龄前儿童,各地可自行规定;

(八)驾驶三轮车不准并行。

第五十九条　畜力车的驾驶人必须遵守下列规定:

(一)不准使用未经驯服的牲畜驾车,随车幼畜须拴系;

(二)不准驾车并行;

(三)不准在车上躺卧或离开车辆;

(四)行经繁华路段、交叉路口、铁路道口、人行横道、弯路、窄路、窄桥、陡坡、隧道或容易发生危险的路段,不准超车,赶二轮畜力车须下车牵引牲畜;

(五)夜间在没有路灯照明的道路上行驶时,必须燃灯;

(六)停放时,须拉紧车闸,拴牢牲畜。

第六十条　驾驶人力车,不准并行、滑行、连串或曲线行进。

第六十一条　车辆停放,必须在停车场或准许停放车辆的地点,依次停放。不准在车行道、人行道和其他妨碍交通的地点任意停放。机动车停放时,须关闭电路,拉紧手制动器,锁好车门。

第六十二条　车辆在停车场以外的其他地点临时停车,必须遵守下列规定:

(一)按顺行方向靠道路右边停留,驾驶员不准离开车辆,妨碍交通时须迅速驶离;

(二)车辆没有停稳前,不准开车门和上下人,开车门时不准妨碍其他车辆和行人通行;

(三)在设有人行道护栏(绿篱)的路段、人行横道、施工地段(施工车辆除外)、障碍物对面,不准停车;

(四)交叉路口、铁路道口、弯路、窄路、桥梁、陡坡、隧道以及距离上述地点二十米以内的路段,不准停车;

(五)公共汽车站、电车站、急救站、加油站、消防栓或消防队(站)门前以及距离上述地点三十米以内的路段,除使用上述设施的车辆外,其他车辆不准停车;

(六)大型公共汽车、电车除特殊情况外,不准在站点以外的地点停车;

(七)机动车在夜间或遇风、雨、雪、雾天时,须开示宽灯、尾灯。

第七章　行人和乘车人

第六十三条　行人必须遵守下列规定:

(一)须在人行道内行走,没有人行道的靠路边行走。

(二)横过车行道,须走人行横道。通过有交通信号控制的人行横道,须遵守信号的规定;通过没有交通信号控制的人行横道,须注意车辆,不准追逐、猛跑。没有人行横道的,须直行通过,不准在车辆临近时突然横穿。有人行过街天桥或地道的,须走人行过街天桥或地道。

(三)不准穿越、倚坐人行道、车行道和铁路道口的护栏。

(四)不准在道路上扒车、追车、强行拦车和抛物击车。

(五)学龄前儿童在街道或公路上行走,须有成年人带领。

(六)通过铁路道口,须遵守本条例第四十四条(一)、(二)、(三)项的规定。

第六十四条　列队通行道路时,每横列不准超过二人。儿童的队列须在人行道上行进,成年人的队列可以紧靠车行道右边行进。

列队横过车行道时，须从人行横道迅速通过；没有人行横道的，须直行通过；长列队伍在必要时，可以暂时中断通过。

第六十五条　乘车人必须遵守下列规定：

（一）乘座公共汽车、电车和长途汽车须在站台或指定地点依次候车，待车停稳后，先下后上；

（二）不准在车行道上招呼出租汽车；

（三）不准携带易燃、易爆等危险物品乘坐公共汽车、电车、出租汽车和长途汽车；

（四）机动车行驶中，不准将身体任何部分伸出车外，不准跳车；

（五）乘座货运机动车时，不准站立，不准坐在车厢栏板上。

第八章　道　路

第六十六条　任何单位和个人未经公安机关批准，不准占用道路摆摊设点、停放车辆、堆物作业、搭棚、盖房、进行集市贸易和其他妨碍交通的活动。

市政、公路管理部门为维修道路，需要占用、挖掘道路时，除日常维修、养护道路作业外，须与公安机关协商共同采取维护交通的措施后，再行施工；其他单位需要挖掘道路时，须经市政管理部门或公路管理部门同意后，由公安机关办理手续。

挖掘道路的施工现场，须设置明显标志和安全防围设施。竣工后，须及时清理现场，修复路面和道路设施。

第六十七条　不准在道路上打场、晒粮、放牧、堆肥和倾倒废物。

第六十八条　除公安机关外，其他部门不准在道路上设置检查站拦截、检查车辆。有关部门确需上路进行检查时，可派人参加公安机关的检查站进行工作。没有公安检查站的地区，有关部门如需要设置检查站时，必须经公安机关批准。

第六十九条　开辟或调整公共汽车、电车和长途汽车的行驶路线或车站，须事先征得公安机关同意，如妨碍交通时，须予改变或迁移。

第七十条　在道路上种植的行道树、绿篱、花木，设置的广告牌、横跨道路的管线等，不准遮挡路灯、灯光信号、交通标志，不准妨碍安全视距和车辆、行人通行。

第七十一条　铁路道口的了望视距、宽度、平台长度和铁路道口两侧道路的坡度须符合需求，并设置道口标志和必要的安全防护设施；交通流量较大或重要的道口，须设专人看守。

第七十二条　新建、改建大型建筑物和公共场所，须设置相应规模的停车场（库）。停车场（库）由城市规划部门审核，并商得公安机关同意后，方准施工。

第九章　处　罚

第七十三条　违反本条例规定的行为，除依照《中华人民共和国治安管理处罚条例》的规定处罚外，均按本条例的规定处罚。

第七十四条　机动车驾驶员有下列行为之一的，除依照《中华人民共和国治安管理处罚条例》的规定处罚外，可以并处吊扣六个月以下驾驶证；情节严重的，可以并处吊扣六个月以上十二个月以下驾驶证：

（一）醉酒后驾驶机动车的；

（二）把机动车交给无驾驶证的人驾驶的；

（三）挪用、转借机动车牌证或驾驶证的。

第七十五条　机动车驾驶员有下列行为之一的,处二百元以下罚款或者警告,也可以并处吊扣六个月以下驾驶证;情节严重的,可以并处吊扣六个月以上十二个月以下驾驶证:

(一)涂改、伪造、冒领机动车牌证、驾驶证或者使用失效的机动车牌证、驾驶证的;

(二)学习驾驶员不按指定时间、路线学习驾驶或者单独驾驶车辆的;

(三)不按规定超车或让车的;

(四)不按规定停车或车辆发生故障不立即将车移开,造成交通严重堵塞的。

第七十六条　机动车驾驶员有下列行为之一的,处一百元以下罚款或者警告,可以并处吊扣四个月以下驾驶证:

(一)驾驶与驾驶证准驾车型不相符合的车辆的;

(二)不按规定参加驾驶员审验或者审验不合格仍驾驶车辆的;

(三)用人工直接供油驾驶车辆的;

(四)驾车穿插、超越警车及其护卫车队的。

第七十七条　机动车驾驶员有下列行为之一的,处五十元以下罚款或者警告,可以并处吊扣三个月以下驾驶证:

(一)逆向行驶的;

(二)驾车下陡坡时熄火、空档滑行的;

(三)驾驶未经检验或者经检验不合格的车辆的;

(四)驾驶转向器、制动器、灯光装置等机件不合安全要求的车辆的;

(五)饮酒后驾驶机动车的。

第七十八条　机动车驾驶员有下列行为之一的,处三十元以下罚款或者警告,可以单处吊扣二个月以下驾驶证:

(一)驾驶后视镜、刮水器不合安全要求的车辆的;

(二)进入导向车道后,不按规定方向行驶的;

(三)向右转弯,遇同车道内有车等候放行信号时,强行转弯的;

(四)行经交叉路口、铁道路口,不按规定行车或者停车的;

(五)不避让执行任务的警车、消防车、工程救险车、救护车的;

(六)不按规定申领和使用机动车临时号牌、试车号牌或移动证的;

(七)在禁行的时间、道路上行驶的。

第七十九条　机动车驾驶员有下列行为之一的,处二十元以下罚款或者警告,可以单处吊扣一个月以下驾驶证:

(一)不按规定会车、倒车或掉头的;

(二)货运汽车不按规定载人的;

(三)实习驾驶员不按规定驾驶大型客车、电车、起重车或带挂车的汽车的;

(四)驾驶噪声和排放有害气体超过国家标准的车辆的;

(五)不按规定拖带挂车或牵引车辆的;

(六)不按规定驾驶履带式车辆的。

第八十条　机动车驾驶员有下列行为之一的,除依照《中华人民共和国治安管理处罚条例》的规定处罚外,可以并处吊扣一个月以下驾驶证:

(一)违反交通信号、交通标志、交通标线指示的;

(二)违反车速或装载规定的;

(三)不按规定使用警报器或标志灯具的;

(四)在公安交通管理机关明令禁止停放车辆的地方停放车辆的。

第八十一条　机动车驾驶员有下列行为之一的,处五元以下罚款或者警告:

(一)不按规定安装车辆号牌的;

(二)不携带驾驶证、行驶证的;

(三)驾驶和乘坐二轮摩托车,不戴安全头盔的;

(四)驾驶轻便摩托车载人或驾驶二轮、侧三轮摩托车后座附载不满十二岁儿童的;

(五)驾车没有关好车门、车厢的;

(六)穿拖鞋驾驶机动车的;

(七)驾车时吸烟、饮食或有其他妨碍安全行车行为的;

(八)不按规定使用喇叭或喇叭音量超过标准的;

(九)不按规定临时停车的。

第八十二条　非机动车驾驶人、行人、乘车人违反本条例规定的,处五元以下罚款或者警告。

第八十三条　未向公安机关办理手续,挖掘街道或胡同路面的,处二百元以下罚款或者警告。

第八十四条　未征得公安机关同意,占用道路影响车辆通行的,处五十元以下罚款或者警告。

第八十五条　违反本条例造成交通事故的处理规定,另行制定。

第八十六条　对违反交通管理行为的处罚,由县或市公安局、公安分局或者相当于县一级的公安交通管理机关裁决。

警告、五十元以下罚款、吊扣二个月以下驾驶证,可以由交通警察队裁决。

第八十七条　受罚款处罚的人当场未交罚款的,公安机关对机动车驾驶员,可以暂扣驾驶证或行驶证;对非机动车驾驶员,可以暂扣车辆;对其他人员,无正当理由不交纳罚款的,可以按日增加罚款一元至五元。

受吊扣驾驶证处罚的人,无正当理由不按规定时间交出驾驶证的,迟交一日增加吊扣期限五日。

公安机关或者交通警察收到罚款或吊扣的驾驶证后,应当场给被处罚人开具收据。罚款全部上交国库。

第八十八条　交通警察必须秉公执法,对违反本条例规定的人,应根据情节轻重,给予批评教育或适当处罚;不得徇私舞弊,索贿受贿、枉法裁决。交通警察违反上述规定的,给予行政处分;构成犯罪的,依法追究刑事责任。

第十章　附　则

第八十九条　省、自治区、直辖市可以根据本条例制定实施办法。

第九十条　高速公路的交通管理办法,由公安部另行制定。

第九十一条　上道路行驶的专门从事运输和既从事农田作业又从事运输的拖拉机安全技术检验、驾驶员考核、核发全国统一的道路行驶牌证等项工作,公安机关可以委托农业(农机)部门负责,并有权进行监督、检查。

军队和人民武装警察部队车辆的检验、驾驶员考核及核发牌证,由军队、人民武装警察部队负责。

第九十二条　本条例由公安部负责解释。

第九十三条　本条例自 1988 年 8 月 1 日起施行。1955 年公布的《城市交通规则》同时废止。

附录4　二手车流通管理办法

第一章　总　则

第一条　为加强二手车流通管理,规范二手车经营行为,保障二手车交易双方的合法权益,促进二手车流通健康发展,依据国家有关法律、行政法规,制定本办法。

第二条　在中华人民共和国境内从事二手车经营活动或者与二手车相关的活动,适用本办法。

本办法所称二手车,是指从办理完注册登记手续到达到国家强制报废标准之前进行交易并转移所有权的汽车(包括三轮汽车、低速载货汽车,即原农用运输车,下同)、挂车和摩托车。

第三条　二手车交易市场是指依法设立、为买卖双方提供二手车集中交易和相关服务的场所。

第四条　二手车经营主体是指经工商行政管理部门依法登记,从事二手车经销、拍卖、经纪、鉴定评估的企业。

第五条　二手车经营行为是指二手车经销、拍卖、经纪、鉴定评估等。

(一)二手车经销是指二手车经销企业收购、销售二手车的经营活动;

(二)二手车拍卖是指二手车拍卖企业以公开竞价的形式将二手车转让给最高应价者的经营活动;

(三)二手车经纪是指二手车经纪机构以收取佣金为目的,为促成他人交易二手车而从事居间、行纪或者代理等经营活动;

(四)二手车鉴定评估是指二手车鉴定评估机构对二手车技术状况及其价值进行鉴定评估的经营活动。

第六条　二手车直接交易是指二手车所有人不通过经销企业、拍卖企业和经纪机构将车辆直接出售给买方的交易行为。二手车直接交易应当在二手车交易市场进行。

第七条　国务院商务主管部门、工商行政管理部门、税务部门在各自的职责范围内负责二手车流通有关监督管理工作。省、自治区、直辖市和计划单列市商务主管部门(以下简称省级商务主管部门)、工商行政管理部门、税务部门在各自的职责范围内负责辖区内二手车流通有关监督管理工作。

第二章　设立条件和程序

第八条　二手车交易市场经营者、二手车经销企业和经纪机构应当具备企业法人条件,并依法到工商行政管理部门办理登记。

第九条　二手车鉴定评估机构应当具备下列条件:

(一)是独立的中介机构;

（二）有固定的经营场所和从事经营活动的必要设施；

（三）有3名以上从事二手车鉴定评估业务的专业人员（包括本办法实施之前取得国家职业资格证书的旧机动车鉴定估价师）；

（四）有规范的规章制度。

第十条　设立二手车鉴定评估机构，应当按下列程序办理：

（一）申请人向拟设立二手车鉴定评估机构所在地省级商务主管部门提出书面申请，并提交符合本办法第九条规定的相关材料；

（二）省级商务主管部门自收到全部申请材料之日起20个工作日内作出是否予以核准的决定，对予以核准的，颁发《二手车鉴定评估机构核准证书》；不予核准的，应当说明理由；

（三）申请人持《二手车鉴定评估机构核准证书》到工商行政管理部门办理登记手续。

第十一条　外商投资设立二手车交易市场、经销企业、经纪机构、鉴定评估机构的申请人，应当分别持符合第八条、第九条规定和《外商投资商业领域管理办法》、有关外商投资法律规定的相关材料报省级商务主管部门。省级商务主管部门进行初审后，自收到全部申请材料之日起1个月内上报国务院商务主管部门。合资中方有国家计划单列企业集团的，可直接将申请材料报送国务院商务主管部门。国务院商务主管部门自收到全部申请材料3个月内会同国务院工商行政管理部门，作出是否予以批准的决定，对予以批准的，颁发或者换发《外商投资企业批准证书》；不予批准的，应当说明理由。

申请人持《外商投资企业批准证书》到工商行政管理部门办理登记手续。

第十二条　设立二手车拍卖企业（含外商投资二手车拍卖企业）应当符合《中华人民共和国拍卖法》和《拍卖管理办法》有关规定，并按《拍卖管理办法》规定的程序办理。

第十三条　外资并购二手车交易市场和经营主体及已设立的外商投资企业增加二手车经营范围的，应当按第十一条、第十二条规定的程序办理。

第三章　行为规范

第十四条　二手车交易市场经营者和二手车经营主体应当依法经营和纳税，遵守商业道德，接受依法实施的监督检查。

第十五条　二手车卖方应当拥有车辆的所有权或者处置权。二手车交易市场经营者和二手车经营主体应当确认卖方的身份证明，车辆的号牌、《机动车登记证书》、《机动车行驶证》，有效的机动车安全技术检验合格标志、车辆保险单、交纳税费凭证等。

国家机关、国有企事业单位在出售、委托拍卖车辆时，应持有本单位或者上级单位出具的资产处理证明。

第十六条　出售、拍卖无所有权或者处置权车辆的，应承担相应的法律责任。

第十七条　二手车卖方应当向买方提供车辆的使用、修理、事故、检验以及是否办理抵押登记、交纳税费、报废期等真实情况和信息。买方购买的车辆如因卖方隐瞒和欺诈不能办理转移登记，卖方应当无条件接受退车，并退还购车款等费用。

第十八条　二手车经销企业销售二手车时应当向买方提供质量保证及售后服务承诺，并在经营场所予以明示。

第十九条　进行二手车交易应当签订合同。合同示范文本由国务院工商行政管理部门制定。

第二十条　二手车所有人委托他人办理车辆出售的，应当与受托人签订委托书。

第二十一条 委托二手车经纪机构购买二手车时,双方应当按以下要求进行:

(一)委托人向二手车经纪机构提供合法身份证明;

(二)二手车经纪机构依据委托人要求选择车辆,并及时向其通报市场信息;

(三)二手车经纪机构接受委托购买时,双方签订合同;

(四)二手车经纪机构根据委托人要求代为办理车辆鉴定评估,鉴定评估所发生的费用由委托人承担。

第二十二条 二手车交易完成后,卖方应当及时向买方交付车辆、号牌及车辆法定证明、凭证。车辆法定证明、凭证主要包括:

(一)《机动车登记证书》;

(二)《机动车行驶证》;

(三)有效的机动车安全技术检验合格标志;

(四)车辆购置税完税证明;

(五)养路费缴付凭证;

(六)车船使用税缴付凭证;

(七)车辆保险单。

第二十三条 下列车辆禁止经销、买卖、拍卖和经纪:

(一)已报废或者达到国家强制报废标准的车辆;

(二)在抵押期间或者未经海关批准交易的海关监管车辆;

(三)在人民法院、人民检察院、行政执法部门依法查封、扣押期间的车辆;

(四)通过盗窃、抢劫、诈骗等违法犯罪手段获得的车辆;

(五)发动机号码、车辆识别代号或者车架号码与登记号码不相符,或者有凿改迹象的车辆;

(六)走私、非法拼(组)装的车辆;

(七)不具有第二十二条所列证明、凭证的车辆;

(八)在本行政辖区以外的公安机关交通管理部门注册登记的车辆;

(九)国家法律、行政法规禁止经营的车辆。

二手车交易市场经营者和二手车经营主体发现车辆具有(四)、(五)、(六)情形之一的,应当及时报告公安机关、工商行政管理部门等执法机关。

对交易违法车辆的,二手车交易市场经营者和二手车经营主体应当承担连带赔偿责任和其他相应的法律责任。

第二十四条 二手车经销企业销售、拍卖企业拍卖二手车时,应当按规定向买方开具税务机关监制的统一发票。

进行二手车直接交易和通过二手车经纪机构进行二手车交易的,应当由二手车交易市场经营者按规定向买方开具税务机关监制的统一发票。

第二十五条 二手车交易完成后,现车辆所有人应当凭税务机关监制的统一发票,按法律、法规有关规定办理转移登记手续。

第二十六条 二手车交易市场经营者应当为二手车经营主体提供固定场所和设施,并为客户提供办理二手车鉴定评估、转移登记、保险、纳税等手续的条件。二手车经销企业、经纪机构应当根据客户要求,代办二手车鉴定评估、转移登记、保险、纳税等手续。

第二十七条　二手车鉴定评估应当本着买卖双方自愿的原则，不得强制进行；属国有资产的二手车应当按国家有关规定进行鉴定评估。

第二十八条　二手车鉴定评估机构应当遵循客观、真实、公正和公开原则，依据国家法律法规开展二手车鉴定评估业务，出具车辆鉴定评估报告；并对鉴定评估报告中车辆技术状况，包括是否属事故车辆等评估内容负法律责任。

第二十九条　二手车鉴定评估机构和人员可以按国家有关规定从事涉案、事故车辆鉴定等评估业务。

第三十条　二手车交易市场经营者和二手车经营主体应当建立完整的二手车交易购销、买卖、拍卖、经纪以及鉴定评估档案。

第三十一条　设立二手车交易市场、二手车经销企业开设店铺，应当符合所在地城市发展及城市商业发展有关规定。

第四章　监督与管理

第三十二条　二手车流通监督管理遵循破除垄断，鼓励竞争，促进发展和公平、公正、公开的原则。

第三十三条　建立二手车交易市场经营者和二手车经营主体备案制度。凡经工商行政管理部门依法登记，取得营业执照的二手车交易市场经营者和二手车经营主体，应当自取得营业执照之日起 2 个月内向省级商务主管部门备案。省级商务主管部门应当将二手车交易市场经营者和二手车经营主体有关备案情况定期报送国务院商务主管部门。

第三十四条　建立和完善二手车流通信息报送、公布制度。二手车交易市场经营者和二手车经营主体应当定期将二手车交易量、交易额等信息通过所在地商务主管部门报送省级商务主管部门。省级商务主管部门将上述信息汇总后报送国务院商务主管部门。国务院商务主管部门定期向社会公布全国二手车流通信息。

第三十五条　商务主管部门、工商行政管理部门应当在各自的职责范围内采取有效措施，加强对二手车交易市场经营者和经营主体的监督管理，依法查处违法违规行为，维护市场秩序，保护消费者的合法权益。

第三十六条　国务院工商行政管理部门会同商务主管部门建立二手车交易市场经营者和二手车经营主体信用档案，定期公布违规企业名单。

第五章　附　则

第三十七条　本办法自2005 年 10 月 1 日起施行，原《商务部办公厅关于规范旧机动车鉴定评估管理工作的通知》（商建字［2004］第 70 号）、《关于加强旧机动车市场管理工作的通知》（国经贸贸易［2001］1281 号）、《旧机动车交易管理办法》（内贸机字［1998］第 33 号）及据此发布的各类文件同时废止。

附录5　缺陷汽车产品召回管理规定

第一章　总　则

第一条　为加强对缺陷汽车产品召回事项的管理，消除缺陷汽车产品对使用者及公众人身、财产安全造成的危险，维护公共安全、公众利益和社会经济秩序，根据《中华人民共和国产品质量法》等法律制定本规定。

第二条 凡在中华人民共和国境内从事汽车产品生产、进口、销售、租赁、修理活动的，适用本规定。

第三条 汽车产品的制造商（进口商）对其生产（进口）的缺陷汽车产品依本规定履行召回义务，并承担消除缺陷的费用和必要的运输费；汽车产品的销售商、租赁商、修理商应当协助制造商履行召回义务。

第四条 售出的汽车产品存在本规定所称缺陷时，制造商应按照本规定中主动召回或指令召回程序的要求，组织实施缺陷汽车产品的召回。国家根据经济发展需要和汽车产业管理要求，按照汽车产品种类分步骤实施缺陷汽车产品召回制度。国家鼓励汽车产品制造商参照本办法规定，对缺陷以外的其他汽车产品质量等问题，开展召回活动。

第五条 本规定所称汽车产品，指按照国家标准规定，用于载运人员、货物，由动力驱动或者被牵引的道路车辆。

本规定所称缺陷，是指由于设计、制造等方面的原因而在某一批次、型号或类别的汽车产品中普遍存在的具有同一性的危及人身、财产安全的不合理危险，或者不符合有关汽车安全的国家标准的情形。

本规定所称制造商，指在中国境内注册，制造、组装汽车产品并以其名义颁发产品合格证的企业，以及将制造、组装的汽车产品已经销售到中国境内的外国企业。

本规定所称进口商，指从境外进口汽车产品到中国境内的企业。进口商视同为汽车产品制造商。

本规定所称销售商，指销售汽车产品，并收取货款、开具发票的企业。

本规定所称租赁商，指提供汽车产品为他人使用，收取租金的自然人、法人或其他组织。

本规定所称修理商，指为汽车产品提供维护、修理服务的企业和个人。

本规定所称制造商、进口商、销售商、租赁商、修理商，统称经营者。

本规定所称车主，是指不以转售为目的，依法享有汽车产品所有权或者使用权的自然人、法人或其他组织。

本规定所称召回，指按照本规定要求的程序，由缺陷汽车产品制造商（包括进口商，下同）选择修理、更换、收回等方式消除其产品可能引起人身伤害、财产损失的缺陷的过程。

第二章 缺陷汽车召回的管理

第六条 国家质量监督检验检疫总局（以下称主管部门）负责全国缺陷汽车召回的组织和管理工作。国家发展和改革委员会、商务部、海关总署等国务院有关部门在各自职责范围内，配合主管部门开展缺陷汽车召回的有关管理工作。各省、自治区、直辖市质量技术监督部门和各直属检验检疫机构（以下称地方管理机构）负责组织本行政区域内缺陷汽车召回的监督工作。

第七条 缺陷汽车产品召回的期限，整车为自交付第一个车主起，至汽车制造商明示的安全使用期止；汽车制造商未明示安全使用期的，或明示的安全使用期不满10年的，自销售商将汽车产品交付第一个车主之日起10年止。汽车产品安全性零部件中的易损件，明示的使用期限为其召回时限；汽车轮胎的召回期限为自交付第一个车主之日起3年止。

第八条 判断汽车产品的缺陷包括以下原则：

（一）经检验机构检验安全性能存在不符合有关汽车安全的技术法规和国家标准的；

（二）因设计、制造上的缺陷已给车主或他人造成人身、财产损害的；

（三）虽未造成车主或他人人身、财产损害，但经检测、实验和论证，在特定条件下缺陷仍可能引发人身或财产损害的。

第九条　缺陷汽车产品召回按照制造商主动召回和主管部门指令召回两种程序的规定进行。

制造商自行发现，或者通过企业内部的信息系统，或者通过销售商、修理商和车主等相关各方关于其汽车产品缺陷的报告和投诉，或者通过主管部门的有关通知等方式获知缺陷存在，可以将召回计划在主管部门备案后，按照本规定中主动召回程序的规定，实施缺陷汽车产品召回。

制造商获知缺陷存在而未采取主动召回行动的，或者制造商故意隐瞒产品缺陷的，或者以不当方式处理产品缺陷的，主管部门应当要求制造商按照指令召回程序的规定进行缺陷汽车产品召回。

第十条　主管部门会同国务院有关部门组织建立缺陷汽车产品信息系统，负责收集、分析与处理有关缺陷的信息。经营者应当向主管部门及其设立的信息系统报告与汽车产品缺陷有关的信息。

第十一条　主管部门应当聘请专家组成专家委员会，并由专家委员会实施对汽车产品缺陷的调查和认定。根据专家委员会的建议，主管部门可以委托国家认可的汽车产品质量检验机构，实施有关汽车产品缺陷的技术检测。专家委员会对主管部门负责。

第十二条　主管部门应当对制造商进行的召回过程加以监督，并根据工作需要部署地方管理机构进行有关召回的监督工作。

第十三条　制造商或者主管部门对已经确认的汽车产品存在缺陷的信息及实施召回的有关信息，应当在主管部门指定的媒体上向社会公布。

第十四条　缺陷汽车产品信息系统和指定的媒体发布缺陷汽车产品召回信息，应当客观、公正、完整。

第十五条　从事缺陷汽车召回管理的主管部门及地方机构和专家委员会、检验机构及其工作人员，在调查、认定、检验等过程中应当遵守公正、客观、公平、合法的原则，保守相关企业的技术秘密及相关缺陷调查、检验的秘密；未经主管部门同意，不得擅自泄露相关信息。

第三章　经营者及相关各方的义务

第十六条　制造商应按照国家标准《道路车辆识别代号》(GB/T 16735—16738)中的规定，在每辆出厂车辆上标注永久性车辆识别代码(VIN)；应当建立、保存车辆及车主信息的有关记录档案。对上述资料应当随时在主管部门指定的机构备案(见附件1)。

制造商应当建立收集产品质量问题、分析产品缺陷的管理制度，保存有关记录。

制造商应当建立汽车产品技术服务信息通报制度，载明有关车辆故障排除方法，车辆维护、维修方法，服务于车主、销售商、租赁商、修理商。通报内容应当向主管部门指定机构备案。

制造商应当配合主管部门对其产品可能存在的缺陷进行的调查，提供调查所需的有关资料，协助进行必要的技术检测。

制造商应当向主管部门报告其汽车产品存在的缺陷；不得以不当方式处理其汽车产品缺陷。

制造商应当向车主、销售商、租赁商提供本规定附件3和附件4规定的文件，便于其发现汽车产品存在缺陷后提出报告。

第十七条 销售商、租赁商、修理商应当向制造商和主管部门报告所发现的汽车产品可能存在的缺陷的相关信息，配合主管部门进行的相关调查，提供调查需要的有关资料，并配合制造商进行缺陷汽车产品的召回。

第十八条 车主有权向主管部门、有关经营者投诉或反映汽车产品存在的缺陷，并可向主管部门提出开展缺陷产品召回的相关调查的建议。

车主应当积极配合制造商进行缺陷汽车产品召回。

第十九条 任何单位和个人，均有权向主管部门和地方管理机构报告汽车产品可能存在的缺陷。

主管部门针对汽车产品可能存在的缺陷进行调查时，有关单位和个人应当予以配合。

第四章 汽车产品缺陷的报告、调查和确认

第二十条 制造商确认其汽车产品存在缺陷，应当在5个工作日内以书面形式向主管部门报告（书面报告格式见附件2）；制造商在提交上述报告的同时，应当在10个工作日内以有效方式通知销售商停止销售所涉及的缺陷汽车产品，并将报告内容通告销售商。境外制造商还应在10个工作日内以有效方式通知进口商停止进口缺陷汽车产品，并将报告内容报送商务部并通告进口商。

销售商、租赁商、修理商发现其经营的汽车产品可能存在缺陷，或者接到车主提出的汽车产品可能存在缺陷的投诉，应当及时向制造商和主管部门报告（书面报告格式见附件3）。

车主发现汽车产品可能存在缺陷，可通过有效方式向销售商或主管部门投诉或报告（书面报告格式见附件4）。

其他单位和个人发现汽车产品可能存在缺陷应参照上述附件中的内容和格式向主管部门报告。

第二十一条 主管部门接到制造商关于汽车产品存在缺陷并符合附件2的报告后，按照第五章缺陷汽车产品主动召回程序处理。

第二十二条 主管部门根据其指定的信息系统提供的分析、处理报告及其建议，认为必要时，可将相关缺陷的信息以书面形式通知制造商，并要求制造商在指定的时间内确认其产品是否存在缺陷及是否需要进行召回。

第二十三条 制造商在接到主管部门依第二十二条规定发出的通知，并确认汽车产品存在缺陷后，应当在5个工作日内依附件2的书面报告格式向主管部门提交报告，并按照第五章缺陷汽车产品主动召回程序实施召回。

制造商能够证明其产品不需召回的，应向主管部门提供详实的论证报告，主管部门应当继续跟踪调查。

第二十四条 制造商在第二十三条所称论证报告中不能提供充分的证明材料或其提供的证明材料不足以证明其汽车产品不存在缺陷，又不主动实施召回的，主管部门应当组织专家委员会进行调查和鉴定，制造商可以派代表说明情况。

主管部门认为必要时，可委托国家认可的汽车质量检验机构对相关汽车产品进行检验。

主管部门根据专家委员会意见和检测结果确认其产品存在缺陷的，应当书面通知制造商实施主动召回，有关缺陷鉴定、检验等费用由制造商承担。如制造商仍拒绝主动召回，主管部门应责令制造商按照第六章的规定实施指令召回程序。

第五章 缺陷汽车产品主动召回程序

第二十五条 制造商确认其生产且已售出的汽车产品存在缺陷决定实施主动召回的，应当按本规定第二十条或者第二十三条的要求向主管部门报告，并应当及时制定包括以下基本内容的召回计划，提交主管部门备案：

（一）有效停止缺陷汽车产品继续生产的措施；

（二）有效通知销售商停止批发和零售缺陷汽车产品的措施；

（三）有效通知相关车主有关缺陷的具体内容和处理缺陷的时间、地点和方法等；

（四）客观公正地预测召回效果。

境外制造商还应提交有效通知进口商停止缺陷汽车产品进口的措施。

第二十六条 制造商在向主管部门备案同时，应当立即将其汽车产品存在的缺陷、可能造成的损害及其预防措施、召回计划等，以有效方式通知有关进口商、销售商、租赁商、修理商和车主，并通知销售商停止销售有关汽车产品，进口商停止进口有关汽车产品。制造商须设置热线电话，解答各方询问，并在主管部门指定的网站上公布缺陷情况供公众查询。

第二十七条 制造商依第二十五条的规定提交附件2的报告之日起1个月内，制定召回通知书（见附件5），向主管部门备案，同时告知销售商、租赁商、修理商和车主，并开始实施召回计划。

第二十八条 制造商按计划完成缺陷汽车产品召回后，应在1个月内向主管部门提交召回总结报告（见附件9）。

第二十九条 主管部门应当对制造商采取的主动召回行动进行监督，对召回效果进行评估，并提出处理意见。

主管部门认为制造商所进行的召回未能取得预期效果，可通知制造商再次进行召回，或依法采取其他补救措施。

第六章 缺陷汽车产品指令召回程序

第三十条 主管部门依第二十四条规定经调查、检验、鉴定确认汽车产品存在缺陷，而制造商又拒不召回的，应当及时向制造商发出指令召回通知书（见附件6）。国家认证认可监督管理部门责令认证机构暂停或收回汽车产品强制性认证证书。对境外生产的汽车产品，主管部门会同商务部和海关总署发布对缺陷汽车产品暂停进口的公告，海关停止办理缺陷汽车产品的进口报关手续。在缺陷汽车产品暂停进口公告发布前，已经运往我国尚在途中的，或业已到达我国尚未办结海关手续的缺陷汽车产品，应由进口商按海关有关规定办理退运手续。

主管部门根据缺陷的严重程度和消除缺陷的紧急程度，决定是否需要立即通报公众有关汽车产品存在的缺陷和避免发生损害的紧急处理方法及其他相关信息。

第三十一条 制造商应当在接到主管部门指令召回的通知书之日起5个工作日内，通知销售商停止销售该缺陷汽车产品，在10个工作日内向销售商、车主发出关于主管部门通知该汽车存在缺陷的信息。境外制造商还应在5个工作日内通知进口商停止进口该缺陷汽车产品。

制造商对主管部门的决定等具体行政行为有异议的，可依法申请行政复议或提起行政诉讼。在行政复议和行政诉讼期间，主管部门通知中关于制造商进行召回的内容暂不实施，但制造商仍须履行前款规定的义务。

第三十二条 制造商接到主管部门关于缺陷汽车产品指令召回通知书之日起10个工作

日内,应当向主管部门提交符合本规定第二十五条要求的有关文件。

第三十三条　主管部门应当在收到该缺陷汽车产品召回计划后 5 个工作日内将审查结果通知制造商。

主管部门批准召回计划的,制造商应当在接到批准通知之日起 1 个月内,依据批准的召回计划制定缺陷汽车产品召回通知书(见附件 5),向销售商、租赁商、修理商和车主发出该召回通知书,并报主管部门备案。召回通知书应当在主管部门指定的报刊上连续刊登 3 期,召回期间在主管部门指定网站上持续发布。

主管部门未批准召回计划的,制造商应按主管部门提出的意见进行修改,并在接到通知之日起 10 个工作日内再次向主管部门递交修改后的召回计划,直至主管部门批准为止。

第三十四条　制造商应在发出召回通知书之日起,开始实施召回,并在召回计划时限内完成。制造商有合理原因未能在此期限内完成召回的,应向主管部门提出延长期限的申请,主管部门可根据制造商申请适当延长召回期限。

第三十五条　制造商应自发出召回通知书之日起,每 3 个月向主管部门提交符合本规定要求(见附件 7)的召回阶段性进展情况的报告;主管部门可根据召回的实际效果,决定制造商是否应采取更为有效的召回措施。

第三十六条　对每一辆完成召回的缺陷汽车,制造商应保存符合本规定要求(见附件 8)的召回记录单。召回记录单一式两份,一份交车主保存,一份由制造商保存。

第三十七条　制造商按计划完成召回后,应在 1 个月内向主管部门提交召回总结报告(见附件 9)。

第三十八条　主管部门应对制造商提交的召回总结报告进行审查,并在 15 个工作日内书面通知制造商审查结论。审查结论应向社会公布。

主管部门认为制造商所进行的召回未能取得预期的效果,可责令制造商采取补救措施,再次进行召回。

如制造商对审查结论有异议,可依法申请行政复议或提起行政诉讼。在行政复议或行政诉讼期间,主管部门的决定暂不执行。

第三十九条　主管部门应及时公布制造商在中国境内进行的缺陷汽车召回、召回效果审查结论等有关信息,通过指定网站公布,为查询者提供有关资料。

主管部门应向商务部和海关总署通报进口缺陷汽车的召回情况。

第七章　罚　则

第四十条　制造商违反本规定第十六条第一、二、三、四款规定,不承担相应义务的,质量监督检验检疫部门应当责令其改正,并予以警告。

第四十一条　销售商、租赁商、修理商违反本规定第十七条有关规定,不承担相应义务的,质量监督检验检疫部门可以酌情处以警告、责令改正等处罚;情节严重的,处以 1 000 元以上 5 000元以下罚款。

第四十二条　有下列情形之一的,主管部门可责令制造商重新召回,通报批评,并由质量监督检验检疫部门处以 10 000 元以上 30 000 元以下罚款:

(一)制造商故意隐瞒缺陷的严重性的;

(二)试图利用本规定的缺陷汽车产品主动召回程序,规避主管部门监督的;

(三)由于制造商的过错致使召回缺陷产品未达到预期目的,造成损害再度发生的。

第四十三条　从事缺陷汽车管理职能的管理机构及其工作人员，受其委托进行缺陷调查、检验和认定的工作人员，徇私舞弊，违反保密规定的，给予行政处分；直接责任人徇私舞弊，贪赃枉法，构成犯罪的，依法追究刑事责任。

有关专家作伪证，检验人员出具虚假检验报告，或捏造散布虚假信息的，取消其相应资格，造成损害的，承担赔偿责任；构成犯罪的，依法追究刑事责任。

第八章　附　则

第四十四条　制造商实施缺陷汽车产品召回，不免除车主及其他受害人因缺陷汽车产品所受损害，要求其承担的其他法律责任。

第四十五条　本规定由国家质量监督检验检疫总局、国家发展和改革委员会、商务部、海关总署在各自职责范围内负责解释。

第四十六条　本规定自2004年10月1日起实施。

附件1：汽车制造商提交备案材料清单

1. 车辆识别信息

1.1　VIN编码规则

1.2　每台车辆的VIN、发动机号、车架号、生产日期及详细配置信息

1.3　整批次车辆配置信息，包括：

1.3.1　发动机类型（汽油或柴油机，汽缸数和排气量等）及型号

1.3.2　变速器类型（手动或自动变速器）及型号

1.3.3　车辆驱动形式（前/后轮，四轮）

1.3.4　制动系统

1.3.5　防抱死制动系统（ABS）和牵引力控制系统

1.3.6　巡航控制系统

1.3.7　气囊和安全带

1.3.8　车轮尺寸、轮胎品牌与型号

1.3.9　车身形式（双门、四门、旅行车、货车、厢式车）

1.3.10　整车质量

1.3.11　车辆尺寸

1.3.12　其他信息

1.4　对于进口或引进车型（含组装和改装车），还应提供该车型在原产地的原型车名称和在世界其他国家销售的车型名称及投放市场时间。提供与该车型同平台生产的其他车辆的名称。

2. 车辆技术资料

2.1　车辆规格与技术参数

2.1.1　发动机型号与技术参数

2.1.2　变速器型号与技术参数

2.1.3　其他系统规格与技术参数

2.1.4　整车车辆型号、技术参数

2.2　技术服务信息通报

2.3　维修手册

2.4　配件目录

3. 经销和售后服务渠道

3.1　各地经销商及维修站的名称、地址、邮政编码、电子邮件、电话、传真和负责人

3.2　维修站的营业时间和月平均维修能力

3.3　每台车辆所销往地区及经销商名称

4. 车主信息

车主的姓名、身份证号、地址、邮政编码、电话和电子邮件，车辆的 VIN 码，车辆购买时间。

附件 2：制造商关于汽车产品缺陷的报告

国家质量监督检验检疫总局：

根据《缺陷汽车产品召回管理规定》的相关规定，＿＿＿＿＿＿＿＿＿＿＿＿＿＿＿＿＿＿＿＿＿＿＿＿＿＿＿＿＿（制造商名称）决定将本报告中说明的车辆实施召回，以消除安全缺陷。

1. 制造商信息

企业名称			
地　址			
邮政编码		电子邮件	
电　话		传　真	
网　址			
联系人			
电　话		传　真	
电子邮件			

2. 召回车辆信息

2.1　车辆识别信息

厂　牌		
车　型		
年　款		
型　号		
生产日期	起：	止：
VIN 范围	起：	止：
发动机号范围	起：	止：
车架号范围	起：	止：
车辆类型		
车身形式		照　片

2.2　车型的特征信息

____

____

2.3　召回车辆占该车型总销售量的比例

2.4　涉及到召回的车辆的生产年代和车型信息

车　型	生产日期	可能召回的数量

2.5　可能的召回车辆总数

3. 缺陷描述

3.1　缺陷所属系统及其位置

____

____

3.2　缺陷产生的原因

____

____

3.3　缺陷可能导致的后果,并须说明可能产生的危险及其严重程度

____

____

3.4　缺陷发生前及发生时车辆的预警和警示信息,如异响,报警灯等

____

____

3.5　如果缺陷的零部件是从其他制造商采购的,提供该制造商的详细信息(名称、地址和联系方式等)以及该制造商的负责人或法定代表人

企业名称:______________________________________

地址:____

电话:____________________　传真:____________________

企业法人:__________________　电话:____________________

3.6　缺陷的总结。包括但不仅限于:缺陷报告数量、事故、人员伤亡情况、索赔案件

3.7　缺陷鉴定检测的数据或报告(必要时随附件提供)

____

____

4. 缺陷的补救措施

4.1　制造商对缺陷的消除方法(必要时随附件提供)

____

____

4.2　用于维修的零部件与被召回的零部件的主要区别

____

____

4.3　正在生产的涉及召回的产品的缺陷是如何及何时修正的

____

____

5. 召回日程

说明召回的时间安排，注意说明召回执行过程中可能出现的问题。

____

____

企业名称（签章）

日期

附件3：销售商、租赁商和修理商关于汽车产品缺陷的报告

国家质量监督检验检疫总局：

根据《缺陷汽车产品召回管理规定》的相关规定，______________________（销售商/租赁商/修理商名称）发现报告中说明的车型可能存在安全缺陷。

1. 销售商/进口商/租赁商/修理商信息

企业名称			
地　址			
邮政编码		电子邮件	
电　话		传　真	
网　址			
联系人			
电　话		传　真	
电子邮件			

2. 车辆信息

2.1　车辆识别信息

厂　牌	
车　型	
年　款	
型　号	
车辆类型	
车身形式	

2.2　车型的特征信息

2.3　缺陷车辆档案

生产日期	VIN 编码	发动机号	车架号

3. 缺陷描述

3.1　缺陷的详细信息,所属系统及其位置

3.2　可能导致缺陷的原因

3.3　缺陷导致的后果,包括发生缺陷车辆的数量、事故、人员伤亡情况、索赔案件,说明可能产生的不合理危险及其严重程度

3.4　缺陷发生前及发生时车辆的预警和警示信息。如:异响,报警灯等

企业名称(签章)

日期

附件4:车主关于汽车产品缺陷的报告

1. 车主信息

姓名(企业名称)			
证件号码		联系人 *	
地　址			
邮政编码		电子邮件	
电　话		传　真	

注:* 车主为自然人在证件号码栏中填写身份证号或护照号;车主为企事业单位的填写企业代码或法人代码。

2. 车辆信息

厂 牌			
车 型			
年 款		型 号	
发动机号		车架号	
VIN 编码	……		
车辆类型 *		车身形式 *	
生产日期		购买日期	
行驶里程		是否为二手车	A. 是 B. 否
发动机排量 *		汽缸数 *	
驱动形式 *		是否安装 ABS *	A. 是 B. 否
安全带形式 *		安全气囊形式 *	

注：* 可以不填写。
车身形式指：双门、四门、旅行车、货车、厢式车等。
驱动形式指：前/后、四轮。

3. 销售商信息

企业名称			
地 址			
邮政编码		电子邮件	
电 话		传 真	

4. 缺陷描述

缺陷所在的系统（如制动系统、转向系统等）及相关描述。

____

____

5. 发现缺陷的状态

时间：

车辆里程：

车速：

其他：

____

____

6. 是否与制造厂或我国管理召回的主管部门有过接触

A. 是 B. 否

7. 交通事故描述

是否发生碰撞或起火：______________________________

哪个气囊膨开：______________________________

伤亡人数：____

估计的直接经济损失：________________________________

其他：____

8. 轮胎问题描述(如果存在)

____

车主(签章)

日期

附件5:缺陷汽车产品召回通知书的内容

(销售商/租赁商/修理商/车主):

经确认,____________(制造商名称)生产的部分车型存在缺陷。根据《缺陷汽车产品召回管理规定》的相关规定,我公司决定将本通知中说明的车辆实施召回,以消除安全缺陷。

1. 召回车辆信息

1.1　车辆识别信息

厂　牌		
车　型		
年　款		
型　号		
生产日期	起:	止:
VIN 范围	起:	止:
发动机号范围	起:	止:
车架号范围	起:	止:
车辆类型		
车身形式		照　片

1.2　车型的特征信息

____

____

1.3　涉及召回的车辆的生产年代和车型信息

车　型	生产日期	可能召回的数量

2. 缺陷描述

2.1　缺陷可能导致的后果,可能产生的危险及其严重程度

____

2.2　缺陷发生前及发生时车辆的预警和警示信息,如异响,报警灯等

2.3　应注意的可能引致危险的操作及其他情况

2.4　在召回之前为避免缺陷引致的危险建议车主应采取的预防措施

3. 召回措施的具体内容

3.1　消除缺陷所采取的具体措施

通过修理、更换等方式消除相关缺陷,并说明上述召回措施对车主是免费的。

3.2　召回措施的实施计划

如:召回开始和结束日期,修理、更换或者收回地点,制造商指定或者推荐的维修商,等。

3.3　消除缺陷所需的工作量和时间

3.4　其他信息

包括:在采用修理措施消除缺陷时,应向指定或推荐的修理商提供所需修理的零部件名称、型号和数量及其他技术资料的获取途径;采用更换措施消除缺陷时,对汽车及零部件的更换加以说明;采用退货措施时,对退还价格的说明。

召回企业(签章)

日期

附件6:缺陷汽车产品政府指令召回通知书

编号〔200　〕　　号

(一)(制造商名称、国别)

你公司制造的____车型(生产年份)经判别,存在缺陷,根据《缺陷汽车产品召回管理规定》第六章第三十一条的规定,责令你公司立即采取召回行动,并立即通知有关销售商停止销售该型号汽车产品。请于________年____月____日前将该车型的召回计划报国家质量监督检验检疫总局。如果有异议,可依法申请行政复议或提起行政诉讼。

(二)(缺陷描述)

签发人:　　　　签发日期:

附件7:缺陷汽车产品召回阶段性进展报告

国家质量监督检验检疫总局:

根据《缺陷汽车产品召回管理规定》的相关规定,________________________________(制造商名称)现提交本次召回阶段性进展报告。

1. 已召回车辆数量

2. 已召回车辆占应召回车辆比例

3. 已召回车辆地区分布

4. 是否已经发生事故

5. 后期召回计划(如有变更)

6. 其他情况

企业名称(签章)

日期

附件8:缺陷汽车产品召回记录单

召回编号:

召回记录单编号:

召回日期:

序号:

车辆信息	制造商	
	车型	
	VIN	
	发动机号	
	车架号	
车主信息	车主姓名	
	身份证号	
	联系电话	
	通信地址	
	购买时间	
缺陷处理	企业名称	
	处理方式	A.维修　B.零件更换　C.整车回收
	备　注	

车主(签字):　　　　　　　召回企业(签章):

附件9:缺陷汽车产品召回总结报告

(一)缺陷汽车产品产生的原因;

(二)召回计划的实施的详细情况,包括召回的具体技术措施和方法;

(三)缺陷产品的销售范围和数量;

(四)召回效果,包括已召回并消除缺陷的和仍未召回的产品数量;

(五)对尚未召回的缺陷汽车产品的原因的说明,及所要采取的针对性措施;

(六)对防止同样缺陷产品再次发生和对召回行动改进的建议。

附录6　机动车强制报废标准规定

第一条　为保障道路交通安全、鼓励技术进步、加快建设资源节约型、环境友好型社会,根据《中华人民共和国道路交通安全法》及其实施条例、《中华人民共和国大气污染防治法》、《中华人民共和国噪声污染防治法》,制定本规定。

第二条　根据机动车使用和安全技术、排放检验状况,国家对达到报废标准的机动车实施强制报废。

第三条　商务、公安、环境保护、发展改革等部门依据各自职责,负责报废机动车回收拆解监督管理、机动车强制报废标准执行有关工作。

第四条 已注册机动车有下列情形之一的应当强制报废，其所有人应当将机动车交售给报废机动车回收拆解企业，由报废机动车回收拆解企业按规定进行登记、拆解、销毁等处理，并将报废机动车登记证书、号牌、行驶证交公安机关交通管理部门注销。

（一）达到本规定第五条规定使用年限的；

（二）经修理和调整仍不符合机动车安全技术国家标准对在用车有关要求的；

（三）经修理和调整或者采用控制技术后，向大气排放污染物或者噪声仍不符合国家标准对在用车有关要求的；

（四）在检验有效期届满后连续3个机动车检验周期内未取得机动车检验合格标志的。

第五条 各类机动车使用年限分别如下：

（一）小、微型出租客运汽车使用8年，中型出租客运汽车使用10年，大型出租客运汽车使用12年；

（二）租赁载客汽车使用15年；

（三）小型教练载客汽车使用10年，中型教练载客汽车使用12年，大型教练载客汽车使用15年；

（四）公交客运汽车使用13年；

（五）其他小、微型营运载客汽车使用10年，大、中型营运载客汽车使用15年；

（六）专用校车使用15年；

（七）大、中型非营运载客汽车（大型轿车除外）使用20年；

（八）三轮汽车、装用单缸发动机的低速货车使用9年，装用多缸发动机的低速货车以及微型载货汽车使用12年，危险品运输载货汽车使用10年，其他载货汽车（包括半挂牵引车和全挂牵引车）使用15年；

（九）有载货功能的专项作业车使用15年，无载货功能的专项作业车使用30年；

（十）全挂车、危险品运输半挂车使用10年，集装箱半挂车20年，其他半挂车使用15年；

（十一）正三轮摩托车使用12年，其他摩托车使用13年。

对小、微型出租客运汽车（纯电动汽车除外）和摩托车，省、自治区、直辖市人民政府有关部门可结合本地实际情况，制定严于上述使用年限的规定，但小、微型出租客运汽车不得低于6年，正三轮摩托车不得低于10年，其他摩托车不得低于11年。

小、微型非营运载客汽车、大型非营运轿车、轮式专用机械车无使用年限限制。

机动车使用年限起始日期按照注册登记日期计算，但自出厂之日起超过2年未办理注册登记手续的，按照出厂日期计算。

第六条 变更使用性质或者转移登记的机动车应当按照下列有关要求确定使用年限和报废：

（一）营运载客汽车与非营运载客汽车相互转换的，按照营运载客汽车的规定报废，但小、微型非营运载客汽车和大型非营运轿车转为营运载客汽车的，应按照本规定附件1所列公式核算累计使用年限，且不得超过15年；

（二）不同类型的营运载客汽车相互转换，按照使用年限较严的规定报废；

（三）小、微型出租客运汽车和摩托车需要转出登记所属地省、自治区、直辖市范围的，按照使用年限较严的规定报废；

（四）危险品运输载货汽车、半挂车与其他载货汽车、半挂车相互转换的，按照危险品运输载货车、半挂车的规定报废。

距本规定要求使用年限1年以内（含1年）的机动车，不得变更使用性质、转移所有权或者转出登记地所属地市级行政区域。

第七条　国家对达到一定行驶里程的机动车引导报废。

达到下列行驶里程的机动车，其所有人可以将机动车交售给报废机动车回收拆解企业，由报废机动车回收拆解企业按规定进行登记、拆解、销毁等处理，并将报废的机动车登记证书、号牌、行驶证交公安机关交通管理部门注销：

（一）小、微型出租客运汽车行驶60万千米，中型出租客运汽车行驶50万千米，大型出租客运汽车行驶60万千米；

（二）租赁载客汽车行驶60万千米；

（三）小型和中型教练载客汽车行驶50万千米，大型教练载客汽车行驶60万千米；

（四）公交客运汽车行驶40万千米；

（五）其他小、微型营运载客汽车行驶60万千米，中型营运载客汽车行驶50万千米，大型营运载客汽车行驶80万千米；

（六）专用校车行驶40万千米；

（七）小、微型非营运载客汽车和大型非营运轿车行驶60万千米（编者注：相当于绕地球跑约15圈），中型非营运载客汽车行驶50万千米，大型非营运载客汽车行驶60万千米；

（八）微型载货汽车行驶50万千米，中、轻型载货汽车行驶60万千米，重型载货汽车（包括半挂牵引车和全挂牵引车）行驶70万千米，危险品运输载货汽车行驶40万千米，装用多缸发动机的低速货车行驶30万千米；

（九）专项作业车、轮式专用机械车行驶50万千米；

（十）正三轮摩托车行驶10万千米，其他摩托车行驶12万千米。

第八条　本规定所称机动车是指上道路行驶的汽车、挂车、摩托车和轮式专用机械车；非营运载客汽车是指个人或者单位不以获取利润为目的的自用载客汽车；危险品运输载货汽车是指专门用于运输剧毒化学品、爆炸品、放射性物品、腐蚀性物品等危险品的车辆；变更使用性质是指使用性质由营运转为非营运或者由非营运转为营运，小、微型出租、租赁、教练等不同类型的营运载客汽车之间的相互转换，以及危险品运输载货汽车转为其他载货汽车。本规定所称检验周期是指《中华人民共和国道路交通安全法实施条例》规定的机动车安全技术检验周期。

第九条　省、自治区、直辖市人民政府有关部门依据本规定第五条制定的小、微型出租客运汽车或者摩托车使用年限标准，应当及时向社会公布，并报国务院商务、公安、环境保护等部门备案。

第十条　上道路行驶拖拉机的报废标准规定另行制定。

第十一条　本规定自2013年5月1日起施行。2013年5月1日前已达到本规定所列报废标准的，应当在2014年4月30日前予以报废。《关于发布的通知》（国经贸经〔1997〕456号）、《关于调整轻型载货汽车报废标准的通知》（国经贸经〔1998〕407号）、《关于调整汽车报废标准若干规定的通知》（国经贸资源〔2000〕1202号）、《关于印发的通知》（国经贸资源〔2001〕234号）、《摩托车报废标准暂行规定》（国家经贸委、发展计划委、公安部、环保总局令

〔2002〕第33号)同时废止。

附录7 报废汽车回收管理办法

第一条 为了规范报废汽车回收活动,加强对报废汽车回收的管理,保障道路交通秩序和人民生命财产安全,保护环境,制定本办法。

第二条 本办法所称报废汽车(包括摩托车、农用运输车,下同),是指达到国家报废标准,或者虽未达到国家报废标准,但发动机或者底盘严重损坏,经检验不符合国家机动车运行安全技术条件或者国家机动车污染物排放标准的机动车。

本办法所称拼装车,是指使用报废汽车发动机、方向机、变速器、前后桥、车架(以下统称"五大总成")以及其他零配件组装的机动车。

第三条 国家经济贸易委员会负责组织全国报废汽车回收(含拆解,下同)的监督管理工作,国务院公安、工商行政管理等有关部门在各自的职责范围内负责报废汽车回收有关的监督管理工作。

县级以上地方各级人民政府经济贸易管理部门对本行政区域内报废汽车回收活动实施监督管理。县级以上地方各级人民政府公安、工商行政管理等有关部门在各自的职责范围内对本行政区域内报废汽车回收活动实施有关的监督管理。

第四条 国家鼓励汽车报废更新,具体办法由国家经济贸易委员会会同财政部制定。

第五条 县级以上地方各级人民政府应当加强对报废汽车回收监督管理工作的领导,组织各有关部门依法采取措施,防止并依法查处违反本办法规定的行为。

第六条 国家对报废汽车回收业实行特种行业管理,对报废汽车回收企业实行资格认定制度。除取得报废汽车回收企业资格认定的外,任何单位和个人不得从事报废汽车回收活动。不具备条件取得报废汽车回收企业资格认定或者未取得报废汽车回收企业资格认定,从事报废汽车回收活动的,任何单位和个人均有权举报。

第七条 报废汽车回收企业除应当符合有关法律、行政法规规定的设立企业的条件外,还应当具备下列条件:

(一)注册资本不低于50万元人民币,依照税法规定为一般纳税人;

(二)拆解场地面积不低于5 000平方米;

(三)具备必要的拆解设备和消防设施;

(四)年回收拆解能力不低于500辆;

(五)正式从业人员不少于20人,其中专业技术人员不少于5人;

(六)没有出售报废汽车、报废"五大总成"、拼装车等违法经营行为记录;

(七)符合国家规定的环境保护标准。

设立报废汽车回收企业,还应当符合国家经济贸易委员会关于报废汽车回收行业统一规划、合理布局的要求。

第八条 拟从事报废汽车回收业务的,应当向省、自治区、直辖市人民政府经济贸易管理部门提出申请。省、自治区、直辖市人民政府经济贸易管理部门应当自收到申请之日起30个工作日内,按照本办法第七条规定的条件对申请审核完毕;特殊情况下,可以适当延长,但延长的时间不得超过30个工作日。经审核符合条件的,颁发《资格认定书》;不符合条件的,驳回申请并说明理由。

申请人取得《资格认定书》后,应当依照废旧金属收购业治安管理办法的规定向公安机关申领《特种行业许可证》。

申请人持《资格认定书》和《特种行业许可证》向工商行政管理部门办理登记手续,领取营业执照后,方可从事报废汽车回收业务。

省、自治区、直辖市经济贸易管理部门应当将本行政区域内取得资格认定的报废汽车回收企业,报国家经济贸易委员会备案,并由国家经济贸易委员会予以公布。

第九条　经济贸易管理、公安、工商行政管理等部门必须严格依照本办法和其他有关法律、行政法规的规定,依据各自的职责对从事报废汽车回收业务的申请进行审查;不符合规定条件的,不得颁发有关证照。

第十条　报废汽车拥有单位或者个人应当及时向公安机关办理机动车报废手续。公安机关应当于受理当日,向报废汽车拥有单位或者个人出具《机动车报废证明》,并告知其将报废汽车交售给报废汽车回收企业。

任何单位或者个人不得要求报废汽车拥有单位或者个人将报废汽车交售给指定的报废汽车回收企业。

第十一条　报废汽车回收企业凭《机动车报废证明》收购报废汽车,并向报废汽车拥有单位或者个人出具《报废汽车回收证明》。

报废汽车拥有单位或者个人凭《报废汽车回收证明》,向汽车注册登记地的公安机关办理注销登记。

《报废汽车回收证明》样式由国家经济贸易委员会规定。任何单位和个人不得买卖或者伪造、变造《报废汽车回收证明》。

第十二条　报废汽车拥有单位或者个人应当及时将报废汽车交售给报废汽车回收企业。任何单位或者个人不得将报废汽车出售、赠予或者以其他方式转让给非报废汽车回收企业的单位或者个人;不得自行拆解报废汽车。

第十三条　报废汽车回收企业对回收的报废汽车应当逐车登记;发现回收的报废汽车有盗窃、抢劫或者其他犯罪嫌疑的,应当及时向公安机关报告。报废汽车回收企业不得拆解、改装、拼装、倒卖有犯罪嫌疑的汽车及其"五大总成"和其他零配件。

第十四条　报废汽车回收企业必须拆解回收的报废汽车;其中,回收的报废营运客车,应当在公安机关的监督下解体。拆解的"五大总成"应当作为废金属,交售给钢铁企业作为冶炼原料;拆解的其他零配件能够继续使用的,可以出售,但必须标明"报废汽车回用件"。

报废汽车回收企业拆解报废汽车,应当遵守国家环境保护法律、法规,采取有效措施,防治污染。

第十五条　禁止任何单位或者个人利用报废汽车"五大总成"以及其他零配件拼装汽车。禁止报废汽车整车、"五大总成"和拼装车进入市场交易或者以其他任何方式交易。禁止拼装车和报废汽车上路行驶。

第十六条　县级以上地方人民政府经济贸易管理部门依据职责,对报废汽车回收企业实施经常性的监督检查,发现报废汽车回收企业不再具备规定条件的,应当立即告知原审批发证部门撤销《资格认定书》、《特种行业许可证》,注销营业执照。

第十七条　公安机关依照本办法以及废旧金属收购业治安管理办法和机动车修理业、报废机动车回收业治安管理办法的规定，对报废汽车回收企业的治安状况实施监督，堵塞销赃渠道。

第十八条　工商行政管理部门依据职责，对报废汽车回收企业的经营活动实施监督；对未取得报废汽车回收企业资格认定，擅自从事报废汽车回收活动的，应当予以查封、取缔。

第十九条　报废汽车的收购价格，按照金属含量折算，参照废旧金属市场价格计价。

第二十条　违反本办法第六条的规定，未取得报废汽车回收企业资格认定，擅自从事报废汽车回收活动的，由工商行政管理部门没收非法回收的报废汽车、“五大总成”以及其他零配件，送报废汽车回收企业拆解，没收违法所得；违法所得在 2 万元以上的，并处违法所得 2 倍以上 5 倍以下的罚款；违法所得不足 2 万元或者没有违法所得的，并处 2 万元以上 5 万元以下的罚款；属经营单位的，吊销营业执照。

第二十一条　违反本办法第十一条的规定，买卖或者伪造、变造《报废汽车回收证明》的，由公安机关没收违法所得，并处 1 万元以上 5 万元以下的罚款；属报废汽车回收企业，情节严重的，由原审批发证部门分别吊销《资格认定书》、《特种行业许可证》、营业执照。

第二十二条　违反本办法第十二条的规定，将报废汽车出售、赠予或者以其他方式转让给非报废汽车回收企业的单位或者个人的，或者自行拆解报废汽车的，由公安机关没收违法所得，并处2 000元以上 2 万元以下的罚款。

第二十三条　违反本办法第十三条的规定，报废汽车回收企业明知或者应知是有盗窃、抢劫或者其他犯罪嫌疑的汽车、“五大总成”以及其他零配件，未向公安机关报告，擅自拆解、改装、拼装、倒卖的，由公安机关依法没收汽车、“五大总成”以及其他零配件，处 1 万元以上 5 万元以下的罚款；由原审批发证部门分别吊销《资格认定书》、《特种行业许可证》、营业执照；构成犯罪的，依法追究刑事责任。

第二十四条　违反本办法第十四条的规定，出售不能继续使用的报废汽车零配件或者出售的报废汽车零配件未标明“报废汽车回用件”的，由工商行政管理部门没收违法所得，并处2 000元以上 1 万元以下的罚款。

第二十五条　违反本办法第十五条的规定，利用报废汽车“五大总成”以及其他零配件拼装汽车或者出售报废汽车整车、“五大总成”、拼装车的，由工商行政管理部门没收报废汽车整车、“五大总成”以及其他零配件、拼装车，没收违法所得；违法所得在 5 万元以上的，并处违法所得 2 倍以上 5 倍以下的罚款；违法所得不足 5 万元或者没有违法所得的，并处 5 万元以上 10 万元以下的罚款；属报废汽车回收企业的，由原审批发证部门分别吊销《资格认定书》、《特种行业许可证》、营业执照。

第二十六条　违反本办法第十五条的规定，报废汽车上路行驶的，由公安机关收回机动车号牌和机动车行驶证，责令报废汽车拥有单位或者个人依照本办法的规定办理注销登记，可以处 2 000 元以下的罚款；拼装车上路行驶的，由公安机关没收拼装车，送报废汽车回收企业拆解，并处 2 000 元以上 5 000 元以下的罚款。

第二十七条　违反本办法第九条的规定，负责报废汽车回收企业审批发证的部门对不符合条件的单位或者个人发给有关证照的，对部门正职负责人、直接负责的主管人员和其他直接责任人员给予降级或者撤职的行政处分；其中，对承办审批的有关工作人员，还应当调离原工作岗位，不得继续从事审批工作；构成犯罪的，依法追究刑事责任。

第二十八条　负责报废汽车回收监督管理的部门及其工作人员，不依照本办法的规定履行监督管理职责的，发现不再具备条件的报废汽车回收企业不及时撤销有关证照的，发现有本办法规定的违法行为不予查处的，对部门正职负责人、直接负责的主管人员和其他直接责任人员，给予记大过、降级或者撤职的行政处分；构成犯罪的，依法追究刑事责任。

第二十九条　政府工作人员有下列情形之一的，依法给予降级直至开除公职的行政处分；构成犯罪的，依法追究刑事责任：

(一)纵容、包庇违反本办法规定的行为的；

(二)向有违反本办法规定行为的当事人通风报信，帮助逃避查处的；

(三)阻挠、干预有关部门对违反本办法规定的行为依法查处，造成严重后果的。

第三十条　军队报废汽车的回收管理办法另行制定。

第三十一条　本办法自公布之日起施行。

参考文献

[1] 梁军.汽车保险与理赔[M].北京:人民交通出版社,2004.
[2] 游四海.汽车服务工程[M].重庆:重庆大学出版社,2005.
[3] 胡艳曦.汽车贸易理论与实务[M].广州:华南理工大学出版社,2006.
[4] 苏斌,等.汽车金融[M].广州:华南理工大学出版社,2006.
[5] 黄本新,等.经济法与汽车法规[M].广州:华南理工大学出版社,2006.
[6] 裘瑜,等.城市公共交通运营管理实务[M].上海:上海交通大学出版社,2004.
[7] 尹宏宾,等.道路交通控制技术[M].广州:华南理工大学出版社,2004.
[8] 柳默初.汽车工程学引论[M].上海:同济大学出版社,2009.